市立稲毛国際中等教育学校

〈収録内容〉

便利なDLコンテンツは右のQRコードから

解答用紙

過去年度

問題は
紙面に掲載

⇒

※データのダウンロードは2025年3月末日まで。
※データへのアクセスには、右記のパスワードの入力が必要となります。 ⇒ 095695

本書の特長

実戦力がつく入試過去問題集

- 問題 …………… 実際の入試問題を見やすく再編集。
- 解答用紙 …… 実戦対応仕様で収録。
- 解答解説 …… 解答例は全問掲載。詳しくわかりやすい解説には、難易度の目安がわかる「基本・重要・やや難」の分類マークつき（下記参照）。各科末尾には合格へと導く「ワンポイントアドバイス」を配置。

入試に役立つ分類マーク

基本 確実な得点源！
受験生の 90％以上が正解できるような基礎的、かつ平易な問題。
何度もくり返して学習し、ケアレスミスも防げるようにしておこう。

重要 受験生なら何としても正解したい！
入試では典型的な問題で、長年にわたり、多くの学校でよく出題される問題。
各単元の内容理解を深めるのにも役立てよう。

やや難 これが解ければ合格に近づく！
受験生にとっては、かなり手ごたえのある問題。
合格者の正解率が低い場合もあるので、あきらめずにじっくりと取り組んでみよう。

合格への対策、実力錬成のための内容が充実

- 各科目の出題傾向の分析、最新年度の出題状況の確認で、入試対策を強化！
- その他、学校紹介、過去問の効果的な使い方など、学習意欲を高める要素が満載！

解答用紙ダウンロード 解答用紙はプリントアウトしてご利用いただけます。弊社ＨＰの商品詳細ページよりダウンロードしてください。トビラのＱＲコードからアクセス可。

UD FONT 見やすく読みまちがえにくいユニバーサルデザインフォントを採用しています。

公立中高一貫校の入学者選抜

ここでは，全国の公立中高一貫校で実施されている入学者選抜の内容について，その概要を紹介いたします。

公立中高一貫校の入学者選抜の試験には，適性検査や作文の問題が出題されます。

多くの学校では，「適性検査Ⅰ」として教科横断型の総合的な問題が，「適性検査Ⅱ」として作文が出題されます。しかし，その他にも「適性検査」と「作文」に分かれている場合など，さまざまな形式が存在します。

出題形式が異なっていても，ほとんどの場合，教科横断的な総合問題(ここでは，これを「適性検査」と呼びます)と，作文の両方が出題されています。

それぞれに45分ほどの時間をかけていますが，そのほかに，適性検査がもう45分ある場合や，リスニング問題やグループ活動などが行われる場合もあります。

例として，東京都立小石川中等教育学校を挙げてみます。

① 文章の内容を的確に読み取ったり，自分の考えを論理的かつ適切に表現したりする力をみる。

② 資料から情報を読み取り，課題に対して思考・判断する力，論理的に考察・処理する力，的確に表現する力などをみる。

③ 身近な事象を通して，分析力や思考力，判断力などを生かして，課題を総合的に解決できる力をみる。

この例からも「国語」や「算数」といった教科ごとの出題ではなく，「適性検査」は，私立中学の入試問題とは大きく異なることがわかります。

東京都立小石川中等教育学校の募集要項には「適性検査により思考力や判断力，表現力等，小学校での教育で身に付けた総合的な力をみる。」と書かれています。

教科知識だけではない総合的な力をはかるための検査をするということです。

実際に行われている検査では，会話文が多く登場します。このことからもわかるように，身近な生活の場面で起こるような設定で問題が出されます。

これらの課題を，これまで学んできたさまざまな教科の力を，知識としてだけではなく活用して，自分で考え，文章で表現することが求められます。

実際の生活で，考えて，問題を解決していくことができるかどうかを学校側は知りたいということです。

問題にはグラフや図，新聞なども多く用いられているので，情報を的確につかむ力も必要となります。

算数や国語・理科・社会の学力を問うことを中心にした問題もありますが，出題の形式が教科のテストとはかなり違っています。一問のなかに社会と算数の問題が混在しているような場合もあります。

少数ではありますが，家庭科や図画工作・音楽の知識が必要な問題も出題されることがあります。

作文は，文章を読んで自分の考えを述べるものが多く出題されています。
文章の長さや種類もさまざまです。筆者の意見が述べられた意見文がもっとも多く採用されていますが，物語文，詩などもあります。作文を書く力だけでなく，文章の内容を読み取る力も必要です。
調査結果などの資料から自分の意見をまとめるものもあります。
問題がいくつかに分かれているものも多く，最終の１問は400字程度，それ以外は短文でまとめるものが主流です。
ただし，こちらも，さまざまに工夫された出題形式がとられています。

それぞれの検査の結果は合否にどのように反映するのでしょうか。
東京都立小石川中等教育学校の場合は，適性検査Ⅰ・Ⅱ・Ⅲと報告書(調査書)で判定されます。
報告書は，400点満点のものを200点満点に換算します。
適性検査は，それぞれが100点満点の合計300点満点を，600点満点に換算します。
それらを合計した800点満点の総合成績を比べます。

このように，形式がさまざまな公立中高一貫校の試験ですが，文部科学省の方針に基づいて行われるため，方向性として求められている力は共通しています。
これまでに出題された各学校の問題を解いて傾向をつかみ，自分に足りない力を補う学習を進めるとよいでしょう。
また，環境問題や国際感覚のような出題されやすい話題も存在するので，多くの過去問を解くことで基礎的な知識を蓄えておくこともできるでしょう。
適性検査に特有の出題方法や解答方法に慣れておくことも重要です。
また，各学校間で異なる形式で出題される適性検査ですが，それぞれの学校では，例年，同じような形式がとられることがほとんどです。
目指す学校の過去問に取り組んで，形式をつかんでおくことも重要です。
時間をはかって，過去問を解いてみて，それぞれの問題にどのくらいの時間をかけることができるか，シミュレーションをしておきましょう。
検査項目や時間に大きな変更のある場合は，事前に発表がありますので，各自治体の教育委員会が発表する情報にも注意しましょう。

千葉市立 稲毛《いなげ》国際《こくさい》 中等教育学校

〒261-0003　千葉市美浜区高浜3-1-1
☎043-270-2055
交通　ＪＲ京葉線稲毛海岸駅　徒歩15分
　　　ＪＲ総武線稲毛駅　バス

https://www.city.chiba.jp/school/hs/001/

[カリキュラム]

・**二学期制**。

・**50分授業**を一日６時限または７時限授業で行い、中学１～３年次で数学は525時間、英語は595時間の授業時数を確保している。（標準的な中学校は420時間）

・英語と数学は**少人数制**のクラスで授業を展開。

・母体校の市立稲毛高校は文部科学省のスーパー・イングリッシュ・ランゲージ・ハイスクールに２度指定されたことがあり、そこで培われた研究成果を英語教育に反映。**ネイティヴ外国人講師**による授業や**個別音声学習**（コンピュータ使用）などによって、英語を使った実践的なコミュニケーション能力を身につけることができる。

・数学は独自のシラバスに基づいて、中学１年から高校２年まで一貫した指導を行う。

・高校卒業時までに英語検定準一級相当の実力養成をめざす。

・全員が海外語学研修に参加する。

[部活動]

・令和２年度には、**ヨット部**が県高校新人大会の男子コンバインド、男子ダブルハンダー級、女子コンバインド、女子ダブルハンダー級、女子シングルハンダー級で優勝などの成績を収めた。

・令和元年度には、**ヨット部**が全国中学校ヨット選手権大会で団体（学校対抗）第５位、国民体育大会の少年女子レーザーラジアル級で準優勝などの成績などを収めた。

★設置部

陸上競技、野球、サッカー、ラグビー、バドミントン、ダンスドリル、卓球、剣道、バスケットボール（女）、バレーボール（女）、ヨット、硬式テニス、ESS、吹奏楽、弦楽オーケストラ、書道、美術、茶華道、工芸、自然科学、文芸

[行　事]

文化祭やマラソン大会、陸上競技会などは中学と高校が協同して開催する。

４月　校外学習（３年）
６月　飛翔祭（文化祭）
８月　夏期講習
10月　修学旅行（３年、京都・奈良方面）
１月　百人一首大会、自然教室（２年）
３月　茶道・合気道講座

[進　路]

★卒業生の主な合格実績（市立稲毛高校）

東京大、北海道大、大阪大、東京外国語大、一橋大、千葉大、早稲田大、慶應義塾大、青山学院大、学習院大、上智大、中央大、東京理科大、法政大、明治大、立教大

[トピックス]

・**併設型中高一貫教育校**として、稲毛高等学校附属中学校が平成19年４月開校。令和4年4月より**中等教育学校**に移行し、稲毛国際中等教育学校となった。

・校訓は「高潔」「明朗」「真摯」。

・生徒募集は千葉市全域から。ただし、本人と保護者がともに千葉市内に居住している必要がある。また、他の公立中等教育学校・公立併設型中学校との併願はできない。

・2025年度入学者選抜の**日程**は以下の予定。

出願期間　2024年11月７日（木）～11日（月）
一次検査　2024年12月７日（土）
一次検査結果発表　2024年12月13日（金）
報告書・志願理由書等の提出
　2025年１月８日（水）～10日（金）
二次検査　2025年１月24日（金）
結果発表　2025年１月31日（金）

入学者の選抜は、「小学校等の校長の作成する報告書」、「志願理由書等の書類」の審査、「一次検査」および「二次検査」の結果を資料として、志願者の能力、適性、意欲等を総合的に判定される。

入試！インフォメーション

※本欄の内容は 2024 年度入試のものです。

受検状況　（数字は男／女／計。）

募集定員	志願者数	一次検査		二次検査	
		受検者数	受検倍率	受検者数	受検倍率
160	747	733	4.6	303	1.9

市立稲毛国際中等教育学校　出題傾向の分析と合格への対策

●出題傾向と内容

検査は，2021年度までは適性検査Ⅰと適性検査Ⅱの2種で実施されていたが，2022年度より適性検査Ⅲも実施された。試験時間はそれぞれ45分である。

平成30年度の入試より，適性検査ⅠとⅡの内容が入れかわった。

適性検査Ⅰは，例年と同じく，複数の資料が提示され，それらを用いて解答するという形式である。①では，資料をもとに，字数や行数の指定がある記述問題や条件作文が出題される。作文は，段落ごとに書く内容が指定されているなどの決まりにしたがいつつ，正しい原稿用紙の使い方を意識することが要求されている。与えられる資料は，グラフや図，写真，文章などさまざまである。②は，社会分野からの出題で，地域に関する設問(地理・産業を中心とする問題)が出題される。

適性検査Ⅱは，2大問6～10小問で構成されている。主に，思考力や判断力，問題解決能力を見る検査である。①は，算数分野からの出題で，あらゆる分野の問題が出題される。②は，理科分野からの出題で，各分野の内容や実験方法に関する問題が出題される。いずれの大問でも資料(図・表・写真)が用意され，それらを読み取る力も求められている問題が多い。

適性検査Ⅲは，①がリスニング，②が文章読み取りと作文の出題である。リスニングは，放送文から適切なイラストを選ぶ問題が出題される。作文は，自分の意見を180字以上200字以下でまとめる問題である。

● 2025 年度の予想と対策

問題の配分が，平成30年度から変更された。

適性検査Ⅰの①では，特定のテーマの文章や図などの資料が与えられるという出題傾向は継続するのではないかと予想される。似たテーマに関する文章だが，それぞれの資料から得られる情報を正確に読み取り，混同しないように注意して取り組む必要がある。より正確に読み取れるように，日ごろから新聞の社説を読むなどして，文章の主張を読み取る練習をしたい。

適性検査Ⅰの②と適性検査Ⅱでは，基本的な教科知識と，身の回りの出来事に対する関心に基づく出題が今後も続くと予想される。社会・理科分野では，グラフや表，地図，図などの読み取り問題に慣れておきたい。身の回りの自然に日ごろから目を向けるようにしよう。算数は，図形を用いた問題や，規則性など論理的思考力をみる問題の対策が必要である。

適性検査Ⅲは，2022年から出題が始まったため，今後出題形式の変動があるかもしれない。リスニングは放送文からポイントとなる単語が聞き取れるよう日頃から練習しておきたい。

記述形式が多く，短い時間で大量の問題に取り組まなければならない。普段から文章を書く練習をし，時間配分を意識して解けそうな問題から先に取り組む工夫も必要である。

学習のポイント

新聞を読んだりニュースを見たりして，今世の中で起こっている出来事を知ろう。また，文章を書くことに慣れよう。日記をつけたり，読んだ本の感想を書いたりすることから始めてもよい。授業のノートをきちんと書くことも，記述力をつける練習になる。

2024年度

★★★★★★★★★★★★★★★★★★★★★★★★

入　試　問　題

2024年度

市立稲毛国際中等教育学校入試問題

【適性検査Ⅰ】　(29ページからはじまります。)
【適性検査Ⅱ】　(45分)　　＜満点：70点＞

1　花子さん，太郎《たろう》さん，次郎さんの３人は千葉《ちば》市科学館に行きました。次の問いに答えなさい。

問１　３人は，稲毛《いなげ》国際中等教育学校に集合し，千葉市科学館に自転車で向かいました。図１は３人の行きの様子をグラフに表したもので，**表１**は集合場所からそれぞれの場所への道のりをまとめたものです。行きは，黒砂《くろすな》橋で少し休み，コンビニエンスストアで昼食を買い，みなと公園で休んでから，千葉市科学館に向かいました。帰りは，15時に千葉市科学館を出て，行きと同じコースを自転車で走って稲毛国際中等教育学校に向かいました。行きに昼食を買ったコンビニエンスストアで10分間買い物をした以外，休むことなく自転車で走って，15時50分に稲毛国際中等教育学校に着きました。その結果，千葉市科学館を出てからコンビニエンスストアに着くまでにかかった時間と，コンビニエンスストアを出てから稲毛国際中等教育学校に着くまでにかかった時間が同じでした。あとの(1)，(2)の問いに答えなさい。ただし，行きの行程のそれぞれの区間と，帰りの行程のそれぞれの区間の中において，自転車の速さは一定であったものとします。

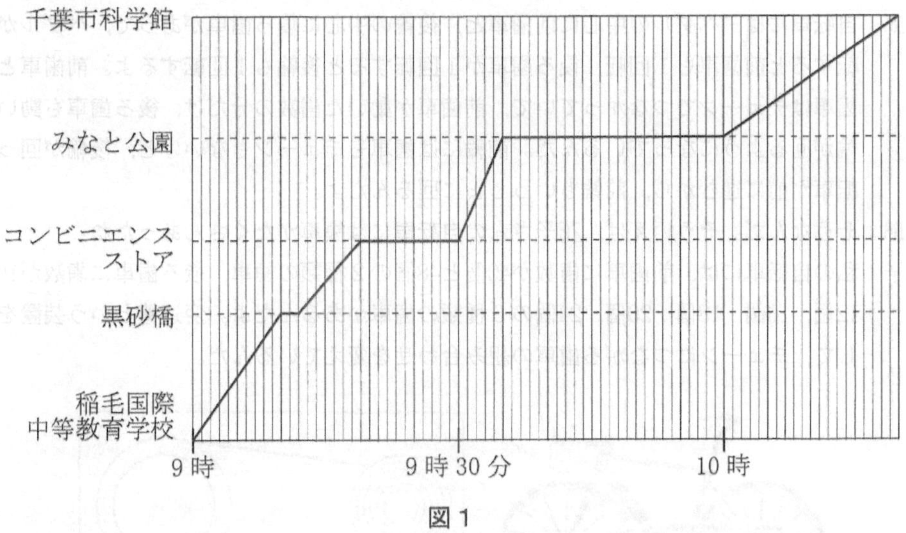

図１

	集合場所からの道のり（m）
稲毛国際中等教育学校	0
黒砂橋	2100
コンビニエンスストア	3300
みなと公園	5000
千葉市科学館	7000

表１

⑴　行きの行程について，次の①，②の問いに答えなさい。

①　みなと公園で休んだ時間は何分間ですか。

②　最も速く走っていたのはどこからどこまでの区間ですか。次のア～エから１つ選び，記号で書きなさい。

ア　稲毛国際中等教育学校の入り口～黒砂橋

イ　黒砂橋～コンビニエンスストア

ウ　コンビニエンスストア～みなと公園

エ　みなと公園～千葉市科学館

⑵　帰りの行程について，次の①，②の問いに答えなさい。

①　帰りの様子を表すグラフを，前のページの図１にならってかきなさい。

②　千葉市科学館からコンビニエンスストアまでの区間の速さは，時速何kmですか。

問２　３人は，自転車がどのように動いているかについて調べました。３人の会話について，あとの⑴，⑵の問いに答えなさい。ただし，円周率は３とします。

太郎：自転車は，ペダルを足でこぐと，前輪と後輪が回って進むよね。前輪と後輪が１回転するとどれくらい進むのかな。

花子：私《わたし》の自転車だと，前輪と後輪は両方とも直径24インチだね。１インチが2.5㎝だとすると，前輪と後輪が１回転したら（　　　）㎝進むよ。

次郎：そもそも，ペダルをこぐとなぜ前輪と後輪が回るんだろう。

太郎：自転車には，ペダルの中心に前歯車と，後輪の中心に後ろ歯車があって，ペダルが１回転すると前歯車も１回転，後ろ歯車が１回転すると後輪も１回転するよ。前歯車と後ろ歯車はチェーンでつながっていて，前歯車が動いた歯数の分だけ，後ろ歯車も動いて後輪が回るようになっているんだ。前輪には歯車もチェーンもないけど，後輪が回って自転車が前に進むから，前輪もいっしょに回るんだよ。

次郎：そうなんだ。そういえば，花子さんの自転車には歯車がたくさんあったね。

花子：私の自転車には，前歯車に歯数が40個と48個の２種類の歯車，後ろ歯車に歯数が10個，12個，16個，18個，20個，24個の６種類の歯車があるんだよ。変速機という装置《そうち》を操作《そうさ》して，チェーンにつながる歯車の組み合わせを変えているんだ。

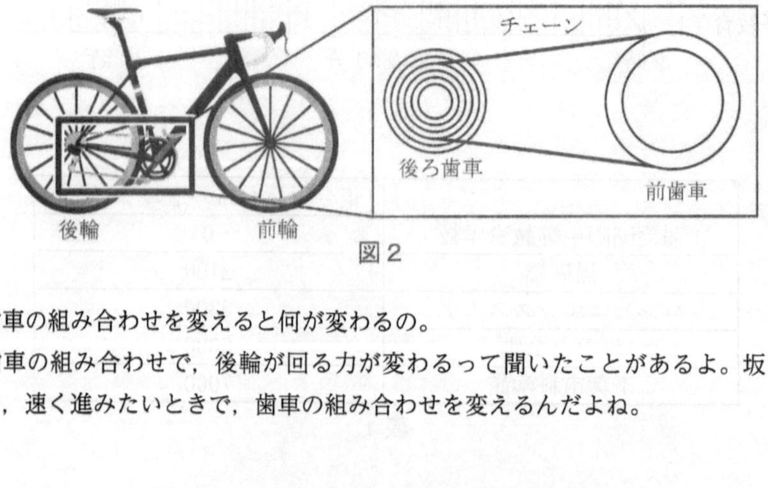

図２

太郎：歯車の組み合わせを変えると何が変わるの。

次郎：歯車の組み合わせで，後輪が回る力が変わるって聞いたことがあるよ。坂を上るときや，速く進みたいときで，歯車の組み合わせを変えるんだよね。

花子：そうだね，進む道によって歯車の組み合わせを変えているよ。でも，後輪が回る力については考えたことがなかったから，私の自転車を使って調べてみようよ。

太郎：いい考えだね。歯車の組み合わせを変えながら，水平にしたペダルの上におもりを乗せたときに後輪が回る力を，はかりではかってみよう。

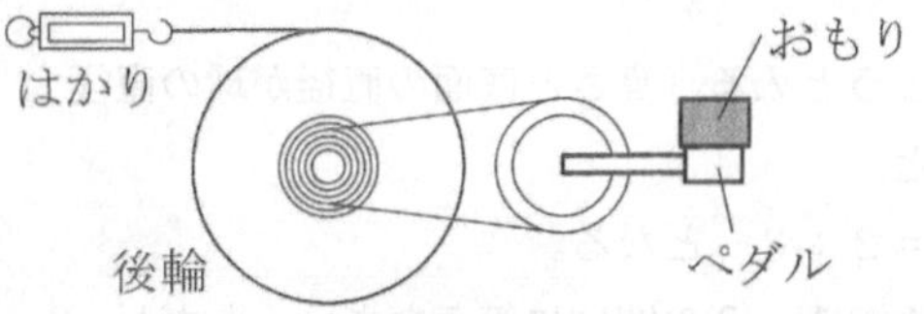

図３

⑴　次の①，②の問いに答えなさい。

①　会話文中の（　）にあてはまる数を書きなさい。

②　花子さんの自転車の前歯車の歯数が48個，後ろ歯車の歯数が12個のとき，花子さんがペダルを20回転させると，後ろ歯車は何回転しますか。

⑵　ペダルの上に乗せるおもりの重さ，前歯車の歯数，後ろ歯車の歯数の条件をいろいろ変えて，後輪が回る力を，花子さんの自転車を使って調べました。**表２**は，その結果をまとめたものです。

おもりの重さ（g）	450	450	450	450	600	600	600	600
前歯車の歯数（個）	40	40	48	48	40	40	48	48
後ろ歯車の歯数（個）	10	16	18	24	12	20	12	18
後輪が回る力（g）	61	97	91	121	97	161	81	121

表２

後輪が回る力が最も大きくなる組み合わせとして正しいものを，次の**ア**～**ク**から１つ選び，記号で書きなさい。

	おもりの重さ	前歯車の歯数	後ろ歯車の歯数
ア	小	小	小
イ	小	小	大
ウ	小	大	小
エ	小	大	大
オ	大	小	小
カ	大	小	大
キ	大	大	小
ク	大	大	大

問3　千葉市科学館が入っている建物「Ｑｉｂａｌｌ（きぼーる）」には，館外から見える大きな球があります。この球の中はプラネタリウムになっており，直径は26mとのことです。ギリシャの科学者であるアルキメデスは，球の体積について次のような法則を発見しました。

図4のように，球がちょうど入る（高さと底面の直径が球の直径と等しい）円柱を考えると，

球の体積：円柱の体積＝２：３　となる。

この法則を利用して，次の(1)，(2)の問いに答えなさい。ただし，円周率は３とします。

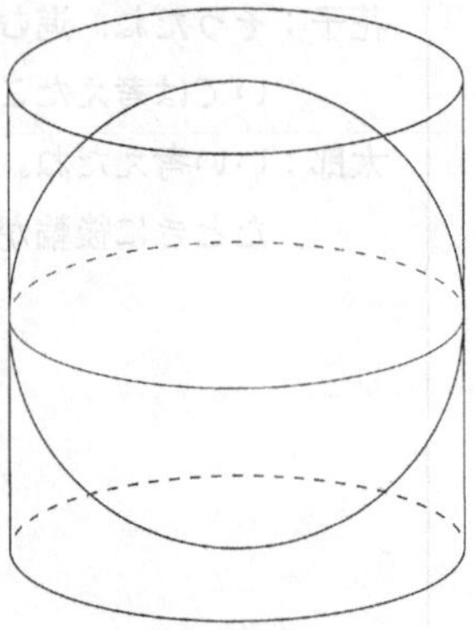

図４

(1)　次の①，②の問いに答えなさい。

①「きぼーる」の球がちょうど入る円柱の表面積を求めなさい。

表面積とは，円柱の展開図の面積のことです。

②「きぼーる」の球の体積を求めなさい。

(2)　太郎さんと花子さんは学校で「きぼーる」の球の模型《もけい》をそれぞれ作りました。２人が作った「きぼーる」の球の模型は体積が同じ球です。図５のように，太郎さんの模型は立方体のいれものに，花子さんの模型は円柱のいれものに入っていて，それぞれのいれものは，球の模型がちょうど入るようになっています。（球が立方体にちょうど入るとは，球の直径と立方体の１辺の長さが等しいことを表す。）次郎さんは，２つのいれものの容積の違《ちが》いが気になり調べたところ，容積の違いは400㎤でした。球の模型の半径の長さとして，最も近いものを，次の**ア**～**エ**から１つ選び，記号で答えなさい。

太郎さんの模型といれもの　　花子さんの模型といれもの

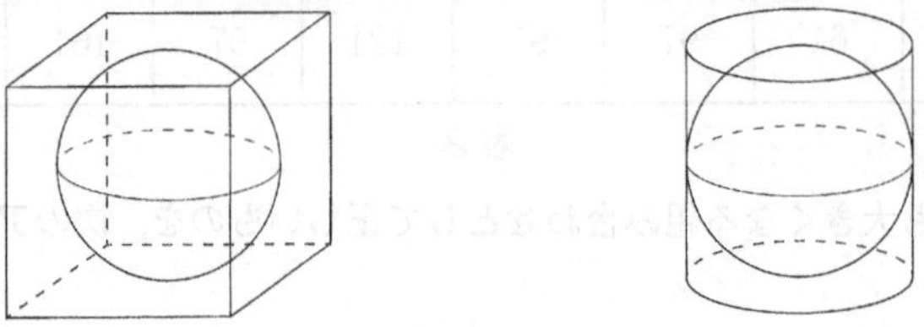

図５

ア　4㎝　　**イ**　5㎝　　**ウ**　6㎝　　**エ**　7㎝

2　６年生のグラフで，各グループでテーマを決めて調べることにしました。各グループの発表をまとめたものを読んで，次の問いに答えなさい。

問1　たくろうさんのグループは，熱の伝わり方と水の動きについて調べました。これについて，あとの(1)～(3)の問いに答えなさい。

図１のように学校の屋上に自然循環《じゅんかん》式太陽熱温水器がありました。この温水器は，貯湯部と集熱部の２つの部分からできていて，貯湯部位置が高く，集熱部位置が低くなるように置かれていました。この温水器の仕組みについて調べると，この温水器の内部は図２のようになっていて，斜線《しゃせん》部分は水を表しています。集熱部では太陽の熱によって水を温めていて，温められ

た水は管【　　】を通って，貯湯部にたくわえられます。貯湯部にたくわえられた温水は，管Aを通って外にある蛇口《じゃぐち》から使われ，貯湯部の温水が少なくなると管Bから新しい水が貯湯部に入ります。

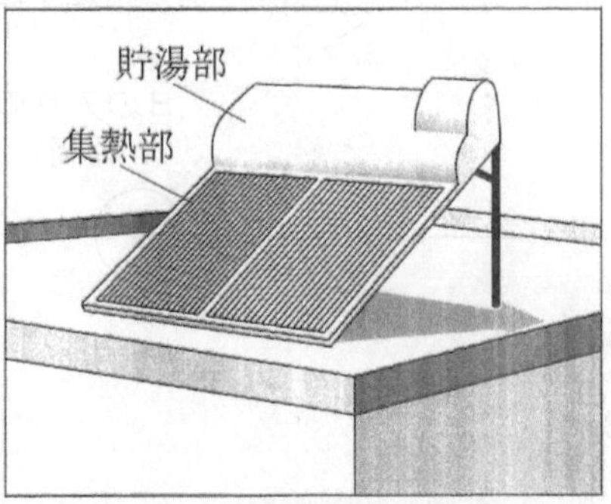

図1

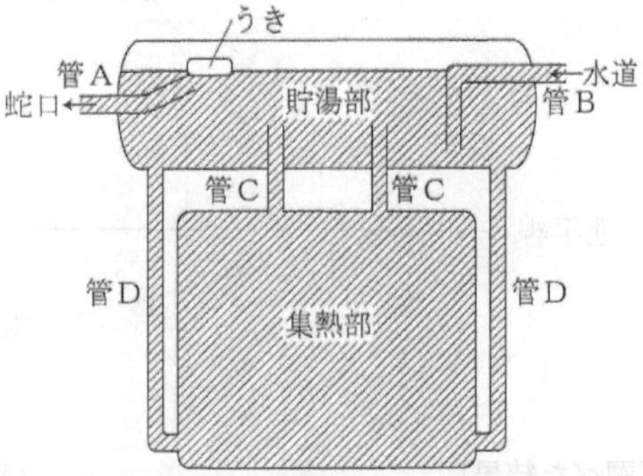

図2

また，貯湯部の温水の量が変化して，貯湯部の水位が上下すると，うきと，うきとつながった管Aの右側の口も上下します。これによって，貯湯部の水位が変化しても，管Aの右側の口が水面のすぐ下にくるようになり，貯湯部にたくわえられた水の中で（　　）を蛇口から使うことができます。

⑴　文章中の【　】にあてはまる記号として最もふさわしいものを，**図2**中の管A～Dから1つ選び，記号で書きなさい。

⑵　自然循環式太陽熱温水器の集熱部での水の動きと同じ原理による現象を，次の**ア**～**エ**から1つ選び，記号で書きなさい。

ア　水を温めると，水にとかすことのできる砂糖《さとう》の量が増えた。

イ　こんろで湯をわかしていたアルミニウムのやかんをさわると熱かった。

ウ　燃えている炭に空気を送りこむと，激《はげ》しく燃えるようになった。

エ　線香《せんこう》に火をつけると，煙《けむり》が上に上がっていった。

⑶　文章中の（　）にあてはまる言葉として最もふさわしいものを，次の**ア**～**ウ**から1つ選び，記号で書きなさい。

ア　一番温かい部分の水　　**イ**　水道から入ってきたばかりの水　　**ウ**　一番冷たい部分の水

問2　まりさんのグループは，春分の日における千葉市での太陽の見え方について調べました。あとの⑴，⑵の問いに答えなさい。ただし，太陽の動く速さは一定とします。

春分の日における千葉市での太陽の見え方について予想してから，実際に調べました。

〔予想した内容〕

・昼の時間と夜の時間はそれぞれ12時間ずつだと予想しました。

・日の出は，太陽の上半分が地平線の上に出た瞬間《しゅんかん》で，日の入りは，太陽の下半分が地平線の下に入った瞬間だと予想し，真南を向いた時の太陽の通り道を次のページの**図3**のように表しました。

・太陽の中心は地平線の真東と真西を通過すると予想しました。

・日の出の方位は太陽の中心がある真東で，日の入りの方位は太陽の中心がある真西だと予想しました。

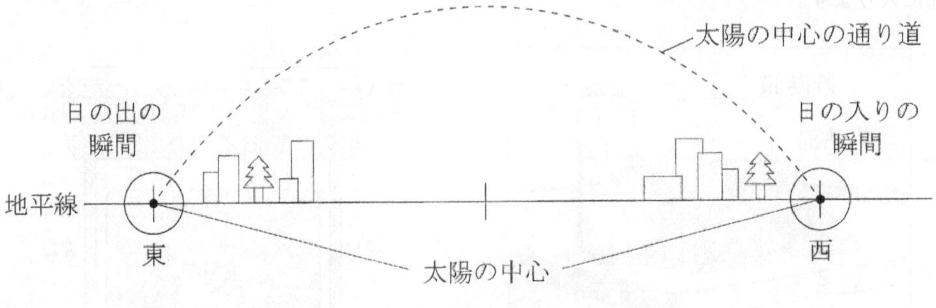

図３

［調べた結果］

・昼の時間は夜の時間よりも長くなっていました。

・日の出は，地平線から太陽の一部が見えるようになる瞬間，日の入りは地平線から太陽が全て見えなくなる瞬間です。（図４）

・太陽の中心は地平線の真東と真西を通過していました。

・日の出の方位は太陽の上側が見え始める場所なので，【　a　】寄り，日の入りの方位は太陽の上側が見えなくなる場所なので，【　b　】寄りでした。

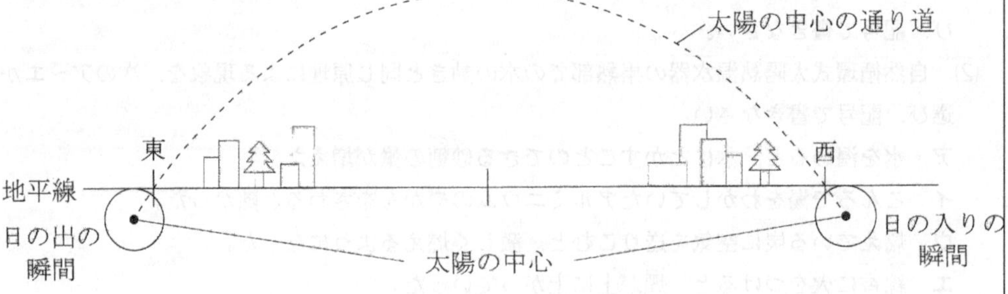

図４

・図５のAは，日の出のときの太陽の中心，Bは太陽の上半分が地平線の上に出たときの太陽の中心の場所です。点線のAからBまでの長さは，太陽の半径の1.2倍で，太陽の中心がAからBまで動くのにかかる時間をはかったところ，１分12秒かかりました。

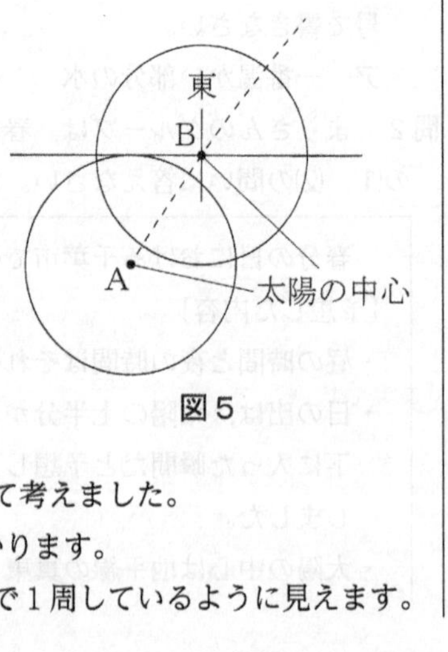

図５

［調べた結果］を使って，私たちから見た太陽の大きさについて考えました。

・太陽の中心が半径の長さの分だけ動くのに【　c　】分かかります。

・日の出 → 昼 → 日の入り → 夜 → 日の出と，太陽が１日で１周しているように見えます。

つまり，太陽は24時間で360度動いているように見えるので，太陽は１度動くのに【　d　】分かかります。

・図６のように私たちから見た太陽の大きさを角度で考えると，太陽の大きさは【　e　】度になります。

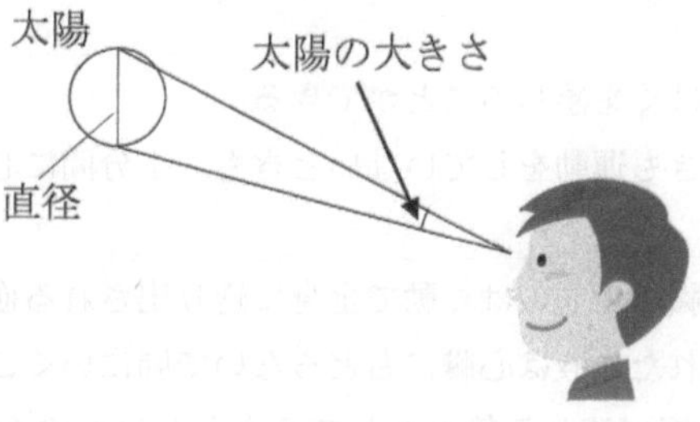

図６

⑴　文章中の【a】，【b】にあてはまる方位として最もふさわしいものを，次のア～エから１つずつ選び，記号で書きなさい。

ア　真東よりも北　　イ　真東よりも南　　ウ　真西よりも北　　エ　真西よりも南

⑵　文章中の【c】～【e】にあてはまる数を書きなさい。

問３　まいさんのグループは，ヒトの体について調べました。あとの⑴～⑶の問いに答えなさい。

睡眠《すいみん》時の成人の心臓《しんぞう》は，１分間に60回のはく動で１分間に約4.2Ｌの血液を全身に送り出します。はく動によって心臓から勢いよく送り出された血液が通る血管を動脈といい，心臓から送り出された血液が肺《はい》や全身を通ったあとゆっくりと心臓にもどってくるときに通る血管を静《じょう》脈《みゃく》といいます。心臓から送り出された血液は，小腸やかん臓，じん臓などに流れていきます（図７）。また，全身から心臓にもどってきた血液は肺に送られ，血液中にある二酸化炭素をはく空気の中に出して，体の活動に必要な酸素を血液中に取りこみます

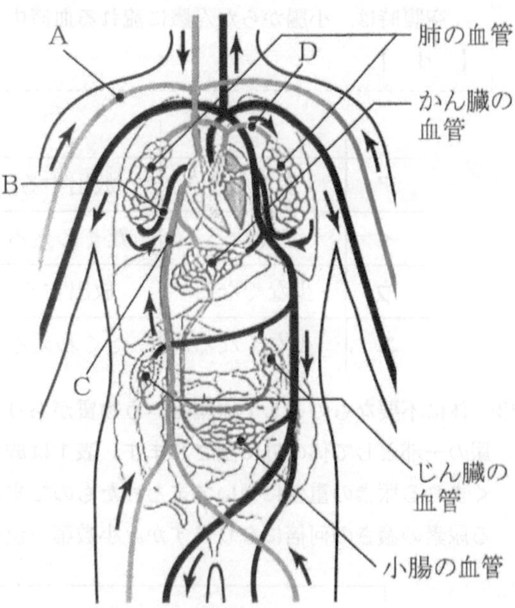

矢印は血液の流れる向き

図７

小腸では，食物の養分を血液中に吸収《きゅうしゅう》しています。かん臓では，血液中の養分をたくわえたり，たくわえた養分を血液中に放出したりしています。

じん臓では，血液中にある体に不要なものを集めて体の外に出すために，じん臓に入ってくる血液から原尿《げんにょう》という液体をつくっています。ただ，原尿には体に必要なものが多くふくまれているので，体に必要なものを原尿から血液にもどして，体に不要なものが原尿よりも濃《こ》く

なった尿という液体をつくり，尿を体の外に出しています。

(1) 血液の流れについて，次の①，②の問いに答えなさい。

① 心臓や動脈，静脈について述べたものとして正しいものを，次の**ア**～**エ**からすべて選び，記号で書きなさい。

ア 手首では動脈で脈はくを感じることができる。

イ 運動をしているときも運動をしていないときも，１分間に心臓が全身に送り出す血液の量は同じである。

ウ 睡眠時の成人の心臓の１回のはく動で全身に送り出される血液量は約70mLである。

エ 脳《のう》やじん臓に送られた血液は心臓にもどらないで肺にいくことがある。

② 酸素を多くふくむ血液が流れる静脈としてふさわしいものを，図７中のＡ～Ｄから１つ選び，記号で書きなさい。

(2) かん臓では，血液中の養分が一定になるように，血液中の養分の量を調整しています。血液中の養分の量について説明した次の文章中の【ａ】～【ｄ】にあてはまることばの組み合わせとして正しいものを，次の**ア**～**エ**から１つ選び，記号で書きなさい。

満腹《まんぷく》時は，小腸からかん臓に流れる血液中の養分の量が【 ａ 】ため，かん臓は養分を【 ｂ 】。

空腹時は，小腸からかん臓に流れる血液中の養分の量が【 ｃ 】ため，かん臓は養分を【 ｄ 】。

	a	b	c	d
ア	多くなる	放出する	少なくなる	たくわえる
イ	多くなる	たくわえる	少なくなる	放出する
ウ	少なくなる	放出する	多くなる	たくわえる
エ	少なくなる	たくわえる	多くなる	放出する

(3) 体に不要なものとして尿素という物質があります。血液中にある尿素はじん臓で集められて，尿の一部として体の外に出されます。**表１**は成人のじん臓で作られる原尿や成人の尿の重さ，ふくまれる尿素の重さについてまとめたものです。尿にふくまれる尿素の濃さは，原尿にふくまれる尿素の濃さの何倍になりますか。小数第一位を四捨五入《ししゃごにゅう》して整数で求めなさい。

	原尿	尿
１日に作られる重さ（g）	150000	1500
ふくまれる尿素の重さ（g）	45	30

表１

【適性検査Ⅲ】（45分）　＜満点：70点＞

（放送文）

問1

1．Nice

2．zebra

3．Two cucumbers and three onions are on the table.

問2

Man:　I want a sandwich, please.
Woman:　Do you want tomatoes in your sandwich?
Man:　Yes, please.　How much is the sandwich?
Woman:　It's 400 yen.

問3

I get up at 7:30 on Sunday.　I walk my dog at 8:00.　I eat lunch. My friends and I play soccer in Inage Park.　I take a bath at 7:00 and go to bed at 9:00.

問4

Bob:　What animal do you like, Ayako?
Ayako:　I like lions.　I want to see lions.
Bob:　We can see two lions in this zoo.　They are by the bears.
Ayako:　Good.　What animal do you like?
Bob:　I like pandas.
Ayako:　Where are they?
Bob:　They are by the monkeys.
質問　Where are Bob's favorite animals?

問5

Lucy:　How was your summer vacation, Kenta?
Kenta:　It was great.　My family and I went to Chiba.　I enjoyed barbecuing at the beach and swimming in the sea.　Look at this picture.
Lucy:　Oh, you enjoyed swimming.
Kenta:　Yes.　It was fun.
Lucy:　Is this your sister, Momo?
Kenta:　No, she can't swim.　This is Momo.
Lucy:　I see.　Oh, she is with a dog.　Is this your dog?　It's small and white.
Kenta:　Yes.　It's my dog, Pochi.
Lucy:　It's very cute.　I want to go to your house and see Pochi.
Kenta:　OK.　How about today?
Lucy:　Great!　Thank you.

1 放送による外国語の問題

☆問題は，問１から問５までの５問あります。

☆英語はすべて２回ずつ読まれます。問題用紙にメモを取ってもかまいません。答えはすべて解答用紙に記入しなさい。

問１　次の１．から３．について，放送された内容として最もふさわしいものを，それぞれア～エの中から１つ選び，記号で答えなさい。

１．ア　nice　　イ　nine　　ウ　rice　　エ　ice

２．ア

イ

ウ

エ

３．ア

イ

ウ

エ

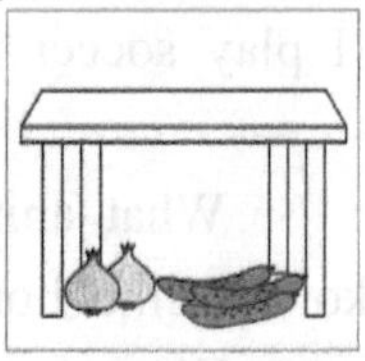

問２　ある場所で２人が話をしています。２人の話を聞いて，この話が行われている場所の絵として最もふさわしいものを，次のア～エの中から１つ選び，記号で答えなさい。

ア

イ

ウ

エ

問３　Tom（トム）さんが毎週日曜日にすることを順番に話しています。正しい順番になるように**ア**～**エ**をならべ，記号で答えなさい。

ア

イ

ウ

エ

問４　Ayako（あやこ）さんと Bob（ボブ）さんが動物園の案内図を見ながら話しています。２人の話を聞き，その後に放送される質問の答えに合うものを，下の案内図の中の**ア**～**エ**の中から１つ選び，記号で答えなさい。

問５　**Kenta**（けんた）さんは **Lucy**（ルーシー）さんに夏休みに撮《と》った写真を見せ，話をしています。２人の話を聞き，次の１．と２．に答えなさい。

１．２人が見ている写真として最もふさわしいものを，次の**ア**～**エ**の中から１つ選び，記号で答えなさい。

ア

イ

ウ

エ

２．この会話の後で，**Lucy** さんはどのようなことをすると考えられますか。最もふさわしいものを，次の**ア**～**エ**の中から１つ選び，記号で答えなさい。

ア　けんたさんの家に行き，モモに会う。
イ　けんたさんの家に行き，ポチに会う。
ウ　ルーシーさんの家に行き，モモに会う。
エ　ルーシーさんの家に行き，ポチに会う。

これで放送による外国語の問題を終わります。

2　次の文章を読んで，あとの問いに答えなさい。

三十四歳《さい》の「わたし」（陽菜《ひな》）は，新生活に向けて引《ひ》っ越《こ》しの準備をしている。荷物の整理をしながら過去を振《ふ》り返った「わたし」は，二十年前の自分を思いながら，手紙を書くことにした。

わがままで，がんこな，この性格。

思いこんだら，ほかのことは何も見えなくなる。昔からそうだった。この性格そのものが※1コンプレックスだったのだ。

三十四年，生きてきて，わたしにはわかったことがひとつだけある。

性格は，変えられない。コンプレックスは，消えない。

けれどもそれは決して，悪いことじゃない。

変えられない性格と，消えないコンプレックスこそが，強く生きてゆくための力になるのだ。

引っ越しの荷造りをすべて終えてから，わたしは手紙を書いた。

わたしによく似た，十四歳のひな鳥たちに宛《あ》てて。

旅立つ小鳥たちへ

あなたは今，何歳ですか？

もしも十四歳であるならば，この手紙を読んでください。これは，わたしが二十年前のわたしに宛てて書いた手紙です。同時に，わたしと同じ十四歳のあなたたちに宛てて書いた手紙です。

わたしはきょう，十年間，住み慣れた巣から，旅立っていきます。

遠い世界で，わたしを待ってくれている子どもたちが大勢います。①じゅうぶんな食べ物もなく，清潔な飲み水もなく，毎日のように，飢《う》えて亡《な》くなっている人たちが大勢いる世界です。

なぜ，こんな世界があるのでしょうか。

それは人間が起こした戦争や紛争《ふんそう》のせいです。

戦いが終わらないから，子どもたちの苦しみも終わらないのです。

わたしはひとりの日本人女性です。

三十四年，日本で幸せに暮《く》らしてきました。

でも，この地球上には，苦しんでいる子どもたちがいる，ということを知ってから，どんな小さなことでもいいから，子どもたちの力になりたい，そういう仕事をしたいと思うようになりました。

調べてみると，わたしにもできることが色々ありました。それをやるために，日本での生活にひと区切りをつけて，わたしは旅立つ決心をしたのです。

ひな鳥たちは，自分の翼《つばさ》を広げて飛べるようになったとき，安心して暮らせるあたたかな巣を離《はな》れて，ひとりで旅立ってゆきます。わたしもそんなひな鳥のひとりとして，きょう，未知の世界へ出発します。

いつか，どこかで，あなたに会えたとき「あの日，旅立って，よかった」と，胸《むね》を張って言えるようなわたしでありたいと思います。

あなたは今，どんなコンプレックスを抱《かか》えていますか。

ときにはコンプレックスに押《お》しつぶされそうになることも，あるかもしれません。かつてのわたしのように。

わたしは，あなたに，こう言いましょう。

そのコンプレックスがあなたそのものだよ。

コンプレックスは宝物《たからもの》みたいなもの。

②弱点も，短所も，あなたの味方に，生きる力になってくれるよ。

無理して，乗り越えようとしなくていい。

いっしょに歩いていけばいいよ。

あした旅立つすべての小鳥たちへ，陽菜より

（小手鞠《こでまり》　るい「旅立つ小鳥たちへ」による。一部中略した箇所《かしょ》がある。）

※1　コンプレックス…自分が他人に比べておとっていると思う気持ち。

問一　波線部①「じゅうぶんな食べ物もなく，清潔な飲み水もなく，毎日のように，飢えて亡くなっている人たちが大勢いる」とあります。次ページの国連が示した「持続可能な開発目標（SDGs）」の中にもある「飢餓《きが》をゼロに」を達成するために，あなたに今できることと，将来《しょうらい》できることは何だと考えられますか。それぞれ三十字程度で考えて書きなさい。句点（。）読点（，）も含む。

問二　波線部②「弱点も，短所も，あなたの味方に，生きる力になってくれるよ」とあります。あなたの「長所」や「短所」はどのようなものですか。また，それが「生きる力になってくれる」とはどのようなことだと思いますか。あなたの経験を交《まじ》えて具体的に書きなさい。ただし，次の【書くことのきまり】にしたがって書くこととする。

【書くことのきまり】

1　九行以上十行以内で書くこと。

2　二段落《だんらく》構成とし，一段落目にはあなたの経験を交えて「長所」または「短所」を書くこと。二段落目にはその「長所」や「短所」が「生きる力になる」とはどのようなことかを書くこと。

3　句点や読点もすべて一字として数えること。ただし，句点や読点が行のはじめ（一マス目）に来る場合には，前の行の最後のマスに文字と一緒《いっしょ》に入れること。

4　文字やかなづかいを正しく書き，漢字を適切に使うこと。

「責任者からもらった名刺」

ア

千葉市中央《ちゅうおう》区《く》登戸《のぶと》
１丁目○○交番
千葉　太郎

イ

千葉市中央区登戸
１丁目○○病院
千葉　太郎

ウ

千葉市中央区新千葉
３丁目○○老人ホーム
千葉　太郎

エ

千葉市中央区新千葉
３丁目○○警察署
千葉　太郎

オ

千葉市中央区新宿《しんじゅく》
１丁目○○郵便局
千葉　太郎

カ

千葉市中央区新宿
１丁目 ○○消防署
千葉　太郎

※編集の都合により80%に縮小してあります。

資料 14　2019 年の千葉市の地図

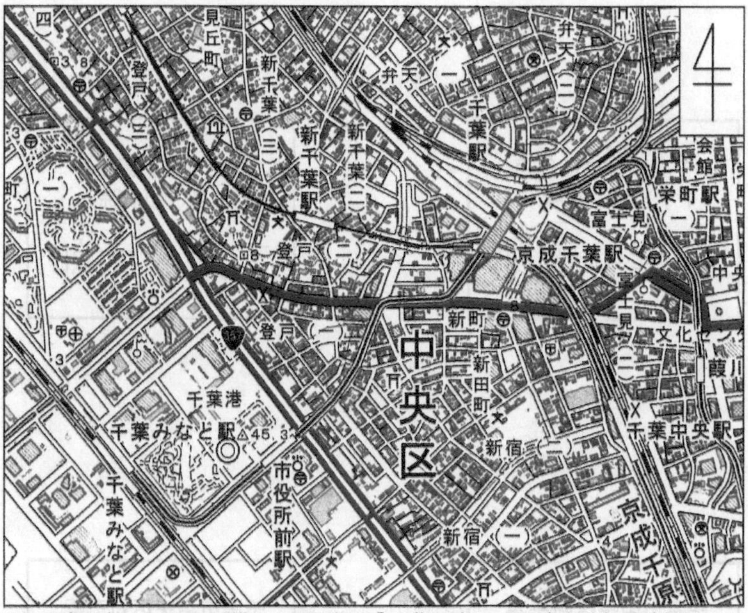

(国土地理院発行　2万5千分の1地形図「千葉西部」 平成 31 年発行より160%に拡大《かくだい》して作成)

資料 15　1970 年の千葉市の地図

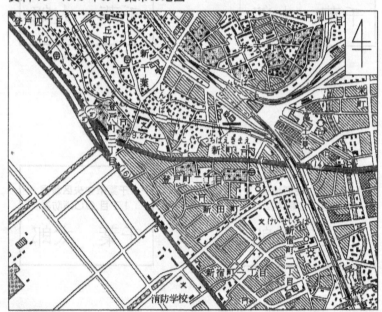

(国土地理院発行　2万5千分の1地形図「千葉西部」 昭和 45 年発行より160%に拡大して作成)

主な地図記号

問6　27・26ページの**3人の会話の下線部⑥**に関して、千花さんや良夫さんのクラスは、次に千葉市役所から移動して、ある場所へ向かいました。先生はそこで責任者から名刺《めいし》をもらいました。次の**ある場所での先生と千花さんの会話**、16ページの**資料14**、**資料15**を見て、先生が責任者からもらった名刺として最もふさわしいものを、15ページの**ア～カ**から1つ選び、記号で書きなさい。

ある場所での先生と千花さんの会話

千花：先生、これを見てください。2枚《まい》の地図が壁《かべ》にかかっています。

先生：そうですね。どちらも千葉市の地図みたいですね。

千花：2019年（平成31年）と1970年（昭和45年）の千葉市の地図と書いてあります。

先生：わたしたちがいるこの場所は1970年の地図だとどのあたりかわかりますか。

千花：（指をさして）ここです。1970年の地図では、まだこの場所も、千葉市役所の旧庁舎もありませんね。

先生：そうですね。この場所の近くには神社がありますが、1970年の地図にも、2019年の地図にもこの神社がありました。市役所からは南東に向かって歩いてこの場所につきました。帰りは京成線に乗りますが、ここから一番近い京成線の駅はどこだかわかりますか。

千花：千葉中央駅が一番近いと思います。

先生：その通りです。ここからまた北東に向かって、千葉中央駅に歩いていきましょう。遅《おそ》くなっては大変ですね。そろそろ出発しましょう。

千花：はい、わかりました。みんなに伝えてきます。

資料 11　鎌倉幕府のしくみ

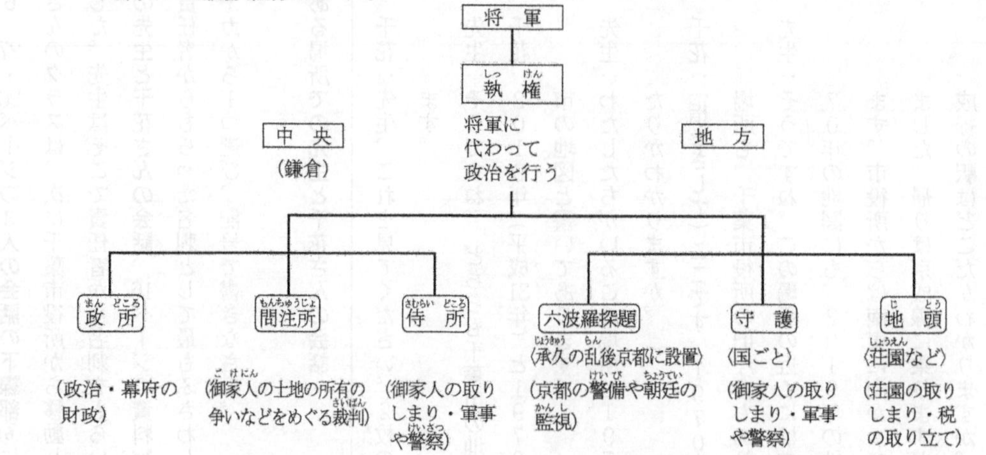

（東京書籍「新しい社会」より作成）

資料 12　鎌倉と幕府の位置

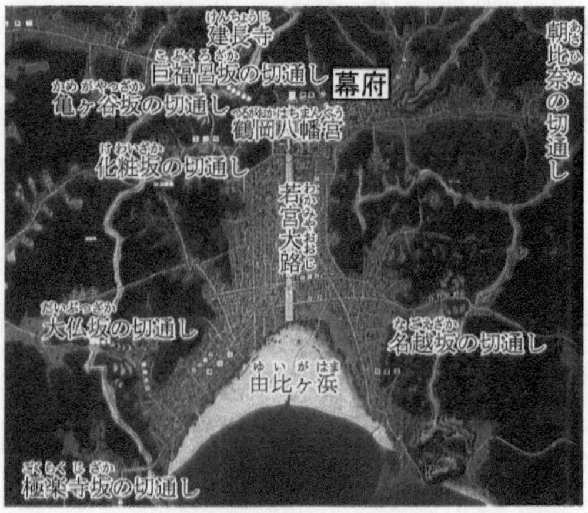

（東京書籍「新しい社会」より作成）

資料 13　千葉氏の主なゆかりの地

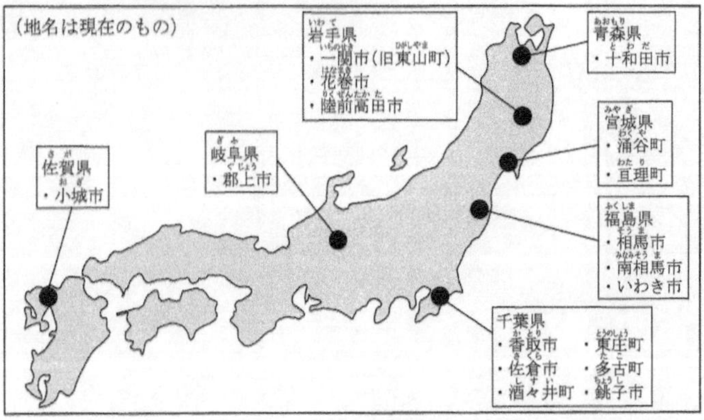

（千葉市ホームページより作成）

問5　27・26ページの**3人の会話の下線部⑤**に関して、千花さんは以前の地域《ちいき》学習で学んだ千葉氏のことを思い出し、千葉氏について調べていると次の資料を見つけました。**「千葉市のホームページをまとめたもの」**、**資料11～資料13**（いずれも次のページ）を見て、その説明として最もふさわしいものを、あとの**ア**～**エ**から1つ選び、記号で書きなさい。

「千葉市のホームページをまとめたもの」

千葉氏は、千葉に本拠地《ほんきょち》をおいた有力な武士団でした。

千葉常胤《つねたね》は源氏《げんじ》軍が平氏軍に敗れたとき、直ちに源頼朝《みなもとのよりとも》の味方に付き、生涯《しょうがい》にわたり頼朝を支えました。

常胤は鎌倉《かまくら》が源氏ゆかりの地であること、敵に攻《せ》められにくい立地であることから頼朝に鎌倉を拠点《きょてん》にするように勧《すす》めました。そして平氏打倒《だとう》のため、いくつもの戦いに参加し、その褒美《ほうび》として千葉氏一族は数々の所領をもらい、常胤は下総国《しもうさのくに》（現在の千葉市北部等）の守護《しゅご》に任命されました。千葉氏が当時獲得《かくとく》した所領はいまでも北は東北から南は九州まで全国各地に「千葉氏の主なゆかりの地」として残っています。このように鎌倉幕府《ばくふ》の成立に大きく貢献《こうけん》した常胤のことを、頼朝は父のように慕っていたと言われています。

（千葉市ホームページより作成）

ア　常胤が任命された役職は将軍《しょうぐん》に代わって政治を行うものだった。

イ　常胤が鎌倉は敵に攻められにくい立地であると考えたのは、東西南北を山に囲まれている盆地《ぼんち》だったからである。

ウ　千葉氏の主なゆかりの地は東日本と西日本では、東日本の方が多い。

エ　六波羅探題《ろくはらたんだい》がおかれた場所にも「千葉氏の主なゆかりの地」がある。

問4　27・26ページの**3人の会話**の**下線部④**に関して、千花さんと良夫さんは、千葉市役所の新庁舎で**資料10**の多機能トイレを見つけました。多機能トイレについて先生と話した**市役所での会話**の中の［　　］にあてはまる理由を20字以上30字以内で書きなさい。

市役所での会話

先生：千葉市役所新庁舎の多機能トイレには、バリアフリーのための工夫がたくさんありますね。なにか気づいた点はありますか。
千花：はい。**資料10**のように多機能トイレがこのように広々とした設計になっているのは、車いすに乗った方でも身動きがとりやすいためですね。
良夫：便器の横に手すりがあるのも、車いすの方が便器に体を移す時の支えとしてとても大切ですよね。
先生：もうひとつ、車いすの人に向けての工夫として、洗面台《せんめんだい》の下（○の部分）に隙間《すきま》が空いています。なぜ隙間が空いているのだと思いますか。
良夫：それは［　　］ためだと思います。
先生：その通りです。
千花：多機能トイレから、自分たちが普段《ふだん》気にせずに使っている場所やものでも、誰《だれ》かにとっては大きな障壁になっているかもしれないということを考えるきっかけになりました。これからさらに、バリアフリーが取り入れられていくといいですね。

資料10　千葉市役所の多機能トイレ

問3　27・26ページの**3人の会話の下線部③**に関して、千花さんは、環境問題を通じて千葉市のごみ問題に関心を持ち、千葉市のごみ処理《しょり》に関することを調べました。**資料7〜資料9**を見て、その説明として最もふさわしいものを、下の**ア〜エ**から1つ選び、記号で書きなさい。

ア　千葉市では2007年から焼去《しょうきゃく》ごみ3分の1削減《さくげん》に向けて取り組み、目標を達成して以降《いこう》、焼却ごみは毎年減少を続けている。

イ　可燃ごみの収集日を週3日から週2日に減らした年は、前年と比べて4万トン以上焼却ごみを減らすことができた。

ウ　数年間ごみの減少が停滞《ていたい》していたが、家庭向けのごみ袋《ぶくろ》をごみ処理費用の一部を含む価格で販売《はんばい》するようになった年に、焼却ごみ1／3削減の目標を達成することができた。

エ　千葉市では市内に3つあった清掃《せいそう》工場のうち老朽化が進んでいた新港《しんみなと》クリーン・エネルギーセンターを廃止《はいし》し、2023年現在、市内の清掃工場は2つになった。

資料7　千葉市の焼却ごみ削減に向けての取り組み

「焼却ごみ3分の1削減〜リサイクルNO．1大都市・ちば」主な内容
・千葉市は2007年から2016年までに焼却ごみを3分の1（25.4万トンまで）削減することを目指した。
・2009年から週3日だった可燃ごみの収集日を週2日に減らした。
・2014年から家庭向けの可燃ごみ・不燃ごみの袋をごみ処理費用の一部を含む価格で販売するようになった。
・2017年に、市内に3つあった清掃工場のうち、老朽化が進んでいた1つを廃止した。

（「焼却ごみ1／3削減」目標達成と今後の取組みについてなどより作成）

資料8　千葉市の焼却ごみ量の推移

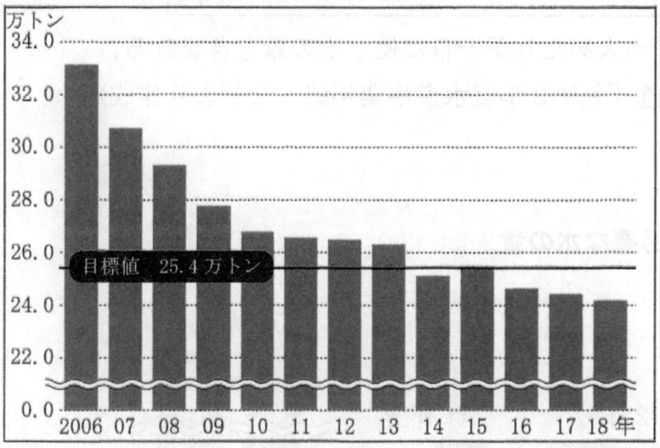

（千葉県知事ホームページより作成）

資料9　千葉市のごみ処理施設　（2023年）

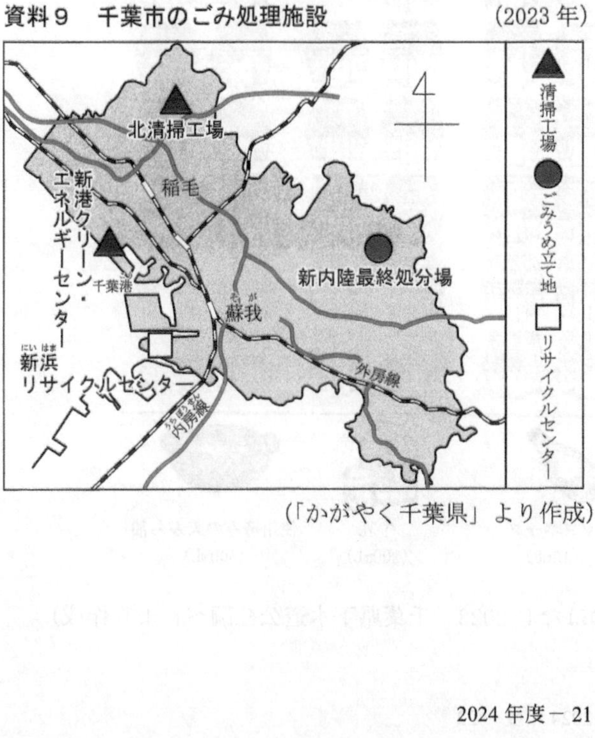

（「かがやく千葉県」より作成）

資料５　千葉県・千葉市で一人あたりが一日に使う水の量

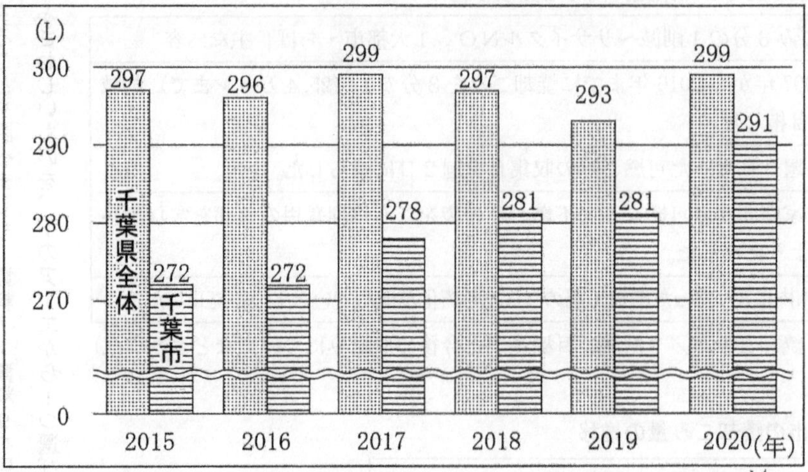

※「千葉県全体」には千葉市で一人あたりが一日に使う水の量も含《ふく》まれる。

（千葉市営水道「令和３年度水道事業年報」などより作成）

資料６　魚が住める水質にするのに必要な水の量

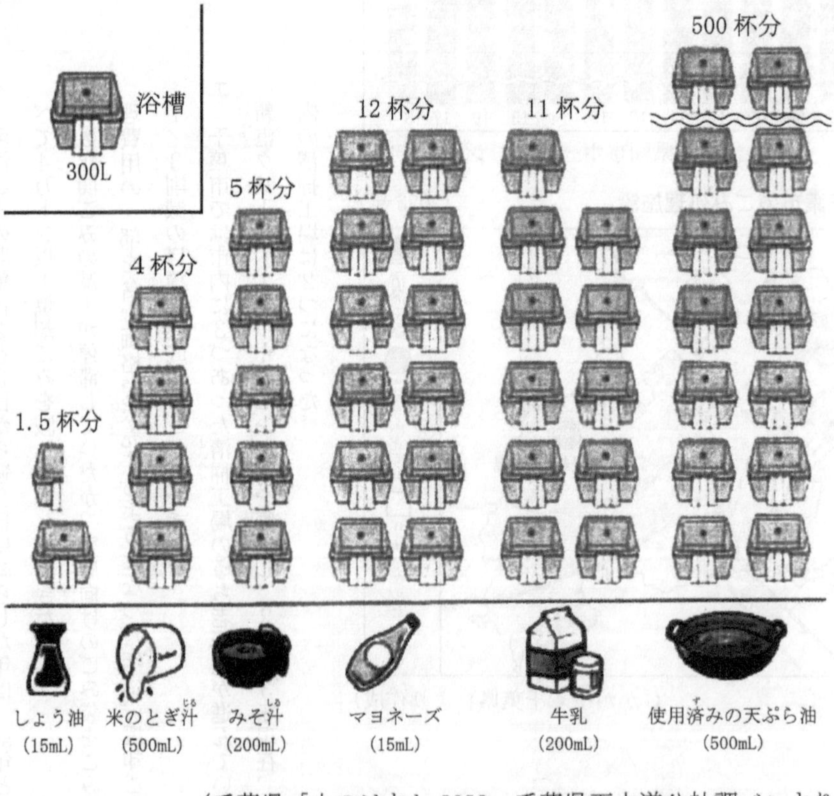

（千葉県「水のはなし 2023　千葉県下水道公社調べ」より作成）

(2)　良夫さんは、災害時に重要となるライフラインである水道に興味を持ち、千葉県全体と千葉市の水道使用量について調べている中で、**資料5**、**資料6**（いずれも次のページ）を見つけ、考えたことを**メモ**にまとめました。良夫さんの**メモ**の中の（①）～（③）にあてはまる内容として最もふさわしいものをa～fから選んだとき、その組み合わせとして正しいものはどれか、あとの**ア**～**ク**から1つ選び、記号で書きなさい。

メモ

資料5から千葉県全体で一人あたりが一日に使う水の量と、千葉市で一人あたりが一日に使う水の量を比べると、どの年も（　①　）の方が多くの水を使っていることがわかりました。また、２０１５年から２０２０年の6年間で、一人が一日に使う水の量がどれだけ変わったかということに注目すると、千葉県全体はわずかな増減を繰《く》り返《かえ》し、大きくは変わっていませんが、千葉市は徐々《じょじょ》に増えていることがわかります。２０１５年と２０２０年を比べると千葉市では（　②　）Lもの違《ちが》いがありました。ぼくも今日から、限りある水資源《しげん》を守るために節水を心がけていきたいと思います。

大切な水を守るためにできることは、節水だけではありません。川や沼《ぬま》の水をできるだけ汚《よご》さないようにすることも大切です。例えば**資料6**から、しょう油15 mLをそのまま流してしまうと、そのしょう油が流れてきた川を、魚たちが住めるきれいな水に戻《もど》すためには浴槽《よくそう》1.5杯《はい》分、つまり（　③　）Lの水が必要になります。ですからしょう油などを捨てる時は、紙などに吸わせて可燃ごみで捨てるなどの工夫が必要です。

a　千葉県全体　　b　千葉市　　c　9
d　19　　e　１５０　　f　４５０

ア　①a　②c　③e
イ　①a　②c　③f
ウ　①a　②d　③e
エ　①a　②d　③f
オ　①b　②c　③e
カ　①b　②c　③f
キ　①b　②d　③e
ク　①b　②d　③f

も多いのは放火（疑《うたが》い含《ふく》む）ですが、２０２１年は２０１４年と比較すると減少していることがわかります

キ　２０１４年と比較すると、２０２１年の千葉市の火災の出火原因のうち、こんろの出火件数は半分以下に減少したことがわかります

資料３　千葉市の火災の出火件数と気温・湿度（上が 2014 年、下が 2021 年）

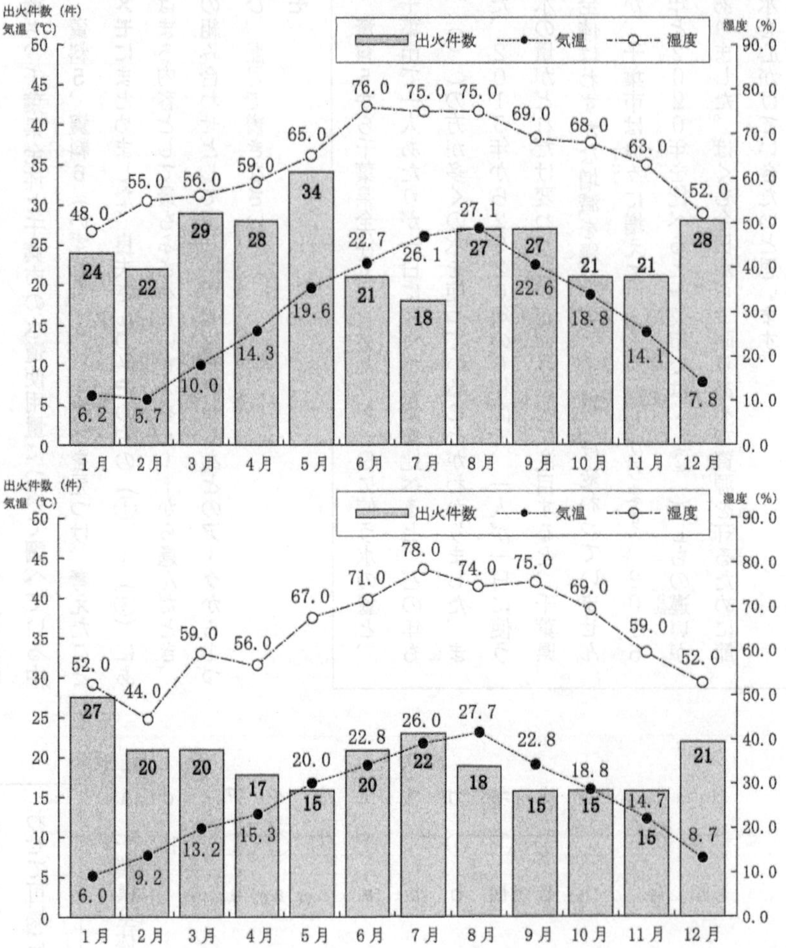

（千葉市消防局「平成 26 年火災統計」「令和３年火災統計」より作成）

資料４　千葉市の火災の出火原因

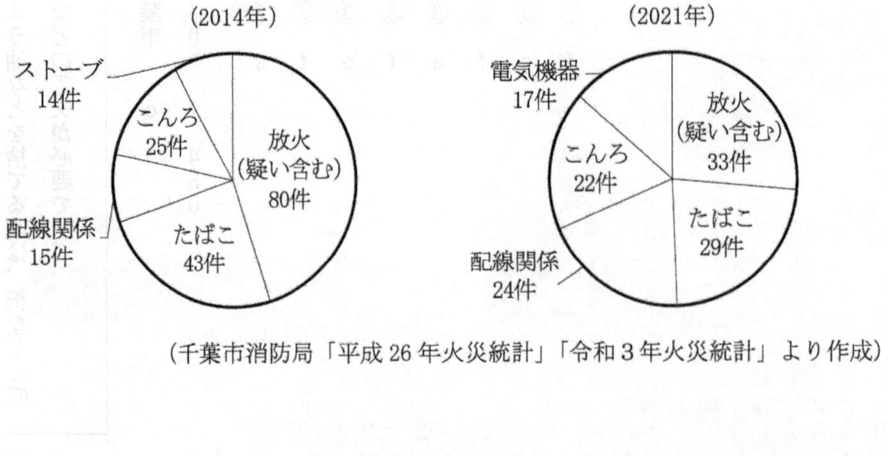

（千葉市消防局「平成 26 年火災統計」「令和３年火災統計」より作成）

千花さんと良夫さんの会話

良夫：ア旧庁舎が造られたとき、沖縄はまだアメリカの統治下にあったよ。太平洋戦争が終わって25年以上が経《た》っても、その影響《えいきょう》が残っていたことがわかるね。

千花：私は震災が気になったな。日本は世界的に見ても地震《じしん》が多いと聞いたことがあるよ。前のページの**資料1**を見ると、イ1970年から2023年の間に少なくとも日本が2回大きな震災にみまわれたということがわかるね。

良夫：それでは詳《くわ》しく調べるために図書館に行って、本を借りよう。

千花：図書館に行くのは久しぶりだな。2019年の校外学習では、千葉市立中央図書館へ行ったよね。

良夫：前のページの**資料2**を見ると、千葉市立図書館全体のウ貸出冊数は2019年が最も少ないね。

千花：そうだね。**資料2**を見ると、千葉市立図書館全体のエ賃出冊数は2015年から毎年減り続けているみたい。

良夫：なぜ本を借りる人が少なくなったのかな。新規購入冊数も2016年を境に減り続けているね。学校の友達に図書館で本を借りることをすすめてみよう。

千花：千葉市は、図書館のほかに美術館も運営していて、**資料2**では千葉市美術館のオ一般成人入館者は2013年が最も多く、2016年が最も少ないことがわかるね。

良夫：**資料2**のカ「その他入館者」が1万人以上だったのは2012年しかないね。

千花：今度は図書館や美術館を利用する人が増えるような取り組みについて考えてみたいな。

問2　27・26ページの**3人の会話の下線部②**に関して、(1)、(2)の問いに答えなさい。

(1)　良夫さんは、防災について調べている中で、千葉市の火災に関する**資料3**、**資料4**（いずれも次のページ）を見つけました。**資料3**、**資料4**を見て、次の**文章**中の（a）（b）にあてはまるものとして最もふさわしいものを（a）については選択肢《せんたくし》**ア**～**ウ**、（b）については選択肢**エ**～**キ**から1つずつ選び、記号で書きなさい。

文章

千葉市の月別の火災の出火件数について、2014年と2021年のそれぞれ最も多い月同士の件数を比較《ひかく》すると、その差は（ a ）です。また、**資料3**、**資料4**から（ b ）。

（a）の選択肢《せんたくし》

ア　3件　**イ**　7件　**ウ**　19件

（b）の選択肢

エ　2014年と2021年ともに、火災の出火件数が最も多い月は、湿度《しつど》が1年で最も低い月であることがわかります

オ　2014年と2021年ともに、気温が最も低い月は火災の出火件数が最も多く、ストーブなどの取《と》り扱《あつか》いに注意する必要があると考えられます

カ　2014年と2021年ともに、千葉市の火災の出火原因で最

先生：それでは次の⑥社会科見学は千葉市役所に行きましょう。まずは千葉市について調べ学習を進めていきましょう。

問１　27・26ページの3人の会話の下線部①に関して、資料１は千葉市の各施《かくし》設《せつ》と日本の主な出来事について、市役所の旧庁舎が造られた1970年から新庁舎に移転した2023年までをまとめたもの、資料２は千葉市立図書館と千葉市美術館の概要《がいよう》についてまとめたものです。資料１と資料２に関する千花さんと良夫さんの会話文中のア～カから正しくないものを1つ選び、記号で書きなさい。

資料１　千葉市の各施設と日本の主な出来事

	千葉市の施設について	日本の主な出来事
1970年	市役所旧庁舎が造られる	日本万国博覧会《ばんこくはくらんかい》が大阪《おおさか》で開催《かいさい》される
1972年	北部図書館（現千葉市稲毛《いなげ》図書館）がオープンする	アメリカから沖縄《おきなわ》が返還《へんかん》される
1986年	千葉ポートタワーがオープンする	Ｇ７東京《とうきょう》サミットが開催される
1992年	千葉市が全国で12番目の政令指定都市になり、各区役所が業務を開始する	ＰＫＯ協力法が成立する
1995年	千葉市美術館がオープンする	阪神《はんしん》・淡路《あわじ》大震災《だいしんさい》が起こる
2005年	アクアリンクちばがオープンする	京都《きょうと》議定書が発効する
2011年	千葉マリンスタジアムの名称《めいしょう》が「ＱＶＣマリンフィールド」に変更される	東日本大震災が起こる
2023年	市役所が新庁舎に移転する	Ｇ７広島《ひろしま》サミットが開催される

（千葉市ホームページより作成）

資料２　千葉市立図書館と千葉市美術館の概要

	千葉市立図書館（全体）			千葉市美術館	
	貸出冊数《さっすう》（冊）	貸出登録者（人）	新規購入《こうにゅう》冊数（冊）	一般《いっぱん》成人入館者（人）	その他入館者（人）
2012年	4,030,340	282,811	36,624	122,053	10,507
2013年	3,888,841	271,227	35,643	175,482	9,752
2014年	3,905,237	266,276	34,637	137,398	8,574
2015年	3,851,308	261,336	35,641	156,042	6,700
2016年	3,719,115	254,596	51,766	106,334	6,163
2017年	3,813,996	249,853	31,794	121,820	6,276
2018年	3,682,908	245,275	28,654	111,039	5,579
2019年	3,547,609	237,527	26,938	127,857	8,740

（「千葉市統計書令和４年度版」「千葉市統計書平成29年度版」より作成）

そうだけど…。

千花　「魚の目」というのは「情報を理解するためには時代や社会の B の中で考える必要がある」ということだそうだよ。

良夫　たしかに、それなら水にすむ「魚」という言葉が使われるのも納得できるね。

ア　A　近づいて　B　流れ

イ　A　同時に　B　動向

ウ　A　くわしく　B　安定

エ　A　すばやく　B　流行

2　千花さんと良夫さんが千葉《ちば》市の各家庭に配布されている「ちば市政だより」を読み、先生と話をしています。次の**3人の会話**を読んであとの**問1～問6**に答えなさい。

3人の会話

先生：「ちば市政だより」の2023年2月号に、千葉市役所の新庁《しんちょう》舎《しゃ》に関する記事がありました。

千花：新庁舎はなぜ造られたのですか。それまでの庁舎ではいけなかったのですか。

先生：旧庁舎は①約50年前に建てられたので、老朽化《ろうきゅうか》が進んでいました。他にも耐震性《たいしんせい》の問題などがあったため、新庁舎を造ることに決まりました。

千花：新庁舎にはどのような特徴《とくちょう》があるのですか。

先生：新庁舎には3つの特徴があります。1つめの特徴は新庁舎が自然災害などに備えた②総合防災拠点《きょてん》になっていることです。自然災害などから千葉市民の身体・生命・財産を守るために、新庁舎内に危機管理《ききかんり》センターが整備されました。

良夫：災害などが起きたとき、ぼくたち市民の安全を守るために情報を収集《しゅうしゅう》し、すばやく的確な対応をしてくれるのですよね。

先生：2つめの特徴は③環境性能《かんきょうせいのう》です。新庁舎は省エネルギー化や太陽光発電により、二酸化炭素の排出量《はいしゅつりょう》が抑制《よくせい》されています。3つめの特徴は④バリアフリーが採用されていることです。

千花：バリアフリーとは何ですか。

先生：障害《しょうがい》のある人や高齢者《こうれいしゃ》だけでなく、あらゆる人の社会参加を困難《こんなん》にしている様々なバリア（障壁《しょうへき》）を取《と》り除《のぞ》こうとする考えです。新庁舎では全フロアに多機能トイレが設置され、段《だん》差《さ》のない通路などが整備されました。

良夫：ぼくも家族で新庁舎に行きましたが、車いすに乗っている祖母でも、不自由なく見学することができました。

千花：それはとても良かったね。

良夫：祖母は新庁舎の1階に飾《かざ》ってあった⑤千葉氏の兜《かぶと》に興味を持っていました。千葉氏については学校で勉強したので、祖母にも教えてあげました。

先生：学校で学んだことを生かすことができて素晴らしいですね。

千花：先生、わたしは新庁舎についてもっと知りたくなりました。

※3　干ばつ…長いあいだ雨が降らず、土地がかれてしまうこと。
※4　解釈…自分なりに意味を考えて理解すること。

問一　波線部①「まったく同じ状況」とはどのような状況かを説明した次の文の空らんに入る言葉を、十五字以上二十字以内で書きなさい。句点（。）読点（、）も含《ふく》む。

［　　　　　　　　］状況。

問二　②　に入る言葉を本文中から漢字二字でさがし、ぬき出して書きなさい。

問三　次の文は、波線部③「まったく違う感情を抱く」とはどのようなことかを説明しています。空らんに入る言葉を、それぞれ指定の字数で本文中からさがし、ぬき出して書きなさい。句点（。）読点（、）も含む。

メスライオンに対しては、　A（十一字）　と祈り、インパラに対しては、　B（八字）　と思うということ。

問四　波線部④「どこから見るかで景色はまったく変わる」とはどういうことか、「情報」という言葉を使って二十字以上三十字以内で説明しなさい。句点（。）読点（、）も含む。

問五　波線部⑤「真実は人の数だけある」について、このことに関係の深い四字熟語《よじじゅくご》を、次の**ア**～**エ**の中から一つ選び、記号で答えなさい。

ア　異口同音　**イ**　十人十色　**ウ**　付和雷同《ふわらいどう》　**エ**　正真正銘《しょうしんしょうめい》

問六　この文章の構成の特徴《とくちょう》として、最もふさわしいものを次の**ア**～**エ**の中から一つ選び、記号で答えなさい。

ア　専門的《せんもんてき》な言葉を数多く使うことで、筆者が主張することに説得力をもたせている。
イ　具体例を示しながら、誰でも理解しやすいように筆者の考えを伝えている。
ウ　読者にわかりやすく伝えるために、筆者の主張を何度もくり返し説明をしている。
エ　読者の感情に訴《うった》えかけることで、筆者自身の考えに共感が得られるようにしている。

問七　千花さんと良夫さんが、この文章について話をしています。空らんに入る言葉の組み合わせとして、最もふさわしいものをあとの**ア**～**エ**の中から一つ選び、記号で答えなさい。

千花　今回の文章を読んで、関係のありそうな言葉を調べてみたよ。
良夫　どんなものが見つかったの。
千花　「鳥の目」「虫の目」「魚の目」というものがあるそうだよ。
良夫　はじめて聞いたよ。「鳥」や「虫」や「魚」にはどんな意味があるのかな。
千花　「鳥の目」の「鳥」は、鳥が空の高いところから離れた地面を見るように、「情報に対して距離《きょり》を取って見直す」ということを意味しているんだって。
良夫　なるほどね。それに対して「虫の目」というのは、「情報に対して　A　理解する必要がある」という意味になるのかな。
千花　そうそう。さすが良夫さんだね。その通りだよ。
良夫　じゃあ、「魚の目」というのは何だろう。距離の話ではなさ

【適性検査Ⅰ】（四五分）〈満点：七〇点〉

1 次の文章を読んで、あとの問いに答えなさい。

あなたはテレビを観《み》ている。アフリカのサバンナのドキュメンタリーだ。※1NHKの「ダーウィンが来た！」をイメージしてほしい。主人公は一《いっ》匹《ぴき》のメスライオン。最近三匹の子どもが産まれたばかりだ。

でもこの年のアフリカは、※2乾季《かんき》が終わったのに雨がほとんど降《ふ》らない。草食のインパラやトムソンガゼルたちは、ばたばたと飢《う》えで死んでいる。だから母親になったばかりのライオンも獲物《えもの》を見つけられず、母《ぼ》乳《にゅう》も出ない。

その日もメスライオンは、衰弱《すいじゃく》してほとんど動けない子どもたちを残して狩《か》りに出る。二匹のインパラを見つけた。大きなインパラを追いかけるほどの体力は残っていないが、小さなほうなら何とかしとめることができるかもしれない。

メスライオンは風下からゆっくりとインパラに近づいてゆく。このときテレビを観ながらあなたは、狩りが成功しますように、と祈《いの》るはずだ。成功すればメスライオンの体力は回復し、お乳《ちち》も出るようになるはずだ。ならば死にかけた三匹の子ライオンたちも生き延《の》びることができる。がんばれ。あなたは思う。狩りが成功しますように。

翌週《よくしゅう》の同じ時間帯、あなたはテレビのスイッチを入れる。今回の主役は、子供《こども》を産んだばかりのメスのインパラだ。その年のアフリカは※3干《かん》ばつで草が生えない。インパラの母と子は飢えている。すっかり痩《や》せ細っている。足は弱ってほとんど走れない。しかも群れから離《はな》れてしまった。

母と子はわずかな草地を見つける。これで数日は生き延びることができる。インパラの母と子は夢中で草を食べる。そのとき、遠くからそっと近づいてくる痩せ細った狂暴《きょうぼう》そうな一匹のメスライオンの姿《すがた》をカメラは捉《とら》えた。母と子のインパラは気づかない。メスライオンはゆっくりと近づいてくる。

このときあなたは何を思うだろう。早く気づいてくれ、と思うはずだ。狂暴そうなライオンが近づいている。このままでは食べられてしまう。早く逃《に》げろ。気づけ。そう思いながら、あなたは手を合わせるかもしれない。

この二つの作品は、①まったく同じ状況《じょうきょう》を撮影《さつえい》している。違《ちが》いは何か。カメラの位置だ。つまり [②] 。どこにカメラを置くかで、映《うつ》し出された世界はこんなに違う。そしてその映像《えいぞう》を観たあなたは、③まったく違う感情を抱《いだ》く。これが情報の本質だ。

世界はとても多面的だ。多重的で多層的《たそうてき》。④どこから見るかで景色はまったく変わる。あなたがスマホでチェックするニュース、あるいはツイッターやラインで誰《だれ》かが書いた情報、テレビニュースや新聞記事も、すべて構造は同じだと知ってほしい。難《むずか》しい話ではない。人は同時に多数の視点《してん》に立てない。選ぶしかない。あなたがもしも記者やカメラマンなら、ひとつの視点を決めなくてはならない。それはあなたにとっては真実だ。でも⑤真実は人の数だけある。※4解釈《かいしゃく》は人によって違う。それが世界だ。

（森《もり》　達也《たつや》「集団に流されず個人として生きるには」による。）

※1　NHKの「ダーウィンが来た！」…動物をテーマにした番組の名前。
※2　乾季…一年のうち、雨の少ない季節・時期のこと。

MEMO

大切なことはメモしておこうネ！

2024 年 度

解 答 と 解 説

＜適性検査Ⅰ解答例＞

1 問一 ライオンがインパラをねらっている
問二 視点
問三 A 狩りが成功しますように
B 早く気づいてくれ
問四 立場が異なれば，情報のとらえ方も異なるということ。
問五 イ
問六 イ
問七 ア

2 問1 エ
問2 ⑴ a イ b カ
⑵ エ
問3 ウ
問4 (それは)車いすの足元がぶつからず，洗面台に近づきやすくなる(ためだと思います。)
問5 ウ
問6 オ

○推定配点○
1 問一 6点 問二・問五・問六・問七 各4点×4 問三 各3点×2 問四 10点
2 問1・問3・問5・問6 各4点×4 問2⑴・⑵ 各3点×3 問4 7点
計70点

＜適性検査Ⅰ解説＞

1 (国語：長文読解，言葉の意味)

問一 波線部①「まったく同じ状況《じょうきょう》」を撮影《さつえい》している「この二つの作品」とは，その前までの段《だん》落《らく》で書かれているテレビ番組のことを指している。一段落から四段落では，母親になったばかりのメスライオンが自分と子どもたちを生かすためにインパラをねらっている様子が読み取れる。一方で，五段落から七段落では，飢《う》えて弱っているインパラの親子がメスライオンにねらわれている様子が読み取れる。一段落から四段落はライオン視点《してん》，五段落から七段落はインパラ視点になっているが，視点が異《こと》なるだけでライオンがインパラをねらっている状況を書いているのは同じである。

問二 ② の前に「つまり」があることから，② には「つまり」の前に述べられている

「カメラの位置」を言いかえた同じ意味の言葉が入るとわかる。八段落では，カメラの位置を変えることによって，映《うつ》し出される世界が大きく違《ちが》うと述べられている。続く九段落では「あなたがもしも記者やカメラマンなら，ひとつの視点を決めなくてはならない」とあり，カメラの位置を決めることと視点を決めることは同じ意味であると推測《すいそく》できる。よって，②にあてはまる漢字二字の言葉は「視点」である。

重要　問三　波線部③「まったく違う感情を抱《いだ》く」とあるため，AとBには反対の気持ちがあてはまると考えられる。このことをふまえて，メスライオンの視点に立った一段落から四段落を見ると，四段落の二文目に，メスライオンに対して「狩りが成功しますように」と祈《いの》る様子が書かれている。一方で，インパラの視点に立った五段落から七段落を見ると，七段落の二文目に，インパラに対して「早く気づいてくれ」と思う様子が書かれている。空らんの後の述語部分がAでは「祈り」，Bでは「思う」というように本文と同じであることからも，Aには「狩りが成功しますように」，Bには「早く気づいてくれ」があてはまるとわかる。

問四　波線部④「どこから見るかで景色はまったく変わる」とはどういうことか，具体的に説明する問題である。「どこから見るか」，「景色が変わる」とは何を意味するのか考える必要がある。八段落までの内容から，視点が変わることで映像の見え方が変わり，その情報に対するわたしたちの感じ方も変化することがわかる。したがって，立場が異なることで情報のとらえ方も異なるといえる。解答は，指定された「情報」という言葉を使い，これらの内容を指定された字数以内にまとめればよい。

問五　波線部⑤「真実は人の数だけある」について，関係が深い四字熟語《よじじゅくご》を選ぶ。アの「異口同音《いくどうおん》」は，多くの人が口をそろえて同じことを言うことを意味する。イの「十人十色」は，人によって好みや考え，性質などが異なることを意味する。ウの「付和雷同《ふわらいどう》」は，自分の考えがなく，他人の言動にすぐ同調することを意味する。エの「正真正銘《しょうしんしょうめい》」は，うそ偽《いつわ》りのない本物であることを意味する。したがって，最も関係が深いのはイである。

問六　本文の特徴《とくちょう》として最もふさわしいものを選ぶ。専門的《せんもんてき》な言葉は用いられていないため，アは適切でない。筆者の主張は最終段落である九段落にまとめられており，くり返してはいないため，ウも適切でない。読者の感情に訴《うった》えかけるような文章は見られないため，エも適切でない。テレビを観《み》る場面を想定して，具体的で身近な例を用いながら進めている文章であるため，イが適切である。

問七　会話文を読んで，空らんにあてはまる言葉を選ぶ問題である。まず，Aをふくむ良夫さんの発言の前に，千花さんが「鳥の目」の「鳥」は，「情報に対して距離《きょり》を取って見直す」という意味があると述べている。良夫さんは「それに対して」と述べてから，「虫の目」の意味を考えている。このことから，「鳥」と「虫」は対比されていることがわかる。したがって，Aには距離を取ることと反対の意味の言葉が入ると考えられる。

また，「魚の目」については，千花さんが「情報を理解するためには時代や社会のBの中で考える必要がある」と述べ，良夫さんが「水にすむ『魚』という言葉が使われる」ことに納得《なっとく》している。したがって，Bには水に関連した言葉が入ると考えられる。これらをふまえて選択肢《せんたくし》を見ると，Aに「近づいて」，Bに「流れ」があてはまるので，アが適切であるとわかる。

2　（社会：資料の読み取り，グラフの読み取り，鎌倉《かまくら》時代，地図の読み取り）

基本　問１　正しくないものを選ぶ問題であることに注意する。

ア　資料１から旧庁舎《きゅうちょうしゃ》が造られたのは1970年で，沖縄がアメリカから返還《へんかん》されたのは

1972年とわかる。よって，アは正しい。

イ　資料１から日本では1995年に阪神《はんしん》・淡路《あわじ》大震災《だいしんさい》が，2011年に東日本大震災が起こったことがわかる。よって，イは正しい。

ウ　資料２から千葉市立図書館の貸出冊数《さっすう》が最も少ないのは2019年の3,547,609冊であるとわかる。よって，ウは正しい。

エ　資料２から2016年から2017年にかけては，貸出冊数が増加していることが読み取れる。よって，エは正しくない。

オ　資料２から一般《いっぱん》成人入館者数は2013年が175,482人で最も多く，2016年が106,334人で最も少ないことがわかる。よって，オは正しい。

カ　資料２から「その他入館者」数が１万人を超えているのは2012年だけであるとわかる。よって，カは正しい。

問２　⑴　a　資料３の千葉市の月別の火災の出火件数のうち，2014年で最も多い月は５月で34件，2021年で最も多い月は１月で27件である。その差は34－27＝7(件)である。よって，イがあてはまる。

b　資料３と資料４を見て，それぞれの選択肢を整理する。

エ　資料３を見ると１年のうち最も湿度《しつど》が低い月は，2014年は１月，2021年は２月であり，いずれの年も火災の出火件数が最も多い月ではないため，適切でない。

オ　資料３を見ると気温が最も低い月は，2014年は２月，2021年は１月であり，2014年は火災の出火件数が最も多い月ではないため，適切でない。

カ　資料４を見ると2014年と2021年の火災の出火原因で最も多いのはともに放火(疑《うたが》い含《ふく》む)であり，その件数は80件から33件に減少していることがわかるので，適切である。

キ　資料４を見ると2014年と2021年の火災の出火原因のうち，こんろの出火件数は25件から22件に減っているが，半分以下に減少しているとは言えないので，適切でない。

⑵　資料５を見ると，2015年から2020年にかけてどの年も千葉県全体の方が千葉市よりも多くの水を使っていることが読み取れる。また，2015年と2020年を比べると，千葉市では一人あたりが一日に使う水の量が，291－272＝19(L)増加している。また，資料６から，浴槽《よくそう》１杯《ぱい》が300Lであることが読み取れるので，しょう油15mLを流してしまった水を魚が住める水に戻《もど》すためには，浴槽1.5杯《はい》分，300×1.5＝450(L)の水が必要になる。よって，①にａ，②にｄ，③にｆがあてはまるので，正しい選択肢はエである。

問３　資料７～資料９を見て，それぞれの選択肢を整理する。

ア　資料８から，千葉市は2014年に目標値《もくひょうち》の25.4万トンを下回ることに成功したが，2014年から2015年にかけて焼却《しょうきゃく》ごみ量は増加していることが読み取れる。よって，適切でない。

イ　資料７から，千葉市は2009年に可燃ごみの収集日を週３日から週２日に減らしたことがわかる。しかし，資料８を見ると，2009年は，前年の2008年と比べて減少した焼却ごみ量は約1.5万トンであり，前年と比べて４万トン以上減らすことはできていないため，適切でない。

ウ　資料７，資料８を見ると，千葉市は2010年ごろから数年間ごみの減少が停滞《ていたい》していたが，2014年に家庭向けのごみ袋《ぶくろ》をごみ処理《しょり》費用《ひよう》の一部を含む価格で販売《はんばい》するようになり，この年に焼却ごみ３分の１削減《さくげん》の目標を達成したことがわかる。よって，適切である。

エ　資料９を見ると，千葉市には2023年も新港《しんみなと》クリーン・エネルギーセンターが残っており，2017年に廃止《はいし》されたのは別の清掃工場《せいそうこうじょう》であることがわかる。よって，適切でない。

問４　一般的なトイレとバリアフリーに対応した多機能トイレの違いに注目して考えるとよい。市役所での会話から，洗面台《せんめんだい》の下に隙間《すきま》が空いている理由を考える。洗面台の下に隙間がない一般的なトイレでは，車いすの人は足元がぶつかってしまい洗面台に近づくことが難《むずか》しい。一方で，バリアフリーに対応した多機能トイレでは，洗面台の下に隙間を空けることで，車いすの人も洗面台に近づくことができる。解答は，これらの内容を字数制限に気をつけてわかりやすくまとめればよい。

問５　資料を見て，最もふさわしい説明を選ぶ問題である。それぞれの選択肢を整理する。

ア　「千葉市のホームページをまとめたもの」の３段落目から，千葉常胤《つねたね》は源 頼朝《みなもとのよりとも》から守護《しゅご》に任命されたことがわかる。資料11から，守護は御家人の取りしまり，軍事や警察《けいさつ》としての役目を持っており，将軍《しょうぐん》に代わって政治を行う役目は持たないことがわかる。よって，適切でない。

イ　「千葉市のホームページをまとめたもの」の３段落目から，常胤は鎌倉《かまくら》が敵《てき》に攻《せ》められにくい立地であるため，頼朝に拠点《きょてん》として勧《すす》めたことがわかる。その理由として，資料12を見ると，鎌倉は東西と北は山に囲まれているが南は海に面していることがわかる。よって，適切でない。

ウ　資料13を見ると，「千葉氏の主なゆかりの地」は青森県や岩手県，宮城県，福島県など西日本よりも東日本に多いことがわかる。よって，適切である。

エ　資料11から，六波羅探題《ろくはらたんだい》は承久《じょうきゅう》の乱《らん》の後に京都に設置されたことがわかる。しかし，資料13を見ると「千葉氏の主なゆかりの地」に京都はふくまれていない。よって，適切でない。

問６　会話文と資料から，名刺《めいし》に書かれた場所としてふさわしいものを推測して選ぶ問題である。ある場所での先生と千花さんの会話からは，この場所は1970年にはなかったこと，近くには1970年以前から残る神社があること，市役所から南東に位置していること，北東には京成線《けいせいせん》の千葉中央駅があることがわかる。

これらをふまえて資料14と資料15を見る。まず，市役所の南東を見てみると，1970年と同じ場所に神社が１つあることがわかる。この神社の近くにあるのは郵便局である。この郵便局は1970年にはなく，北東には京成線の千葉中央駅がある。よって，オが適切である。

★ワンポイントアドバイス★

[1]では，問題文をよく読み，対比の構造や筆者の主張を正確に理解する力が求められる。筆者が特に伝えたいメッセージをおさえながら読み，自分の言葉でまとめられるようにしよう。[2]では，複数の資料を活用して答えを考えることが求められる。資料が複数あるときは，先に問題文や選択肢をよく読み，聞かれていることをつかんでおくと，スムーズに読み解くことができる。また，計算が必要な問題もあるため，必要な情報や数値《すうち》を読み落とさないように注意しよう。

<適性検査Ⅱ解答例>

1　問1　⑴　①　25(分間)　　②　ウ

⑵　①

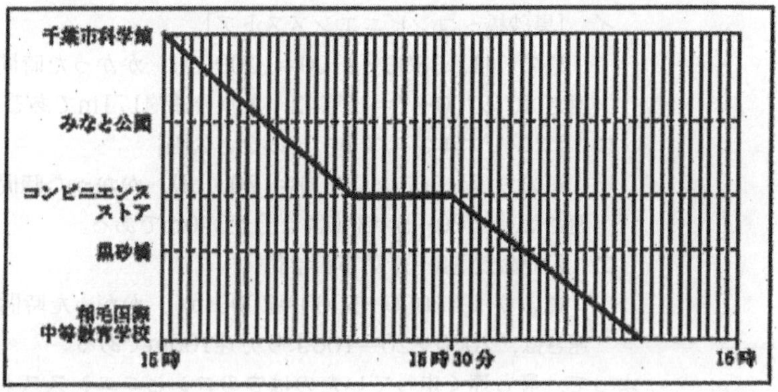

②　(時速)11.1(km)

問2　⑴　①　180　②　80(回転)

⑵　カ

問3　⑴　①　3042(m^2)　　②　8788(m^3)

⑵　ウ

2　問1　⑴　C

⑵　エ

⑶　ア

問2　⑴　a　ア　b　ウ

⑵　c　1　d　4　e　0.5

問3　⑴　①　ア，ウ　②　B

⑵　イ

⑶　67(倍)

○推定配点○

1　問1⑴⑵②・問2　各3点×6　　問1⑵①・問3⑵　各5点×2　　問3⑴①　2点
問3⑴②　4点

2　問1・問2⑵c d・問3⑴②⑵　各3点×7　　問2⑴・問3⑴①　各3点×2(完答)
問2⑵e　4点　　問3⑶　5点　　計70点

<適性検査Ⅱ解説>

1　**(算数：グラフ・表の読み取り，速さ，歯車，円柱の表面積・体積)**

問1　⑴　①　図1から，みなと公園で休んだ時間を読み取る。みなと公園に着いたのは9時35分で，みなと公園を出発したのは10時であるため，みなと公園で休んだ時間は9時35分から10時までの25分間である。

②　図1と表1から，それぞれのかかった時間と道のりを読み取り，速さを求める。表1では，集合場所からの道のりを表していることに注意する。

ア　[稲毛《いなげ》国際中等教育学校の入り口～黒砂《くろすな》橋]

道のりは2100m，かかった時間は10分なので，求める速さは，2100÷10＝210より分速210mである。

イ　[黒砂橋～コンビニエンスストア]

道のりは，3300－2100＝1200(m)，かかった時間は７分なので，求める速さは，1200÷7＝171.42…より分速約171mである。

ウ　[コンビニエンスストア～みなと公園]

道のりは，5000－3300＝1700(m)，かかった時間は５分なので，求める速さは，1700÷5＝340より分速340mである。

エ　[みなと公園～千葉《ちば》市科学館]

道のりは，7000－5000＝2000(m)，かかった時間は20分なので，求める速さは，2000÷20＝100より分速100mである。

よって，最も速く走っていたのはウのコンビニエンスストア～みなと公園の区間である。

また，図１のグラフのかたむきが速さを表していることに気がつけば，計算せずに答えを求めることができる。かたむきが大きいほど速く，小さいほどおそいことを表している。最も速く走っていたのは最もかたむきが大きい区間なので，ウのコンビニエンスストア～みなと公園までの区間だとわかる。

⑵　①　帰りの行程について，問題文より以下のことがわかる。

（Ⅰ）　15時に千葉市科学館を出発し，15時50分に稲毛国際中等教育学校に着いた。

（Ⅱ）　コンビニエンスストアで10分間買い物をした。

（Ⅲ）　千葉市科学館からコンビニエンスストアまでと，コンビニエンスストアから稲毛国際中等教育学校までにかかった時間が同じである。

（Ⅰ）と（Ⅱ）より，移動した時間は買い物の時間をのぞく40分間であることがわかる。さらに，（Ⅲ）より千葉市科学館からコンビニエンスストアまでと，コンビニエンスストアから稲毛国際中等教育学校までにかかる時間は同じなので，40÷2=20よりそれぞれ20分であることがわかる。

よって，花子さんたちは15時に千葉市科学館を出発して15時20分にコンビニエンスストアに着き，15時30分にコンビニエンスストアを出発して15時50分に稲毛国際中等教育学校に着いた。これらをもとにグラフをかけばよい。

②　表１より，千葉市科学館からコンビニエンスストアまでの道のりは，7000－3300＝3700(m)だとわかる。また，①よりこの区間の移動にかかる時間は20分である。時速何kmかを求めるので，3700m＝3.7km，20分＝$\frac{20}{60}$時間より，

$$3.7 \div \frac{20}{60} = 11.1$$

よって，時速11.1kmである。

3700÷20=185より分速185m，185×60=11100(m)=11.1(km)と求めてもよい。

問２　⑴　①　会話文中の(　　)の前に「前輪と後輪は両方とも直径24インチだね。１インチが2.5cmだとすると」とあるので，花子さんの自転車の車輪の直径は，24×2.5＝60

(cm)である。

前輪と後輪が一回転して進むきょりは，車輪の円周の長さと同じである。よって，求めるきょりは，60×3＝180(cm)である。

やや難

② 前歯車と後ろ歯車の仕組みについて，会話文中の太郎さんの２回目の発言を参考に考える。

前歯車の歯数が48個，後ろ歯車の歯数が12個のとき，ペダルが１回転すると前歯車は１回転し，歯数48個分動く。「前歯車が動いた歯数の分だけ，後ろ歯車も動いて後輪が回る」という太郎さんの発言から，このとき，後ろ歯車も歯数48個分動くとわかる。48÷12＝4(回転)より，ペダルが１回転すると後ろ歯車は４回転するので，ペダルが20回転するとき，後ろ歯車は，4×20＝80(回転)する。

⑵ おもりの重さと前歯車の歯数，後ろ歯車の歯数について，変える条件とそろえる条件に注意して表２を見ていく。

まず，おもりの重さについて考える。このとき，変える条件はおもりの重さのみである。表２より，比べるべき結果に色をつけると，おもりの重さが大きいほうが後輪が回る力が大きいことがわかる。

おもりの重さ(g)	450	450	450	450	600	600	600	600
前歯車の歯数(個)	40	40	48	48	40	40	48	48
後ろ歯車の歯数(個)	10	16	18	24	12	20	12	18
後輪が回る力(g)	61	97	91	121	97	161	81	121

次に，前歯車の歯数について考える。このとき，変える条件は前歯車の歯数のみである。表２より，比べるべき結果に色をつけると，前歯車の歯数が小さいほうが後輪が回る力が大きいことがわかる。

おもりの重さ(g)	450	450	450	450	600	600	600	600
前歯車の歯数(個)	40	40	48	48	40	40	48	48
後ろ歯車の歯数(個)	10	16	18	24	12	20	12	18
後輪が回る力(g)	61	97	91	121	97	161	81	121

最後に，後ろ歯車の歯数について考える。このとき，変える条件は後ろ歯車の歯数のみである。表２より，比べるべき結果ごとに線で囲むと，後ろ歯車の歯数が大きいほうが後輪が回る力が大きいことがわかる。

おもりの重さ(g)	450	450	450	450	600	600	600	600
前歯車の歯数(個)	40	40	48	48	40	40	48	48
後ろ歯車の歯数(個)	10	16	18	24	12	20	12	18
後輪が回る力(g)	61	97	91	121	97	161	81	121

以上より，おもりの重さは大，前歯車の歯数は小，後ろ歯車の歯数は大の力が正しい。

基本　**問３**　⑴　①　求める円柱は「きぼーる」の球がちょうど入るので，展開《てんかい》図《ず》は下の図のようになる。

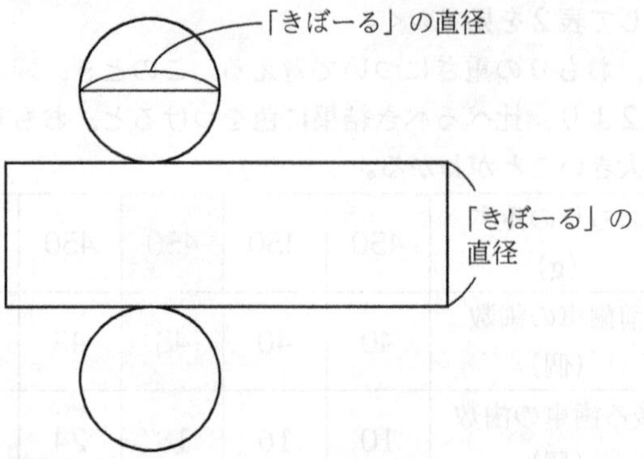

「きぼーる」の球の直径は26mなので，長方形の長辺の長さは直径が26mの円の円周に等しくなる。よって，求める表面積は，(直径が26mの円の面積)×2＋26m×(直径が26mの円の円周)で求めることができる。円周率は３なので，

$13\times13\times3\times2+26\times26\times3=1014+2028=3042(\mathrm{m}^2)$

②　問題文より，球の体積：円柱の体積＝2：3であることがわかっているので，これを利用する。円柱の体積は「(底面積)×(高さ)」で求められるので，「きぼーる」の球がちょうど入る円柱の体積は，

$13\times13\times3\times26=13182(\mathrm{m}^3)$

よって，「きぼーる」の球の体積は，

$13182\times\frac{2}{3}=8788(\mathrm{m}^3)$

⑵　太郎さんと花子さんが作った模型《もけい》のいれものについて，それぞれの容積の求め方を考える。

・太郎さんの模型のいれものの容積(立方体)

＝2×(模型の球の半径)×2×(模型の球の半径)×2×(模型の球の半径)

＝8×(模型の球の半径)×(模型の球の半径)×(模型の球の半径)

・花子さんの模型のいれものの容積(円柱)

＝(模型の球の半径)×(模型の球の半径)×3×2×(模型の球の半径)

＝6×(模型の球の半径)×(模型の球の半径)×(模型の球の半径)

となり，それぞれの容積の差は，

2×(模型の球の半径)×(模型の球の半径)×(模型の球の半径)＝400(cm^3)

と表すことができる。それぞれ，選択肢《せんたくし》にある数をあてはめて，容積の差が400cm^3に最も近くなるときの球の半径を考える。

ア ［模型の球の半径が４cmのとき］ 2×4×4×4＝2×64＝128
イ ［模型の球の半径が５cmのとき］ 2×5×5×5＝2×125＝250
ウ ［模型の球の半径が６cmのとき］ 2×6×6×6＝2×216＝432
エ ［模型の球の半径が７cmのとき］ 2×7×7×7＝2×343＝686

以上より，容積の差が400cm^3に最も近くなるときの模型の球の半径は，ウの６cmである。

2 （理科：温度変化と性質，太陽の動き，人のからだのつくり）

問１ ⑴ 図１より集熱部は貯湯部より下にあるので，温められた水は上へ移動すると考えられる。図２で管Ｂから入ってきた水は管Ｄを通って集熱部に流れ，集熱部で温められた水は管Ｃを通って貯湯部に移動する。よって，Ｃが正しい。

温かい水のほうが冷たい水よりも軽いことを覚えておきたい。例えば，湯船に手を入れてみると上の方は温まっているが下の方はまだ冷たいことがある。これもこの水の性質によるものである。

⑵ 自然循環《じゅんかん》式太陽熱温水器は，⑴で考えた温度差による水の動きを利用している。同じ原理を利用した現象を選べばよい。

ア 水の温度による砂糖《さとう》のとけやすさのちがいでおこる変化なので，適切でない。
イ 金属の熱を伝えやすい性質による変化なので，適切でない。
ウ 酸素が送りこまれたことによるものの燃え方の変化なので，適切でない。
エ 線香の火で空気が温められ，まわりの冷たい空気より軽くなって上に上がっていく。温度差による空気の動きであり，自然循環式太陽熱温水器の集熱部での水の動きと同じ原理である。よって，適切である。

⑶ うきと，うきとつながった管Ａの右側の口が上下することで，常に貯水部の一番上にある水を蛇口《じゃぐち》から使うことができる。一番上にある水は一番温かい水なので，アが適切である。

問２ ⑴ ［調べた結果］をもとに，図をかいて考えるとわかりやすい。

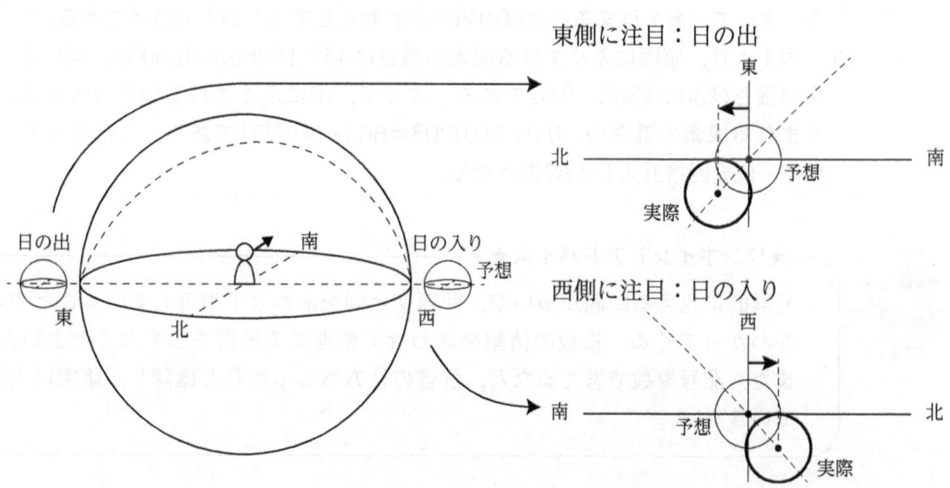

まず日の出の方角について考えると，日の出の後に太陽の中心が地平線の真東を通過

する。よって，日の出の方位(【a】)はアの真東よりも北である。同じように考えると，日の入りの方位(【b】)はウの真西よりも北である。

⑵ 【c】 問題文より，AからBまでの長さは太陽の半径の1.2倍で，太陽の中心がAからBまで動くのに1分12秒，つまり72秒かかることがわかる。太陽の動く速さは一定なので，太陽の中心が半径の長さの分だけ動くのにかかる時間は，72÷1.2＝60(秒)，つまり1分である。

【d】 24時間は60×24＝1440(分)なので，太陽が1度動くのにかかる時間は，1440÷360＝4(分)である。

基本

【e】 太陽が半径の長さの分だけ動くのに1分かかるので，直径の長さの分だけ動くには2分かかる。つまり，太陽が1度動くには4分かかるので，2分では0.5度動く。この角度が，太陽の大きさを角度で考えた時の大きさになるので，太陽の大きさは0.5度である。

問3 ⑴ ① ア 脈はくを感じることができるのは動脈なので，正しい。

イ 運動をしているときははく動が多くなり，1分間に心臓《しんぞう》が全身に送り出す血液の量は多くなるので，誤《あやま》りである。

ウ 問題文に「1分間に60回のはく動で1分間に約4.2Lの血液を全身に送り出します」とあり，1回のはく動では，4200÷60＝70(ml)の血液を送り出していることがわかる。よって，正しい。

エ 問題文中に「全身から心臓にもどってきた血液は肺《はい》に送られ」とあるように，血液は必ず心臓にもどってから肺に流れていく。よって，誤りである。

② 図7の血液の流れる向きに注目すると，心臓にもどってくる静脈を表す血管はA，B，Cの3つである。このうち，最も酸素をふくむのは肺を出た直後のBの血管である。

⑵ 満腹《まんぷく》時，つまり栄養をたくさんせっ取したときには，小腸からかん臓に流れる血液中の養分の量が多くなる。かん臓は，血液中の養分が一定になるように調整しているので，この場合，かん臓は養分をたくわえて血液中の養分が増えすぎないようにする。反対に，空腹時には血液中の養分の量が少なくなるので，かん臓にたくわえられた養分を放出する。よって，あてはまることばの組み合わせとして正しいものはイである。

⑶ 表1より，原尿《げんにょう》にふくまれる尿素の濃《こ》さは45÷150000＝0.0003，尿にふくまれる尿素の濃さは30÷1500＝0.02である。よって，尿にふくまれる尿素の濃さは，原尿にふくまれる尿素の濃さの，0.02÷0.0003＝66.666…(倍)である。したがって，答えは小数第一位を四捨五入《ししゃごにゅう》して67倍となる。

★ワンポイントアドバイス★

発展的に見える問題が多いが，問題文と図をあわせて整理していくことで考え方がわかってくる。複数の情報をあわせて整理する練習をしておくとよいだろう。また，記号や数で答えるなど，解答の仕方もしっかりと確認《かくにん》し，確実に点を取っていきたい。

＜適性検査Ⅲ解答例＞

1 問1　1．ア　2．エ　3．ウ
問2　イ
問3　ア(→)エ(→)イ(→)ウ
問4　ア
問5　1．エ　2．イ

2 問一　今できること：今世界で起きている飢餓や紛争について調べ自分なりの考えをもつこと。
将来できること：ボランティア活動に参加したり，食べ物や飲み物を寄付したりすること。
問二　私の短所は，好ききらいが激しいところです。きらいな食べ物があると給食を食べ終わるのに時間がかかったり，きらいな教科の勉強はつい後回しにしてしまったりします。
　しかし，好きなことはとてもがんばれて，私は好きな縄とびでクラスの中で一番になってから，好きなものだったら人に負けないという自信がつきました。私の短所は，自分に自信をつけてくれる力になっていると思います。

○推定配点○
1　問1・問2・問3・問4・問5　各4点×8
2　問一　各4点×2　問二　30点　計70点

＜適性検査Ⅲ解説＞

基本 1 (英語：リスニング)
問1　1．nの音を正しく聞き取り，cとnを聞き間違《まちが》えないように注意する。
2．単語理解の問題。アはトラ(tiger)，イはヒツジ(sheep)，ウはウサギ(rabbit)である。
3．野菜の数と位置を聞き取る。キュウリとタマネギの個数について，どちらが2個(two)でどちらが3個(three)なのかに注意する。onは「～の上にある」という意味である。「～の下にある」という意味を表す単語はunderである。

＜放送全文(日本語訳)＞
1．nice(良い)
2．zebra(シマウマ)
3．Two cucumbers and three onions are on the table.
(2個のキュウリと3個のタマネギがテーブルの上にあります。)

問2　最初の男性の「I want a sandwich, please.」(私《わたし》はサンドウィッチが1つ欲《ほ》しいです。)という発言と，最後の男性と女性の「How much is the sandwich?」(サンドウィッチはいくらですか。)「It's 400 yen.」(400円です。)という発言を聞き取り，場面がサンドウィッチショップであることを理解する。

＜放送全文(日本語訳)＞

Man　　: I want a sandwich, please.
Woman: Do you want tomatoes in your sandwich?
Man　　: Yes, please. How much is the sandwich?
Woman: It's 400 yen.

(男性：私はサンドウィッチが１つ欲しいです。
女性：あなたはサンドウィッチの中にトマトが欲しいですか。
男性：はい，お願いします。サンドウィッチはいくらですか。
女性：400円です。)

問３　Tom(トム)さんが毎週日曜日にすることを聞き取る。Tomさんは日曜日にすることを順番に話しているので，時間とする内容に注意して聞く。「walk a dog」は「犬の散歩をする」という意味である。正しい順番になるように選択肢《せんたくし》をならべると，ア(８時に犬の散歩をする)→エ(お昼ご飯を食べる)→イ(友達とサッカーをする)→ウ(７時にお風呂に入る)となる。

＜放送全文(日本語訳)＞

I get up at 7:30 on Sunday. I walk my dog at 8:00. I eat lunch. My friends and I play soccer in Inage Park. I take a bath at 7:00 and go to bed at 9:00.

(私は日曜日，７時30分に起きます。私は８時に犬の散歩をします。私はお昼ご飯を食べます。私の友達と私は稲毛《いなげ》公園でサッカーをします。私は７時にお風呂《ふろ》に入り，９時にねます。)

問４　会話を順に整理すると，最初にBob(ボブ)さんがAyako(あやこ)さんに「What animal do you like?」(好きな動物は何ですか。)とたずね，Ayakoさんの好きなライオンが動物園ではクマのそばにいること(「They are by the bears.」)を話す。その後に，AyakoさんがBobさんに好きな動物とその場所をたずねている。動物が４種類出てくるため，Bobさんの好きな動物は何かと，それぞれの動物がどこにいるのかを正しく聞き取る必要がある。Bobさんの好きな動物はパンダで，パンダはサルのそばにいるので，答えはアである。

＜放送全文(日本語訳)＞

Bob　: What animal do you like, Ayako?
Ayako: I like lions. I want to see lions.
Bob　: We can see two lions in this zoo. They are by the bears.
Ayako: Good. What animal do you like?
Bob　: I like pandas.
Ayako: Where are they?
Bob　: They are by the monkeys.
質問　Where are Bob's favorite animals?

(ボブ：何の動物が好きですか，あやこ。

あやこ：私はライオンが好きです。私はライオンが見たいです。
ボブ　：私たちはこの動物園で２ひきのライオンを見ることができます。それらはクマのそばにいます。
あやこ：いいですね。あなたは何の動物が好きですか。
ボブ　：私はパンダが好きです。
あやこ：それらはどこにいますか。
ボブ　：それらはサルのそばにいます。
質問　ボブの好きな動物はどこにいますか。)

問５　１．２人が見ている写真の様子を正確に聞き取る。Lucy(ルーシー)さんが写真を見て「Oh, you enjoyed swimming.」と言っていることから，Kenta(けんた)さんが泳いでいる写真を見ていることがわかる。また，そのあとにLucyさんが「Is this your sister, Momo?」とたずね，それにKentaさんが「No, she can't swim.」と答えていることから，KentaさんはMomoさん以外の女の子と泳いでいて，Momoさんは泳いでいないとわかる。そして，会話文の後半にLucyさんが「Oh, she is with a dog. Is this your dog? It's small and white.」と言っていることから，Momoさんが白くて小さいイヌと一緒にいることがわかる。よって，答えはエである。

２．会話文の後半でLucyさんが「I want to go to your house and see Pochi.」と言っていることから，LucyさんがKentaさんの家に行ってポチと会いたがっていることがわかる。また，その後のKentaさんの「OK. How about today?」というセリフから，この後LucyさんはKentaさんの家に行ってポチに会うと推測《すいそく》できる。よって，答えはイである。

＜放送全文(日本語訳)＞
Lucy：How was your summer vacation, Kenta?
Kenta: It was great. My family and I went to Chiba. I enjoyed barbecuing at the beach and swimming in the sea. Look at this picture.
Lucy：Oh, you enjoyed swimming.
Kenta: Yes. It was fun.
Lucy：Is this your sister, Momo?
Kenta: No, she can't swim. This is Momo.
Lucy：I see. Oh, she is with a dog. Is this your dog? It's small and white.
Kenta: Yes. It's my dog, Pochi.
Lucy：It's very cute. I want to go to your house and see Pochi.
Kenta: OK. How about today?
Lucy：Great! Thank you.

(ルーシー：夏休みはどうでしたか，けんた。
けんた　：とてもよかったです。私の家族と私は千葉に行きました。私はビーチでバーベキューをしたり，海で泳いだりして楽しみました。この写真を見てください。
ルーシー：わあ，あなたは泳ぐのを楽しんだのですね。
けんた　：はい。楽しかったです。

ルーシー：こちらはあなたの妹のももですか。
けんた　：いいえ，彼女は泳げません。こちらがももです。
ルーシー：なるほど。わあ，彼女はイヌといっしょにいます。こちらはあなたのイヌですか。小さくて白いですね。
けんた　：はい。これは私のイヌのポチです。
ルーシー：とてもかわいいですね。私はあなたの家に行ってポチと会いたいです。
けんた　：いいですよ。今日はどうですか。
ルーシー：いいですね！ありがとうございます。）

2（国語：長文読解，作文）

問一「今できること」については，飢餓《きが》や飢餓の原因となるものをなくすために，今の自分でもできることを書けばよい。解答例以外にも，「世界の現状を調べ，周囲の人にもそれを知ってもらうこと」，「残さずに食べられるだけの食べ物を買い，食品ロスを減らすこと」などが挙げられる。

「将来できること」については，文章の主人公・陽菜《ひな》の行動を参考にするとよい。陽菜は，飢餓で苦しんでいる子どもたちの存在《そんざい》を知ってから，自分にできることを自ら探し，実際に現地に行って子どもたちを助ける決心をする。解答例のように，具体的な行動を書く。

問二　自分の「長所」または「短所」を挙げ，それが「生きる力になってくれる」とはどういうことかについて，二段落《だんらく》構成で書く。自分の経験を交《まじ》えて書くことを忘《わす》れないように気をつける。段落の構成は以下の通りである。

一段落目…　自分の「長所」または「短所」を一つ挙げ，その「長所」または「短所」にまつわる経験を具体的に書く。

二段落目…　一段落目で挙げたことについて，それらがどのように「生きる力」になるのかを書く。「生きる力」については，自分なりに「生きる力」とは何かを考える必要がある。段落の最後の一文で自分の言いたいことをまとめると，わかりやすい文章になる。

★ワンポイントアドバイス★

英語の聞き取り（リスニング）については，放送の前に問題文に目を通し，問題の内容や出てくる単語をあらかじめ予測しておくとよい。国語は，どの問題も自分の考えが問われているため，まずは自分の考えを問題用紙などに下書きし，整理してから清書を始めるとよい。問題数は少ないが，時間内に解ききれるよう，時間配分に注意しよう。

2023年度

★★★★★★★★★★★★★★★★★★★★★★★

入　試　問　題

2023年度

市立稲毛国際中等教育学校入試問題

【適性検査Ⅰ】 (22ページからはじまります。)

【適性検査Ⅱ】 (45分)　　＜満点：70点＞

1　花子さん，太郎《たろう》さん，次郎《じろう》さんの３人は，校外学習で「検見川《けみがわ》の浜《はま》」に行くことになりました。次の問いに答えなさい。

問１　３人は，検見川の浜に行く前に，検見川の浜について調べたところ，検見川の浜は人工的に新しく作られていたことがわかりました。また，検見川の浜を建設するときに計画された断面を表した図を見つけました。下の図１は，検見川の浜を建設するときに計画された断面を表した図で，斜線部《しゃせんぶ》（六角形ＡＢＣＤＥＦ）が人工的に砂《すな》で埋《う》め立てられた部分の断面です。図の縦軸《たてじく》のめもりは，もとの海底（辺ＢＣ）からの高さ（m）を表し，横軸のめもりは，護岸の右端《みぎはし》（辺ＡＢ）から海への距離《きょり》（m）を表しています。なお，辺ＢＣと辺ＦＥは平行で，辺ＡＢと辺ＤＣは辺ＢＣと垂直です。また，辺ＡＦと辺ＥＤは平行で，ＡからＦ，ＥからＤへは，海側に辺ＦＥと平行に20m進むと１m下がるかたむきとなっています。あとの(1)，(2)の問いに答えなさい。

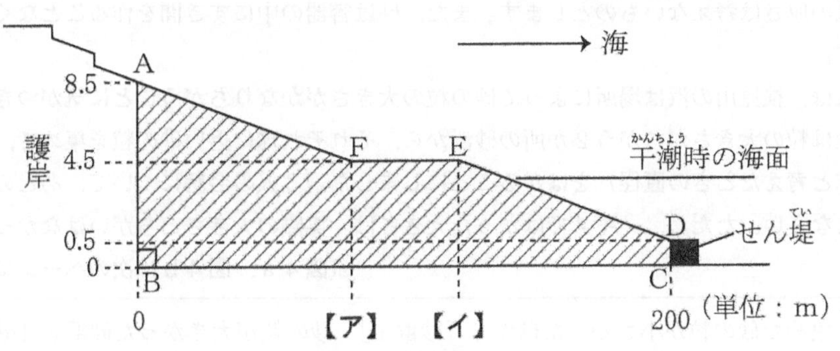

図１

※護岸：地盤《じばん》をコンクリートやアスファルトなどで固めた部分

※せん堤：波の勢いを弱めたり，砂をたくわえたりするために水面下につくった施設《しせつ》

※干潮：海面の水位が一番低くなっている状態のときのこと

(1)　図１の【ア】，【イ】にあてはまる数を書きなさい。

(2)　図１の六角形ＡＢＣＤＥＦの面積は何m^2かを求めなさい。また，検見川の浜について，浜の断面が図１で，この断面の浜が海岸線に沿《そ》って1300m続いていたとすると，検見川の浜の建設時に用いた砂の体積は何m^3だったのかを求めなさい。

問２　校外学習で検見川の浜に行った３人は，この砂浜の砂１m^3の重さを予想するために次のページのような実験を行いました。

実験

〈手順〉

① 図２のように，縦20㎝，横22㎝の長方形の厚紙を実線部分（――）で切って，四すみから，縦４㎝，横６㎝の長方形を４つ切り取った。

② 破線部(------)を折って図３のような容器を作った。なお，図２の色をぬった４つの長方形は，縦２㎝ののりしろを表していて，容器をつくるときに，重なる面にのりでそれぞれはりつけた。

③ 空の容器の重さをはかった。

④ 容器いっぱいに砂を入れ，定規で上面をすり切ってから，重さをはかった。

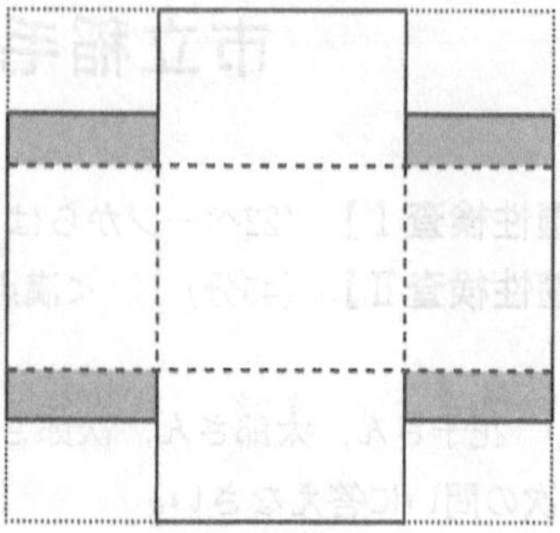

図２

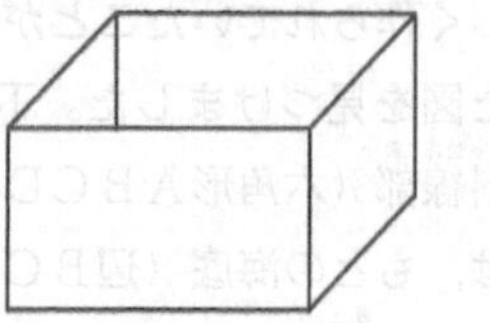

図３

〈結果〉

③ではかった重さは10ｇだった。

④ではかった重さは778ｇだった。

この砂が１m^3あったとすると，砂の重さは何ｔになるかを求めなさい。ただし，容器を作るのに用いた紙の厚さは考えないものとします。また，砂は容器の中にすき間を作ることなく入れたものとします。

問３ ３人は，検見川の浜は場所によって砂の粒《つぶ》の大きさがかなりちがうことに気がつきました。そこで３人は粒の大きさがちがう２か所の砂浜から，それぞれ球に近い砂の粒を集めて，大きさ（砂の粒を球と考えたときの直径）をはかることにしました。３人の会話について，あとの(1)，(2)の問いに答えなさい。ただし，ノギスではかった大きさは，実際の大きさとちがいはなかったものとします。

（図４ａ，図４ｂは次のページにあります。）

次郎：集めた砂の粒が小さかった砂浜を「砂浜１」，砂の粒が大きかった砂浜を「砂浜２」として，それぞれの砂浜から集めた砂の粒の大きさを実際にはかって比べてみよう。

太郎：１㎜より小さい長さは，このノギス（図４ａ）を使ってはかるよ。

花子：どうやって使うのかしら。

太郎：めもりがついた定規みたいなものが上下に２つあるよね。上にある長い方を本尺といい，本尺のめもりは実際の長さを示していて，一番小さいめもりの幅《はば》は１㎜になっているよ。

次郎：本尺は普通《ふつう》の定規みたいだね。

太郎：そうだね。下にある短い方を副尺といって，ジョーの間にものを入れてものをはさもうとすると副尺が動くんだ。副尺の一番左の０のめもりが本尺のどこを指しているかで，はさんだものの大きさがわかるよ。例えば図４ｂの場合は，副尺の０が本尺の20を指しているから，はさんだものの大きさは20㎜になるよ。

花子：副尺の右下の方に書いてある「0.02㎜」は，どういう意味なの？　副尺の１めもりの幅は，0.02㎜じゃなくて，１㎜くらいだよね。

太郎：実は，副尺の１めもりの実際の幅は「0.02㎜」でも「１㎜」でもないよ。**図４ｂ**をよく見てみてよ。本尺のめもりを参考にすれば，副尺の０から10までの実際の長さは【　ア　】㎜とわかるよ。

次郎：副尺の０から10まで50めもり分あるから，副尺の１めもりの実際の幅は【　イ　】㎜ってことだね。そうすると，副尺の１めもりの幅は，本尺の１めもりの幅と【　ウ　】㎜ずれているね。

太郎：この幅のずれを利用して，小さい粒の大きさをはかるんだ。例えば**図５**のように，副尺の２のめもりが本尺のどこかのめもりと一致《いっち》したとすると，副尺の０のめもりは，そのすぐ左にある本尺のめもりから【　エ　】㎜だけ右にずれていることになるよ。

花子・次郎：なるほど。このずれの長さを求めることで，１㎜よりも小さい部分の長さをはかることができるんだね。

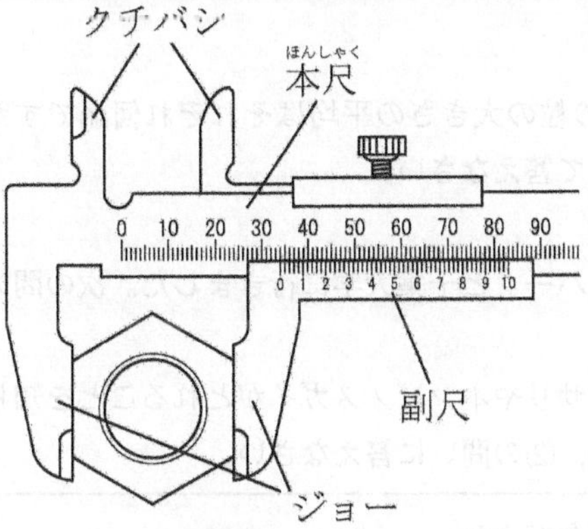

図４ａ

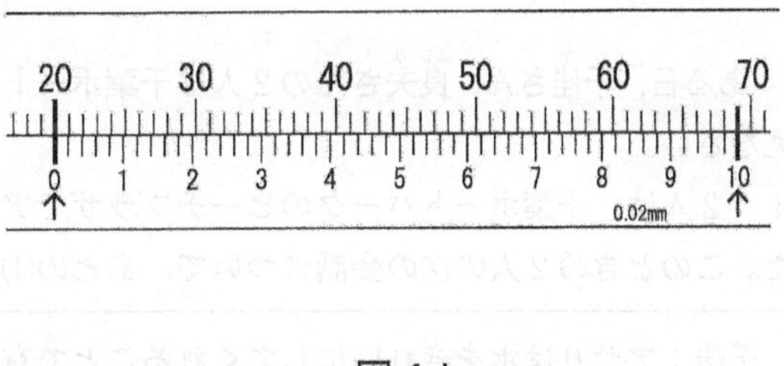

図４ｂ

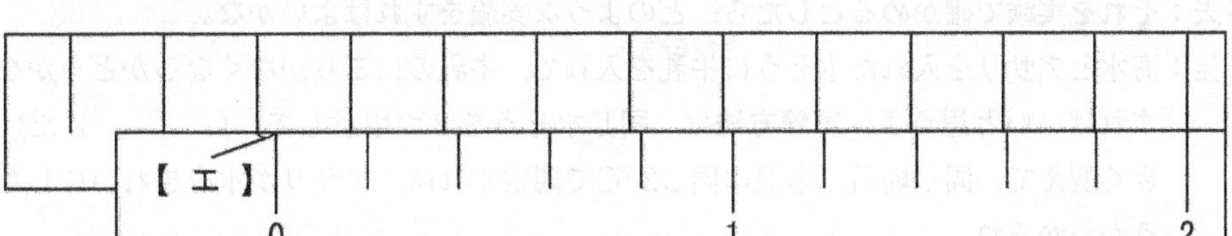

図５

⑴　次の①，②の問いに答えなさい。

①　会話文中の【ア】～【エ】にあてはまる数を書きなさい。

②　**図６**は，実際にノギスを使って砂の粒の大きさをはかったときのめもりの様子です。本尺のめもりと副尺のめもりは，矢印を付けたところで一致しています。この砂の粒の大きさは何㎜ですか。小数第二位まで求めなさい。

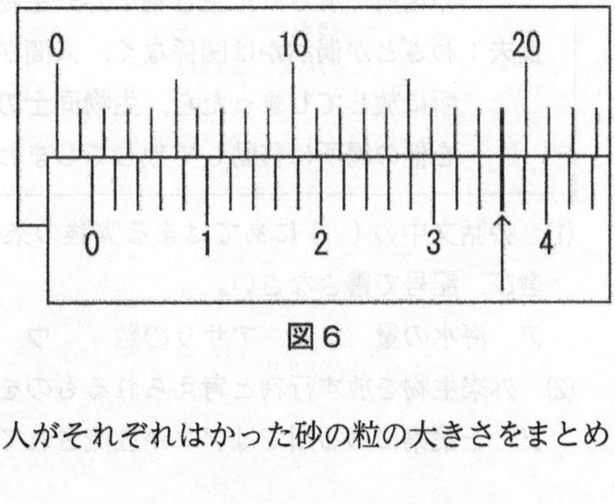

図６

⑵　**表１**は，砂浜１と砂浜２の２か所について，３人がそれぞれはかった砂の粒の大きさをまとめ

たものです。

	花子		太郎		次郎	
	砂浜１	砂浜２	砂浜１	砂浜２	砂浜１	砂浜２
砂の粒の大きさ（㎜）	0.02	0.82	0.02	1.12	0.02	0.96
	0.02	0.96	0.02	1.28	0.02	1.08
	0.04	1.22	0.02	1.32	0.02	1.28
	0.04	1.24	0.04	1.44	0.04	1.34
			0.04	1.46	0.06	1.36
			0.04	1.48	0.06	1.42
					0.06	1.48
					0.06	1.64
平均（㎜）	0.03	1.06	0.03	1.35	0.0425	1.32

表１

３人がはかった，砂浜１と砂浜２にあった砂の粒の大きさの平均はそれぞれ何㎜ですか。なお，割り切れない場合は小数第三位を四捨五入して答えなさい。

2 ある日，千佳《ちか》さん，良夫《よしお》さんの２人は千葉ポートパークと千葉大学に行きました。次の問いに答えなさい。

問１　２人は，千葉ポートパークのビーチプラザでアサリやホンビノスガイがとれることを知りました。このときの２人の次の会話について，あとの⑴，⑵の問いに答えなさい。

> 千佳：アサリは水をきれいにしてくれることで有名だよね。
> 良夫：それを実験で確かめるとしたら，どのような実験をすればよいかな。
> 千佳：海水とアサリを入れた水そうに牛乳《ぎゅうにゅう》を入れて，牛乳のにごりがなくなるかどうかを確認すればいいと思うよ。実験方法は，同じ水そうを２つ用意して，（　　　　）だけを大きく変えて，同じ場所，水温は同じ20℃で観察すれば，アサリが水をきれいにしたかどうかわかるね。
> 良夫：ところで，ホンビノスガイはどんな貝なのかな？
> 千佳：元々は日本にいなかった貝で，タンカーなどの船にまぎれて海外から日本にもちこまれてしまったらしいよ。ホンビノスガイのように，元々住んでいた場所から人によって他の場所に放された生き物を外来生物と言ったよね。
> 良夫：わざとか偶然《ぐうぜん》かは関係なく，人間が生き物を元々住んでいた場所から移動させて他の場所に放してしまったら，生物同士の関係に悪い影響《えいきょう》をあたえる可能性があるから，生物を他の場所に移動して放してしまわないように気を付けないとね。

⑴　会話文中の（　）にあてはまる実験の条件として最もふさわしいものを，次の**ア**～**ウ**から１つ選び，記号で書きなさい。

ア　海水の量　　**イ**　アサリの数　　**ウ**　牛乳の量

⑵　外来生物を放す行為《こうい》と考えられるものを，あとの**ア**～**カ**からすべて選び，記号で書きなさい。

ア　千葉県にある川ではアユが放流されている。滋賀《しが》県の琵琶湖《びわこ》で生まれたアユの稚魚《ちぎょ》を放流することがあるが，稚魚のなかに西日本にしかいないツチフキなどの魚がふくまれていることがある。

イ　家の近くでスズメのひなが巣から落ちてけがをしていた。千葉県の担当部署に連絡《れんらく》して指示を受けた上で，治療《ちりょう》してエサをやると，やがて飛べるようになったので，保護した場所でにがした。

ウ　ヒレンジャクという鳥がヤドリギの実を食べ，移動した先で，種子がふくまれたふんをしたことで，ヤドリギが発芽することがある。

エ　家の近くの川で採集したゲンジボタルに卵《たまご》を産ませ，ふ化した幼虫《ちょうちゅう》を庭の池で飼っている。幼虫はエサとしてカワニナという貝をたくさん食べるので，家の近くだけでなく他の地域からもカワニナを集めて池に入れている。池の水は，水路を通り近くの川から引きこんで，川にもどしている。

オ　沖縄《おきなわ》県で育つヤシからできた種子が海流で沖縄県以外に流れ着き，そこで発芽して根付くことがある。

カ　千葉県では絶めつしたツマグロキチョウは，となりの茨城《いばらき》県にはまだ生き残っている。千葉県には，幼虫のエサとなるカワラケツメイはまだ残っているので，これに茨城県で見つけたツマグロキチョウの卵をくっつけて自然にまかせて様子を見ている。

問２　２人は，千葉ポートパークの中を歩いていると，パーク内にある千葉ポートタワーが長い影《かげ》を作っているのを見つけました。図１は，千葉ポートタワー周辺の地図に，この日のある時刻に千葉ポートタワーによってできた影と千佳さんがいた場所を表したものです。これについて，あとの(1)，(2)の問いに答えなさい。

ただし，千佳さんの周辺には，影をさえぎるような高い建物はないものとします。また，千葉ポートタワーは高さが130m，底面がひし形の四角柱とします。

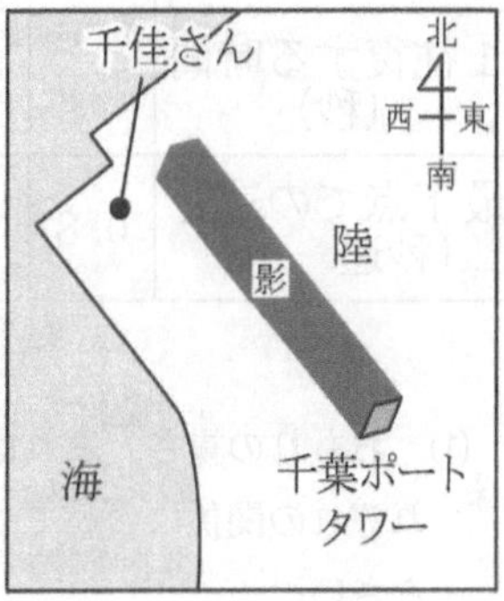

図１

(1)　この時刻に千佳さんがいた場所から，千葉ポートタワーの方向を見たときの，千葉ポートタワーと太陽の見え方を表したものとして最もふさわしいものを，次の**ア**～**エ**から１つ選び，記号で書きなさい。

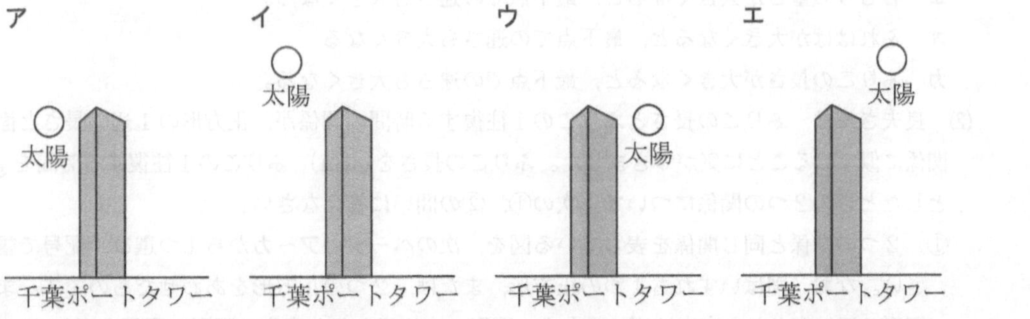

(2)　このときの時刻として最もふさわしいものを，次の**ア**～**ウ**から１つ選び，記号で書きなさい。

ア　9時ごろ　　**イ**　12時ごろ　　**ウ**　15時ごろ

問３　２人は，千葉大学の千葉サイエンスプロムナードでフーコーのふりこという大きなふりこを見てきました。そこで，別の日に学校でふりこについて調べることにしました。**図３**のようなふりこをつくり，おもりの重さ，ふれはば，ふりこの長さの条件をいろいろ変えて，ふりこの１往復するのにかかる時間をはかりました。また，簡易《かんい》速度計測器を使って，おもりが最下点を通過するときの速さをはかりました。**表１**は，実験の結果をまとめたものです。これについて，あとの⑴，⑵の問いに答えなさい。

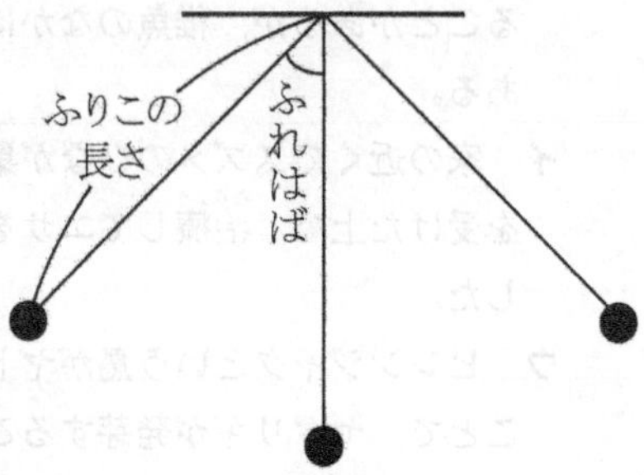

図３

条件	A	B	C	D	E	F	G	H	I	J	K	L
おもりの重さ（kg）	0.5	0.5	0.5	0.5	0.5	0.5	1.0	1.0	1.0	1.0	1.0	1.0
ふれはば（°）	30	30	30	60	60	60	30	30	30	60	60	60
ふりこの長さ（m）	0.25	1.00	2.25	0.25	1.00	2.25	0.25	1.00	2.25	0.25	1.00	2.25
１往復する時間（秒）	1.0	2.0	3.0	1.0	2.0	3.0	1.0	2.0	3.0	1.0	2.0	3.0
最下点での速さ（秒速　m）	0.8	1.6	2.4	1.6	3.1	4.7	0.8	1.6	2.4	1.6	3.1	4.7

表１

⑴　おもりの重さ，ふれはば，ふりこの長さと，ふりこの１往復する時間，最下点での速さとのそれぞれの関係について，正しく述べられているものを，次の**ア**～**カ**からすべて選び，記号で書きなさい。

ア　おもりの重さが大きくなると，１往復する時間も大きくなる。
イ　ふれはばが大きくなると，１往復する時間も大きくなる。
ウ　ふりこの長さが大きくなると，１往復する時間も大きくなる。
エ　おもりの重さが大きくなると，最下点での速さも大きくなる。
オ　ふれはばが大きくなると，最下点での速さも大きくなる。
カ　ふりこの長さが大きくなると，最下点での速さも大きくなる。

⑵　良夫さんは，ふりこの長さとふりこの１往復する時間の関係が，正方形の１辺の長さと面積の関係に似ていることに気がつきました。ふりこの長さを x(m)，ふりこの１往復する時間を y(秒)としたときの２つの関係について，次の①，②の問いに答えなさい。

①　２つの関係と同じ関係を表している図を，次のページの**ア**～**カ**から１つ選び，記号で書きなさい。なお，図はいずれも１つの正方形，または，２つの正方形をあわせたものです。また，図形の辺に書かれた文字は辺の長さを，図形の中に書かれた文字は図形の面積を表しています。

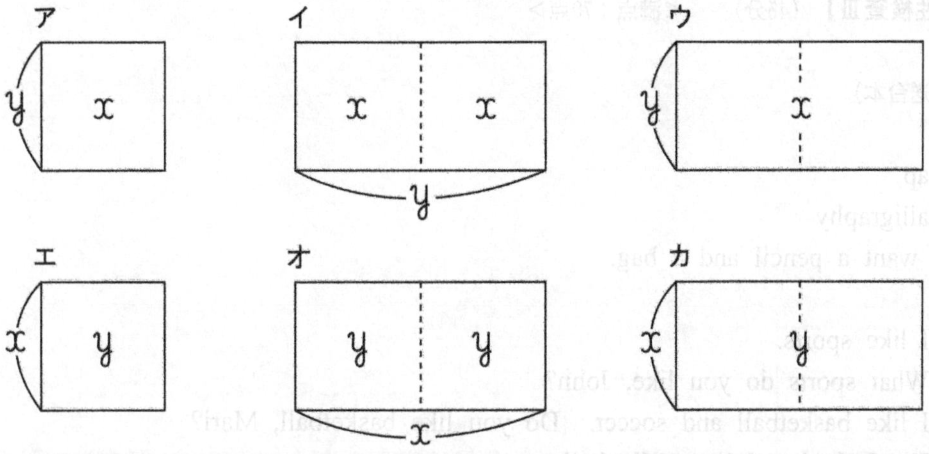

② 千佳さんは，千葉大学のサイエンスプロムナードのフーコーのふりこの長さを知るために，フーコーのふりこが10往復するのにかかる時間を３回はかっていました。３回の平均からフーコーのふりこが10往復する時間を求めたところ110秒でした。このとき，フーコーのふりこの長さが何mになるかを，四捨五入して整数で求めなさい。

【適性検査Ⅲ】（45分）　＜満点：70点＞

（放送台本）

問1

1. cap
2. calligraphy
3. I want a pencil and a bag.

問2

(A)：I like sports.
(B)：What sports do you like, John?
(A)：I like basketball and soccer.　Do you like basketball, Mari?
(B)：No, I don't.　I like volleyball.

問3

(A)：Do you go to Inage park, Janet?
(B)：Yes, I do.　I always walk with my dog.
(A)：Nice.
(B)：Do you go to Inage park, Haruki?
(A)：Yes. I always go with my friend.

問4

(A)：Hello.　I want three peaches.
(B)：We don't have peaches now, but we have apples.
(A)：OK.　How many?
(B)：We have four apples.
(A)：OK.　I want three.

問5

(A)：Happy birthday, Maki!　What do you want for your birthday?
(B)：Thank you, Bob.　I want a pencil case.
(A)：What color?
(B)：I like white.　I want a white pencil case for my birthday.
(A)：OK.　Do you like strawberries?
(B)：Yes.
(A)：Do you like cats?
(B)：No.　I like rabbits.
(A)：OK.　I want this for your birthday. Do you like it?
(B)：Yes.　Thank you.
(A)：Let's have a birthday party.　How about Tuesday?
(B)：Sorry.　I have piano lessons on Tuesdays and Saturdays.
(A)：How about Thursday?
(B)：Nice.

1　放送による外国語の問題

☆問題は，問１から問５までの５問あります。

☆英語はすべて２回ずつ読まれます。問題用紙にメモを取ってもかまいません。答えはすべて解答用紙に記入しなさい。

問１　次の１．から３．について，放送された内容として最もふさわしいものをそれぞれア～エの中から１つ選び，記号で答えなさい。

１．ア　bat　　イ　cat　　ウ　map　　エ　cap

２．ア

イ

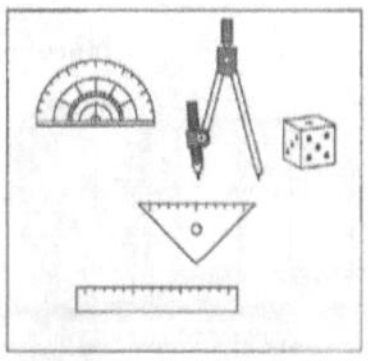

ウ

エ

３．ア

イ

ウ

エ

問２　John（ジョン）さんとMari（まり）さんが話をしています。２人の話を聞いて，Mariさんが好きなスポーツの絵を次のア～エの中から１つ選び，記号で答えなさい。

ア

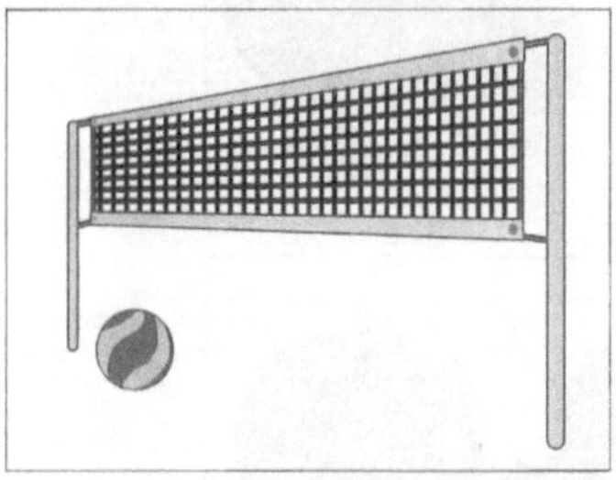

イ

ウ

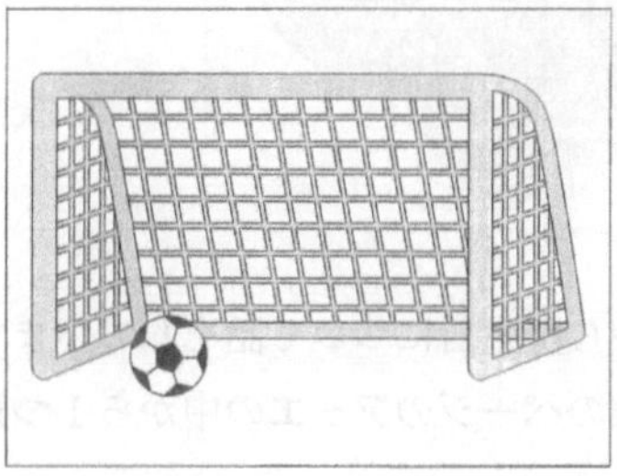

エ

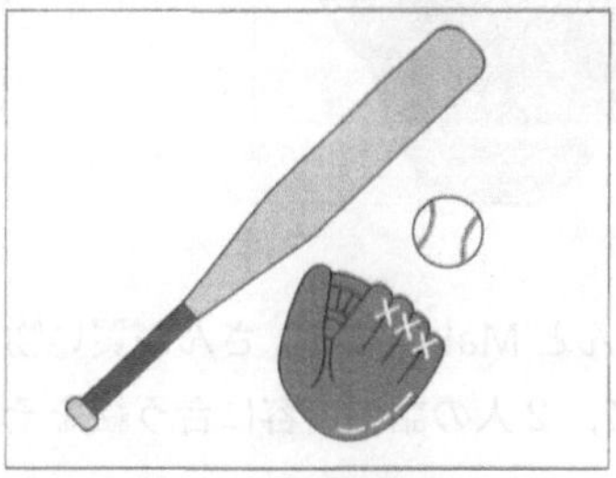

問３　Janet（ジャネット）さんとHaruki（はるき）さんが話をしています。２人の話を聞いて，内容に合う絵を次のページのア～エの中から１つ選び，記号で答えなさい。

ア

イ

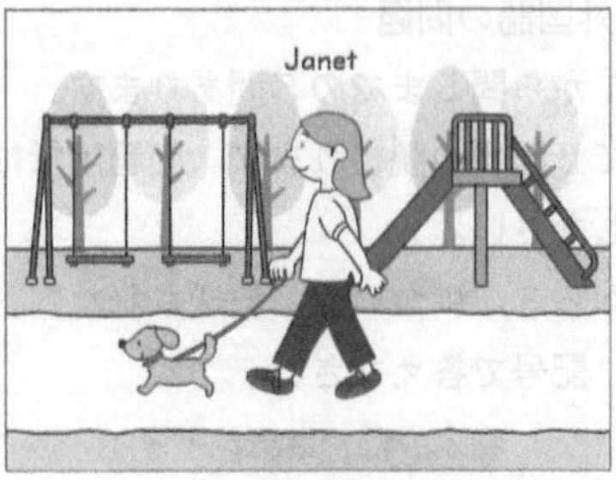

ウ

エ

問４　Koji（こうじ）さんと店員の女性が話をしています。２人の話を聞いて，Koji さんが買うものの絵を次の**ア**～**エ**の中から１つ選び，記号で答えなさい。

ア

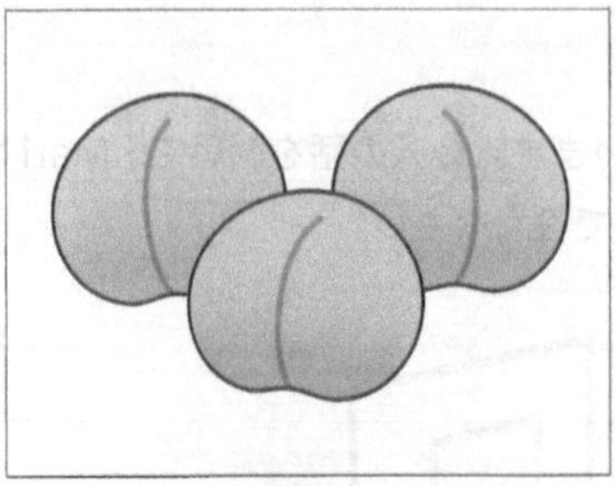

イ

ウ

エ

問５　Bob（ボブ）さんと Maki（まき）さんが買い物をしながら誕生日《たんじょうび》について話をしています。次の１．と２．について，２人の話の内容に合う絵をそれぞれ次のページの**ア**～**エ**の中から１つ選び，記号で答えなさい。

１．Bob さんが Maki さんにあげるプレゼントはどれですか。

ア

イ
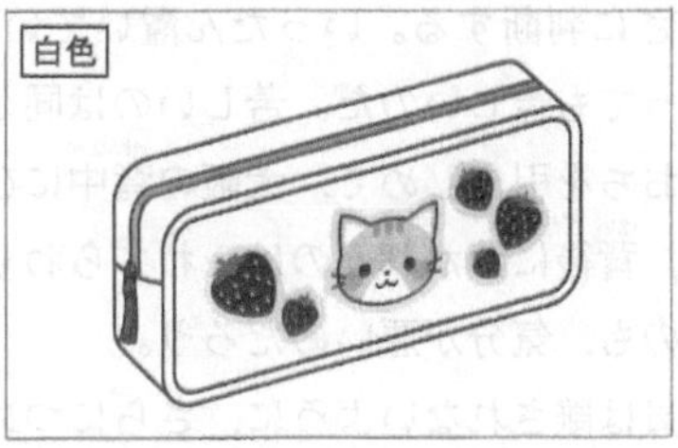

ウ

エ

2．誕生日パーティーが行われる曜日はどれですか。

ア

イ

ウ

エ

これで放送による外国語の問題を終わります。

2 次の【文章】と，この【文章】を読んで交《か》わされた【会話文】を読んで，あとの問いに答えなさい。

【文章】

高校生の川原大貴《かわはらだいき》は，都道府県対抗《たいこう》の全国男子駅伝に，福岡県《ふくおかけん》の代表として出場している。大《おお》阪《さか》代表の選手と二位争いをしていた大貴の目が，遠くを走る一位の選手の姿《すがた》をとらえた。

大貴は※1ギアを入れ替《か》えようとしたが，それはすぐ前を走る大阪の選手も同じだったらしい。たちまち少し距離《きょり》ができた。大阪の選手もまた，一位の姿が見えたことで力が湧《わ》いたのだろう。

ここで遅《おく》れたらだめだ。

大貴はとっさに判断する。いったん置いていかれると，追いつくのは大変だ。置き去りにされても，ついていっても苦しいのだ。苦しいのは同じなら，ついていかなければ。

大貴はみぞおちを引きしめて，大阪の背中《せなか》にぴったりとついた。相手も大貴の意図を心得ていて，すっと離《はな》れた。背後《はいご》につかれるのは，わずらわしいものだ。しかも，風が少し強くなっている。風よけに使われるのも，気分が悪いのだろう。

けれども大貴は離されないように，さらにつめた。風の当たりが弱くなったおかげで，だいぶ走りやすい。このまま，ちょっと休むことができそうだ。

走っているのに休んでいる，という表現はおかしいが，余計なことを考えなくていい状態を，休むと表現する。長距離のレースは，体だけではなく精神的にも負荷《ふか》がかかる。自分のリズムを意識するだけでなく，相手の表情から余力を読み取ったり，風の抵抗《ていこう》に耐《た》えたりしなければならない。ランナーはただ走っているわけではない。頭の中で多くの情報を処理《しょり》し，対応しているのだ。それらが，精神的な負担《ふたん》となって，体を※2消耗《しょうもう》させる。

うまく相手の後ろにつければ，相手のペースに合わせていけばいいし，風の抵抗からも免《まぬが》れられる。余計なことを考えずに，走ることだけに集中できる。そして休んでいる間に蓄《たくわ》えた力を使い，頃合《ころあ》いを見計らって，スパートをかける。これが，レースの駆《か》け引きというものだ。

相手の脚《あし》が，リズミカルに跳《は》ね上がっている。まだ，力は充分《じゅうぶん》ありそうだ。それに合わせて，大貴もアスファルトを蹴《け》る。うまくペースが作れているようだ。ほぼ機械的に脚が出る。

大貴の神経が脚だけに集中してきたときだった。大阪の選手が，少しスピードを落とした。そして，あっと思った瞬間《しゅんかん》，大貴の後ろについた。

自分がねらっていたことは，相手もまたねらっていたらしい。たちまち風が顔を打ち，走りのリズムもくずれて，大貴は一瞬《いっしゅん》うろたえた。

すぐに後ろから，相手の呼吸《こきゅう》が伝わってきた。明らかに自分の呼吸とは違《ちが》っていて，それがリズムを狂《くる》わせる。せめて，横に並《なら》ぼうと体を右側にずらすが，相手はぴったりついてくる。なんとかふりきりたい大貴は，今度は左に進路を取るが，意地になっているのか，相手もしっかりとついてきた。

大貴は，大阪の選手としばらく小さな勝負をくりかえしていた。

信じられないことが起こったのは，次の瞬間だった。

わっ。

大貴は目をむいた。一人の選手が脇《わき》からぬっと飛び出してきたのだ。

22番。愛知《あいち》の選手だ。さらに埼玉《さいたま》も前に出た。二人とも大貴と大阪の選手をまとめて抜《ぬ》いた格好になった。福岡と大阪は，競《せ》り合っているうちに，だいぶペースが落ちていたらしい。そこにつけこまれたのだ。後ろから，ちゃんと観察していた敵《てき》は，※3虎視眈眈《こしたんたん》とねらっていたのだろう。

やられた。

大貴はあせった。大阪の選手の顔色も変わった。が，同時に意外な声がした。

「落ちたらあかん」

相手がとっさに声をかけてきたのだ。

「おう」

大貴も応《こた》え，二人は一緒《いっしょ》に前を追う。一瞬面食らったが，かけられた声は※4起爆剤《きばくざい》のように効いた。みぞおちから，えも言われぬ力が満ちるのを大貴は感じた。それは不思議な心強さだった。

（まはら　三桃《みと》「白をつなぐ」による。）

※1　ギア…「歯車」のこと。「ギアを入れ替える」は「スピードを出すこと」のたとえとなっている。
※2　消耗…体力や気力を使いへらすこと。
※3　虎視眈眈と…じっと機会をねらう様子。
※4　起爆剤…何かを引き起こすきっかけとなるもののたとえ。

【会話文】

良夫さん　このあいだ，駅伝の大会の様子を扱《あつか》った小説を読んだよ。その中で，はじめて知ったことがあったんだ。

千花さん　駅伝の話？

良夫さん　うん。駅伝のランナーたちは試合中，さまざまな「駆け引き」をしているって知ってた？

千花さん　走っている最中なのに，そんなことをしているんだね。

良夫さん　そうなんだ。小説の中に「駆け引き」って言葉が出てくるんだけど，相手に合わせて「作戦」を立てているんだよ。

千花さん　なるほど，作戦ね。作戦ってレースの前に立てるものだと思っていたよ。自分が走る計画だけじゃなくて，作戦も立てているんだね。

問一　**【文章】**の波線部「相手もまたねらっていた」について，お互《たが》いに何を「ねらって」いたのですか。解答らんに示した字数に合うように，本文中からふさわしい言葉をぬき出して書きなさい。句点（。）読点（，）も含《ふく》む。

［① 五字］につくことで，自分が［② 四字］のみに集中して休んでいる間に，［③ 四字］を受けず体力を蓄えて，ここだという時に，［④ 八字］こと。

問二　**【会話文】**中の波線部「計画だけじゃなくて，作戦も立てている」とありますが，あなたが今までに「計画」や「作戦」を立てて取り組んだこと，または今後成し遂《と》げたいことについて，あなたの経験や考えを交えて具体的に書きなさい。ただし，次の【書くことのきまり】にしたがって書くこととする。

【書くことのきまり】

1　九行以上十行以内で書くこと。
2　二段落《だんらく》構成とし，一段落目にはあなたが「計画」や「作戦」を立てて取り組んだこと，または成し遂げたいことを書き，二段落目にはそのための「計画」や「作戦」を具体的に書くこと。
3　句点や読点もすべて一字として数えること。ただし，句点や読点が行のはじめ（一マス目）に来る場合には，前の行の最後のマスに文字と一緒に入れること。
4　文字やかなづかいを正しく書き，漢字を適切に使うこと。

問5　3人の会話の中の傍線部⑤に関して、良夫さんのクラスでは話し合いの方法を確認しました。話し合いの方法としてふさわしくないものを、次のア～エの中から1つ選び、記号で書きなさい。

ア　同じ立場の人が集まってグループを作り、考えの根拠を調べてまとめ、クラス全体で話し合う。

イ　ちがう立場の人たちに対して、話し合いをする前に気づいたことは質問をして答えてもらった上で、クラス全体で話し合う。

ウ　どのような課題についても必ず正解は1つに限られるので、正解が決まるまで話し合いを続けていく。

エ　話し合った上で、ちがう立場の人の意見をふまえてもう一度考え、自分の意見をまとめる。

資料10　千花さんのまとめ

千葉市

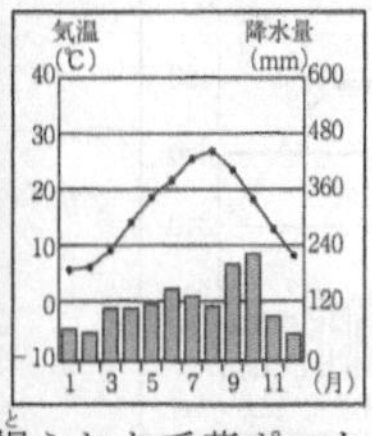

写真は９月に撮《と》られた千葉ポートタワーです。秋には台風や前線の影響で、降水量が多くなります。

アスンシオン市

A

写真は７月に撮られたアスンシオン市にある政府《せいふ》宮殿《きゅうでん》です。スペイン風の宮殿の周りには、緑ゆたかな植物が茂《しげ》っています。この時期は１年の中でも気温が低く、降水量も少なくなりますが、千葉市のようにコートが必要ということは少ないです。

天津市

B

写真は３月に撮られた天津市北部に位置する黄崖関《こうがいかん》長城で、世界文化遺産にも指定されています。この時期に入ってやっと気温は０度を超えてきますが、まだコートが必要です。この時期は降水量が少なく、良い天気の日が多いです。

ヒューストン市

C

写真は10月に撮られたヒューストン市にあるジョンソン宇宙センターで、ジェット機の上にスペースシャトルが載《の》っています。この時期は千葉市よりも少し気温が高いですが、降水量は千葉市の半分くらいです。

ケソン市

D

写真は12月に撮られたケソン市にあるケソン・メモリアル・サークルです。この建物の近くの木は、冬でも葉が枯《か》れていませんでした。この時期は千葉市よりも少し降水量が多いくらいです。また、１年の中でも気温は低いですが、半そでのシャツで過《す》ごすことができます。

（気象庁ホームページ、理科年表 2022 などより作成）

問4　３人の会話の中の傍線部④に関して、千花さんは、**資料９**で示された千葉市と姉妹・友好都市の関係にある４つの都市について興味を持ち、それぞれの都市の写真や雨温図、気づいたことなどを**資料10**（15ページ）にまとめました。**資料10**の**Ａ**～**Ｄ**にあてはまる雨温図として最もふさわしいものを、次の**ア**～**エ**の中から１つ選び、記号で書きなさい。

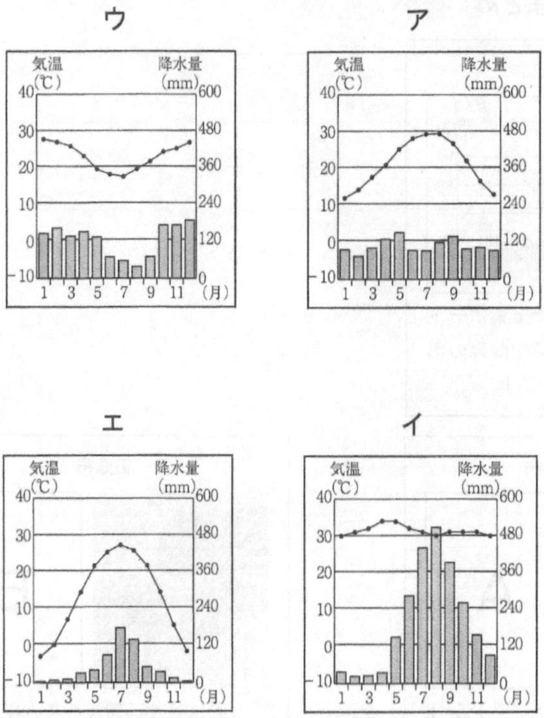

資料９　千葉市と姉妹・友好都市の関係にある４つの都市の位置

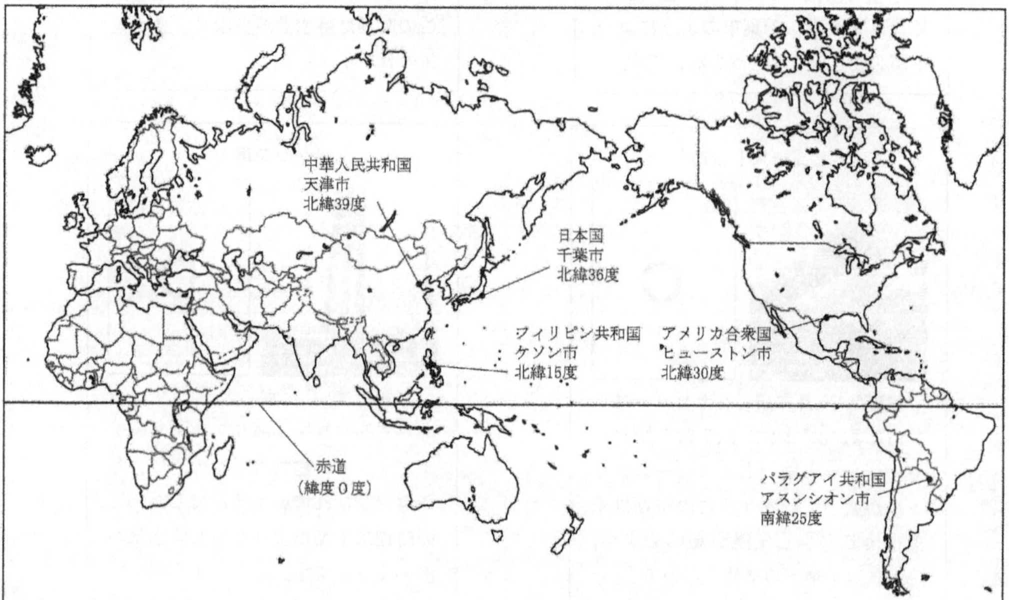

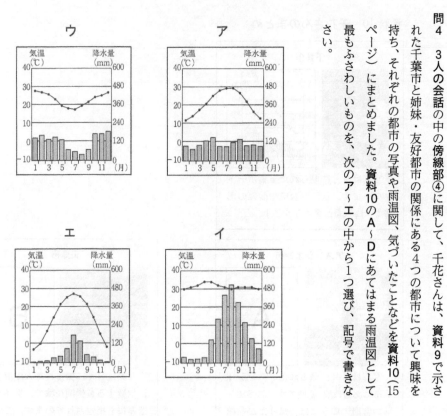

資料７　千葉市、館山市、匝瑳市、南房総市の農業産出額とその割合

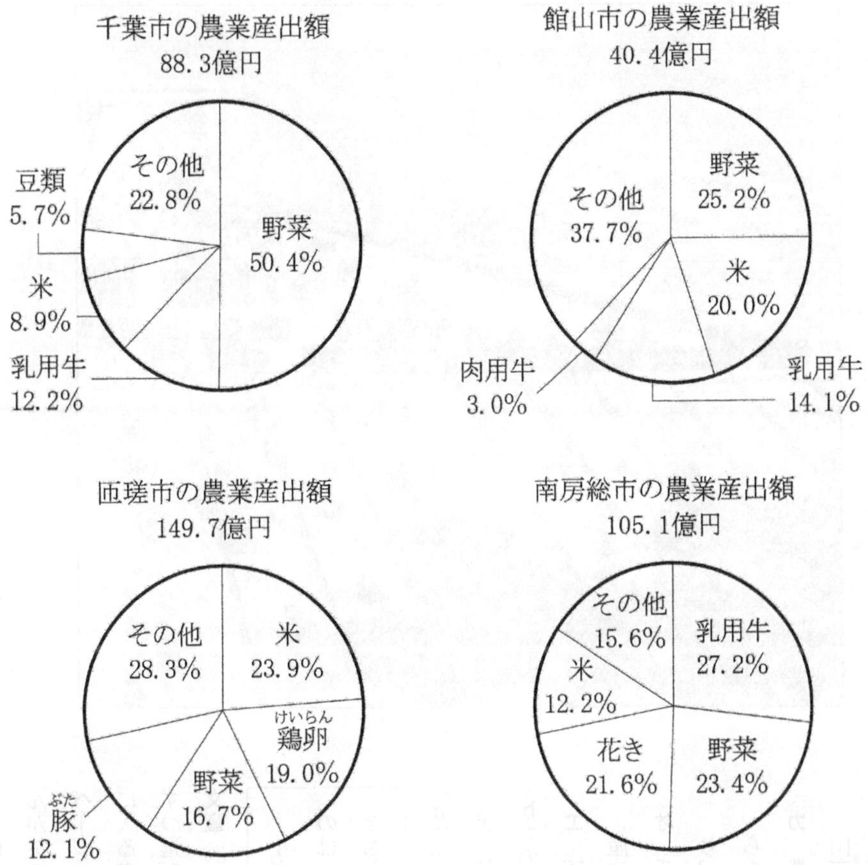

注　花きとは観賞用になるような植物のこと。

（農林水産省ホームページより作成）

資料８　千葉市、館山市、匝瑳市、南房総市の農業の比較《ひかく》

区分	千葉市	館山市	匝瑳市	南房総市
耕地面積（ha）	3,570	1,710	5,160	3,470
販売農家（戸）	862	613	1,052	1,461
自給的農家（戸）	825	514	314	1,131
農産物直売所（施設《しせつ》）	86	9	14	96

（農林水産省ホームページより作成）

資料６　古墳を築いている様子（想像図）

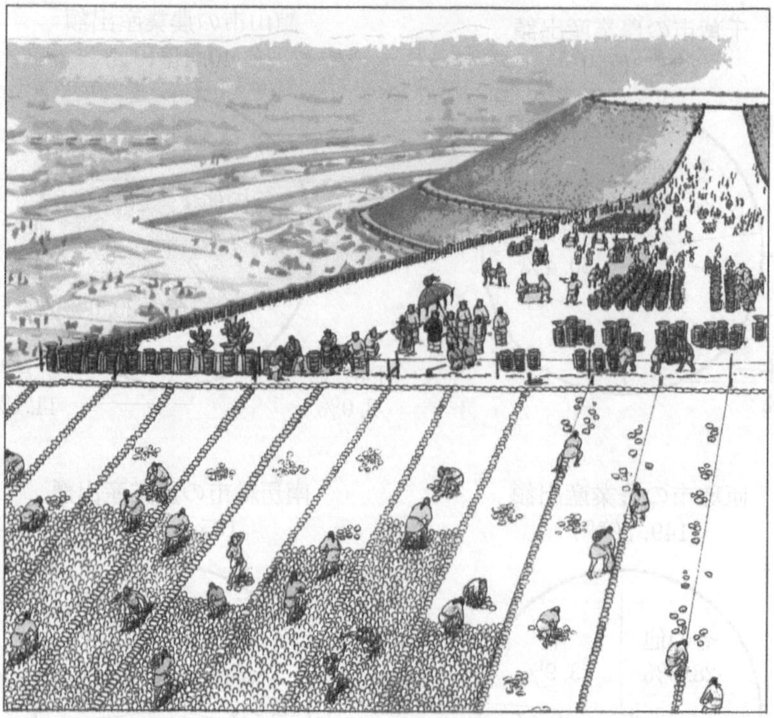

問３　３人の会話の中の傍線部③に関して、良夫さんは、千葉市の農業を館山市、匝瑳《そうさ》市、南房総《みなみぼうそう》市と比較して調べました。□は、良夫さんが千葉市の農業についてまとめた文章です。資料７、資料８（17ページ）を見て、文章の中にあてはまる（a）の市の名前と、（b）に入る内容として最もふさわしいものを、あとのア～キの中から１つずつ選び、記号で書きなさい。

文章

４市の中で最も野菜の産出額が多いのは千葉市で、最も少ないのは（　a　）市です。また、資料７、資料８から（　b　）こともわかりました。

（a）の選択肢《せんたくし》

ア　館山市　　イ　匝瑳市　　ウ　南房総市

（b）の選択肢

エ　匝瑳市の米の産出額は４市の中で最も多いが、他の３市の米の産出額の合計よりは少ない

オ　千葉市の自給的農家は４市の自給的農家の合計の約３割にあたり、千葉市の販売《はんばい》農家は４市の販売農家の合計の約１割にしかならない

カ　農業産出額の中で、南房総市の乳用牛の産出額は、千葉市と館山市の乳用牛の産出額の合計より12億円以上多くなる

キ　匝瑳市の農業産出額は４市の中で最も多いが、農産物直売所は４市の中で最も少ない

文章

資料1、**資料2**から、約2万年前は現在よりも陸地の面積が（　①　）い一方で、縄文時代前期には現在よりも陸地の面積が（　②　）いことがわかりました。本で調べたところ、気温が低くなると**資料3**のように氷の体積が増えて海面が下がり、気温が高くなると**資料4**のように氷がとけて海面が上がると書いてありました。気温と海面の高さの関係を**資料1**、**資料2**に当てはめると、約2万年前から縄文時代前期にかけて、気温が（　③　）くなる一方で、縄文時代前期から現在までにかけて、気温が（　④　）くなったことが考えられます。

ア　高　　**イ**　低　　**ウ**　さらに高
エ　さらに低　　**オ**　広　　**カ**　せま

問2　**3人の会話**の中の**傍線部②**に関して、千花さんは学校の図書館で古墳時代に関する本を借りました。**資料5**は千葉市中央区にある大覚寺山古墳です。千花さんは**資料5**、**資料6**（18ページ）を見て、「古墳時代には大きな力をもった豪族《ごうぞく》（王）がいたのではないか。」と考えました。そのように考えられる理由を2つ、解答用紙の言葉に続くようにそれぞれ20字以内で書きなさい。

資料5　大覚寺山古墳とその説明

◆大覚寺山古墳

5世紀前半につくられたと推定されている。全長は約66mで、千葉市内では最大規模の古墳である。形は前方後円墳である。

⑵　良夫さんは、**加曽利貝塚周辺の地図**中の3つの貝塚が沿岸部から少し離《はな》れた場所にあることに興味を持ち、加曽利貝塚に縄文時代の人が住み始めたとされる約7千年前の前後の海岸線を調べました。**資料1**は約2万年前の海岸線を、**資料2**は縄文時代前期の海岸線を表しています。また、**資料3**と**資料4**は、気温が変化したときの氷河と海面の高さの関係を表しています。良夫さんがまとめた□の**文章**の中の（①）～（④）に入る内容として最もふさわしいものを、それぞれあとの**ア**～**カ**の中から1つ選び、記号で書きなさい。

資料1

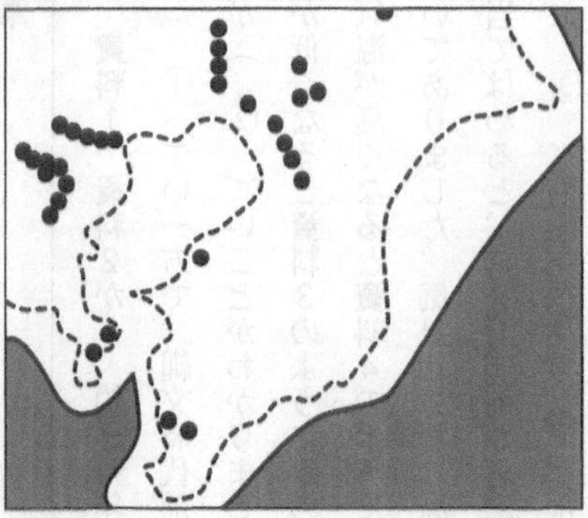

資料2

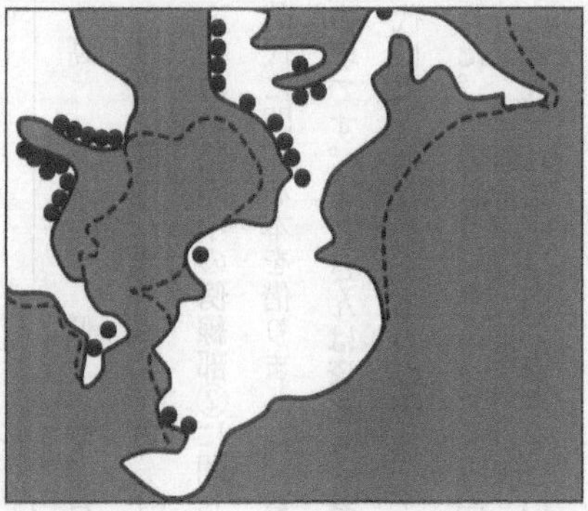

注　**資料1**のころには貝塚はまだできていないが、わかりやすくなるように入れてある。

（関東農政局ホームページより作成）

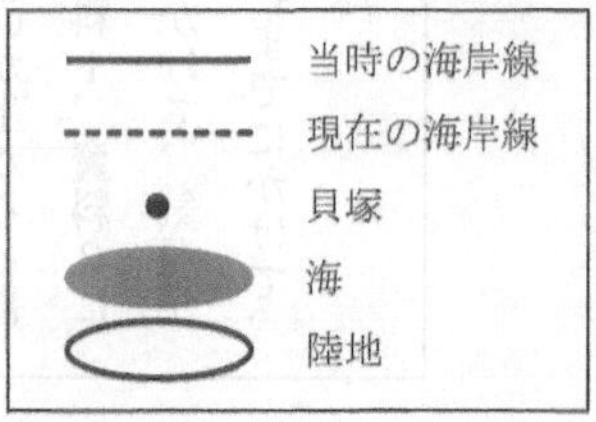

資料3

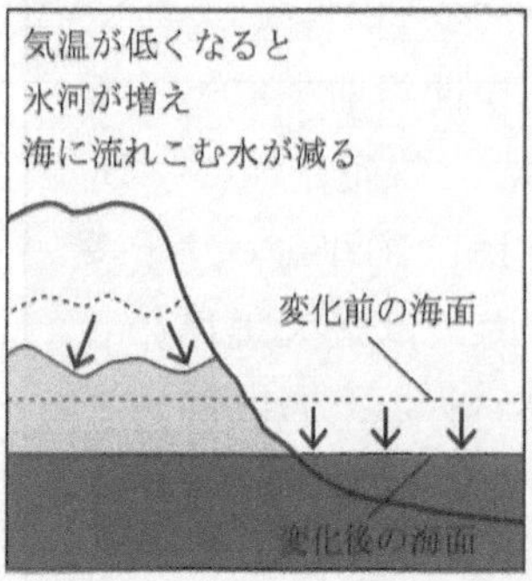

資料4

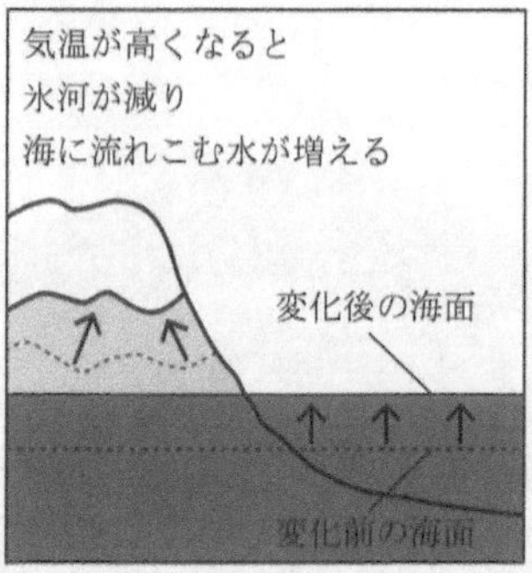

加曽利貝塚周辺の地図

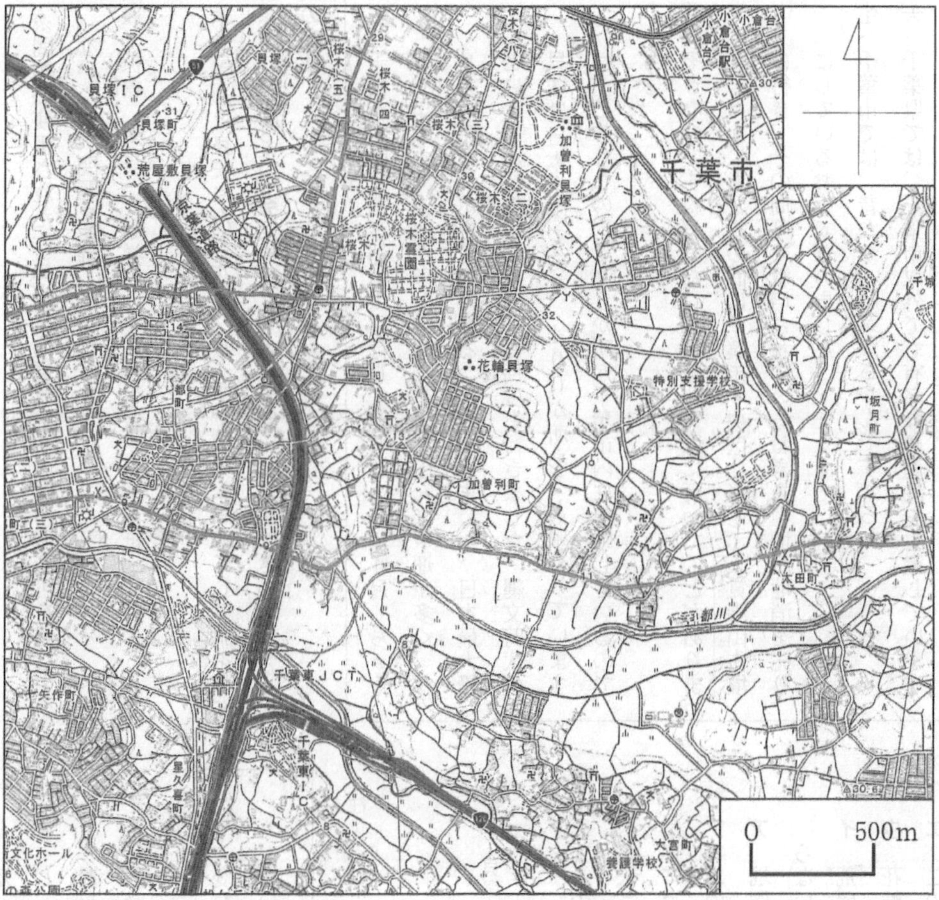

(国土地理院発行　２万５千分の１地形図「千葉東部」 平成31年発行より作成)

主な地図記号			
	⛩ 神社	卍 寺院	∴ 史跡
	☼ 工場	〒 郵便局	変電所・発電所
	⊕ 保健所	⊗ 警察署	トンネル
	⊥ 墓地	X 交番	建物

【適性検査Ⅰ】（四五分）〈満点：七〇点〉

1 ※問題に使用された作品の著作権者が二次使用の許可を出していないため、問題を掲載しておりません。

（出典：板倉《いたくら》聖宣《きよのぶ》「なぜ学ぶのか　科学者からの手紙」）

2 千花さんと良夫さんと先生の3人が千葉市を話題にして話をしています。次の**3人の会話**を読んであとの問いに答えなさい。

3人の会話

先生：千葉市が政令指定都市に移行して、2022年4月でちょうど30年です。先生が子どものころは、田んぼや畑が多く、ザリガニやトンボを身近に見ることができました。日本最大級といわれる①加曽利貝塚《かそりかいづか》にも何度も行きました。縄文《じょうもん》時代の貝塚は日本全国で約2、400か所あるといわれていますが、そのうちの約120か所が千葉市内に集中しているのですよ。

千花：そうなのですね。わたしも加曽利貝塚に行ったことがあります。ほかにも、この間は千葉市中央区にある②大覚寺山古墳《だいかくじやまこふん》に行き、その周りで栽培《さいばい》されているねぎを、地産地消を売りにしているお店で買いました。

先生：千葉市では、昔から③農業がさかんですからね。

良夫：千葉県では、千葉市以外でも有名な農産品を生産していますよね。

先生：そうですね。2020年の統計ですが、特産品とされている落花生のほか、ねぎやかぶの生産量は全国一位ですし、にんじんやきゃべつ、ほうれんそうなどの野菜も全国有数の生産量をほこります。

千花：農業で生産するものは、何に影響《えいきょう》されるのですか。

先生：④気温や降水量がちがうと、その地域で生産される農産品も変わってきますね。それでは、今日は今後の千葉市の農業について⑤話し合いをしていきましょう。

注1　政令指定都市…地方自治法という法律で「政令（内閣によって制定される命令）で指定する人口50万人以上の市」と規定されている都市。

注2　貝塚…食料として食べ終わった後の貝がらや動物の骨などがつもってできた遺跡《いせき》。

問1　**3人の会話**の中の**傍線部①**に関して、⑴、⑵の問いに答えなさい。

⑴　良夫さんは、**加曽利貝塚周辺の地図**を見つけました。この地図について良夫さんが説明した文として最もふさわしいものを、あとの**ア**～**エ**の中から1つ選び、記号で書きなさい。

ア　地図の中の2地点の間の長さをはかっても、実際の距離《きょり》はわからない。

イ　荒屋敷《あらやしき》貝塚の地下には京葉道路のトンネルが通っている。

ウ　花輪貝塚の北側500mの範囲《はんい》には建物が一つもない。

エ　この地図の範囲では、史跡《しせき》の中で一番西に位置するのは加曽利貝塚である。

2023 年 度

解 答 と 解 説

＜適性検査Ⅰ解答例＞

1　問一　ア
問二　ウ
問三　イ
問四　専門家の書
問五　エ
問六　ウ
問七　本さえ読めばすべてがわかるというわけではなく，自分で試してみないわけにはいかないということ。
問八　エ

2　問1　⑴　イ
⑵　①　オ　②　カ　③　ア　④　イ
問2　（1つ目）（大きな古墳をつくるためには，）たくさんの人が必要だったから。
（2つ目）（大きな古墳をつくるためには，）支配した広い土地が必要だったから。
問3　a　ア　b　カ
問4　A　ウ　B　エ　C　ア　D　イ
問5　ウ

○推定配点○
1　問一・問二・問三・問五・問六・問八　各3点×6　問四　4点　問七　10点
2　問1⑴・問3・問5　各3点×4　問1⑵・問4　各2点×8　問2　各5点×2
計70点

＜適性検査Ⅰ解説＞

基本　1　（国語：文章読解，資料の読み取り，ことわざ，接続詞）

問一　本文にもどす一文の先頭に逆接の接続詞「しかし」があることに注目する。「まわりの雰囲《ふんい》気《き》といったものは，話ではなかなか伝えられないので，自分で行って見てみるよりほかないことが多い」という内容と逆のこと，つまり外国にじっさいに行くことにはあまり意味がない，という話題の部分を探《さが》す。よって，じっさいに外国に行って見てみても話に聞いた通りのこと程度しかわからないという可能性について述べているアの直前の部分が最もふさわしく，一文をもどすにはアの位置が適している。イとウの周辺は本を読んでわかることについて，エの周辺は江戸《えど》時代の科学の本について書いており，もどしたい一文とは話題が異《こと》なるためどれも不適である。

問二　アは，一つのことでほかのすべてのことが予想できるという意味のことわざであるため，問題文中の使い方は誤《あやま》り。イは，幼《おさな》いときの習慣や性質が年老いても変わらないことを示すことわざであるため，問題文中の使い方は誤り。エは，２つのものを比べて，どちらも大して変わらないことを表すことわざなので，この用法は誤り。ウは，体に効く薬が苦くて飲みづらいことのように，身のためになる忠告《ちゅうこく》は聞きづらいものであることを表すことわざであり，正しい使い方である。

問三　波線部①の中の「このことわざ」とは「百聞は一見に如《し》かず」のことである。ことわざに関して説明している３段落《だんらく》に注目すると，波線部①の直前に「『何でも自分でやってみる＝体験すると，話を聞くだけだったときとは比べられないほどいろいろなことを知ることができる』ということは，たいていの人が体験していることだと思います。」とある。その直後に順接の接続詞「それで」があるため，この文で説明されている内容と合うものを選べばよい。したがって，解答はイになる。アはことわざについての説明にはなるが波線部①の理由としては適していない。ウのような記述は本文中にないのでこれも適さない。エは読書の話をしており，波線部①周辺の話題とは関係がない。

問四　４・５段落では，「自分の目で見，自分でいくら経験・体験しても，なかなかわからないこと」の具体例が述べられている。具体例を読み進めていくと，４・５段落ともに段落の終わりに，そういう(＝わからない)ことは本を読んではじめてわかる，という内容が書かれている。６段落は文頭に「このように」があることから，それまでの話がまとめられているため，この中から読書によって知識を得るという意味の14字の部分を探すと，「専門家《せんもんか》の書いた本を読んでみる(14字)」にたどりつく。

問五　③の直前にある指示語「そういう」に注目する。「そういう」が示しているのはその直前の「ヨーロッパでは，〈旅行の専門家〉以外は，「自分で鉄道の『時刻表《じこくひょう》』を買って旅行の計画を立てる」などということをしない」という内容であり，これは，実際《じっさい》に外国に行ったとしても特に興味をもって注意しないと気づかないことについて表している具体例である。よって，これと同じ内容を示しているものを選べばよい。アとウは明らかに誤り。イは隠《かく》れていることは事実だが，隠「されて」いるわけではないのでこれも適さない。

問六　波線部④の理由については同段落２文目で，「科学は『文を読んではじめて学ぶことができる』というので，『文学』の中に入れられた」という説明がなされている。そのため，この説明と合うものを選べばよい。ア，イ，エは全て内容が合わないため，最も適しているウが正答となる。

問七　波線部⑤の直前にある「そういう意味では」に注目する。この指示語「そういう」が示しているのは前段落の内容であり，具体的には１文目「『本さえ読んでいれば科学もその他のこともすべてわかるか』というと，もちろんそんなことはありません。」や５文目「その外国語で書かれていることの内容をよく知らなければ，訳すこともできないことを知って，実験してみたのです。」がこれにあたる。波線部⑤「百読は一見(験)に如かず」とは，もとのことわざの意味になぞらえて考えると，百回本を読んでも，一回見る(実験・経験する)のと同じようにはならないという意味であるため，この意味がわかるように，９段落の言葉や説明を用いながら記述をまとめられるとよい。

問八　本文の特徴《とくちょう》として適するものを選ぶ。専門的な言葉や難しい用語は用いられていないため，アは不適。具体的な例はあるが筆者の経験とは書かれていないため，イも不適。本文の結論《けつろん》では，読書よりも経験することが大切であると言っているため，ウも不適。具体的で身近な例を用いながら論を進めている文章であるため，エが適している。

2 (社会・算数：市の成り立ち，資料の読み取り，地図の読み取り，数値《すうち》の計算，グラフの読み取りなど)

やや難

問1 (1) 地図内右下部に簡易《かんい》的なめもりがあるように，決まった縮尺《しゅくしゃく》で作成されている地図は，２地点間の長さをはかれば実際の距離《きょり》は計算することができるため，アは誤り。花輪貝《はなわかい》塚《づか》の北側500m範囲《はんい》には建物の地図記号が多数あるため，ウは誤り。加曽利《かそり》貝塚は地図中の最西ではなく最北にあり，最西の史跡《しせき》は荒屋敷《あらやしき》貝塚であるため，エも誤り。荒屋敷貝塚に注目すると，その下を京葉道路のトンネルが通っていることがわかるため，イが正しい。

(2) 資料１・資料２を参照すると，現在の海岸線(点線で示されている)に比べて，資料１の約２万年前の様子では陸地の面積が広く，資料２の縄文《じょうもん》時代前期の様子では陸地の面積がせまくなっていることがわかる。また，このような陸地面積の変動の原因について資料３・資料４を参考に考えると，気温が低くなると海面が下がり，海にしずんでいる部分が減るため陸地面積は増えることがわかる(資料３)。反対に，気温が高くなると，海にしずんでいる部分が増えるため陸地面積は減る(資料４)。これを時代の流れと照らし合わせると，約２万年前から縄文時代前期にかけては陸地面積が減る＝気温が高くなった一方で，縄文時代前期から現在にかけては陸地面積が増える＝気温が低くなったと考えられる。

問2 資料５から，大覚寺山古墳《だいかくじやまこふん》は全長約66mとかなり大きな古墳であることがわかり，大きな古墳を築くためには，広い土地が必要だと考えられる。また，資料６を見ると，１つの古墳をつくるためにはたくさんの人の力が必要であることもわかる。

問3 a まず資料７の４つの円グラフのうち，「農業産出額の合計」と，そのうちの「野菜がしめる割合」に注目する。農業産出額に野菜の割合《わりあい》をかけ合わせて野菜の産出額を計算すると，千葉市が88.3×0.504より約44.5億円，館山《たてやま》市が40.4×0.252より約10.18億円，匝瑳《そうさ》市が149.7×0.167より約25.0億円，南房総《みなみぼうそう》市が105.1×0.234より約24.6億円であるとわかる。よって，最も野菜の産出額が多いのは千葉市，少ないのは館山市である。

b (エについて)米の産出額もaの野菜の産出額と同じように計算すると，資料７から千葉市が約7.86億円，館山市が8.08億円，匝瑳市が約35.78億円，南房総市が約12.82億円であるとわかる。匝瑳市以外の３市の額を合計しても，約28.76億円であり，匝瑳市のみの産出額よりも少ない。よって，誤《あやま》り。

(オについて)資料８から４市の自給的農家の戸数の合計は2784戸であり，千葉市の自給的農家の戸数は全体の約３割である(825÷2784より約0.296)。また，４市の販《はん》売《ばい》農家の戸数の合計は3988戸であり，千葉市の販売農家の戸数は全体の約２割である(862÷3988より約0.216)。よって，誤り。

(カについて)資料７から乳用牛の産出額を計算する。千葉市の額は約10.8億円，館山市の額は約5.7億円なのに対し，南房総市の額は約28.6億円であり，千葉市と館山市の金額の合計(10.8＋5.7より約16.5億円)よりも，12億円以上多い産出額であることがわかる。よって，正しい。

(キについて)匝瑳市は資料７から農業産出額が４市の中で最も多く，資料８から農産物直売所の数は４市の中で２番目に少ないことがわかる。よって，誤り。

問4 A ４つの雨温図のうち，７月が最も気温が低く降水量《こうすいりょう》も少なくなっているのは，ウのみである。

B　3月に入ってやっと気温が0度を超《こ》える，つまり3月までの期間に気温が0度を下回っている雨温図を探すと，エのみがあてはまる。

C　10月の部分に注目し，19℃程度の千葉市よりもやや気温が高く，降水量が120mm程度の雨温図を探すと，アがあてはまる。

D　残るイがあてはまる。12月の部分に注目し，60mm程度の千葉市よりやや降水量が多く，気温が高いという特徴《とくちょう》も適している。

問5　「ふさわしくないもの」を選ぶ点に注意。同じ立場の人同士で考えをまとめること(ア)や，ちがう立場の人に対して質問をしながら話を進めること(イ)，相手の意見をふまえて自分の考えを見直すこと(エ)などはどれも適している。ただし，話し合いの結果，導かれる結論《けつろん》が1つであるとは限らないため，さまざまな意見を受け入れ，それをふまえながらよりよい考えを探して話し合うのが話し合いの理想的な形である。

★ワンポイントアドバイス★

1では，問題文を読み，筆者の主張を正確に理解する力が求められる。筆者が特に伝えたいメッセージをおさえながら読み，自分の言葉で簡単《かんたん》にまとめられるようにしよう。2では，資料を活用して答えを導き出すことが求められる。計算させる問題も多いが，細かい数を使って計算をしなくても答えがわかる場合もある。日ごろからがい数での計算を練習して，数字の大きさや割合をイメージできるようにしておこう。資料が複数あるときは，先に問題文や選択肢《せんたくし》をよく読み，聞かれていることをつかんでおくと，スムーズに読み解くことができる。

＜適性検査Ⅱ解答例＞

1　問1　(1)　ア　80　イ　120
　　　　(2)　面積　900(m²)　体積　1170000(m³)
　問2　1.6(t)
　問3　(1)　①　ア　49　イ　0.98　ウ　0.02　エ　0.2
　　　　　②　1.36(mm)
　　　　(2)　砂浜1　0.04(mm)　砂浜2　1.27(mm)

2　問1　(1)　イ
　　　　(2)　ア，エ，カ
　問2　(1)　ウ
　　　　(2)　ア
　問3　(1)　ウ，オ，カ
　　　　(2)　①　イ　②　30(m)

○推定配点○

1　問1(1)・問2　各3点×3　問1(2)　完答3点　問3(1)①・(2)　各4点×6
問3(1)②　5点

2　問1(1)・問2　各3点×3　問1(2)・問3(1)　各2点×6　問3(2)　各4点×2

計70点

＜適性検査Ⅱ解説＞

1 （算数：図形，体積，計測，平均）

問１　(1)　問題文中の，「辺AFと辺EDは平行で，AからF，EからDへは，海側に辺FEと平行に20m進むと１m下がるかたむきとなっています。」という部分に注目する。図１より，AFとEDの高低差はそれぞれ，

AF：8.5－4.5＝4.0(m)　　ED：4.5－0.5＝4.0(m)

である。１m下がると20m進むので，４m下がる時は，20×4＝80(m)進む。

よって，【ア】は80，【イ】は200－80＝120より，120となる。

(2)　複雑な図形はわかりやすい図形に分けて考える。六角形ABCDEFを台形と長方形に分けて考える。【ア】，【イ】の地点をそれぞれG，Hとすると，六角形ABCDEFは，台形AFGBと長方形FEHG，台形EDCHに分けることができる。それぞれの面積は，

台形AFGB　：$\frac{1}{2}\times(4.5+8.5)\times80=520(\mathrm{m}^2)$

長方形FEHG：$4.5\times(120-80)=180(\mathrm{m}^2)$

台形EDCH　：$\frac{1}{2}\times(0.5+4.5)\times80=200(\mathrm{m}^2)$

よって，六角形ABCDEFの面積は，$520+180+200=900(\mathrm{m}^2)$

また，求める砂《すな》の体積は，底面が$900\mathrm{m}^2$，高さが1300mの六角柱と考えて，

$900\times1300=1170000(\mathrm{m}^3)$

問２　まず，容器の体積を求める。

問題文と図２より，容器は高さ６cm，縦《たて》８cm，横10cmの直方体であるから，体積は$480\mathrm{cm}^3$，〈結果〉より容器の重さは10g，$480\mathrm{cm}^3$の砂は，778－10＝768(g)である。

$1(\mathrm{m}^3)=100\times100\times100=1000000(\mathrm{cm}^3)$であるから，この砂が$1\mathrm{m}^3$あるときの重さは，

$768\times\frac{1000000}{480}=1600000(\mathrm{g})$

以上より，求める砂の重さは，単位がｔという指定があることに注意して，1.6t。

やや難

問３　(1)　①【ア】　図４ｂより，副尺《ふくしゃく》の０から10までの実際の長さは，

69－20＝49(mm)

【イ】　副尺の０から10までは50めもり分なので，１めもりの幅《はば》は49÷50＝0.98(mm)

【ウ】　本尺の１めもりの幅は１mm，副尺の１めもりの幅は【イ】より，0.98mmであるので，そのずれは1－0.98＝0.02(mm)

【エ】　図５では，本尺と副尺は副尺のめもり10個分ずれているので，副尺の０のめもりは，そのすぐ左にある本尺のめもりから0.02×10＝0.2(mm)だけ右にずれている。

重要

②　図６をみると，本尺と副尺は副尺のめもり18個分ずれている。副尺の０のめもりのすぐ左にある本尺のめもりは１mmなので，１mmに本尺と副尺のずれの長さを合わせれば砂の粒《つぶ》の大きさを求めることができる。ずれの長さは，0.02×18＝0.36(mm)であるので，砂の粒の大きさは1.36mmである。

(2)　砂浜《すなはま》１の砂の粒の大きさの平均は，

(0.02＋0.02＋0.04＋0.04＋0.02＋0.02＋0.02＋0.04＋0.04＋0.04＋0.02
＋0.02＋0.02＋0.04＋0.06＋0.06＋0.06＋0.06)÷18＝0.035…

砂浜２の砂の粒の大きさの平均は，

(0.82＋0.96＋1.22＋1.24＋1.12＋1.28＋1.32＋1.44＋1.46＋1.48＋0.96
＋1.08＋1.28＋1.34＋1.36＋1.42＋1.48＋1.64)÷18＝1.272…

小数第三位を四捨五入するので，砂の粒の大きさは，

砂浜１…0.04mm　　砂浜２…1.27mm

３人がそれぞれ求めた平均から次のような計算でより早く求めることができる。

砂浜１：{(0.03×4)＋(0.03×6)＋(0.0425×8)}÷(4＋6＋8)

砂浜２：{(1.06×4)＋(1.35×6)＋(1.32×8)}÷(4＋6＋8)

基本 2 （理科・算数：実験，外来生物，ふりこ，関係式）

問１　⑴　２つを比べる実験では，調べたいこと以外の条件をそろえる。問１では，アサリが水をきれいにするのかどうかを調べたいので，アサリの数だけを変える。

⑵　ア　アユといっしょに西日本にしかいないツチフキを千葉県の川に放流することになるので，外来生物を放す行為《こうい》である。

イ　スズメのひなを保護した後，元の場所ににがしているので，外来生物を放す行為ではない。

ウ　鳥による種子の移動であり，人間の活動によって種子がほかの地域《ちいき》に移動するわけではないので外来生物を放す行為ではない。

エ　元々その地域にいなかった数の生物を放しているので，外来生物を放す行為である。

オ　海流による種子の移動であり，人間の活動によって種子がほかの地域に移動するわけではないので，外来生物を放す行為ではない。

カ　すでに絶めつした生き物の卵《たまご》を茨城県から持ってきているので，外来生物を放す行為である。

問２　⑴　影《かげ》ができている位置と長さから太陽の位置を考える。図１では，影は千佳《ちか》さんから見て北東に長くできているので，ウが正しい太陽の位置である。

⑵　太陽は南東にあるので，アの９時ごろが最もふさわしい。

問３　⑴　表１からおもりの重さ，ふれはば，ふりこの長さと，ふりこの１往復する時間，最下点での速さとそれぞれの関係について読み取る。変えた条件は，おもりの重さ，ふれはば，ふりこの長さなので，これらを変えたときにふりこが１往復する時間と最下点での速さを比べる。

ア　おもりの重さのみが異《こと》なっているAとG，BとH，CとI，DとJ，EとK，FとLをそれぞれ比べる。いずれも，１往復する時間は変化していないので誤《あやま》り。

イ　ふれはばのみが異なっているAとD，BとE，CとF，GとJ，HとK，IとLをそれぞれ比べる。いずれも，１往復する時間は変化していないので誤り。

ウ　ふりこの長さのみが異なっているAとBとC，DとEとF，GとHとI，JとKとLをそれぞれ比べる。ふりこの長さが大きくなると，１往復する時間も大きくなっているので正しい。

エ　おもりの重さのみが異なっているAとG，BとH，CとI，DとJ，EとK，FとLをそれぞれ比べる。いずれも，最下点での速さは変化していないので誤り。

オ　ふれはばのみが異なっているＡとＤ，ＢとＥ，ＣとＦ，ＧとＪ，ＨとＫ，ＩとＬをそれぞれ比べる。ふれはばが大きくなると，最下点での速さも大きくなっているので正しい。

カ　ふりこの長さのみが異なっているＡとＢとＣ，ＤとＥとＦ，ＧとＨとＩ，ＪとＫとＬをそれぞれ比べる。ふりこの長さが大きくなると，最下点での速さも大きくなっているので正しい。

(2)　①　表１より，ふりこの長さとふりこの１往復する時間に注目すると以下のような表をつくることができる。

ふりこの長さ x(m)	0.25	1.00	2.25
ふりこの１往復する時間 y(秒)	1.0	2.0	3.0

ア～カの関係式はそれぞれ，以下のようになる。

ア　$x=y\times y$

イ　$x=\left(\frac{1}{2}\times y\right)\times\left(\frac{1}{2}\times y\right)$

ウ　$x=2\times(y\times y)$

エ　$y=x\times x$

オ　$y=\left(\frac{1}{2}\times x\right)\times\left(\frac{1}{2}\times x\right)$

カ　$y=2\times(x\times x)$

それぞれの式に表の数字をあてはめて考えると，正しい関係を表しているのはイとなる。

②　求めるのはフーコーのふりこの長さであり，これが10往復するのにかかる時間が110秒であるから，１往復する時間は，110÷10＝11(秒)である。これらを①で求めた式にあてはめて考えると，

$x=\frac{1}{2}\times 11\times\frac{1}{2}\times 11=30.25(\mathrm{m})$

四捨五入《ししゃごにゅう》して整数で答えるので，求める長さは30m。

★ワンポイントアドバイス★

複雑に見える問題も，条件や情報をぬき出して，自分で図や表を書いてみるとどのように解いていくのかが見えてくる。普段《ふだん》から必要な情報を整理する練習をしておくとよいだろう。

＜適性検査Ⅲ解答例＞

1　問１　１．エ　２．ウ　３．ウ

問２　ア

問３　イ

問４　エ

問５　１．エ　　２．イ

2　問一　①　相手の後ろ　　②　走ること　　③　風の抵抗　　④　スパートをかける

問二　わたしは夏休みの宿題の取り組み方について，毎年自分で計画を立てて行っていました。

はじめに宿題の内容を確認して，ドリルやプリントに日付を書きこんでいました。そうすることで，少しずつ計画的に進めることができ，よゆうをもって宿題に取り組めます。私はこの計画を毎年成しとげていたので，宿題をわすれることも，夏休みの後半にあわてて取り組むこともありませんでした。

○推定配点○

1　問１・問２・問３・問４・問５　各4点×8

2　問一　各2点×4　　問二　30点　　　計70点

＜適性検査Ⅲ解説＞

基本　1　（英語：英単語の聞き取り，予定，情報整理）

問１　１．ｃの音を正しく聞き取り，かつｐとｔを聞き間違《まちが》えないように注意する。

２．単語理解の問題。アは理科(science)，イは数学(mathematics)，エは体育(physical education)である。

３．欲《ほ》しい物の内容を聞き取る。pen(ボールペン)とpencil(えんぴつ)，book(本)とbag(かばん)の聞き分けに気をつける。

＜放送全文(日本語訳《やく》)＞

１．cap(帽子《ぼうし》)

２．calligraphy(書道)

３．I want a pencil and a bag.

(私は１本のえんぴつと１つのかばんが欲しいです。)

問２　ジョンの「Do you like basketball, Mari?」(まり，あなたはバスケットボールが好きですか。)という問いかけに，まりが「No」(いいえ)と答えていることを聞き取る。また，まりは最後に「I like volleyball.」(わたしはバレーボールが好きです。)と言っている。

＜放送全文(日本語訳)＞

John: I like sports.

Mari: What sports do you like, John?

John: I like basketball and soccer. Do you like basketball, Mari?

Mari: No, I don’t. I like volleyball.

ジョン：わたしはスポーツが好きです。

まり：ジョン，あなたは何のスポーツが好きですか。

ジョン：わたしはバスケットボールとサッカーが好きです。まり，あなたはバスケットボールが好きですか。
まり：いいえ，わたしは好きではありません。わたしはバレーボールが好きです。

問３　ジャネットの「I always walk with my dog.」(わたしはいつも犬と散歩をします。)というセリフを聞き取ると，ジャネットはイのように公園で過ごしていることがわかる。一方はるきの「I always go with my friend.」(わたしはいつも友達といっしょに行きます。)というセリフから考えると，はるきについてはウもエも正しい絵ではない。

＜放送全文(日本語訳)＞
Haruki: Do you go to Inage park, Janet?
Janet: Yes, I do. I always walk with my dog.
Haruki: Nice.
Janet: Do you go to Inage park, Haruki?
Haruki: Yes. I always go with my friend.

はるき：ジャネット，あなたは稲毛《いなげ》公園へ行きますか。
ジャネット：はい，行きます。わたしはいつも犬と散歩をします。
はるき：いいですね。
ジャネット：はるき，あなたは稲毛公園へ行きますか。
はるき：はい。わたしはいつも友達といっしょに行きます。

問４　会話を順に整理すると，最初にこうじは「I want three peaches.」(ももが３つ欲しいです。)と言っているが，その後店員に「We have apples.」(りんごはあります。)と言われると，こうじは考えを変え，りんごを買おうとする。店員は「We have four apples.」(４つのりんごがあります。)と言っているが，こうじは「I want three.」(わたしは３つ欲しいです。)と言っているため，正しくはエ。問題文中に出てくる「four」「peach」などの単語にまどわされないよう気をつける。

＜放送全文(日本語訳)＞
Koji: Hello. I want three peaches.
Woman: We don’t have peaches now, but we have apples.
Koji: OK. How many?
Woman: We have four apples.
Koji: OK. I want three.

こうじ：こんにちは。わたしはももが３つ欲しいです。
店員：今ももがないのですが，りんごはあります。
こうじ：わかりました。いくつありますか。
店員：４つのりんごがあります。
こうじ：わかりました。わたしは３つ欲しいです。

問５　１．まきの好きなものを正確におさえる。「I like white.」(わたしは白色が好きです。)なので白色が好きであり，「Do you like strawberries?」(あなたはいちごが好きですか。)→「Yes.」(はい。)なのでいちごが好きである。また，「Do you like cats?」(あなたはねこが好きですか。)「No. I like rabbits.」(いいえ，わたしはうさぎが好きです。)のやり取りから，ねこではなくうさぎが好きなこともわかる。よって，まきの好きなものの要素をすべておさえているエが正しい。

2．後半に流れるまきのセリフ「I have piano lessons on Tuesdays and Saturdays.」(私は火曜日と土曜日には，ピアノのレッスンがあります。)から，火曜日と土曜日はピアノのレッスンがありパーティーができないことがわかる。またその後のボブの「How about Thursday?」(では木曜日はどうですか。)という提案には「Nice.」(いいですね。)と答えているため，木曜日(＝イ)にパーティーを行うことがわかる。日曜日(Sunday)に関しては会話中でふれられていない。

＜放送全文(日本語訳)＞

Bob：Happy birthday, Maki! What do you want for your birthday?
Maki：Thank you, Bob. I want a pencil case.
Bob：What color?
Maki：I like white. I want a white pencil case for my birthday.
Bob：OK. Do you like strawberries?
Maki：Yes.
Bob：Do you like cats?
Maki：No. I like rabbits.
Bob：OK. I want this for your birthday. Do you like it?
Maki：Yes. Thank you.
Bob：Let's have a birthday party. How about Tuesday?
Maki：Sorry. I have piano lessons on Tuesdays and Saturdays.
Bob：How about Thursday?
Maki：Nice.

ボブ：お誕生《たんじょう》日《び》おめでとう，まき！あなたは誕生日に何が欲しいですか。
まき：ありがとう，ボブ。わたしは筆箱が欲しいです。
ボブ：何色ですか。
まき：わたしは白色が好きです。わたしは白色の筆箱が誕生日に欲しいです。
ボブ：わかりました。あなたはいちごが好きですか。
まき：はい。
ボブ：あなたはねこが好きですか。
まき：いいえ，わたしはうさぎが好きです。
ボブ：わかりました。わたしはあなたの誕生日にこれが欲しいです。あなたはこれが好きですか。
まき：はい。ありがとうございます。
ボブ：誕生日パーティーをしましょう。火曜日にやるのはどうですか。
まき：ごめんなさい。わたしは火曜日と土曜日には，ピアノのレッスンがあります。
ボブ：では木曜日はどうですか。

まき：いいですね。

2 （国語：長文読解，作文）

問一　波線部「相手もまたねらっていた」，元々は大貴《だいき》自身がねらっていたことについて言葉をぬき出して文章を完成させる。大貴がねらっていたことは，近くを走る大阪の選手の後ろについて体力を温存《おんぞん》することであり，その様子は本文４～８段落《だんらく》目に示されている。問題文の言葉とのつながりも考えると，７段落目の言葉を用いて①「相手の後ろ」，②「走ること」，③「風の抵抗《ていこう》」，④「スパートをかける」を入れるのがふさわしい。

問二　「『計画』や『作戦』を立てて取り組んだこと」もしくは「今後成し遂《と》げたいこと」について，二段落構成で書く。自分の経験を交えて書くことをわすれないように気をつける。段落の構成は以下の通りである。

一段落目…　「『計画』や『作戦』を立てて取り組んだこと」もしくは「今後成し遂げたいこと」の具体的な内容を書く。ここでは短い言葉で簡潔《かんけつ》にまとめておき，続く二段落目でくわしく説明を加える形にするとよい。

二段落目…　一段落目で挙げたことについて，その理由やそれに関する自身の経験を書く。計画や作戦を立てて取り組んだことについて書く場合は，その計画や作戦の内容とそれによって得られた結果を具体的に示すとよい。成し遂げたいことについて書く場合は，その内容と合わせて，そのことがらを成し遂げるための計画や作戦についても書けるとよい。段落の最後の一文で自分の言いたいことをまとめると，わかりやすい文章になる。

★ワンポイントアドバイス★

英語の聞き取りについては放送の前に問題文に目を通し，問題や出てくる単語をあらかじめ予測しておく。どの単語の違《ちが》いを聞き取るかを考えた上で問題に臨《のぞ》むと聞き取りやすい。作文は自分の考えを問題用紙などに下書きし，整理してから清書を始めるとよい。問題数は少ないが，時間内に解ききれるよう時間配分に細心の注意を払《はら》う必要がある。

MEMO

大切なことはメモしておこうネ！

2022年度

★★★★★★★★★★★★★★★★★★★★★★

入　試　問　題

2022年度

市立稲毛国際中等教育学校入試問題

【適性検査Ⅰ】（26ページからはじまります）

【適性検査Ⅱ】（45分）

1 太郎さん，花子さん，次郎さんの３人は同じ小学校の６年生です。３人はあるキャンプ場に向かいました。次の問いに答えなさい。

問１　３人は，クラスの人たちと合流するために千葉都市モノレールに乗り合わせて千城台《ちしろだい》駅に向かいました。太郎さんは千葉駅から，花子さんは作草部《さくさべ》駅から，次郎さんは穴川《あながわ》駅から乗りました。表１は３人が乗った列車の各駅での発車時刻《じこく》と千葉駅からの距離《きょり》を示したものです。表２は千葉都市モノレールの乗車距離と運賃《うんちん》との関係を示したもので，小学生は小児《しょうに》運賃となります。小児運賃は，大人運賃を２で割り，10円未満のあまりの金額は10円単位に切り上げます。

あとの(1)～(3)の問いに答えなさい。

表１

駅	発車時刻	千葉駅からの距離（km）
千葉	7:04	0.0
千葉公園	7:06	1.1
作草部	7:07	1.8
天台	7:09	2.5
穴川	7:11	3.4
スポーツセンター	7:13	4.0
動物公園	7:15	5.2
みつわ台	7:17	6.2
都賀	7:20	7.7
桜木	7:22	9.0
小倉台	7:24	10.2
千城台北	7:26	11.2
千城台	7:28	12.0

表２

距離	大人運賃（円）
2kmまで	200
2kmをこえて3kmまで	220
3kmをこえて5kmまで	290
5kmをこえて7kmまで	340
7kmをこえて9kmまで	390
9kmをこえて11kmまで	430
11kmをこえて13kmまで	480
13kmをこえて14kmまで	520

(1) 花子さんと次郎さんが千城台駅まで乗るのに支払《しはら》った運賃はそれぞれ何円ですか。

(2) 千葉駅から千城台駅までのそれぞれの一駅間《ひとえきかん》で，モノレールの速さが最も速いのは，どの駅とどの駅の間ですか。ただし，モノレールは，それぞれの一駅間では一定の速さで進むものとし，駅にとまっていた時間は考えないものとします。

(3) 次のページの図１～図３は，別の日にモノレールが進む様子を千葉公園からビデオで撮《と》り，静止画像を取り出して絵にしたものです。

モノレールは２両編成の全長が29.8mで，図１から図２まで進むのに2.5秒かかり，図１から図

３まで進むのに10秒かかりました。ただし，モノレールは図１から図３までの間を一定の速さで進み，橋脚《きょうきゃく》の幅《はば》は考えないものとします。

図の説明（※）を読んで，次の①，②の問いに答えなさい。

① モノレールの速さは秒速何ｍですか。

② 橋脚Ａから橋脚Ｄまでの長さは何ｍですか。

図１

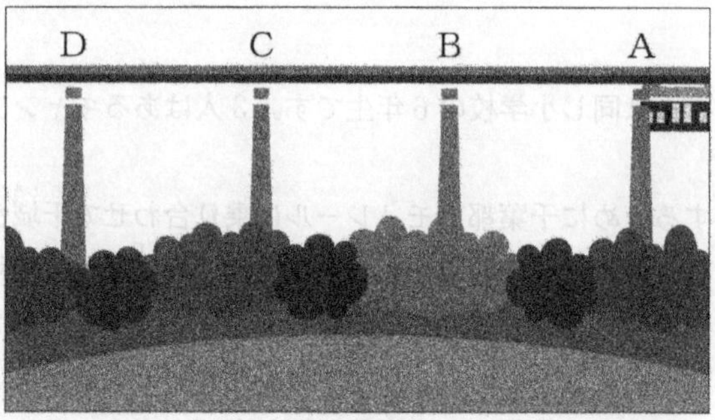

※モノレールの先端《せんたん》が橋脚Ａにさしかかった。

図２

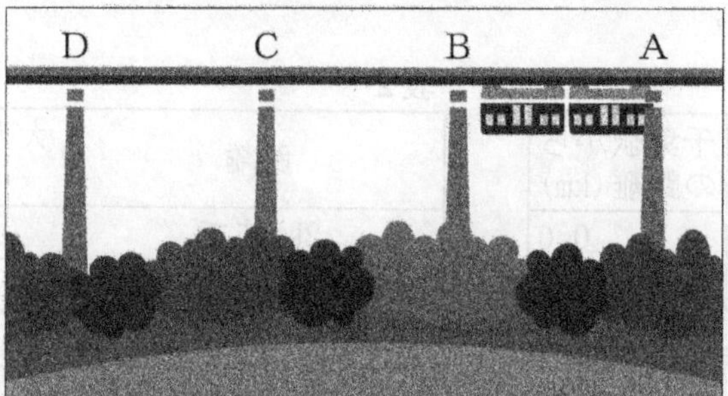

※モノレールの後端が橋脚Ａの位置にあった。

図３

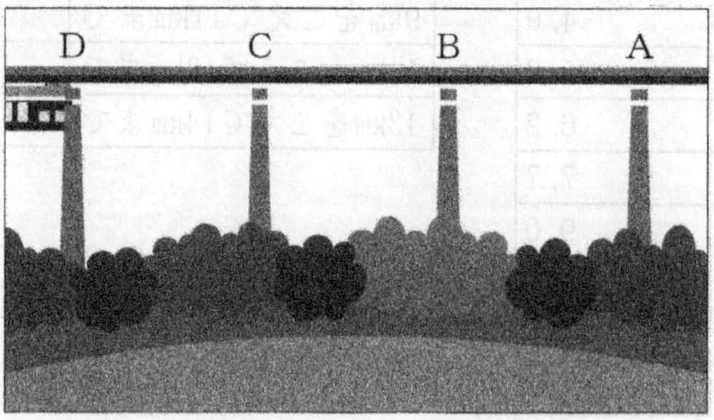

※モノレールの後端が橋脚Ｄの位置にあった。

問２　３人はキャンプ場から帰って来ました。後日の３人の次の会話について，あとの(1)，(2)の問いに答えなさい。ただし，円周率は3.14とします。

太郎：この前に行ったキャンプ場は，もともと千葉市乳牛育成牧場だったそうだよ。

花子：そうそう。現在，千葉県は乳牛の頭数，牛乳生産量とも全国第６位。さらに，卵の生産量は全国３位，ニワトリの飼育数は全国２位なんだよ。

（※注：農林水産省「作物統計」2019・2020より作成。）

太郎：他にも千葉県ではコムギが栽培《さいばい》されていて，さらにサトウキビも栽培されているよ。
次郎：乳牛といえば牛乳，そして牛乳からはバターができる。その上，小麦粉，砂糖《さとう》，鶏卵《けいらん》が手に入るとなると，バウムクーヘンができるね。
太郎・花子：バウムクーヘンを作ろう。

そこで，太郎さんの家でバウムクーヘンを作ることにしました。

３人は材料を混ぜて生地《きじ》を作りました。本来，バウムクーヘンは金属のつつを回転させながら生地をかけて，横からの熱で一層《そう》ずつ焼いていきますが，ここでは卵《たまご》焼き用の四角いフライパン（以後，卵焼き器）を使って次の手順で焼くこととしました。

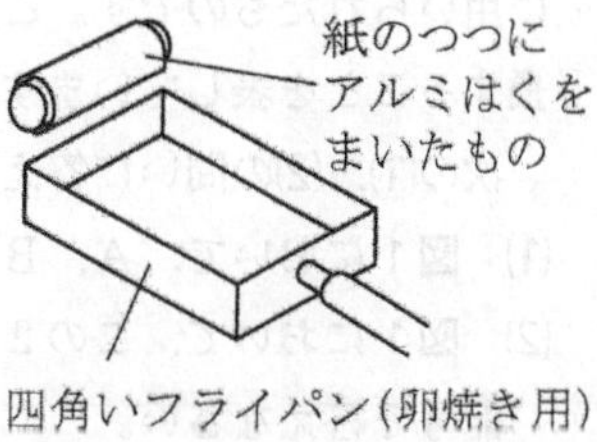

① まず，紙のつつにアルミはくを巻き，バターをぬる。
② 卵焼き器にバターを引いて弱火で熱し，生地を流して表面が固まったらつつに巻き取る。
③ 再びバターを引いて生地を流し，表面が固まったらつつに巻き取る。
以後，③をくり返す。
注：実際は生地どうしの間にすき間ができるので形をととのえて食べることにしました。外側の層は１回では焼けないので，何回かに分けてつなぎました。

このとき，次郎さんが次のようなことを言い出しました。

次郎：このバウムクーヘンおいしいね。ところで，うすい層を全部のばしたら何cmになるんだろう。
花子：わかった。計算で求めてみよう。穴《あな》は直径４cm，全体は直径10cmで，均一な２mmの厚さの層でできているとしましょう。

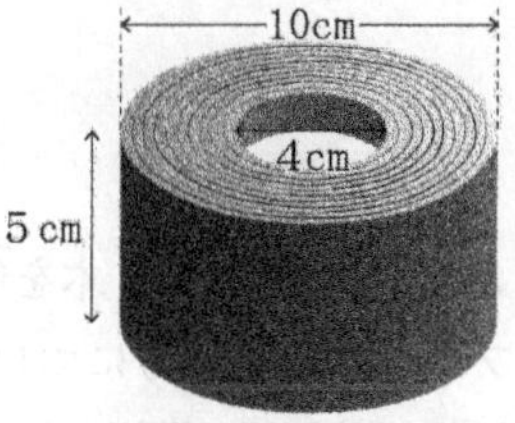

※両はしをきれいに切ると5cmになった。

太郎：全部で【 ア 】層だ。一番内側の層は，直径４cm，これを使って円周の長さを求める。次の層からは，直径が【 イ 】mmずつ増えていく。これらの円周の長さを層の（一番）内側を使って求める。これをくり返して，【 ア 】層の円周の長さを全部足したらいいと思う。そうすると，全部をつなげた長さは【 ウ 】cmになるよ。
次郎：じゃあ，次に，ぼくのやり方でもやってみるよ。ぼくは体積を使って考えたよ。バウムクーヘンの高さを５cmとして，体積は大きい円柱から小さい円柱を引けばいい。そして，これを１層ずつむいて全部つなぐと，うすい直方体と考えられるね。
太郎・花子：本当だ。

(1) 文中の【ア】～【ウ】にあてはまる数を入れなさい。
(2) 次郎さんの方法で求めた場合，この直方体の高さを５cm，縦《たて》の長さを0.2cmとすると横の長さは何cmになりますか。

2 冬の寒い日に，あきらさんは里山を再生する活動のボランティアに参加しました。次の問いに答えなさい。

問１　あきらさんは，スタッフの１人から，この里山では現在一番多く見られるのが暗いところでも育つことができるカシ類やシイ類などのどんぐりの木で，これらは年中葉をしげらせるため林内が暗くなってしまう，と教わりました。さらに，大きな木を切ることで明るい森になり，暗いところでは育たないアカマツやコナラの光合成が活発になることを教わりました。図１はそのときの説明に用いられたものです。これは光合成曲線といい，右に行くほど明るくなり，上に行くほどよく成長することを表しています。A，B２本の曲線は，一方がアカマツ，他方がシラカシです。

次の⑴，⑵の問いに答えなさい。

⑴　図１において，A，Bのどちらがアカマツを表していますか。

⑵　図１において，この２種のうち一方しか育たない光の強さの範囲《はんい》をア～エの中から１つ選び，記号で答えなさい。

ア　a～b　　イ　b～c　　ウ　c～d　　エ　d～e

図１

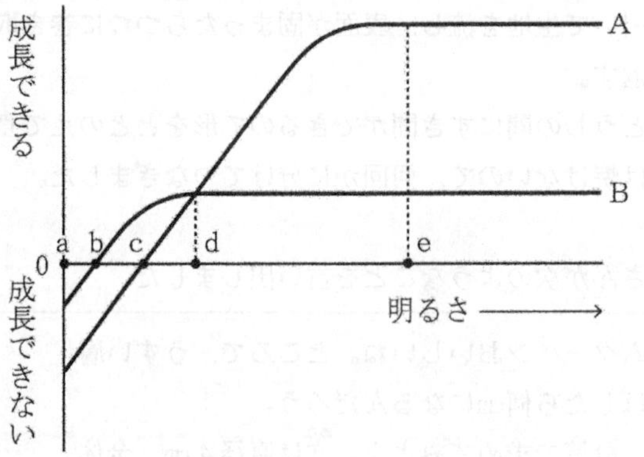

問２　あきらさんは，木を伐採《ばっさい》していたスタッフから木の切り方について教えてもらいました。例えば，最初に枝を切ったのは重心をずらすため，ということでした。この場合，重心とは木全体をこの一点で支えることができる点で，重心を「受け口」ができる場所の真上より外側（図２では破線より左側）にもってくると，「追い口」を切ったときに「受け口」の方にたおれる，ということでした。枝を切る以外に重心をずらすにはロープで引くことも効果的だそうです。

図２

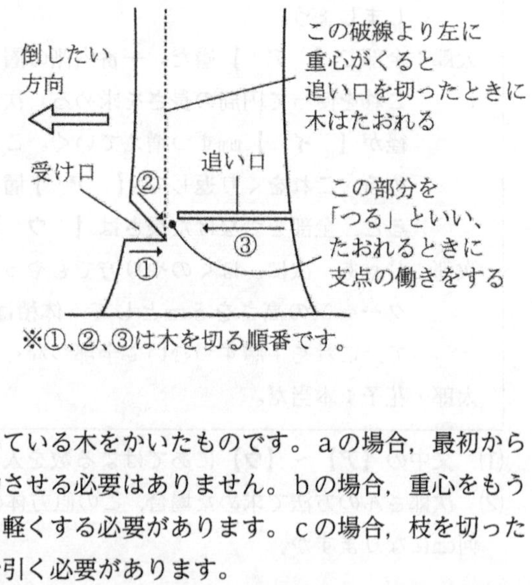

※①、②、③は木を切る順番です。

次のページの図３はa～c３種類の生え方をしている木をかいたものです。aの場合，最初から重心は「受け口」よりも左にあるため重心を移動させる必要はありません。bの場合，重心をもう少し左に移動させたいので右側の枝を切って右を軽くする必要があります。cの場合，枝を切っただけでは重心はあまり移動しないので，ロープで引く必要があります。

ここで，cでは，㋐，㋑のどちらにロープをかけて引くほうが小さな力でたおすことができますか。「支点」という語を用いて理由も答えなさい。

図３

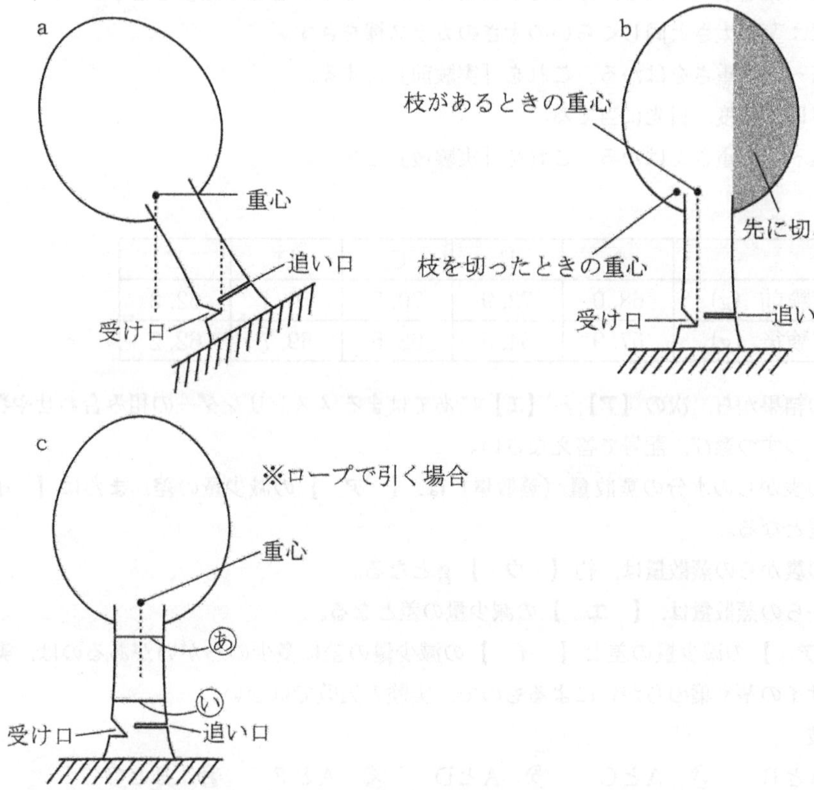

問３　伐採した後，多くの木は枝や葉を残したまま放置されました。これを「葉枯《が》らし」というそうで，葉を残すことによって木材から水分が早くぬける，と教えてもらいました。そこで，このことを確かめるために，あきらさんはアジサイの茎《くき》を使って下の図のような実験を行いました。なお，実験に出てくるワセリンは水を通しにくい物質です。

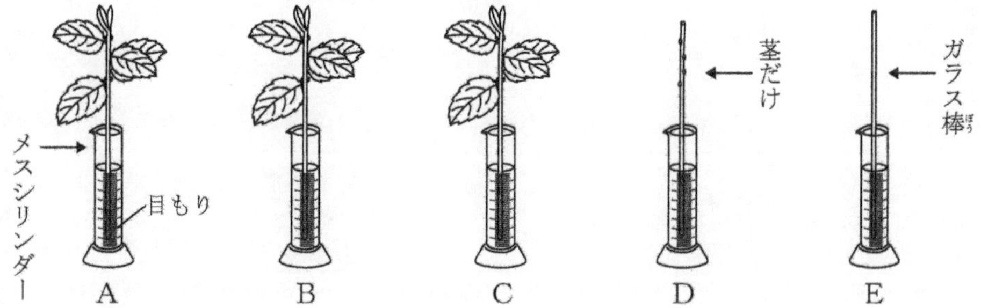

手順

①　同じような太さの茎に同じような大きさの葉がついている部分を４本用意する。

②　５本のメスシリンダーに同量の水を入れて，A～Eとする。

A：アジサイの茎をそのままさす。

B：すべての葉の表にワセリンをぬった茎をさす。

C：すべての葉の裏にワセリンをぬった茎をさす。

D：葉をすべて取り，取った葉の切り口にワセリンをぬった茎をさす。

E：茎の太さと同じくらいの太さのガラス棒をさす。

③　A～Eの重さをはかる。これを「実験前」とする。

④　5時間程度，日光に当てる。

⑤　A～Eの重さをはかる。これを「実験後」とする。

結果

	A	B	C	D	E
実験前（g）	68.0	72.9	70.5	60.1	62.3
実験後（g）	57.9	64.5	68.5	59.7	62.2

この結果から，次の【ア】～【エ】にあてはまるメスシリンダーの組み合わせや数を下の選択肢《せんたくし》から1つずつ選び，記号で答えなさい。

・葉の表からの水分の蒸散量《じょうはつりょう》（蒸散量）は，【　ア　】の減少量の差，または【　イ　】の減少量の差となる。

・葉の裏からの蒸散量は，約【　ウ　】gとなる。

・茎からの蒸散量は，【　エ　】の減少量の差となる。

・【　ア　】の減少量の差と【　イ　】の減少量の差に多少のちがいがあるのは，実験に用いたアジサイの茎や葉のちがいによるもので，実験の失敗ではない。

選択肢

(あ)　AとB　　(い)　AとC　　(う)　AとD　　(え)　AとE　　(お)　BとC

(か)　BとD　　(き)　BとE　　(く)　CとD　　(け)　CとE　　(こ)　DとE

(さ)　10　　(し)　8　　(す)　5　　(せ)　3　　(そ)　1

【適性検査Ⅲ】（45分）

（放送台本）

問 1

1. KY

2. pig

3. I like soccer and *kendo*.

問 2

(A)：Do you want a salad?

(B)：No, but I want juice. What do you have?

(A)：We have apple and orange.

(B)：I want orange juice with my sandwich.

問 3

(A)：Hi, Emily. What animals do you like? I like dogs very much. I have a dog.

(B)：Hi, Daiki. I like dogs and cats.

(A)：Do you want a dog?

(B)：No, I don't. I have two cats.

問 4

(A)：Hello, Jack. Where do you want to go this Saturday?

(B)：I want to go to Fuji River with my friend, Ken. We like fishing.

(A)：Oh, that's nice! I want to go to Lake Iroha. The trees and flowers by the lake are beautiful.

(B)：Oh, great! My grandfather and I enjoyed fishing at Lake Iroha in the summer vacation.

問 5

1.

(A)：Excuse me. Where is ABC Hospital?

(B)：Go straight. Go straight. Turn right. Go straight. Turn left. ABC Hospital is by the convenience store.

2.

(A)：I want to go to the post office. Where is it?

(B)：Go straight. Go straight. Turn left. Go straight. You can see it on your right.

1　放送による英語の問題

☆問題は，問１から問５までの５問あります。

☆英語はすべて２回ずつ読まれます。問題用紙にメモを取ってもかまいません。

　答えはすべて解答用紙に記入しなさい。

問１　次の１．から３．について，放送された内容として最も適切なものをそれぞれア～エの中から１つ選び，記号で答えなさい。

１．ア　QY　　イ　KY　　ウ　QI　　エ　KI

２．ア　lip　　イ　big　　ウ　wig　　エ　pig

３．ア　I like soccer and tennis.

　　イ　I like soccer and *kendo*.

　　ウ　I like cricket and *kendo*.

　　エ　I like rugby and fencing.

問２　Mike（みか）さんと男性の店員が話をしています。２人の話を聞いて，みかさんが買いたいものに合う絵を次のア～エの中から１つ選び，記号で答えなさい。

ア

イ

ウ

エ

問3　Daiki（だいき）さんとEmily（エミリー）さんが話をしています。2人の話を聞いて，2人が飼っている動物の絵を次のア～エの中から1つ選び，記号で答えなさい。

ア

イ

ウ

エ

問4　Aya（あや）さんとJack（ジャック）さんが話をしています。2人の話の内容について，今度の土曜日に2人がしたいことに最も合う絵を次のア～エの中から1つ選び，記号で答えなさい。

ア

イ

ウ

エ

問５　地図上の矢印⇧のところで行われた道案内の対話を聞いて，それぞれの対話の目的地の場所を示しているものを地図上の**ア**～**オ**の中から１つずつ選び，記号で答えなさい。対話は１．と２．の２つあり，それぞれ別の人物によって，矢印の方向を向いて行われたものです。

地図

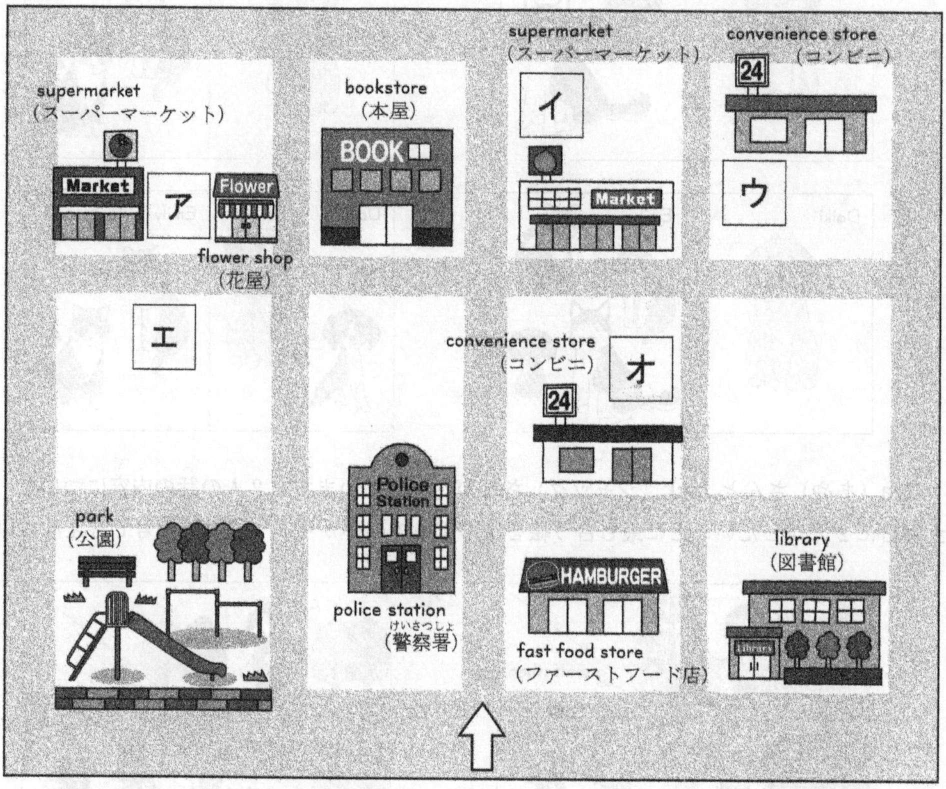

2　次の会話文と**【良夫さんが読んだ本の一部】**を読んで，あとの問いに答えなさい。

良夫　最近読んだ本で，考えさせられるものがあったよ。お母さんが，小学校六年生の息子《むすこ》のソフトボールの試合を観戦する話だったんだけど。
花子　どういう話だったの。
良夫　試合に負けて悔《くや》し涙《なみだ》を我慢《がまん》するピッチャーの姿《すがた》が描《えが》かれているんだ。ぼくもこんなふうに成長したいなって思ったよ。
花子　うーん。どうしたら成長できるんだろう。
良夫　ぼくは，悔しいことも時には我慢して乗り越《こ》えたり，最後まであきらめないで挑戦《ちょうせん》したりすることが，成長につながるのだと思うよ。
花子　挑戦かあ。私《わたし》も中学生になったら，何かに挑戦していきたいな。

【良夫さんが読んだ本の一部】

これは，「私」の息子のソフトボールチームの話である。ピッチャーのYちゃんと，キャッチャーのO君は，息子と同じ保育園のうさぎ組の頃《ころ》からの友達である。日曜の朝，昨夜からの雨がまだすっきりと止んでいなかったが，予定通り試合が行われた。

さて，その日の対戦相手は※1強豪《きょうごう》だった。※2素人《しろうと》の私から見ても，よく鍛《きた》えられているのが分かった。先取点を取ったものの，すぐに追い付かれ，逆転された。

どこからかやって来た野良犬《のらいぬ》も，一緒《いっしょ》に応援《おうえん》してくれた。ベンチの端《はし》に伏《ふ》せをして，おとなしく観戦していた。何か移動する用事がある時は，攻守交替《こうしゅこうたい》の時まで待って，しかも内野を横切るようなことはせず，※3ファウルグラウンドを遠回りして，トコトコと歩いてゆくのだった。

Yちゃんは風邪《かぜ》を引いていたらしく，本来の調子ではなかった。汗《あせ》をびっしょりかいて，顔を真っ赤にして頑張《がんば》ったが，思うようにストライクが入らなかった。結局第一試合は，1対5で負けた。

Yちゃんは木の陰《かげ》に座《すわ》り，時折咳《せ》き込《こ》みながら，水筒《すいとう》のコップを持ってじっとうつむいていた。私は気づかない振《ふ》りをして，黙《だま》って様子をうかがっていた。

うさぎ組の頃，お遊戯《ゆうぎ》をしたり，ブランコで遊んだりしていた姿が思い出された。あれからまだほんの六，七年しか経《た》っていないというのに，少女は悔し涙を我慢するほどに成長していた。その間，私はつまらない小説をいくつか書いていたに過ぎない。しかし子供《こども》たちは，こちらの思いを越えて，輝《かがや》かしい時間の流れの中で生きている。

かつて私にも，こんなふうに成長していた子供時代が本当にあったのだろうか。今となってはもう，思い出せない。

第二試合，相手は中学生かと思うほど立派《りっぱ》な体格のエースを先発させてきた。第一試合のピッチャーは控《ひか》えだったようだ。続けて投げるかどうか，自分で決めなさい，と監督《かんとく》に言われたYちゃんは，堂々《どうどう》とマウンドに立った。

相手のエースは体格に相応《ふさわ》しいボールを投げ込んできた。敵《てき》ながらほれぼれするくらいだった。バックの守りも堅《かた》く，難《むずか》しいフライも落とさなかった。更《さら》に悪いことに，Yちゃんの弟が胸《むね》にデッドボールを受け，負傷《ふしょう》退場してしまった。

水で冷やしたり，背中《せなか》をさすったり，慌《あわ》てて皆《みな》で※4介抱《かいほう》した。野良犬も心配そうに寄ってきて，クンクン鼻を鳴らしていた。肋骨《ろっこつ》にひびでも入っていてはいけないので，結局お父さんが車で病院へ連れて行った。

そうしたアクシデントにも動揺《どうよう》せず，Yちゃんは最後まで投げきった。結果は0対4だった。こちらのヒットは，O君が打った一本だけだった。

試合が終わったあと，相手チームが整列し，応援の私たちにむかって挨拶《あいさつ》してくれた。キャプテンでもあるエースの彼《かれ》が帽子《ぼうし》を取り，ほとんど地面につくように深々《ふかぶか》と頭を下げると，それを合図に，「ありがとうございました」の声が響《ひび》きわたった。

こんなにも気持《きもち》のいい挨拶をされたことは，かつて一度もなかった。自分が特別によい何かを，成し遂《と》げたような気分になれた。楽しませてくれたお礼を言うべきは，私の方だった。

骨《ほね》に異常《いじょう》なし，の診断《しんだん》をもらってYちゃんの弟も戻《もど》ってきた。もう平気な顔をして飛び回っていた。

「あなたも，デッドボールには十分気をつけてね」

私は息子に言った。

「いや，ボールには向かっていかなくちゃいけないんだ。逃《に》げてたら打てないんだよ，ママ」

と，息子は答えた。　（「犬のしっぽを撫《な》でながら」小川　洋子　著《ちょ》より　一部改編）

※1　強豪…強いチーム。

※2　素人…必要な知識や技能をもっていない人。

※3　ファウルグラウンド…ファウルラインの外側。

※4　介抱…けがをした人や病人の世話をすること。

問一　【良夫さんが読んだ本の一部】の波線部「輝かしい時間の流れの中で生きている」について，この時の「私」は何に気づいたのですか。解答らんに合うように，十五字以上二十字以内で書きなさい。句点（。）読点（，）も含《ふく》む。

問二　会話文中の波線部「ぼくは，悔しいことも時には我慢して乗り越えたり，最後まであきらめないで挑戦したりすることが，成長につながるのだと思うよ」とありますが，あなたにとって「成長のために必要なこと」は何ですか。あなたが見たり聞いたり経験したことをふまえて，次の【書くことのきまり】にしたがって具体的に書きなさい。

【書くことのきまり】

1　九行以上十行以内で書くこと。

2　二段落《だんらく》構成とし，一段落目には成長のために必要なことを書き，二段落目にはその理由を見たり聞いたり経験したことをふまえて具体的に書くこと。

3　句点や読点もすべて一字として数えること。ただし，句点や読点が行のはじめ（一マス目）に来る場合には，前の行の最後のマスに文字と一緒に入れること。

4　文字やかなづかいを正しく書き，漢字を適切に使うこと。

問4　**3人の会話**の中の**下線部④**に関して、良夫さんたちは周りから少しずつごみを減らしていく取り組みを行っていくことが重要であると考え、下の**ごみを減らす取り組み**の図のように個人や企業《きぎょう》（会社）、国や市などでできることをまとめました。下の図の**a**～**c**の内容として最もふさわしいものを、選択肢**ア**～**ク**の中からそれぞれ1つずつ選び、記号で書きなさい。

選択肢

ア　ごみ焼却場《しょうきゃくじょう》で出た熱を逃《に》がさず、温水プールに利用する。

イ　レストランでは積極的にテイクアウト（持ち帰り）を利用する。

ウ　製品に過剰《かじょう》な包装《ほうそう》をせず、簡素化《かんそか》する。

エ　出たごみは種類を問わず、ごみ焼却場で一度に焼却して処理《しょり》を行う。

オ　家庭で空き缶《かん》・古紙・布類を分別して、ごみ捨て場に持っていく。

カ　季節ものの食品などの商品は、その季節の終わりになる前に積極的に次の季節の商品への入れかえを行う。

キ　多くの人に食品を購入《こうにゅう》してもらうために、オンラインショップで販売《はんばい》を始める。

ク　人々の意見を取り入れながら法律や条例を作り、ごみをたくさん出さないように規制する。

ごみを減らす取り組み

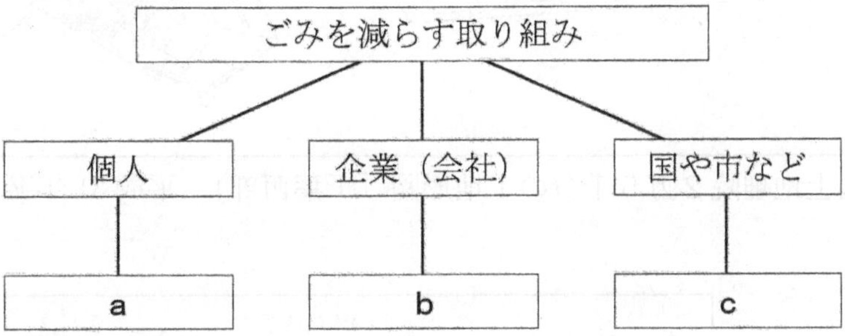

千葉ポートタワー周辺の地図

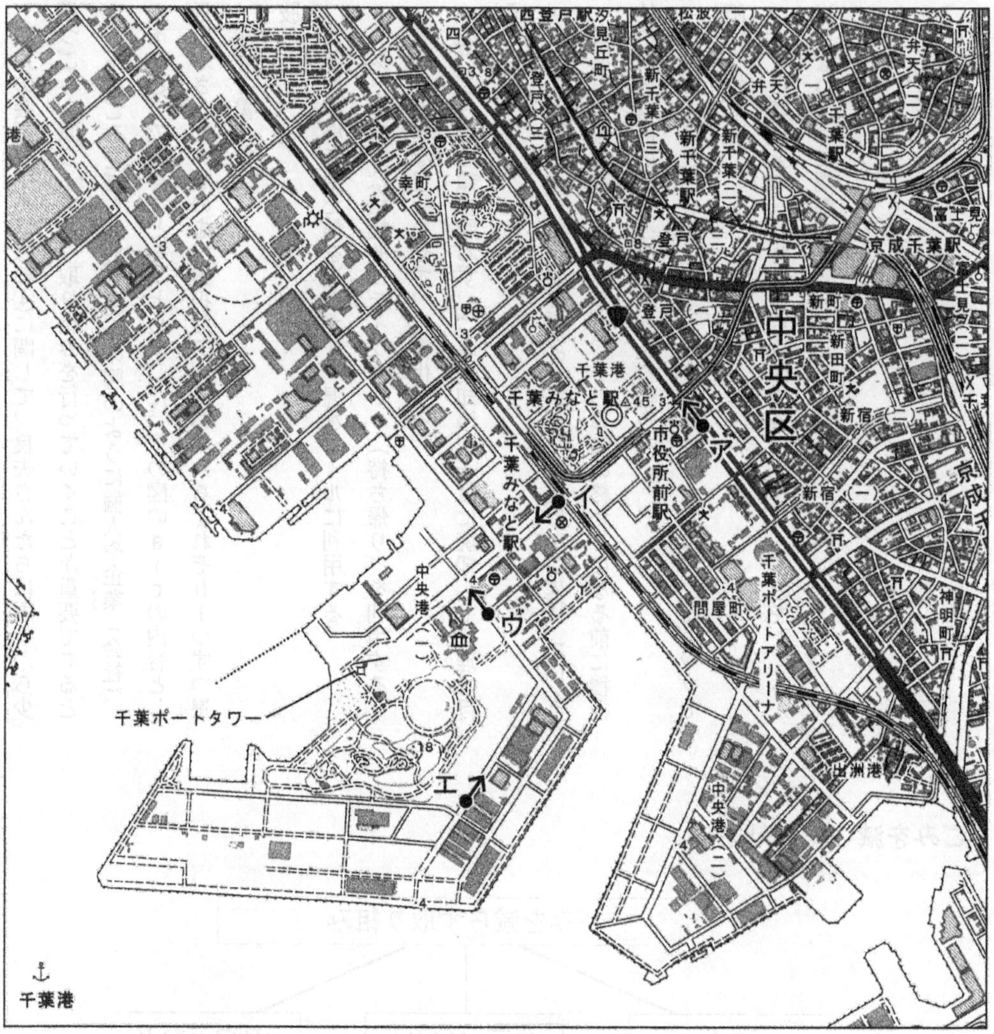

（国土地理院２万５千分の１地形図「千葉西部」　平成31年発行を125%に拡大）

主な地図記号

市役所	官公署《かんこうしょ》	高塔《こうとう》
工場	郵便局	変電所・発電所
保健所	警察署《けいさつしょ》	小中学校
寺院	神社	高等学校
病院	交番	博物館・美術館

資料９　千花さんが見つけた写真

（a）の選択肢（1つ選択する）

ア　液化ガスや衣類を多く輸入し、自動車や自動車部品を多く輸出している

イ　衣類やコンピュータを多く輸入し、自動車部品や半導体等製造装置を多く輸出している

ウ　衣類や肉類を多く輸入し、コンデンサーや集積回路を多く輸出している

エ　石油や液化ガスを多く輸入し、石油製品を多く輸出している

（b）の選択肢（2つ選択する）

ア　輸出入ともに、アフリカ大陸の国・地域は外貿貨物主要相手国・地域の上位10か国・地域の中に含《ふく》まれていない

イ　輸出で、外貿貨物主要相手国・地域の上位10か国・地域の中に南アメリカ大陸の国・地域は含まれていない

ウ　輸出入を合わせた貨物取扱量の全世界合計に占める、オーストラリアの輸出入を合わせた貨物取扱量の割合は約3分の1である

エ　輸出入を合わせた貨物取扱量について、韓国がアメリカ合衆国よりも多い

オ　マレーシアから輸入する貨物取扱量は、マレーシアへ輸出する貨物取扱量の約6倍である

カ　輸出入ともに外貿貨物主要相手国・地域の上位10か国・地域に含まれる国・地域（「その他」を除く）は、すべてユーラシア大陸にある

(2)　千花さんは、千葉港に建設された「千葉ポートタワー」の建物が写った次のページの**資料9**の写真を見つけ、千花さんのお父さんと地図のどの場所から撮《と》った写真であるかを話し合いました。**資料9、千葉ポートタワー周辺の地図**（14ページ）をもとに、この写真がどの位置からどの方向へ向けて撮った写真か、**千葉ポートタワー周辺の地図中のア～エ**の中から1つ選び、記号で書きなさい。ただし、「●」の位置から「↓」の方向へ向けて撮ったものとします。

千花さんとお父さんの話し合い

千花：お父さん、この写真はどの位置からどの方向へ向けて撮ったのかな。

父　：これは、千葉ポートタワーに向かっているときにお父さんが撮った写真だよ。左の奥《おく》に写っている千葉ポートタワーと右に写っている千葉中央郵便局《ゆうびんきょく》がヒントになるかな。

千花：他にヒントはないの。

父　：そうだね。左手側には千葉県立美術館が見えていて、このままますぐに１５０ｍほど進んだ十字路の交差点を左に曲がって進むと、千葉ポートタワーが正面に見えるんだ。わかるかな。

千花：わかった、この位置から撮ったんだ。ありがとう、お父さん。

資料７　千葉港における外貿貨物主要相手国・地域別貨物取扱量（上位10か国・地域）

輸出			輸入		
相手国・地域	貨物取扱量（ｔ）	割合（％）	相手国・地域	貨物取扱量（ｔ）	割合（％）
韓国《かんこく》	1,528,243	16.4	オーストラリア	15,273,676	20.5
中国	1,421,001	15.3	アラブ首長国連邦《れんぽう》	14,687,573	19.7
オーストラリア	1,301,818	14.0	サウジアラビア	7,357,099	9.9
台湾《たいわん》	707,725	7.6	ブルネイ	7,276,151	9.8
ベトナム	621,587	6.7	カタール	6,118,276	8.2
アメリカ合衆国《がっしゅうこく》	580,399	6.2	アメリカ合衆国	5,170,040	6.9
マレーシア	380,396	4.1	韓国	2,486,627	3.3
シンガポール	366,291	3.9	マレーシア	2,116,529	2.8
香港《ほんこん》	254,744	2.7	フィリピン	1,999,865	2.7
チリ	254,079	2.7	ロシア連邦	1,701,980	2.3
その他	1,896,392	20.4	その他	10,282,976	13.9
合計	9,312,675	100.0	合計	74,470,792	100.0

（令和元年千葉県港湾《こうわん》統計年報より作成）

資料８　千葉港における外貿貨物主要相手国・地域の位置

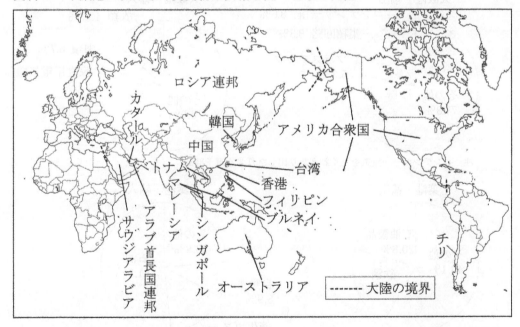

資料６　京浜工業地帯・中京工業地帯・阪神工業地帯・京葉工業地域の主要港における輸出入上位３品目の構成比（2020 年）

東京港・輸出

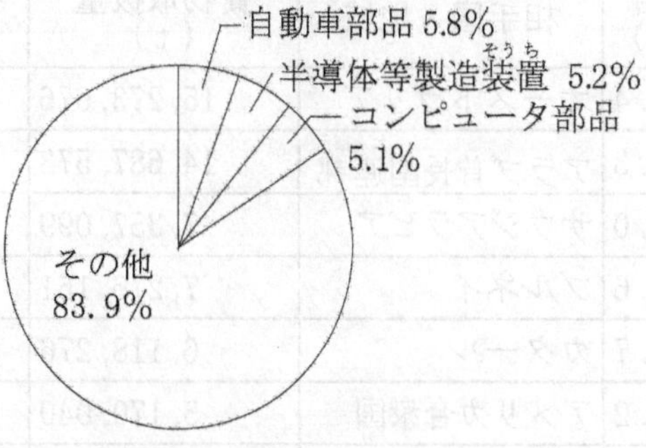

東京港・輸入

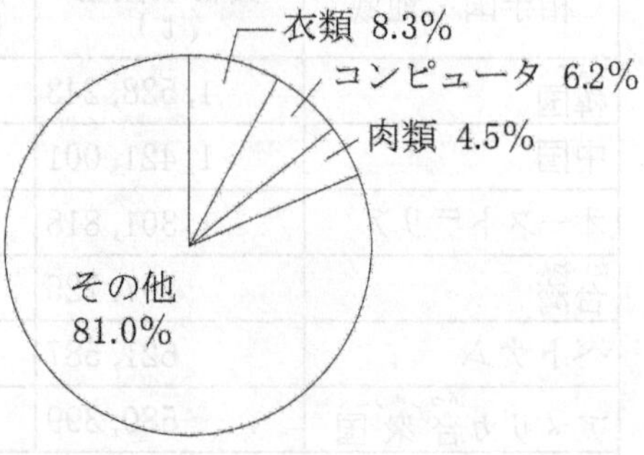

名古屋港・輸出

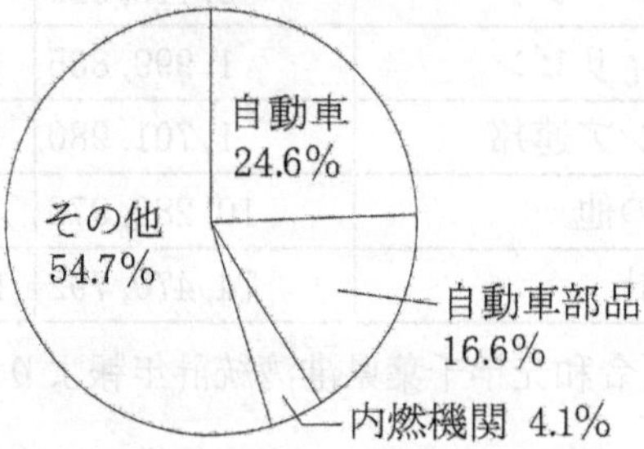

名古屋港・輸入

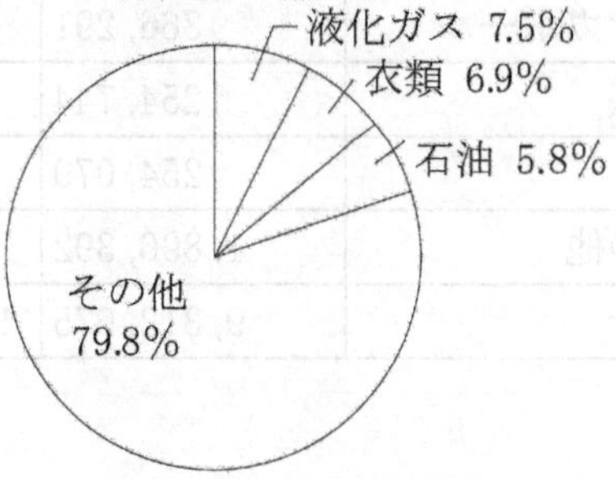

大阪港・輸出

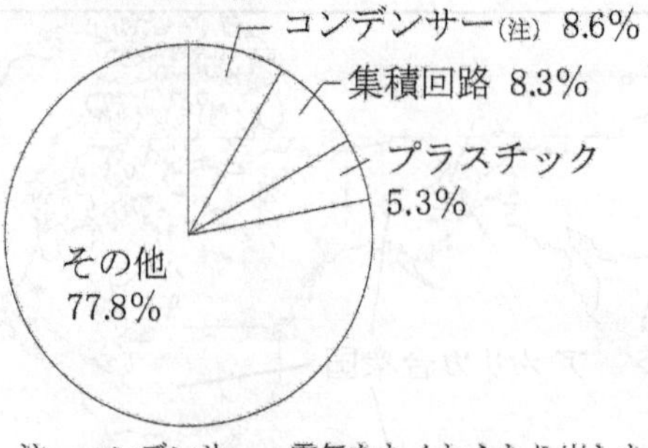

大阪港・輸入

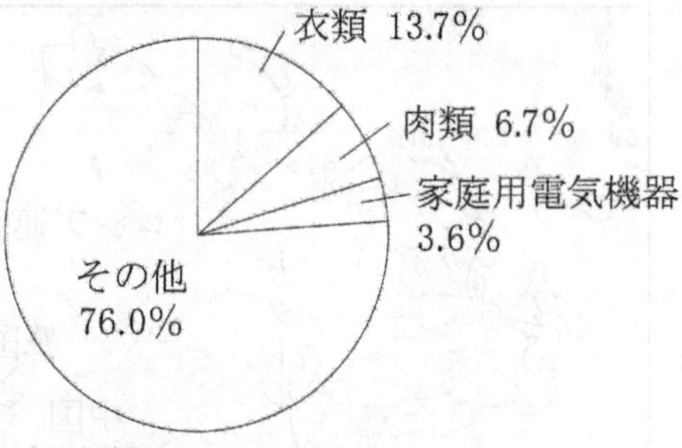

注　コンデンサー…電気をたくわえたり出したりする電子部品。

千葉港・輸出

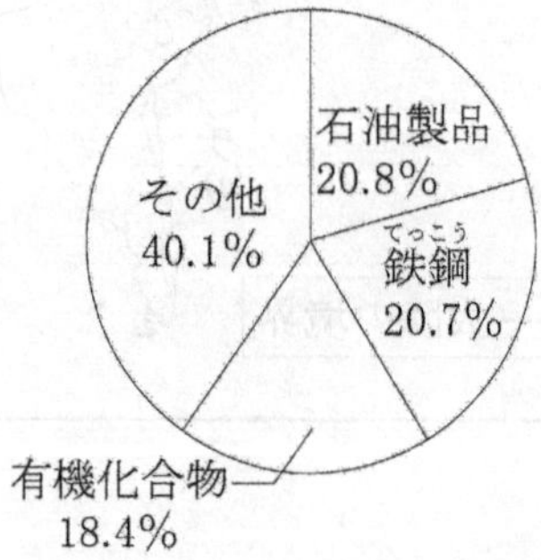

千葉港・輸入

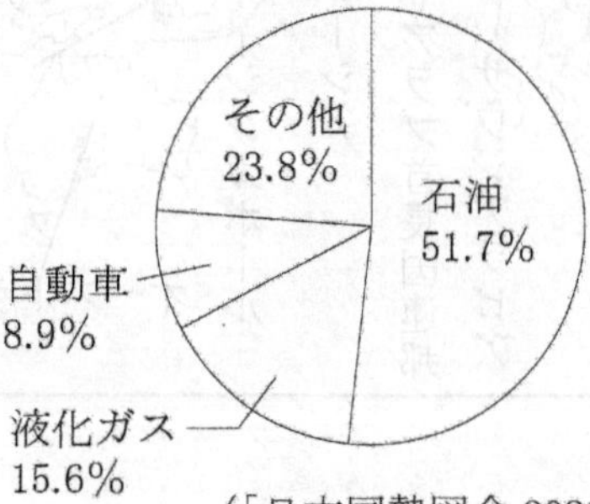

（「日本国勢図会 2021/22」より作成）

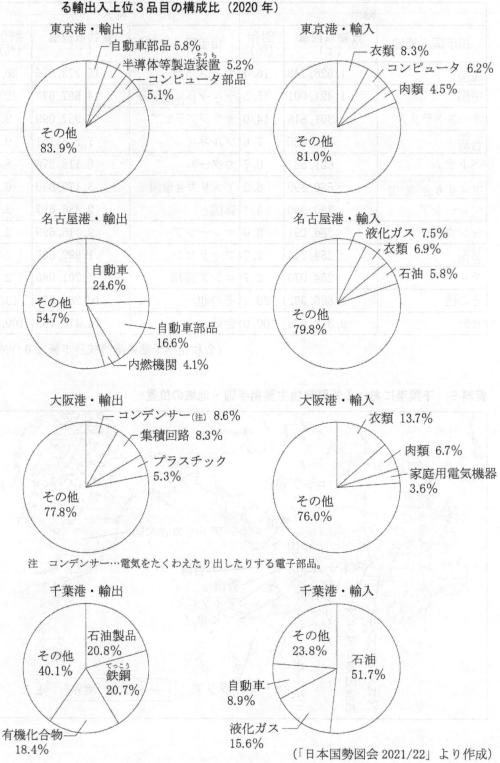

問3　**3人の会話**の中の**下線部③**に関して、(1)、(2)の問いに答えなさい。

(1)　千花さんは、千葉港における貨物の取り扱《あつか》いに興味をもち、**資料5～資料8**を見つけ、良夫さんと千葉港の特徴《とくちょう》や貿易品目について話し合いました。次の**千花さんと良夫さんの話し合い**の中の（**a**）と（**b**）に入る内容としてふさわしいものを、16ページの選択肢《せんたくし》から（**a**）は1つ、（**b**）は**2つ**選び、記号で書きなさい。

千花さんと良夫さんの話し合い

良夫：**資料5～資料8**を見て、何か気がついたことはありましたか。

千花：私は**資料5**から、他の3つの工業地帯と比べて、京葉工業地域では化学工業の占《し》める割合《わりあい》がとても大きいことが特徴的だと思いました。

良夫：そうですね。**資料6**から、京葉工業地域を代表する貿易港の1つである千葉港では（　**a**　）ことからもわかりますね。貿易品目については何かありましたか。

千花：**資料7**、**資料8**を見てわかったことは、（　**b**　）ことです。

良夫：そうですね。千葉港における外貿貨物(注)主要相手国・地域からでもいろいろなことがわかりますね。

注　外貿貨物…外国の港との間で、直接取り引きされる貨物。

（**資料6**は18ページ、**資料7**と**資料8**は17ページ）

資料５　京浜工業地帯・中京工業地帯・阪神工業地帯・京葉工業地域の製造品出荷額の構成比（2018年）

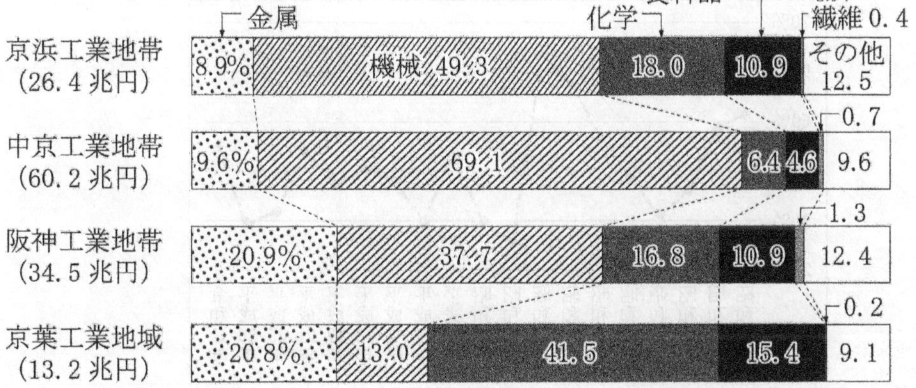

（「日本国勢図会 2021/22」より作成）

資料4　千葉市長選挙の投票率（男性・女性・合計）の推移

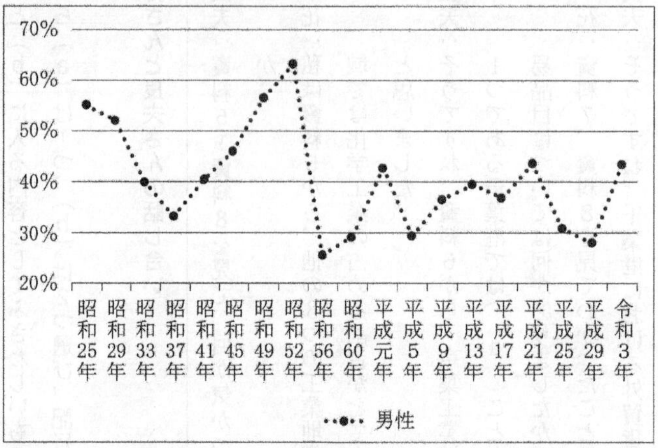

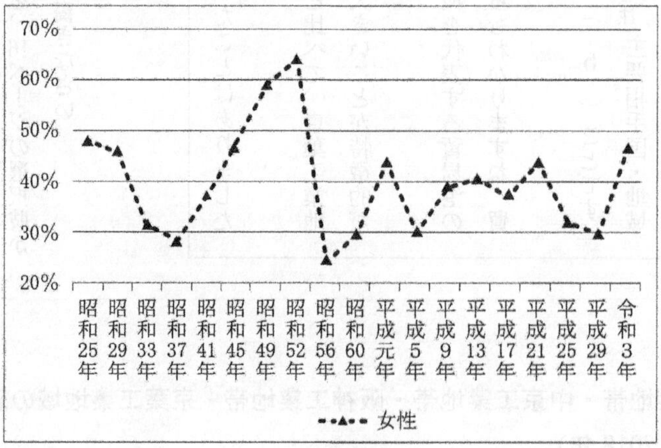

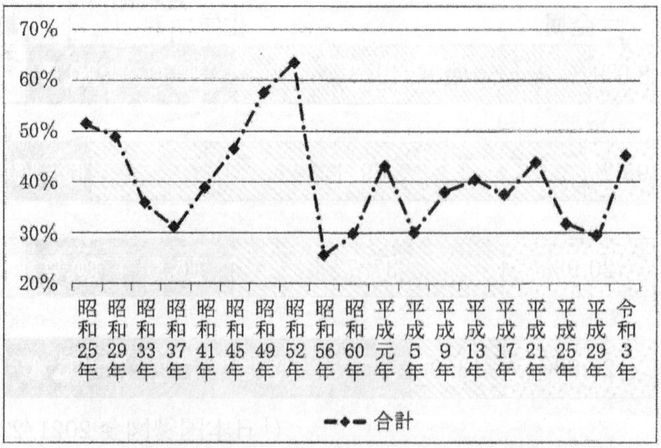

（千葉市ホームページより作成）

資料３　千葉市長選挙の当日有権者数の推移《すいい》

	投票日	当日有権者数（人）		
		男性	女性	合計
①	昭和25年5月20日	33,311	34,465	67,776
②	昭和29年5月18日	38,047	41,011	79,058
③	昭和33年4月20日	56,716	58,930	115,646
④	昭和37年4月22日	72,021	72,549	144,480
⑤	昭和41年4月24日	103,758	102,356	206,114
⑥	昭和45年5月17日	154,591	150,375	304,966
⑦	昭和49年4月21日	190,803	188,770	379,573
⑧	昭和52年7月10日	219,322	218,538	437,860
⑨	昭和56年6月14日	239,338	240,131	479,469
⑩	昭和60年6月16日	258,338	259,641	517,979
⑪	平成元年6月18日	282,946	283,645	566,591
⑫	平成5年6月20日	309,234	307,188	616,422
⑬	平成9年6月15日	328,180	326,217	654,397
⑭	平成13年6月17日	345,879	344,362	690,241
⑮	平成17年6月19日	358,238	359,343	717,581
⑯	平成21年6月14日	368,809	373,104	741,913
⑰	平成25年5月26日	374,256	380,243	754,499
⑱	平成29年5月28日	387,900	394,869	782,769
⑲	令和3年3月21日	395,703	403,647	799,350

（千葉市ホームページより作成）

茨城県に編入された。また、同年8月には葛飾郡の一部が埼玉《さいたま》県に編入された。

（千葉県ホームページより作成）

注1　旗本…将軍の家来。
注2　管轄…権限のおよぶ範囲。
注3　編入…途中《とちゅう》から組み入れること。

資料２　廃藩置県から千葉県が確定するまでの移り変わり

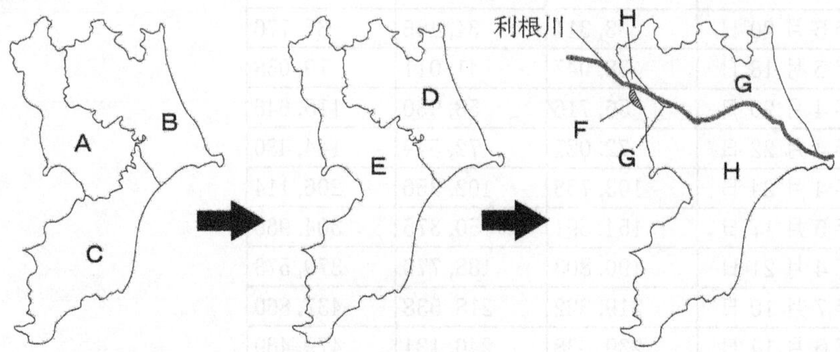

1871年（明治４年）11月　　1873年（明治６年）６月　　1875年（明治８年）８月

（2019年県民の日「ちばワクワクフェスタ2019」のパンフレットより作成）

問２　３人の会話の中の下線部②に関する次のページの**資料３**、20ページの**資料４**を見て、**あてはまらない**文を次の**ア～エ**の中から**１つ**選び、記号で書きなさい。

ア　昭和25年から令和3年までの19回の選挙において、各投票日ごとの当日有権者（注1）数は、男性、女性、合計のいずれも増加し続けている。

イ　昭和25年の合計の投票率（注2）は、昭和60年までに実施された10回の千葉市長選挙の中で上から3番目に高い。

ウ　昭和25年と昭和52年と令和3年の3回の選挙において、それぞれの女性の投票数を比べたとき、女性の投票数が一番多かったのは、令和3年である。

エ　昭和52年と昭和56年を比べたとき、選挙当日の千葉市の当日有権者数は昭和56年の方が約4万人多いが、当日の合計の投票数は昭和52年の方が約6万人多い。

注1　選挙権をもっている者。
注2　有権者の合計に対する投票者（投票した人）の割合。

先生：そうですね。千葉県についても、①廃藩置県《はいはんちけん》によって明治6年6月に千葉県が誕生して、令和3年で１４８年が経《た》ちました。千葉市について調べている中で、興味をもったことはありますか。

良夫：令和3年に、②千葉市長選挙と千葉県知事選挙の同日選挙が行われたことです。

先生：そうですね。昭和25年に公職選挙法(注1)が施行《しこう》(注2)されてから、千葉市長選挙と千葉県知事選挙が同じ日に実施されたのはこれが初めてでした。選挙は市民にとって、よりよい生活や社会にかかわってくるとても大切なものですので、選挙権《けん》をもったらぜひ参加してもらいたいですね。他にはどのようなものがありますか。

千花：海岸を埋《う》め立てられてつくられた国内有数の貿易港である③千葉港は、千葉の発展のために大きな役割をはたしていることがわかりました。

先生：そうですね。この千葉港は京葉工業地域を代表する貿易港の1つとして、たくさんの国と貿易しています。一方で、この千葉港はごみの処分地としても使用されてきたことを知っておきましょう。

良夫：埋め立てができたくらいですから、それだけ多くのごみが出たということですよね。環境《かんきょう》のことも考えて、④ごみを減らしていく取り組みをしていきたいですね。

注1　公職選挙法…選挙の方法や議員の数などを定めた法律《ほうりつ》。
注2　施行…行うこと。

問1　**3人の会話**の中の**下線部①**に関係して**資料1**は、ほぼ現在の千葉県が確定するまでの流れを示したものである。この**資料1**をもとに、次のページの**資料2**の**A～H**の中で、千葉県が設置されてからの千葉県の範囲《はんい》を示したものとして適切なものを**すべて**選び、記号で書きなさい。

資料1　廃藩置県からほぼ現在の千葉県が確定するまでの流れ

① 明治の初めには、房総《ぼうそう》（現在のほぼ千葉県にあたる地域《ちいき》）には26藩があった。

② 房総では１８７１年（明治4年）7月、廃藩置県が実施された。房総にあった26の藩のうち、廃止となった請西《じょうざい》藩と常陸国《ひたちのくに》（現在の茨城《いばらき》県）へ移転した大網《おおあみ》藩を除《のぞ》いて新たに24の県になった。これに、１８６９年（明治2年）に旧江戸幕府《えどばくふ》領や旧旗本(注1)領に設置された葛飾《かつしか》県と宮谷《みやざく》県を加え、房総の県は全部で26県となった。

③ １８７１年（明治4年）11月、県の統廃合《とうはいごう》により、房総にあった26県は印旛《いんば》県・新治《にいはり》県・木更津《きさらづ》県の3県になった。このうち、印旛県は下総国《しもうさのくに》の北西部を、新治県は下総国の東部と常陸国の南部を、木更津県は上総国《かずさのくに》と安房国《あわのくに》を管轄《かんかつ》(注2)した。

④ １８７３年（明治6年）6月、印旛県と木更津県が合体し、千葉県が設置された。

⑤ １８７５年（明治8年）5月には新治県が廃止《はいし》され、利根《とね》川を新たな県の境界として、千葉県と茨城県の間で一部の地域の入れかえが行われた。これまで新治県に管轄されていた香取《かとり》・匝瑳《そうさ》・海上の3郡が千葉県に編入(注3)された一方で、千葉県が管轄していた6郡（猿島《さしま》、結城《ゆうき》、岡田、豊田の4郡及び葛飾《かつしか》郡、相馬《そうま》郡の一部）が

問一 ①に入る「むかしから現在まで、あらゆる場所で」という意味を表す四字熟語《よじじゅくご》を、□の中から漢字を選んで書きなさい。

西	国	大	海	夕	古	日	昔	来	過
先	南	月	今	後	東	朝	晩	北	小

問二 波線部②「わざわざ本を読まなくてもネットでいいじゃないかという意見も見当違いなものではありません」について、その理由を十字以上二十字以内で書きなさい。句点（。）読点（、）も含む。

問三 波線部③「ネットでの「向かい方」ではイントロを聴いていることができません」について、その理由として最もふさわしいものを次のア～エの中から一つ選び、記号で答えなさい。

ア いきなりサビから入るような曲の作り方をしているアーティストがふえたから。

イ ネット上にある気になるキャッチコピーや画像に視線が流れるから。

ウ スマホの普及により現代人の集中力が低下しているから。

エ スマホの普及によりいそがしくなった現代人は、多くの曲を短時間で聞く必要があるから。

問四 「④」「⑤」に入る言葉の組み合わせとして最もふさわしいものを次のア～エの中から一つ選び、記号で答えなさい。

ア ④ 傍観《ぼうかん》者　⑤ 体験者

イ ④ 体験者　⑤ 傍観者

ウ ④ 消費者　⑤ 読者

エ ④ 読者　⑤ 消費者

※傍観…ただそばで見ていること。

問五 波線部⑥「著者と二人きりで四畳半の部屋にこもり、延々と話を聞くようなものです」とは、どのような状態をたとえていますか。二十字以上三十字以内で説明しなさい。句点（。）読点（、）も含む。

問六 波線部⑦「人生観、人間観を深め、想像力を豊かにし、人格を大きくしていくことができるのです」について、このことを具体的に説明している段落《だんらく》をさがし、最初と最後の五字をぬき出して書きなさい。句点（。）読点（、）も含む。

問七 空らん⑧に入るア～エの文章を、筆者が本文で述べようとしていることの順に並《なら》べ替《か》え、記号で答えなさい。

ア 本を読むことで、「これこれを体験してみたい」というモチベーション《（※やる気）》になることはありますし、それ以上に、言葉にできなかった自分の体験の意味に気づくことができます。

イ 実際に体験することが大事なのはその通りです。

ウ 読書よりも実際の体験が大事だと言う人もいます。

エ でも、私は読書と体験は矛盾《むじゅん》しないと考えています。

2 千花さんと良夫さんが千葉市についての学習発表会の準備のため、資料を集めて先生と話をしています。次の**3人の会話**を読んであとの問いに答えなさい。

3人の会話

千花：千葉市は、令和3年1月に千葉市が誕生《たんじょう》してからちょうど100周年を迎《むか》えたのですね。資料を集める中でわかりました。

これは情報の内容やツールの問題というより、「構え」の問題です。著者を※10リスペクトして「さあこの本を読もう」というときは、じっくり腰《こし》を据《す》えて話を聞くような構えになります。⑥著者と二人きりで※11四畳半《よじょうはん》の部屋にこもり、延々《えんえん》と話を聞くようなものです。ちょっと退屈《たいくつ》な場面があっても簡単《かんたん》に逃《に》げるわけにはいきません。辛抱《しんぼう》強く話を聞き続けます。

相手が天才的な作家だと、「早く続きが聞きたい」と言って寝《ね》る間も惜《お》しんで読書をすることもあるでしょう。しかし※12ドストエフスキーと二人きりになって3か月も話を聞かされ続けたりしたら、大概《たいがい》の人は逃げ出したくなります（やってみると最高なのですが）。実際、みんな逃げ出しつつあるわけです。

逃げ出さずに最後まで話を聞くとどうなるか。それは「体験」としてしっかりと刻《きざ》み込《こ》まれます。読書は「体験」なのです。実際、読書で登場人物に感情移入しているときの脳《のう》は、体験しているときの脳と近い動きをしているという話もあります。

体験は人格形成に影響します。あなたもきっと「いまの自分をつくっているのは、こういう体験だ」と思うような体験があるでしょう。

辛《つら》く悲しい体験も、それがあったからこそ人の気持ちがわかるようになったり、それを乗り越《こ》えたことで強さや自信になったりします。大きな病気になったり命の尊《とうと》さを感じる出来事《できごと》があれば、いまこの瞬間《しゅんかん》を大事に思えるようになるなど、人格に変化をもたらします。

自分一人の体験には限界がありますが、読書で※13疑似《ぎじ》体験をすることもできます。

読書によって⑦人生観、人間観を深め、想像力を豊かにし、人格を大きくしていくことができるのです。

実際の体験を何十倍にも生かすことができるようになるのです。

⑧

（『読書する人だけがたどり着ける場所』齋藤《さいとう》 孝《たかし》 著より　一部改編）

※1　SNS…ソーシャル・ネットワーキング・サービスの略。インターネットを通して人々と社会的なつながりをつくることのできるサービス。
※2　膨大な…非常に多くの。
※3　「青空文庫」…著作権のある文章は、法律《ほうりつ》によって勝手に公開することが禁じられている。このホームページでは作者の死後、一定期間が経過して著作権が消滅《しょうめつ》した文章を公開し、多くの人が利用できるようにしている。
※4　コンテンツ…内容。
※5　アイキャッチ的な…目を引くような。
※6　ネットを介して…インターネットを通して。
※7　サビ…楽曲の中で一番代表的な盛《も》り上がる部分。
※8　マイクロソフト…アメリカの世界最大手のコンピューターソフトウェア会社。
※9　せわしく…いそがしく。
※10　リスペクト…尊敬《そんけい》。
※11　四畳半…畳《たたみ》四枚半を敷《し》いた部屋。
※12　ドストエフスキー…一八〇〇年代のロシアの作家。
※13　疑似…本物ではないがよく似ていること。

【適性検査Ⅰ】（四五分）

1 次の文章を読んで、あとの問いに答えなさい。

読書をしていないとはいっても、文字を読んでいないわけではありません。むしろ、大量に読んでいる。その多くはインターネットだったり、※1SNSだったりするわけです。

「本を読まなくても、ネットでいいじゃん」と言う人はいるかもしれません。

「すべてネットの中にあるではないか」と言われれば、まぁ、その通りです。毎日※2膨大《ぼうだい》な量の情報が追加されているネット上には、最近のニュースだけでなく（　①　）のあらゆる物語や解釈《かいしゃく》や反応が含《ふく》まれています。ネットの「※3青空文庫」では、著作権《ちょさくけん》の切れた作品を無料で読むこともできます。

ですから、②わざわざ本を読まなくてもネットでいいじゃないかという意見も見当違《ちが》いなものではありません。

しかし、ネットで読むことと読書には重大な違いがあります。それは「向かい方」です。

ネットで何か読もうというときは、そこにある※4コンテンツにじっくり向き合うというより、パッパッと短時間で次へいこうとします。より面白《おもしろ》そうなもの、※5アイキャッチ的なものへ視線《しせん》が流れますね。ネット上には大量の情報とともに気になるキャッチコピーや画像があふれています。それで、ますます一つのコンテンツに向き合う時間は短くなってしまう。

最近は音楽も※6ネットを介《かい》して聴《き》くことが多くなっていますが、③ネットでの「向かい方」ではイントロを聴いていることができません。我慢《がまん》できなくて次の曲を探《さが》しはじめてしまいます。そこで、いきなり※7サビから入るような曲のつくり方をしているという話を、あるアーティストの方から聞きました。

現代人の集中力が低下していることを示す研究もあります。2015年に※8マイクロソフトが発表したところによると、現代人のアテンション・スパン（一つのことに集中できる時間）はたった8秒。2000年には12秒だったものが4秒も縮《ちぢ》み、いまや金魚の9秒より短いと言います。

これは間違いなくインターネットの影響《えいきょう》でしょう。とくにスマホが普《ふ》及《きゅう》して、スマートフォンで常にいろいろな情報にアクセスしたり、SNSで常に短いやりとりをしたりするようになったことで、ある意味で「適応」した結果です。

このようにネット上の情報を読むのと、読書とは行為《こうい》として全然違います。

ネットで文章を読むとき、私《わたし》たちは「　④　」ではありません。「　⑤　」なのです。こちらが主導権を握《にぎ》っていて、より面白いものを選ぶ。「これはない」「つまらない」とどんどん切り捨《す》て、「こっちは面白かった」と消費していく感じです。

消費しているだけでは、積み重ねができにくい。※9せわしく情報にアクセスしているわりに、どこかフワフワとして何も身についていない。そのときは「へえ」と思ったけれど、すぐに忘《わす》れてしまいます。浅い情報は常にいくつか持っているかもしれませんが、「人生が深くなる」ことはありません。

2022 年 度

解 答 と 解 説

＜適性検査Ⅰ解答例＞

1 問一 古今東西
問二 ネット上にも多くの情報や作品があるから。
問三 イ
問四 エ
問五 著者の前にじっくり腰を据え，辛抱強く話を聞き続ける状態。
問六 辛く悲しい(～)らします。
問七 ウ(→)イ(→)エ(→)ア

2 問1 E，H
問2 エ
問3 (1) a エ b アオ
(2) ウ
問4 a オ b ウ c ク

＜適性検査Ⅰ解説＞

基本 1 (国語：資料の読み取り，条件作文)

問一 「古今」は「むかしから現在まで」，「東西」は「あらゆる場所で」を意味している。

問二 波線部②より前を読むと，「本を読まなくても，ネットでいいじゃん」と波線部②と同じ主張がなされている部分があり，次の文で，その主張の理由として「すべてネットの中にあるではないか」としている。これに対し，著者は「まぁ，その通りです」と言っていることから，この「すべてネットの中にある」ということが，今回の答えとなる。ここでいう「すべて」とは，インターネットやSNSに大量にあふれている情報や，本を通さなくても読むことができる作品などを指しているから，これらを字数内でまとめればよい。

問三 文章中で，ネットへの「向かい方」は「そこにあるコンテンツにじっくり向き合うというより，パッパッと短時間で次へいこうとします。」とある。アは，アーティストの曲の作り方が理由なのではないのであてはまらない。ウは，インターネットの影響によるものなので，適切ではない。エの内容は本文中に記さいされていないため，あてはまらない。イは5段落目の「より面白そうなもの，アイキャッチ的なものへ視線《しせん》が流れますね。」と合う。

問四 10段落目に「消費していく感じ」とあるので，⑤には「消費者」があてはまる。④に「読者」が入ると，9段落とのつながりも自然になる。「傍観《ぼうかん》者」は「ただそばで見ている人」を意味するため，「主導権を握っていて，より面白いものを選ぶ。」という本文の内容と一致しない。

問五 波線部⑥と同じ13段落の言葉を参考に考える。著者と一対一で向き合い，ほかのものに目を移したりなどせずに話を聞き続ける状況を指している。「どのような状態」か聞かれているので，文末を「……状態。」とするとよい。

問六　読書の体験について書かれているのは13段落から18段落の間である。17段落の「辛《つら》く悲しい体験も」で始まる内容は，体験を通じることで考え方が豊かに成長していることを表している。

問七　アはエの理由を説明しているので，エの直後にくるとわかる。また，エに「でも」と逆説の接続詞があるので，イやウが前に来るのが自然。イはウの内容を受けているので，ウ→イ→エ→アの順に並べると意味が通り，空らん⑧の前後の文章とも自然なつながりになる。

2　**（社会：県の成り立ち，投票率，貿易，資料の読み取り，地図の読み取りなど）**

やや難

問１　**資料１**より，千葉県が初めて設置されたのは④のときである。元となった印旛《いんば》県と木更津《きさらづ》県の位置は，③と④からＥの範囲にあてはまる。また，⑤のあとは利根川を境界として，南に広がるＨの範囲があてはまる。⑤のとき茨城県，千葉県，新治《にいはり》県の間で起きた地域の入れ替えを見ると，新治県がＢ，Ｄの位置にあてはまるとわかる。

問２　ア　当日有権者《ゆうけんしゃ》数とあるので，**資料３**を見る。男性，女性，合計いずれも増加し続けているようすが見て取れる。よって，あてはまる。

イ　投票率とあるので，**資料４**を見る。合計の投票率のグラフで，昭和25年の投票率は昭和52年，昭和49年についで高い。よって，あてはまる。

ウ　投票数とあるので，**資料３**と**資料４**を見る。投票数は当日有権者数を投票率でかけて求められる。昭和25年，昭和52年，令和３年の投票率は，それぞれ約48％，約63％，約47％。それぞれの年の投票数を求めると，昭和25年は約１万６千人，昭和52年は約14万人，令和３年は約19万人となり，令和３年が最も多い。よって，あてはまる。

エ　前半の当日有権者数については**資料３**を見る。昭和52年と昭和56年では，問題文のとおり約４万人の違《ちが》いがある。後半の投票率については**資料３**と**資料４**を見る。合計の投票率は昭和52年が約63％，昭和56年が約25％。当日有権者数とかけて，合計の投票数は昭和52年が約27万人，昭和56年が約12万人となり，昭和52年の方が約15万人多い。よって，あてはまらない。

問３　⑴　空らん**ａ**は直前の良夫さんの発言の内容から，**資料６**に関することがらであるとわかる。**資料６**を見ると，千葉港は他の港と比べて，石油や液化ガスの輸入割合《わりあい》が高い。また，輸出は石油製品が全体の20％を占《し》めている。よって空らん**ａ**には**エ**があてはまる。空らん**ｂ**は**資料７**，**資料８**を見る。**資料７**の上位10か国・地域にアフリカ大陸の国は含《ふく》まれていないため，**ア**があてはまる。また，マレーシアからの輸入貨物取扱量《とりあつかいりょう》は輸出に対して約６倍あるため，**オ**もあてはまる。**イ**は，南アメリカ大陸の国であるチリが含まれているため，あてはまらない。**ウ**はオーストラリアの貨物取扱量が輸出入を合わせた割合でも３分の１に満たないため，あてはまらない。**エ**は，輸出入を合わせるとアメリカ合衆国《がっしゅうこく》の方が貨物取扱量が多いため，あてはまらない。**カ**は，南アメリカ大陸のチリや北アメリカ大陸のアメリカ合衆国，オーストラリア大陸のオーストラリアなど，ユーラシア大陸以外の国や地域も含まれるため，あてはまらない。

⑵　千花さんのお父さんの発言から，矢印の右手に郵便局《ゆうびんきょく》，左手に千葉ポートタワーが見える位置を探せばよい。地図中のウは条件にあてはまる。また，ウの矢印の左手には美術館の地図記号があり，少し進んだ先の十字路は千葉ポートタワーへとまっすぐ続いていることがわかり，千花のお父さんの２番目の発言の内容とも合う。

問４　選択肢《せんたくし》のうち，ごみを減らす取り組みとしてあてはまるのはウ，オ，ク。このうち，個人の取り組みはオ，企業《きぎょう》(会社)の取り組みはウ，国や市などの取り組みはクとなる。その他の選択肢は，ごみを減らせるわけではなかったり，かえってごみを増やしてしまったりする取り組みである。

★ワンポイントアドバイス★

1では，問題を読み，筆者の主張を正確に理解する力が求められる。筆者が何を言いたいのか，重要な点をおさえながら，自分の言葉で簡単《かんたん》にまとめられるようにしよう。2では，資料を活用して答えを導き出すことが求められる。計算させる問題も多いが，細かく最後まで計算しなくても答えがわかる場合がある。日ごろから概数《がいすう》での計算を練習して，数字の大きさや割合をイメージでつかめるようにしておこう。資料が複数あるときは，先に問題文や選択肢をよく読み，要点をつかんでおくと，スムーズに解ける。

＜適性検査Ⅱ解答例＞

1 問1 (1) 花子　220(円)　次郎　200(円)

(2) 千葉公園(駅と)作草部(駅の間)

(3) ①　(秒速)11.92(m)　②　89.4(m)

問2 (1) ア　15(層)　イ　4(mm)　ウ　320.28(cm)

(2) 329.7(cm)

2 問1 (1) A

(2) イ

問2 ㋐　(理由)　支点である木の根元までの距離が長くなり，より小さな力でたおせるから。

問3 ア　㋐

イ　㋗

ウ　㋑

エ　㋙

＜適性検査Ⅱ解説＞

1 (算数：運賃《うんちん》，速さの計算，図形，円周率)

基本 問1 (1) 花子さんは作草部《さくさべ》駅から千城台《ちしろだい》駅に向かうので，二つの駅の間の距離《きょり》は，

12.0－1.8＝10.2(km)

大人の運賃は430円なので，

430÷2＝215(円)

よって，求める小児《しょうに》運賃は，1の位を切り上げて220円である。

同様に，次郎さんは穴川《あながわ》駅から千城台駅に向かうので，

12.0－3.4＝8.6(km)

390÷2＝195(円)

よって，求める小児運賃は，1の位を切り上げて200円である。

重要 ⑵ 問題文から，それぞれの駅の間でモノレールの速さは一定なので，となりの駅どうしの(一駅間の距離)÷(発車時刻の差)から1分あたりに進む距離が最も大きくなる区間を考える。したがって，千葉公園駅と作草部駅の間だとわかる。

⑶ ① 図1から図2まで進むとき，モノレールの全長と同じ距離を2.5秒で進んだということなので，

29.8÷2.5＝11.92(m)

よって，求める速さは秒速11.92m。

② 図1から図3まで進むのに10秒かかっているので，10秒で進んだ距離は①より，

11.92×10＝119.2(m)

橋脚《きょうきゃく》Aから橋脚Dまでの長さは，モノレールが図2から図3までに進む距離と等しいので，モノレールの全長をひいて，

119.2−29.8＝89.4(m)

よって，求める橋脚Aから橋脚Dまでの長さは89.4mである。

問2 ⑴ ア 全体の直径は10cm，穴の直径は4cm，1つの層《そう》の厚さは2mmなので，

10−4＝6

6÷2÷0.2＝15

よって，求める層は15層である。1つの層がバウムクーヘン全体を1周していることに注意する。

イ 1つの層がバウムクーヘン全体を1周しているので，

2×2＝4(mm)

よって，4mmずつ直径が増えていく。

ウ 4mmずつ増えていく直径の円周を15層分足せばいいので，

(4＋4.4＋4.8＋5.2＋5.6＋6.0＋6.4＋6.8＋7.2＋7.6＋8.0＋8.4＋8.8＋9.2＋9.6)×3.14

＝102×3.14

＝320.28(cm)

よって，求める円周の長さは320.28cmである。

⑵ まず，バウムクーヘンの体積を求める。大きい円柱から小さい円柱の体積を引けばよいので，

5×5×3.14×5−2×2×3.14×5＝329.7(cm^3)

次に，バウムクーヘンを1層ずつむいて全部つなぐ。できあがるうすい直方体の体積は，バウムクーヘンの体積に等しいので，

329.7÷5÷0.2＝329.7(cm)

よって，求める直方体の横の長さは329.7cmである。

2 (理科：光合成，てこの原理，蒸散量《じょうさんりょう》)

問1 ⑴ 問題文より，アカマツは暗いところでは育たないが，明るいところでは活発に光合成をする。図1のAは暗いと成長できず，明るくなると曲線が上にのび，よく成長することがわかる。よって，Aがアカマツを表している。

⑵ 植物A，Bそれぞれについて，成長が可能になる明るさを考える。植物Aは図1の点

ｃの明るさから成長が可能になる。一方，植物Ｂは，それより暗い点ｂの明るさから成長できる。よって，範囲ｂ～ｃでは植物Ｂのみが育つ。

問２　支点から作用点までの距離が等しい場合，支点から力点までの距離が長いほど，小さな力で作用点に同じ大きさの力をはたらかせることができる。このときの支点は木の根元である。よって，支点からの距離が長い(あ)にロープをかけて引くほうが，小さな力で木をたおすことができる。

問３　まず，それぞれのメスシリンダーの水分がどこから減少しているのかを考える。ワセリンをぬられたところからは水が出にくくなるので，それ以外の場所で水分が蒸発していると考える。このとき，Ｅの結果より，水面からも水分が蒸発していることに注意する。水分が減少している場所をまとめると，以下の通りになる。

Ａ：葉の表，葉の裏《うら》，茎《くき》，水面
Ｂ：葉の裏，茎，水面
Ｃ：葉の表，茎，水面
Ｄ：茎，水面
Ｅ：水面

よって，アとイは，葉の表からの水分の蒸発量(蒸散量)がわかる組み合わせをそれぞれ答えればよい。Ａの減少量からＢの減少量を引いたものが葉の表からの蒸発量となる。Ｃの減少量からＤの減少量を引いてもよい。

ウは，葉の裏からの蒸散量を求めるので，Ａの減少量からＣの減少量を引いて，

$(68.0-57.9)-(70.5-68.5)=8.1(\mathrm{g})$

よって，約８ｇとなる。Ｂの減少量からＤの減少量を引いて求めてもよい。

エは，ＤとＥの減少量の差を求めればよいので，(こ)が適切である。

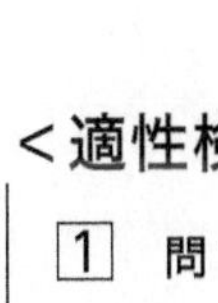

★ワンポイントアドバイス★

さまざまな数値，図表を整理して把握する力が求められる。一見して複雑な工程でも，１つずつ順序立てて解いていくことで正解をつかもう。図や表に書かれた情報を最大限活用することで筋道《すじみち》を立てやすい。見落としがないよう，重要な内容を見極める読解力が大切だ。

＜適性検査Ⅲ解答例＞

1　問１　１．イ
　　　　　２．エ
　　　　　３．イ
　　問２　エ
　　問３　イ
　　問４　ウ
　　問５　１．ウ
　　　　　２．ア

2　問一　子供たちが，保育園の頃よりも成長していた(ことに気づいた。)

問二　私が思う，成長のために必要なことは，失敗をおそれないことです。
　私は人前で話すのが苦手で，授業中に発言することができませんでした。このことを先生に相談すると，先生は「教室は失敗してもいい場所なんだよ。」と言ってくれました。その時から私は，授業中の発言に限らず，人前で話すことが苦手ではなくなりました。これからも，失敗をおそれずにいろいろな経験をし，自分を成長させていきたいです。

＜適性検査Ⅲ解説＞

基本 **1**　**（英語：英単語の聞き取り，予定，道案内）**

問1　1．QとK，IとYを聞き間違《まちが》えないように注意する。
2．イ，ウ，エの選択肢《せんたくし》は単語の語尾の発音が同じなので，最初の音を聞き分ける。bとpの発音が似ていることに注意する。
3．好きなスポーツについて話している。soccer（サッカー）と*kendo*（けん道）の部分を聞き取る。

＜放送全文（日本語訳）＞
1．KY
2．pig（ぶた）
3．I like soccer and *kendo*.
私はサッカーとけん道が好きです。

問2　男性店員の「Do you want a salad?」（サラダはいりますか。）という問いかけに，みかさんが「No」（いいえ）と答えていることを聞き取る。また，みかさんは最後に「I want orange juice with my sandwich.」（わたしはサンドウィッチとオレンジジュースがほしい。）と言っている。

＜放送全文（日本語訳）＞
Man: Do you want a salad?
Mika: No, but I want juice. What do you have?
Man: We have apple and orange.
Mika: I want orange juice with my sandwich.

店員：サラダはいりますか。
みか：いいえ，ですが私はジュースがほしいです。何がありますか。
店員：リンゴとオレンジがあります。
みか：私はサンドイッチといっしょにオレンジジュースがほしいです。

問3　「a dog」で「1匹のイヌ」という意味になる。だいきさんが飼っているのはイヌが1匹だとわかる。エミリーさんの最後の発言からは，ネコを2匹飼っていることがわかる。エミリーさんはだいきさんの「Do you want a dog?」（あなたはイヌがほしいですか。）という問いに「No, I don't.」（いいえ，ほしくありません。）と答えていることから，イヌは飼っていないとわかる。

＜放送全文(日本語訳)＞

Daiki: Hi, Emily. What animals do you like? I like dogs very much. I have a dog.

Emily: Hi, Daiki. I like dogs and cats.

Daiki: Do you want a dog?

Emily: No, I don't. I have two cats.

だいき：こんにちは，エミリー。あなたはどんな動物が好きですか。私はイヌが大好きです。私はイヌを１匹飼っています。

エミリー：こんにちは，だいき。私はイヌとネコが好きです。

だいき：あなたはイヌがほしいですか。

エミリー：いいえ，ほしくありません。私はネコを２匹飼っています。

問４　ジャックの最初の発言を聞き取る。「I want to go to Fuji River with my friend, Ken.」(私はフジ川へ私の友だちのケンといっしょに行きたいです。)と言っている。ジャックの最後の発言は夏休みのできごとであり，今度の土曜日にしたいことではない。あやのしたいことは，あやの２番目の発言を聞き取る。

＜放送全文(日本語訳)＞

Aya: Hello, Jack. Where do you want to go this Saturday?

Jack: I want to go to Fuji River with my friend, Ken. We like fishing.

Aya: Oh, that's nice! I want to go to Lake Iroha. The trees and flowers by the lake are beautiful.

Jack: Oh, great! My grandfather and I enjoyed fishing at Lake Iroha in the summer vacation.

あや：こんにちは，ジャック。あなたは今度の土曜日，どこに行きたいですか。

ジャック：私はフジ川へ私の友だちのケンといっしょに行きたいです。私たちは釣りが好きなんです。

あや：おお，それはすばらしい！　私はイロハ湖に行きたいです。湖のそばの木々や花々は美しいです。

ジャック：おお，いいですね！　私の祖父と私は夏休みにイロハ湖で釣りを楽しみました。

問５　１．放送の最後に「by the convenience store」(コンビニのそば)と言っているのを聞き取る。ウが適切である。

２．道順を正確にたどる。２回まっすぐ進んだあと左に曲がり，まっすぐ進んだ先にあると言われている。「on your right」(あなたの右側に)とあるので，アが適切である。

＜放送全文(日本語訳)＞

１．A：Excuse me. Where is ABC Hospital?

B：Go straight. Go straight. Turn right. Go straight. Turn left. ABC Hospital is by the convenience store.

A：すみません。ABC病院はどこでしょう。

B：まっすぐ進みます。まっすぐ進みます。右に曲がります。まっすぐ進みます。左に曲がります。ABC病院はコンビニのそばにあります。

2．A：I want to go to the post office. Where is it?

B：Go straight. Go straight. Turn left. Go straight. You can see it on your right.

A：私は郵便局《ゆうびんきょく》に行きたいです。どこにありますか。

B：まっすぐ進みます。まっすぐ進みます。左に曲がります。まっすぐ進みます。あなたは右側に郵便局を見つけられるでしょう。

2 （国語：長文読解，作文）

問一　同じ段落《だんらく》の直前の文章に，「成長していた」という言葉がある。「つまらない小説をいくつか書いていたに過ぎない」自分と比べて，子供《こども》たちがかつてよりも大きく成長していることに気づいたのである。

問二　「成長のために必要なこと」について，二段落構成で書く。会話文にある良夫さんの発言も参考にする。各段落の構成は次のようになる。

一段落目…「成長のために必要なこと」の具体的な内容を書く。ここでは短い言葉でまとめ，続く二段落目以降《いこう》からくわしく説明を加える形にするとよい。

二段落目…一段落目で挙げたことについて，その理由を見たり聞いたり経験したことをふまえて具体的に書く。最後の一文で自分の言いたいことをまとめると，わかりやすい文章になる。

★ワンポイントアドバイス★

英語の聞き取りは放送の前に問題文に目を通すようにする。どの単語の違いを聞き取るか，あらかじめ予想をつけると聞き取りやすい。作文は考えることを下書きして整理してから清書しよう。問題数は少ないが，時間内に解ききれるよう時間配分に気をつける必要がある。

2021年度

★★★★★★★★★★★★★★★★★★★★★

入　試　問　題

2021年度

市立稲毛高校附属中学校入試問題

【適性検査Ⅰ】（17ページからはじまります）

【適性検査Ⅱ】（45分）

1 良夫さんと千花さんのクラスで学習発表会が行われます。次の問いに答えなさい。

問１ 学習発表会の準備で教室のかべをかざります。１枚《まい》のかべ紙は縦《たて》１ｍ，横５ｍの長方形で，図１のように**ア**，**イ**，**ウ**，**エ**の部分に分かれています。**ア**は直径が60㎝の円，**イ**は直角をはさむ２辺が60㎝と80㎝で，一番長い辺が100㎝の直角三角形，**ウ**は２本の対角線が60㎝と120㎝のひし形，**エ**は縦１ｍ，横５ｍの長方形から**ア**，**イ**，**ウ**の図形を取りのぞいた部分です。かべ紙１枚につき**ア**，**イ**は２つずつ，**ウ**は１つ図形がかいてあります。**ア**を赤，**イ**を青，**ウ**を緑，**エ**を白の絵の具でぬるとき，あとの⑴，⑵の問いに答えなさい。ただし，円周率は3.14とします。

図１

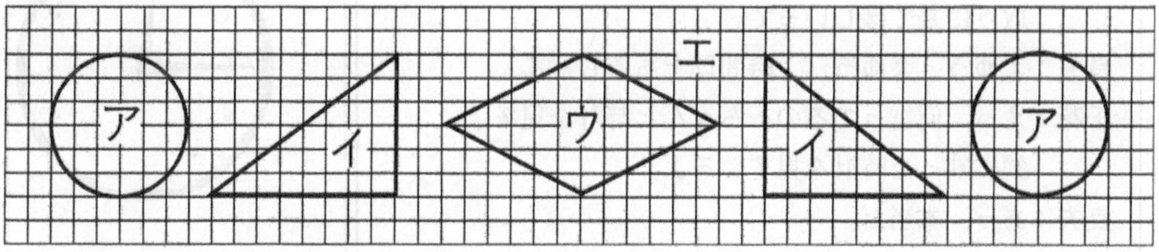

⑴ １枚のかべ紙に色をぬる面積の大きい順にその色を答えなさい。

⑵ １本200mL入りの絵の具が，赤と青は２本ずつあり，緑と白は３本ずつあります。どの色も１本で$1.2m^2$ぬることとします。同じかべ紙を18枚作るとき，青の絵の具はあと何本必要か答えなさい。

問２ 良夫さんたちは，学習発表会でボールを使うことにしました。お店に問い合わせると，同じボールでも１箱に８個入りと９個入りの商品があることと，ボールは１個ずつ買うことができないことがわかりました。次の⑴，⑵の問いに答えなさい。

⑴ ボールは全部で175個必要です。８個入りの商品の箱は送料が無料ですが，９個入りの商品の箱は，縦，横，高さの合計の長さが長い分，送料がかかります。ぴったり175個のボールを，できるだけ送料がかからないようにして買うとき，８個入り，９個入りの箱をそれぞれ何箱ずつ注文するとよいか答えなさい。

⑵ ９個入りの箱をスケッチすると，次のページの**図２**のようになりました。ボールを表した円の直径を10㎝とするとき，**図２**の色のついた部分の面積は何cm^2になるか答えなさい。ただし，円周率は3.14とします。

図２

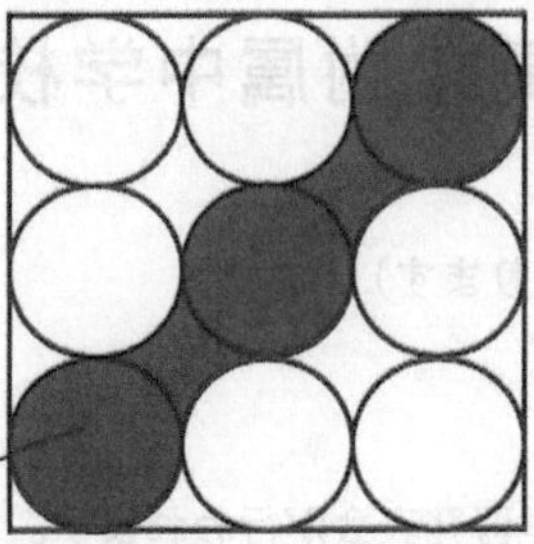

色のついた部分

問３　良夫さんは，学習発表会に必要な衣装《いしょう》を，学校の昇降口《しょうこうぐち》から５㎞先の千花さんの家まで取りに行くことになりました。次の⑴，⑵の問いに答えなさい。

⑴　良夫さんと千花さんが昇降口で話しています。次の会話文を読んで，□にあてはまる数を答えなさい。ただし，良夫さんの走る速さ，歩く速さは，会話中に示されている速さで一定とします。

良夫：何時までに取りに行けばいいの。
千花：お母さんが，用事があるから，午後１時までに取りに来てほしいって。
良夫：よゆう，よゆう，１時間以上あるじゃん。
千花：えっ，何言ってるの。ちゃんと時計を見てよ。鏡に映《うつ》った時計を見ているよ。
良夫：あっ，本当だ。
　　　でも，１㎞を５分で走れるから，何とかなるよ。
千花：１㎞を歩いたら，どれくらいかかるの。
良夫：歩いたら，15分だなぁ。
千花：じゃぁ，□㎞以上は走らないと間に合わないよ。
良夫：わかった，午後１時に間に合うようにがんばるよ。

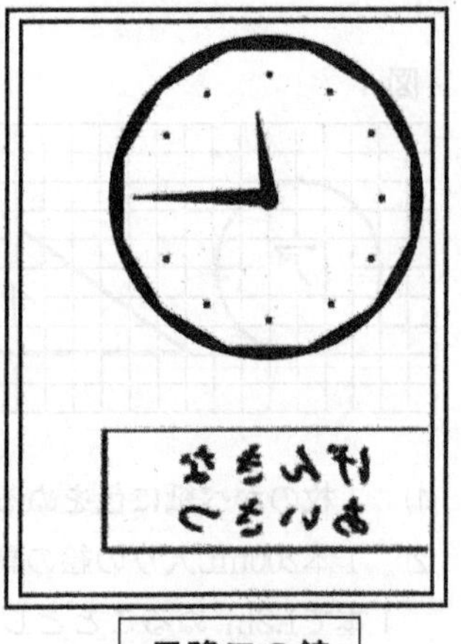

昇降口の鏡

⑵　この時計の長針《ちょうしん》が動くときの先端《せんたん》の速さは分速1.47㎝です。長針は短針《たんしん》よりも３㎝長いです。短針の長さを求める計算を「1.47×」に続く１つの式で答えなさい。実際に長さを求める必要はありません。ただし，長針と短針の長さは時計の中心から針《はり》の先端までの長さとし，円周率は3.14とします。

問４　学習発表会には多くの参観者が訪《おとず》れ，大成功のうちに終了《しゅうりょう》しました。**表１**は，学習発表会で良夫さんの教室を訪れた大人，高学年，中学年，低学年，その他の人数をそれぞれ時間別に調べたものです。また，**資料１**は，２時間目，３時間目に訪れた人の割合《わりあい》を帯グラフで表したもの，**資料２**は，それぞれの時間の合計人数を棒《ぼう》グラフで表したものです。あとの⑴，⑵の問いに答えなさい。　　　　（**表１**，**資料１**，**資料２**は次のページにあります。）

⑴　１時間目に教室を訪れた大人，高学年，中学年，低学年，その他の人数の割合を，解答用紙に帯グラフで表しなさい。ただし，左から百分率で表した割合の大きい順に区切ることとします。

⑵ 次の①～③の文について，正しいものには○を，正しくないものには×を書きなさい。

① ３時間目の参観者数で一番多かったのは，大人である。

② 小学生の参観者数は，２時間目より３時間目の方が多い。

③ 低学年の参観者数は，２時間目より３時間目の方が少ない。

表１　　時間別の参観者数調べ

		１時間目	２時間目
大人		62 人	70 人
小学生	高学年	48 人	58 人
	中学年	40 人	44 人
	低学年	32 人	39 人
その他		18 人	32 人
合計		200 人	243 人

資料１

時間別の参観者数の割合

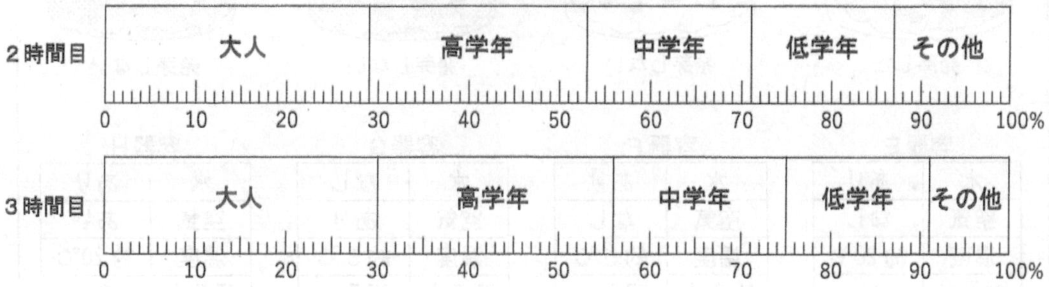

資料２

時間別の合計人数

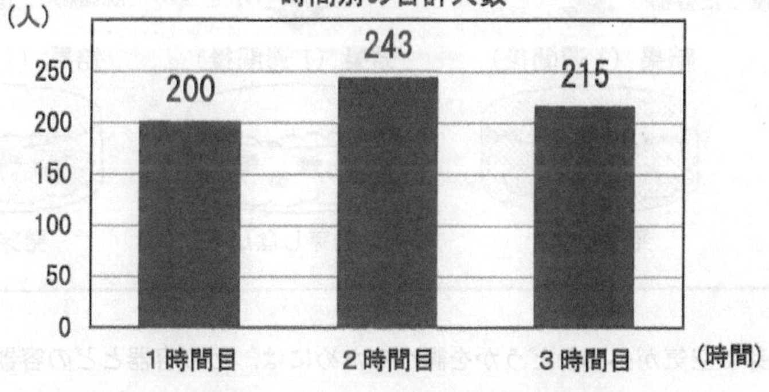

2 **問1**　千花さんは，夏休みの自由研究で，アサガオが発芽するために必要な条件について調べました。下の【千花さんの実験ノート】を参考にして，あとの(1)～(4)の問いに答えなさい。ただし，実験条件の「空気なし」とは，容器の中を水で浸《ひた》し，種子をその水中に沈《しず》め，種子が直接空気に触《ふ》れないようにした条件のことです。

【千花さんの実験ノート】

容器A

水	あり
空気	あり
温度	約20℃
明るさ	明るい

容器B

水	なし
空気	あり
温度	約20℃
明るさ	明るい

容器C

水	あり
空気	なし
温度	約20℃
明るさ	明るい

容器D

水	あり
空気	なし
温度	約5℃
明るさ	暗い

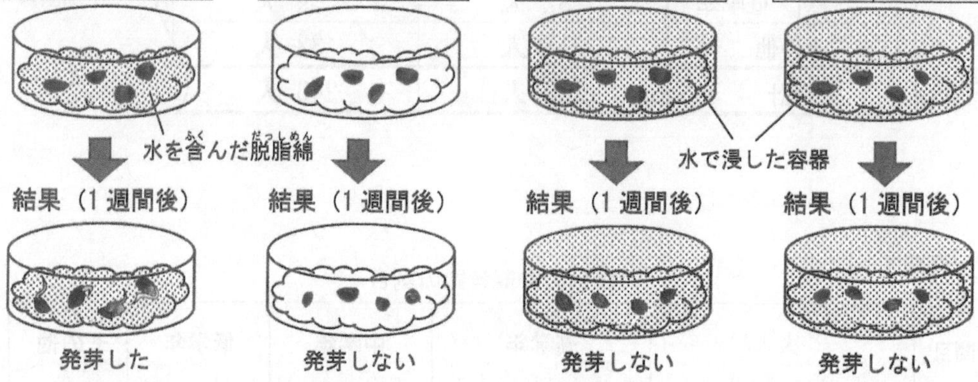

容器E

水	あり
空気	なし
温度	約20℃
明るさ	暗い

容器F

水	あり
空気	なし
温度	約5℃
明るさ	明るい

容器G

水	なし
空気	あり
温度	約5℃
明るさ	明るい

容器H

水	あり
空気	あり
温度	約20℃
明るさ	暗い

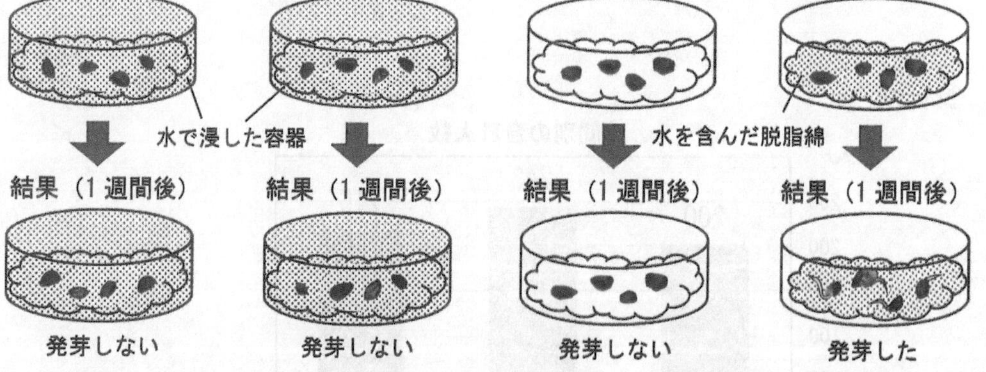

(1)　アサガオの発芽に空気が必要かどうかを調べるためには，どの容器とどの容器を比べたらよいですか。【千花さんの実験ノート】にある**容器A～H**から2組を選び，その記号を答えなさい。

容器 [　　] と，容器 [　　]　　　容器 [　　] と，容器 [　　]

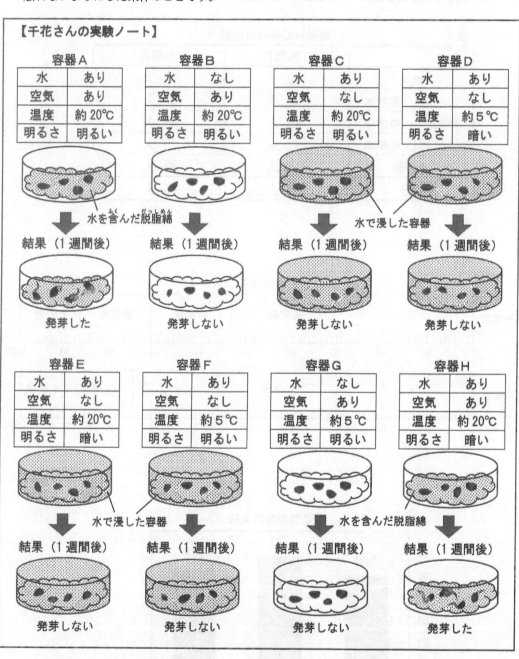

(2)　千花さんは，今回の実験だけでは，発芽と温度の関係について調べることができないことに気付きました。この関係について調べるためには，どのような条件の実験を行い，比較《ひかく》すればよいですか。**【千花さんの実験ノート】**にある**容器Ａ～Ｈ**から適切なものを２つ選び，それらと比較する水，空気，温度，明るさのそれぞれの実験条件について適切なものを選び，どちらかを◯で囲みなさい。

容器□の実験と、下の条件の実験を比較する。

水	あり	なし
空気	あり	なし
温度	約５℃	約20℃
明るさ	明るい	暗い

容器□の実験と、下の条件の実験を比較する。

水	あり	なし
空気	あり	なし
温度	約５℃	約20℃
明るさ	明るい	暗い

(3)　千花さんは，家の中で鉢《はち》植えのアサガオに当てる光の時間の長さを調節したところ，下の表の実験結果が得られました。この実験結果から，アサガオがつぼみをつけるために必要な条件として考えられることを，下の**ア**～**エ**の中から１つ選び，その記号を答えなさい。ただし，鉢植えのアサガオに当てた光は，太陽光に近い明るさの光とし，光を当てない時間は，完全に暗くするものとします。

表　　光を当てた時間とつぼみの関係

鉢	光を当てた時間																								つぼみをつけたか
鉢１	☒	☒	☒	☒	☒	☒	☒	☒	☒	☒	☒	☒	☒	☒	☒	☒	☒	☒	☒	☒	☒	☒	☒	☒	つけた
鉢２													☒	☒	☒	☒	☒	☒	☒	☒	☒	☒	☒	☒	つけた
鉢３																☒	☒	☒	☒	☒	☒	☒	☒	☒	つけた
鉢４																			☒	☒	☒	☒	☒	☒	つけなかった
鉢５																									つけなかった

0　2　4　6　8　10　12　14　16　18　20　22　24(時間)

注）　表中の☒の部分は，鉢植えのアサガオに光を当てない時間を示し，□の部分は鉢植えのアサガオに光を当てた時間を示しています。

ア　鉢植えのアサガオにすべての時間光を当て続ける。

イ　鉢植えのアサガオに光を当てない時間を，連続９時間以上とる。

ウ　鉢植えのアサガオに光を当てる時間を，連続18時間以上とる。

エ　鉢植えのアサガオに光を当てない時間を，合計で６時間とる。

(4)　千花さんは，前の実験だけでは，どのくらいの時間，明るくしたり，暗くしたりするとつぼみをつけるかがはっきりわかりませんでした。時間を特定するために，さらにどのような実験をすればよいですか。光を当てない時間を，(3)の**表**のように右側のマスから☒で表し，２つの案を解答用紙に答えなさい。

案１																								
案２																								

0　2　4　6　8　10　12　14　16　18　20　22　24(時間)

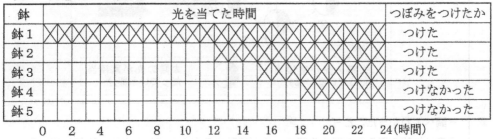

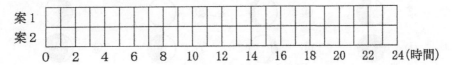

問２　良夫さんは，学校で月について学習し，月の形に関心をもちました。そこで，月の見え方を観察したり，図書資料やインターネットで月の動きについて調べたりして，内容を先生に確認《かくにん》してもらいノートにまとめました。下の【良夫さんのノート】をもとにして，あとの⑴～⑶の問いに答えなさい。

【良夫さんのノート】

月の形が日によって変わって見えるのは，月と太陽の位置関係が変わるからである。地球の北極のずっと上空から見た様子を，図１のように表した。月は地球の周りを①～⑧の順に回っている。このとき，地球と月の白いところは，太陽の光が直接当たっている部分，黒くぬったところは，太陽の光が直接当たっていない部分として分けて表した。

図１　地球の北の方から月の動きをまとめた図

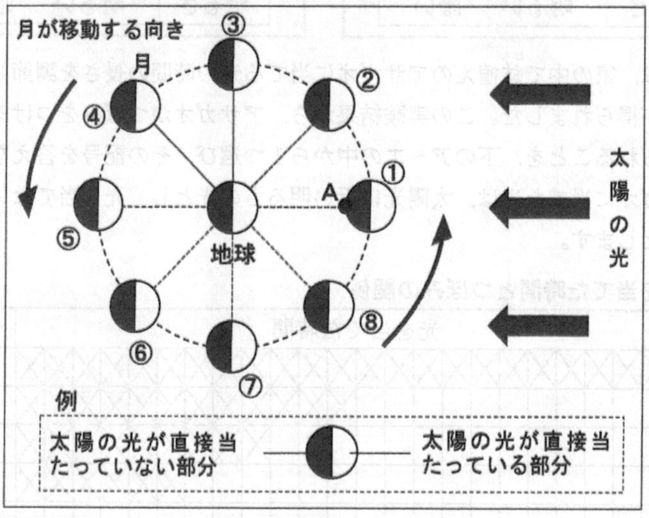

－調べてわかったこと－

○月は地球の周りを１周する間に，月が移動する向きと同じ方向に１回転している。

○宇宙《うちゅう》の中で地球の周りでは，太陽だけが自分で光を出している。

○月も地球も，太陽の光に照らされた部分が太陽の光を反射《はんしゃ》して明るく輝《かがや》いている。

⑴　良夫さんの住んでいる千葉市のある場所で空を見上げたとき，①～⑧の月は，それぞれどのように見えますか。組み合わせとして最もふさわしいものを次のア～エの中から１つ選び，その記号を答えなさい。

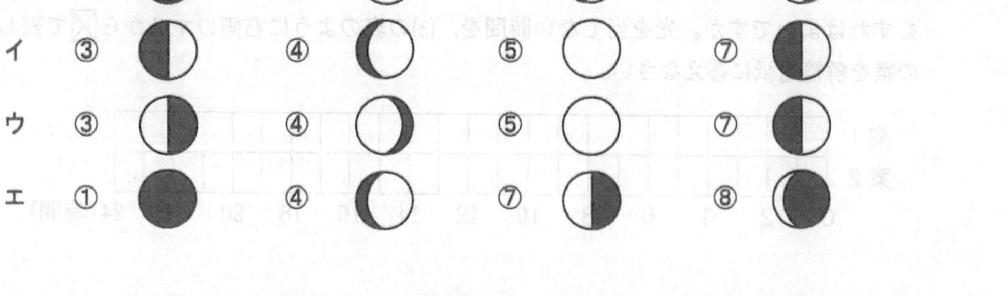

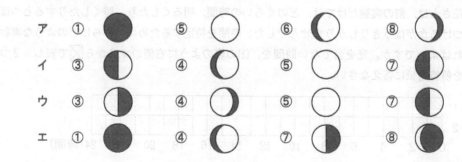

(2)　**図1**①の位置にある月の暗い面上に印**A**を置いたとすると，**図1**⑤の位置では，印**A**はどの位置にありますか。下の図の**ア**～**エ**の中から１つ選び，その記号を答えなさい。

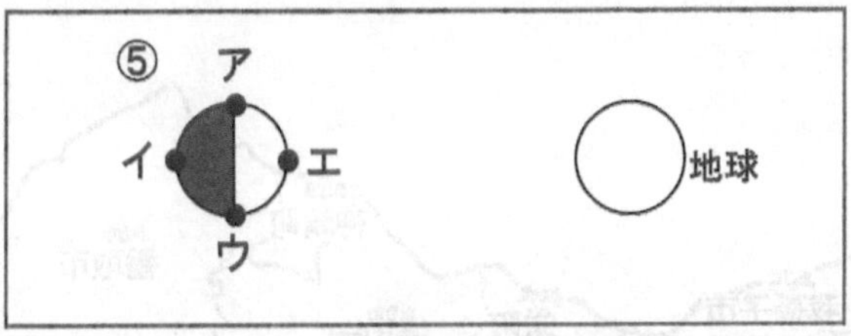

(3)　ある日の夕方，良夫さんが三日月を双眼鏡《そうがんきょう》で見たとき，**図2**のように，太陽の光が直接当たっていないはずの月面をうっすらと見ることができました。それはなぜですか。その理由として最もふさわしいものを次の**ア**～**エ**の中から１つ選び，その記号を答えなさい。

図2　三日月の様子

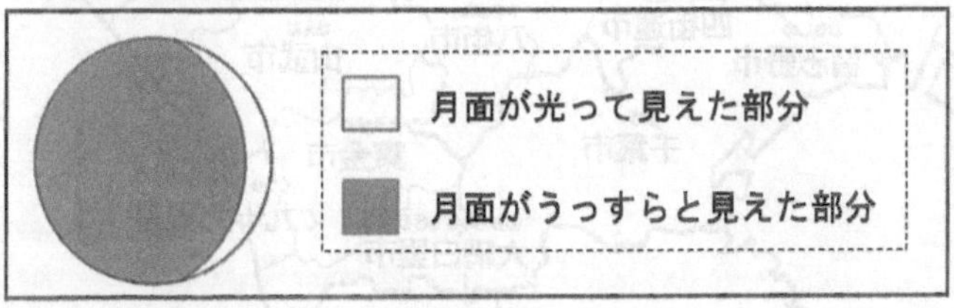

ア　月は太陽より小さいので，太陽の光は，光が直接当たっていない月面まで届《とど》くから。

イ　月の表面に当たった光が反射して，光が直接当たっていない月面まで届くから。

ウ　地球に当たった太陽の光が反射して，太陽の光が直接当たっていない月面を照らしているから。

エ　月は地球とちがい，自分で光を出して輝いているから。

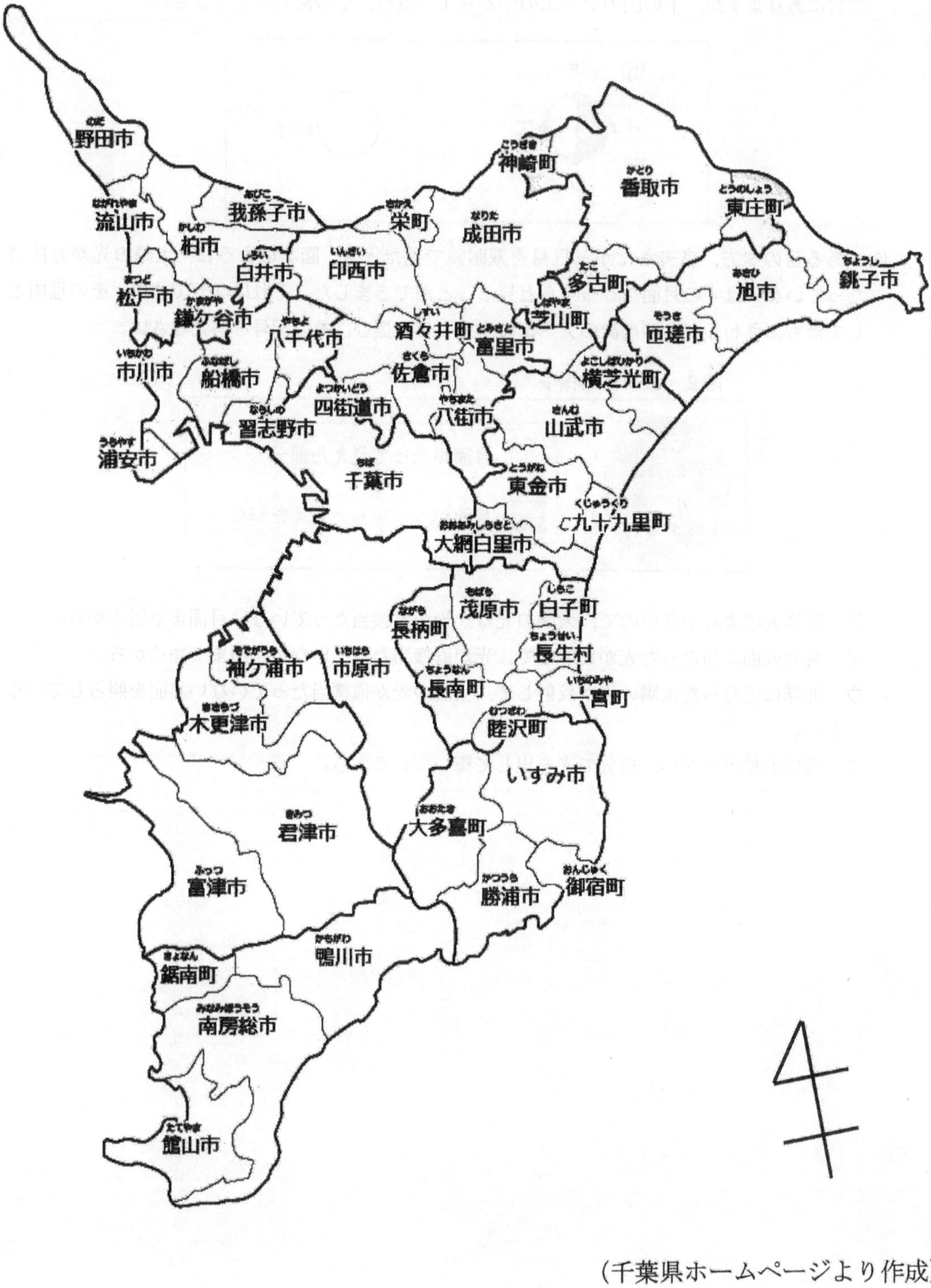

（千葉県ホームページより作成）

表２

項目	勝浦市	成田市	市川市	鎌ケ谷市
総人口(人)	17,259	132,096	495,639	109,388
外国人総数(人)	158	5,226	11,898	1,490
総人口に対する外国人の割合(%)	0.9	4.0	2.4	1.4
高齢者総数(人)	7,417	29,895	102,995	30,739
総人口に対する高齢者の割合(%)	43.0	22.6	20.8	28.1
指定避難所数(か所)	21	52	135	21
１つの指定避難所あたりの総人口の割合(人)	821.9	2540.3	3671.4	5209.0
県外からの転入者数(人)	452	7,711	24,898	3,528

表３

項目／順位	総人口に対する外国人の割合《わりあい》	総人口に対する高齢《こうれい》者の割合	１つの指定避難所あたりの総人口の割合	県外からの転入者数
１位	富里市	南房総市	習志野市	千葉市
２位	Ⅰ	御宿町	Ⅲ	Ⅳ
３位	銚子市	鋸南町	船橋市	船橋市
４位	八街市	長南町	松戸市	松戸市
５位	多古町	Ⅱ	佐倉市	柏市

(千葉県防災危機《きき》管理部防災政策《せいさく》課資料、千葉県ホームページより作成)

問5　会話中の**下線部⑤**に関して、千花さんは千葉県の勝浦《かつうら》市、成田市、市川市、鎌ケ谷《かまがや》市の4市の防災について調べました。次のページの**表2**は4市の統計、次のページの**表3**は各項目《こうもく》における、県内の上位5市町村を示したものです。また、あとの□の文章は、これらから考えられる4市の特徴《とくちょう》や防災の工夫について、千花さんが作成したものです。**表3のⅠ～Ⅳ**には、**表2**の4市のいずれかが入ります。千花さんが**成田市と鎌ケ谷市**についてそれぞれ文章を作成したとすると、**空らんａ、ｂ**にはそれぞれ何が入りますか。**空らんａはア～エ、空らんｂはオ～ク**の中から最もふさわしいものを1つずつ選び、それぞれ記号で答えなさい。**空らんｃ**には、最もふさわしい方位を八方位で答えなさい。

なお、8ページの地図において、一部の市町村の表し方に、色のこさや線の太さのちがいがあるが、解答には関係のないものとする。

千花さんが作成した文章

（　　）市は、4つの市の中で最も（　ａ　）という特徴があります。このことから、この市では防災に関して（　ｂ　）という対策が必要だと考えます。また、（　ａ　）の特徴をもつ**表3**の上位5市町村は、県内の（　ｃ　）の地域に多いようです。

空らんａ

ア　総人口に対して高齢者が多い

イ　総人口に対して外国人が多い

ウ　1つの指定避難所あたりの総人口が多い

エ　県外からの転入者数が多い

空らんｂ

オ　防災訓練の経験がない人のために、いくつかの言語で書かれたマニュアルを作る

カ　今ある避難所を、バリアフリーの設備が整った福祉《ふくし》避難所にし、地域住民に知らせる

キ　その市で、ハザードマップや交通、避難経路などの情報を積極的に発信する

ク　避難所の最新の混雑状況を、スマートフォンで確認できるシステムをつくる

資料３

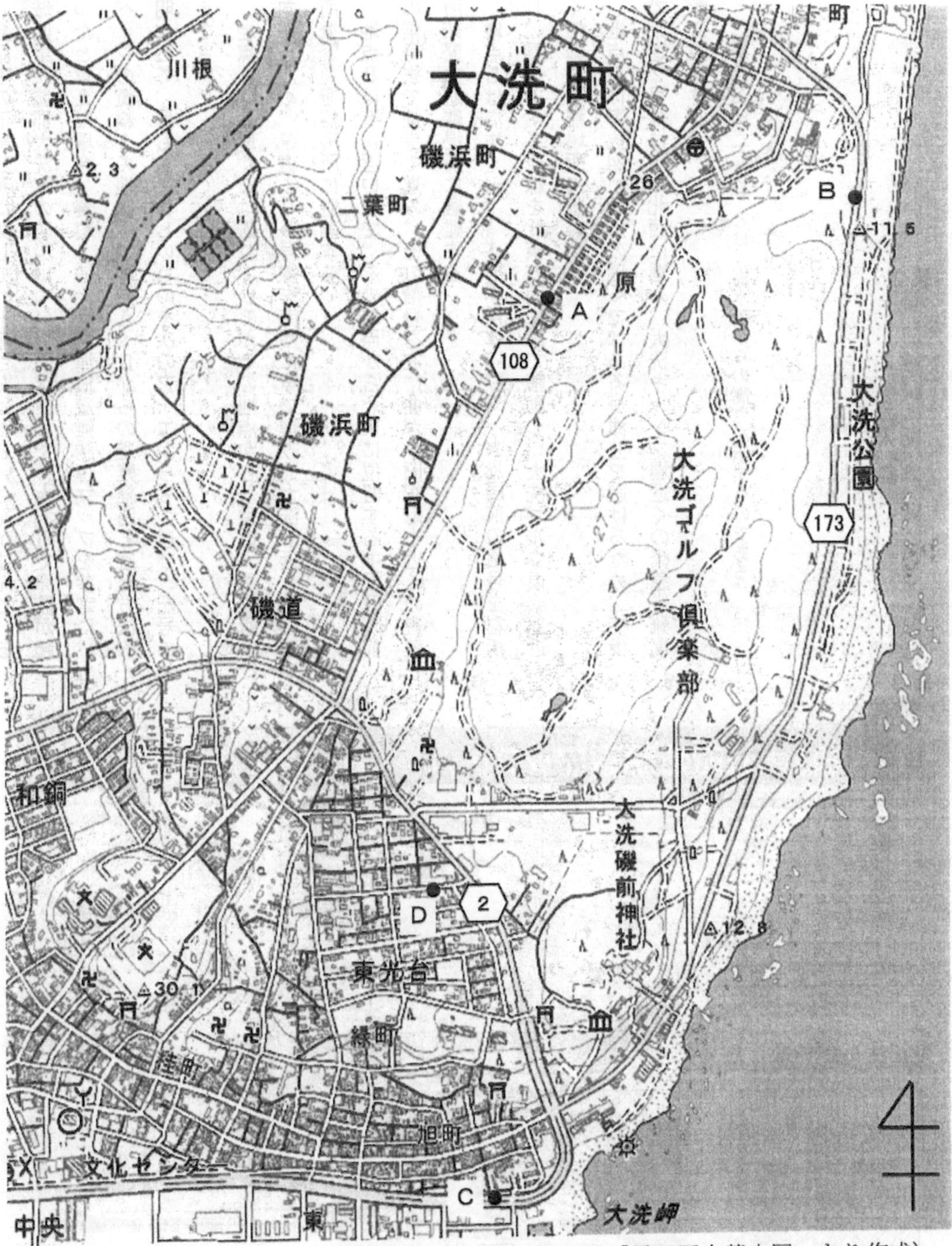

（国土交通省　国土地理院「電子国土基本図」より作成）

主な地図記号　　小中学校　　博物館　　神社

問4　会話中の**下線部④**に関して、千花さんはおじいさんが住んでいる茨城《いばらき》県東茨城郡大洗《おおあらい》町の防災について調べました。大洗町で津波《つなみ》が起こったと考えた場合、**資料2**の大洗町津波避難誘導《ゆうどう》マップを参考に、次ページの**資料3**の地図中の**地点A～D**からの避難経路と避難方法の説明として、最もふさわしいものを次の**ア～エ**から1つ選び、記号で答えなさい。

ア　**地点A**は海岸からは離《はな》れているがその地点から一番近い避難所に向かうため、県道１０８号線を南西に車で進み、大洗小近くの避難所兼緊急《けんきんきゅう》避難場所に避難する。

イ　**地点B**は海に近いので、その地点から北東に位置する中根医院前の信号まで徒歩で進み、その信号を左に曲がり旧祝町小近くの避難所兼緊急避難場所に避難する。

ウ　**地点C**は海抜《かいばつ》４ｍ（注２）地点に近いので、大鳥居前の信号を右折し、県道１７３号線を北東方面に車で移動し、大洗ゴルフ倶楽部《くらぶ》近くの緊急避難場所に避難する。

エ　**地点D**は海抜24ｍ地点の近くではあるが津波を避《さ》けるため、徒歩で県道2号線に出て北西に進み、大洗キャンプ場近くの緊急避難場所に避難する。

注２　選択肢《せんたくし》中の『海抜』とは、海水面からの高さを示すものである。

資料２

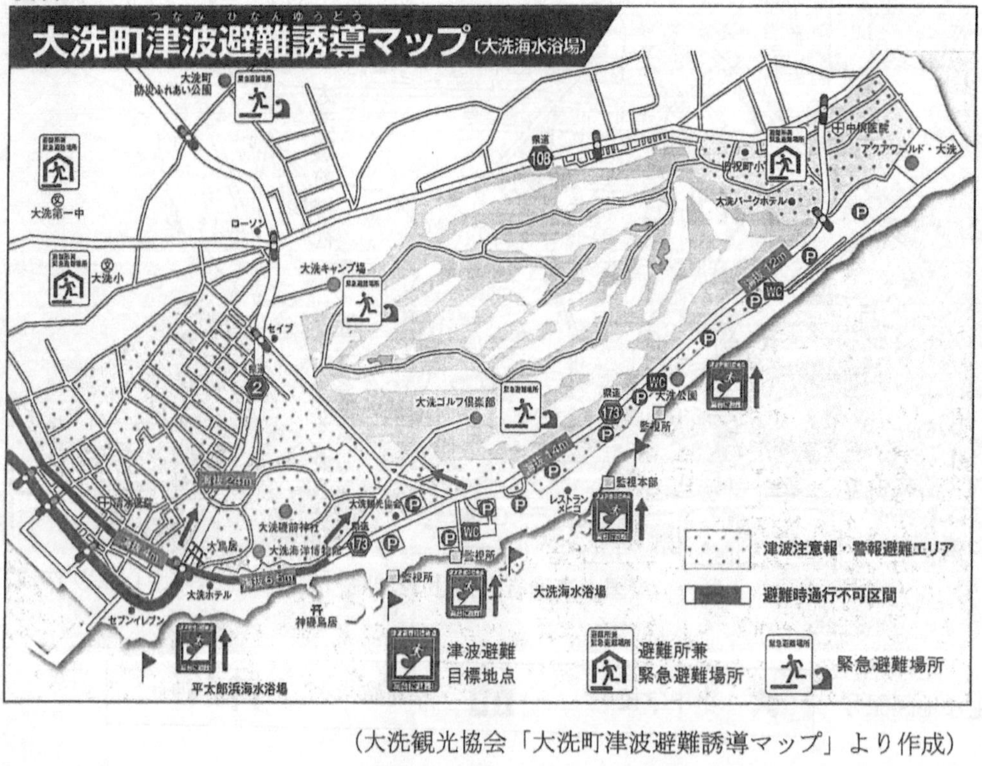

（大洗観光協会「大洗町津波避難誘導マップ」より作成）

資料1

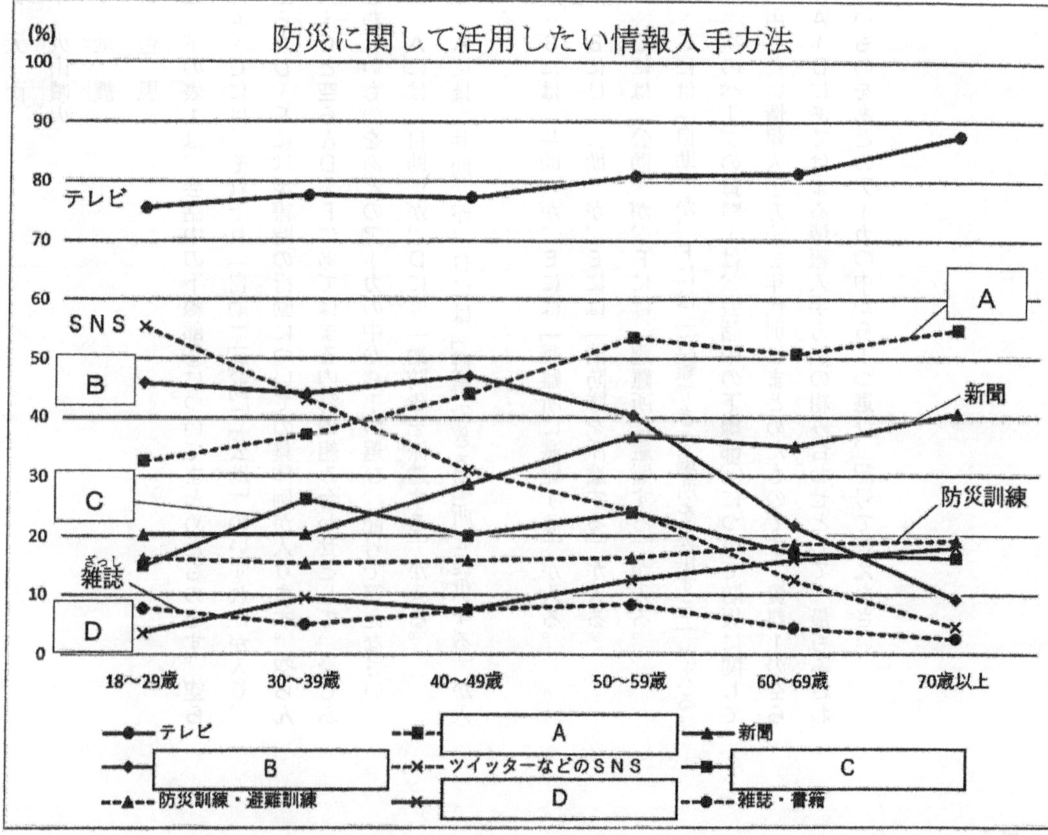

（平成29年度内閣《ないかく》府調査「防災に関して活用したい情報入手方法」より作成）

記号	A	B	C	D
ア	ホームページやアプリ（注1）	国や地域が作るパンフレット	地域の集会	ラジオ
イ	国や地域が作るパンフレット	ホームページやアプリ	ラジオ	地域の集会
ウ	ラジオ	ホームページやアプリ	国や地域が作るパンフレット	地域の集会
エ	ホームページやアプリ	ラジオ	地域の集会	国や地域が作るパンフレット
オ	ラジオ	地域の集会	ホームページやアプリ	国や地域が作るパンフレット
カ	国や地域が作るパンフレット	地域の集会	ラジオ	ホームページやアプリ

注1　パソコンやスマートフォンなどの中にある、計算機やゲームなどの特定の機能

ア 大雨
イ 火山噴火《ふんか》
ウ 地震《じしん》
エ 台風

問2 下の表1は、会話中の下線部②についてまとめたものです。空《くう》らんA～Cには、それぞれ「自助」「共助」「公助」のいずれかが入り、空らんD～Fには災害時の行動についての具体例が入ります。空らんA～Cと空らんD～Fにあてはまる内容の組み合わせとして、最もふさわしいものをあとのア～カの中から1つ選び、記号で答えなさい。

ア Aには「自助」が、Dには「消防隊を派遣《はけん》する」が入る。
イ Aには「共助」が、Dには「避難できる場所を提供《ていきょう》する」が入る。
ウ Bには「共助」が、Eには「避難所に避難する」が入る。
エ Bには「公助」が、Eには「消防隊を派遣する」が入る。
オ Cには「公助」が、Fには「避難所に避難する」が入る。
カ Cには「自助」が、Fには「避難できる場所を提供する」が入る。

問3 次のページの資料1は、会話中の下線部③について防災に関して活用したい情報入手方法を年代別にまとめたものです。資料1の空らんA～Dにあてはまる情報入手方法の組み合わせとして、最もふさわしいものをあとのア～カの中から1つ選び、記号で答えなさい。

表1

三助の種類	日ごろの準備	災害時の行動
A	・水や食料を備蓄《びちく》する ・避難《ひなん》経路を確認《かくにん》する ・家具を固定する	D
B	・ハザードマップを作成する ・公立学校の耐震《たいしん》化をすすめる ・災害情報をメール配信する	E
C	・自主防災組織に参加する ・町内会で危険箇所《きけんかしょ》を確認する ・近隣《きんりん》住民と防災訓練を行う	F

【書くことのきまり】

１　九行以上十行以内で書くこと。
２　二段落《だんらく》構成とし、二段落目の書き出しは「それに比べて学校では」とすること。
３　句点や読点もすべて一字として数えること。ただし、句点や読点が行の始め（一マス目）に来る場合には、前の行の最後のマスに文字と一緒《いっしょ》に入れること。
４　文字やかなづかいを正しく書き、漢字を適切に使うこと。

２　千花さんと良夫さんが、社会科の授業で学んだ自然災害について先生と話をしています。次の文章はそのときの会話です。よく読んであとの問いに答えなさい。

千花：最近①自然災害が多かったね。よくテレビで報道されていたよ。
良夫：そうだね。いつ、どこで、どんな被害《ひがい》が出るかわからないから、こわいね。
千花：でも、被害を減らすために様々《さまざま》な対策《たいさく》が行われているんだよね。
先生：そうですね。対策は大きく３つに分かれています。自分や家族で行う対策の「自助」、周囲の人たちと協力して行う対策の「共助」、市や国が行う対策の「公助」の３つで、それらを合わせて「②防災の三助」と呼《よ》ばれています。どのような防災の方法があるのか具体的に調べてみましょう。
良夫：千花さんは③どのような方法で防災について調べるの。
千花：わたしはインターネットを使って調べてみるね。④地形や土地の使い方によって起きる災害は違《ちが》うから、地域《ちいき》によっていろんな防災の方法がありそうだね。
先生：では、⑤地元の防災についても、みんなで考えてみましょう。

問１　会話中の**下線部①**について、千花さんはある災害について関心をもち、次の４枚の**写真１～４**を集めました。**写真１～４**は、ある同一の災害による被害の状況《じょうきょう》を撮影《さつえい》したものです。これらの被害をもたらした災害として最もふさわしいものをあとの**ア～エ**の中から１つ選び、記号で答えなさい。

写真１

山くずれで倒壊《とうかい》した家屋（白河《しらかわ》市）

写真２

亀裂《きれつ》の入った水田や農道（奥州《おうしゅう》市）

写真３

突出《とっしゅつ》したマンホール（須賀川《すかがわ》市）

写真４

打ち上げられた漁船（鮎川《あゆかわ》漁港）

（農林水産省「広報　11年　5月号」より作成）

ていないものは買えない」ということである。

当たり前じゃないかと思われるかもしれない。現に、ほとんどの学校はそこに行けばどのような教育サービスが受けられるかを情報公開しており、どの科目を※5履修《りしゅう》すれば、どういう利益が得られるかをわかりやすく「カタログ」化している。

けれども、これが教育の本質に※6悖《もと》るふるまいであることを忘れてもらっては困る。

子どもたちはこれから学ぶことになる教科について、それを学ぶことの※7有用性や価値《かち》について語る言葉をまだ持っていない。しばしば「それを学ぶことの有用性や価値について語る言葉をまだ持っていない」という当の事実こそが彼らがそれを学ばなければならない理由だからである。

（『昭和のエートス』 内田《うちだ》 樹《たつる》 著《ちょ》より 問題作成のため一部改編）

※1 隔絶《かくぜつ》…かけはなれていること。

※2 勘定《かんじょう》に入れる…あらかじめ見積もる。

※3 サイバー・スペース…コンピューターネットワーク上の仮の空間。

※4 キャンパス…大学などの校舎やしき地。

※5 履修《りしゅう》…学ぶ。

※6 悖《もと》る…反する。

※7 有用性…役に立つ可能性。

問一 波線部①オンライン授業の利点を【資料】より三十二字でぬき出し、解答用紙の「こと。」で終わる形で書きなさい。句点（。）読点（、）も含《ふく》む。

問二 波線部②「利点もあるけど、欠点もある」ことを表す四字熟語《よじじゅくご》を、□の中から漢字を選んで書きなさい。（同じ漢字を二度使ってもよい。）

三　朝　悪　一　夕　十　日　利　短　百
石　水　長　良　欠　日　有　大　二　千

問三 波線部③探究活動について、千花さんが言っている「探究活動」とはどういうものですか。あてはまるものをすべて選び、記号を書きなさい。

ア 海洋プラスチック問題などからレジ袋《ぶくろ》が有料になったことを知り、買い物のときはエコバッグを持参する。

イ 感染症《かんせんしょう》の歴史について調べ、どのような課題があり、どのように克服《こくふく》してきたかを理解する。

ウ 地球温暖化《おんだんか》に対する日本と外国の取り組みを比較《ひかく》し、日本に足りないことを見つけ、レポートにまとめ発表する。

エ 漢字検定に合格するために、一か月で問題集を終わらせる。

オ 毎日出るごみの種類や量を記録し、そこからごみを減らす方法を考え、家族と話し合う。

問四 【資料】の中で、子どもたちが学ばなければならない理由を筆者は何と言っていますか。【資料】の中の言葉を使い、「子どもたちは」に続けて解答らんにおさまるよう、二十三字以上二十五字以内で書きなさい。句点（。）読点（、）も含む。

問五 （④）について、あなたが良夫さんだったらどう答えるか、三人の会話をふまえて、十六字以上二十五字以内で書きなさい。また、（④）に書いた、学校で学ぶことの良さについて、休校期間中の生活と学校での生活を比較し、次の【書くことのきまり】にしたがって具体的に書きなさい。

【適性検査Ⅰ】（四五分）

1 次の会話文と**【資料】**を読んで、あとの問いに答えなさい。

千花　お兄ちゃんが言っていたんだけど、お兄ちゃんの大学では、しばらくオンライン授業が続くんだって。課題もたくさん出て、もううんざりすると言っていたよ。

良夫　ぼくたちは三か月休校で、六月から授業が本格的に始まったんだよね。

花子　うん。みんなに会えるってやっぱりうれしいね。ところで、オンライン授業って何。

千花　オンライン授業って、インターネット上で行う授業のことだよ。学校の授業が家のパソコンやタブレット、スマートフォンなどで受けられるんだよ。

花子　ネット上でできるの。それは楽でいいな。

千花　楽とは限らないよ。①オンライン授業には②利点もあるけど、欠点もあるよ。

花子　そうかぁ。楽なのかと思った。

良夫　ところで、ぼくは休校期間中、とてもひまで困《こま》ったな。やっぱり学校があったほうがいいや。

千花　わたしも早く学校に行きたかったし、休校期間中はなんとなく不安だった。でも、学級通信で先生の言葉を読んで、多くのことを学ぶチャンスにしようと考えたんだ。

良夫　ぼくも読んだよ。先生は、「規則正しい生活を心がけよう。そして、学校の宿題に取り組んだり家の手伝いをしたりしよう。」と書いていたね。「その上で、自由な発想で、いつもよりたくさんある時間を有効に使い、普段《ふだん》できない探究《たんきゅう》活動に時間を費やしてほしい。」とも書いてあったけど、③探究活動って何。

千花　自分の課題を持って、その情報を集めて、問題解決の方法を自分なりに考えて、伝えることだよ。

花子　さすが千花ちゃん。やっぱり、こうやって、同じ場所で話すことって、勉強になるよね。

良夫　うん、そうだね。ぼくも、ぼくたちにとって学校で学ぶということには、（　④　）という良さがあると思ったよ。

【資料】

「ユビキタス」と呼ばれる教育理念がある。パソコンとネットワークを使って行う教育のことである。

どのような遠隔地《えんかくち》からもネットさえつながっていれば教育機会にアクセスすることができる。空間的※1隔絶《かくぜつ》を※2勘定《かんじょう》に入れなくてよいということは学ぶ側には測り知れないメリットをもたらすだろう。

また、ネット上に教材を置いておけば、学生が好きなとき、好きな場所で自習したり教員とやりとりすることができる。同一時間に同一場所で出会わなければ授業が成り立たないという「時間の制約」からも解放される。

ユビキタスなら時空を自在に行き来して、あらゆる教育情報に主体的にアクセスできる。いいことずくめのようであるが、※3サイバー・スペースを※4キャンパスとする学校には本質的な限界もある。それはカタログを見て買い物をする通販《つうはん》ビジネスの限界と同じである。「カタログに載《の》っ

MEMO

大切なことはメモしておこうネ！

2021 年 度

解 答 と 解 説

＜適性検査Ⅰ解答例＞

1 問一 好きなとき，好きな場所で自習したり教員とやりとりすることができる(こと。)

問二 一長一短

問三 ウ，オ

問四 (子どもたちは)学ぶことの有用性や価《か》値《ち》を知らないから。

問五 友人と意見や疑問を伝え合いながら新しい発見ができる

休校期間中の生活では，他の人の意見を聞く機会がありませんでした。地域の活性化のための取り組みを考えるという社会の宿題で，イベントを開いて人を呼ぶという案しか思いつきませんでした。

それに比べて学校では，他の人の意見を聞くことで新しい発見ができます。休校明けの授業で，ふるさと納税についての友人の発表を聞き，とても勉強になりました。友人との交流が学びにつながることが学校の良さです。

2 問1 ウ

問2 エ

問3 ウ

問4 エ

問5 成田市 a イ b オ

c 北東

鎌ケ谷市 a ウ b ク

c 北西

＜適性検査Ⅰ解説＞

1 (国語：資料の読み取り，作文)

問一 【資料】に「オンライン授業」という言葉は登場しないが，第3段落の中でネット上で行われる授業は，空間的制約だけでなく「『時間の制約』からも解放される」と書いてある。具体的には「学生が好きなとき，好きな場所で自習したり教員とやりとりすることができる。」と書いてあり，ここを抜き出す。

問二 一長一短とは，人や物事について良い面もあり悪い面もあるという意味である。

問三 会話文の中で探求《たんきゅう》活動とは「自分の課題を持って，その情報を集めて，問題解決の方法を自分なりに考えて，伝えること」とある。アは自分で解決方法を考えていないので探求活動にはあてはまらない。イは自分で課題を設定せず，情報を集めて理解するだけにとどまっているのであてはまらない。エは自分で課題は設定しているものの，情報を集めたり，解決方法を伝えたりしていないのであてはまらない。**ウ**と**オ**は問題に対して記録をとったり比較《ひかく》したりするなどして，得られた情報から，解決方法を自分なりに考え，発表し伝えることができているので探求活動にあてはまる。

問四　【**資料**】の最終段落には「子どもたちはこれから学ぶことになる教科について，それを学ぶことの有用性や価値《かち》について語る言葉をまだ持っていない」とある。この部分の言葉を使い，指定文字数を守って書く。

問五　【書くことの決まり】に注意する。２段落《だんらく》構成で，２段落目の書き出しは「それに比べて学校では」と決まっているので，１段落目には休校期間中の生活について書き，それと比較して２段落目から学校での学びの良さについて書く。

基本 **2**　（**社会：災害，防災，都道府県，資料の読み取り，地図の読み取りなど**）

問１　地震《じしん》が起きると山崩《くず》れや地すべりが発生したり，道に亀裂《きれつ》が入ったりすることがある。また，揺《ゆ》れにより水を多く含む砂が地表に出てくることを液状《えきじょう》化現象といい，**写真３**のようにアスファルトの地面からマンホールが突出することもある。地震に伴《ともな》い津波《つなみ》が発生すると，漁港では漁船が打ち上げられることもある。

問２　水・食料の備蓄《びちく》や避難《ひなん》経路の確認，家具の固定などは日頃から一人でできる備えであり，**A**が「自助」にあたる。ハザードマップの作成や公立学校の耐震《たいしん》化，災害情報のメール配信は行政機関が行うことなので**B**には「公助」があてはまる。自主防災組織に参加したり，町内会で危険箇所《きけんかしょ》を確認したりするのは近所の人との協力が必要なので，**C**には「共助」があてはまる。次に災害時の行動として，「避難所に避難する」のは「自助」，「消防隊を派遣《はけん》する」のは「公助」，「避難できる場所を提供する」のは「共助」にあてはまるので，選択肢《せんたくし》の中で最もふさわしいのは**エ**である。

問３　**A**は70歳以上でもっとも割合が高く，20代でもっとも低い。反対に**B**は18～49歳の間でほぼ半分の割合を占めるのに対し，50代から70歳以上にかけて割合がだんだんと低くなっている。よって**A**は高齢者《こうれいしゃ》にもなじみのある情報入手方法で，**B**は若い世代になじみのある情報入手方法だということがわかる。また**C**，**D**は世代間であまり差はなく，**C**は20％前後，**D**は10％前後の割合である。よって**D**より**C**の方が情報入手方法として比較的利用しやすいという特徴があると考えられる。以上のことから，**A**はラジオ，**B**はホームページやアプリ，**C**は国や地域が作るパンフレット，**D**は地域の集会があてはまり，最もふさわしいのは**ウ**である。

問４　**地点A**から最も近い避難所は旧祝町小の付近にあり，県道108号線を北東に進むため，**ア**は間違っている。中根医院前は**地点B**の北西に位置するので，**イ**も間違っている。**地点C**より海抜《かいばつ》が高いところにより早く避難するには，大鳥居前の信号を直進し県道２号線を進む方がよいので，**ウ**も間違い。**地点D**から津波をさけるためには，県道２号線を北西に進み，大《おお》洗《あらい》キャンプ場近くの付近に避難するのがよい。よって，最もふさわしいのは**エ**である。

問５　**表２**より成田市は他の３つの市と比較して，総人口に対する外国人の割合《わりあい》が高いことがわかるので，**表３**の**Ⅰ**にあてはまるのは成田市である。総人口に対して外国人が多い場合，防災対策についてはいくつかの言語で書かれたマニュアルを作るのがよい。**表３**の総人口に対する外国人の割合の上位５市町村は千葉県の北東部に多い。鎌ケ谷《かまがや》市は**表２**より１つの指定避難所あたりの総人口の割合が高いという特徴がみられる。この場合は避難所が混雑することが予想されるので，混雑状況をスマートフォンで確認できるシステムが必要だと考えられる。よって鎌ケ谷市の空らん**a**に入るのは**ウ**で空らん**b**に入るのは**ク**である。１つの指定避難所あたりの総人口の割合が高い上位５市町村は県内の北西部に多い。

★ワンポイントアドバイス★

1では，問題をよく読んで，会話文や資料から適切な部分を抜き出したり要約したりする力が求められる。何がポイントなのかを考えながら文章を読もう。2では，表や地図，写真など文章ではないものから適確に情報を読み取り，分析する問題が多い。選択肢《せんたくし》の中からふさわしいものを選ぶ形式もあるので，落ち着いて取り組もう。

＜適性検査Ⅱ解答例＞

1 問１ ⑴ 大 ← 面積 → 小
白　赤　青　緑

⑵ ６(本)

問２ ⑴ (８個入り)14(箱)，(９個入り)７(箱)

⑵ 278.5(cm²)

問３ ⑴ ３(km以上)

⑵ (1.47×)60÷3.14÷2−3

問４ ⑴

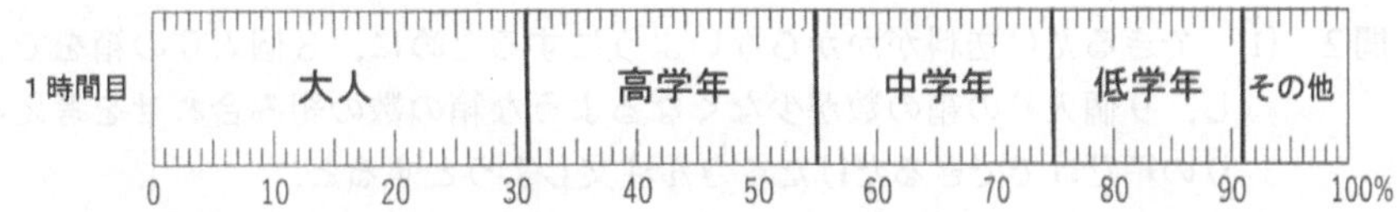

⑵ ① ○ ② × ③ ○

2 問１ ⑴ (容器)A(と，容器)C　＊順不同(CとAでも可)
(容器)E(と，容器)H　＊順不同(HとEでも可)

⑵ (容器)A　(容器)H

実験条件（容器A）

水	**あり**	なし
空気	**あり**	なし
温度	**約５℃**	約20℃
明るさ	**明るい**	暗い

実験条件（容器H）

水	**あり**	なし
空気	**あり**	なし
温度	**約５℃**	約20℃
明るさ	明るい	**暗い**

⑶ イ

⑷

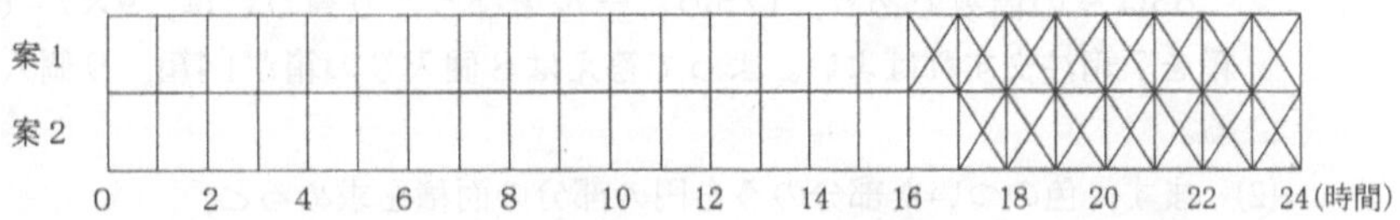

問２ ⑴ エ

⑵ エ

⑶ ウ

＜適性検査Ⅱ解説＞

基本 1 （算数：面積，速さの計算，図形，割合《わりあい》）

問１　(1)　アは直径60cmの円２つ分の面積なので，

$30\times30\times3.14\times2=5652(\text{cm}^2)$

イは直角をはさむ２辺が60cmと80cmの直角二等辺三角形２つ分の面積なので，

$60\times80\div2\times2=4800(\text{cm}^2)$

ウは対角線の長さが60cmと120cmのひし形の面積なので，

$60\times120\div2=3600(\text{cm}^2)$

エは縦《たて》1m，横5mのかべ紙の面積からア，イ，ウの面積をひいたものなので，

$100\times500-(5652+4800+3600)=35948(\text{cm}^2)$

アが赤，イが青，ウが緑，エが白なので大きいほうから順に白，赤，青，緑となる。

(2)　同じかべ紙を18枚《まい》作るとき，青の絵の具をぬる面積は，

$0.6\times0.8\div2\times2\times18=8.64(\text{m}^2)$

今青の絵の具は２本あり，2.4m^2分はぬれるので残りの面積は，

$8.64-2.4=6.24(\text{m}^2)$

１本で1.2m^2ぬれるので，

$6.24\div1.2=5.2$(本)

よって，残りの面積をぬるためには5.2本分の絵の具が必要である。求める答えは整数なので，答えは６本である。

問２　(1)　できるだけ送料がかからないようにするために，８個入りの箱をできるだけ多く注文し，９個入りの箱の数が少なくなるような箱の数の組み合わせを考える。まず，８個入りの箱だけでできるだけたくさん注文しようとすると，

$175\div8=21$あまり7

より，あまりのボールの数は７個になるため，９個入りの箱を注文しても175個ちょうど買いそろえることはできない。21箱から箱の数をだんだんと減らしていき，あまりの数がはじめて９の倍数になるときの組み合わせが一番送料のかからない組み合わせである。

$175-8\times20=15$

$175-8\times19=23$

$175-8\times18=31$

$175-8\times17=39$

$175-8\times16=47$

$175-8\times15=55$

$175-8\times14=63$

63は９の倍数であり，175のボールをぴったり買うには，$9\times7=63$より９個入りの箱を７箱注文すればよい。よって答えは８個入りの箱が14箱，９個入りの箱が７箱である。

(2)　まず，色のついた部分のうち円の部分の面積を求めると，

$5\times5\times3.14\times3=235.5(\text{cm}^2)$…①

次に，色のついた部分のうち円でない部分の面積を求める。求める部分の面積は同じ面積の図形２つ分であるので，１つ分を求めて２倍すればよい。**図２**より直径が10cmの

円はすべて１辺が30cmの正方形にすきまなくしきつめられていることから，求める部分の面積は１辺が10cmの正方形の面積から直径10cmの円の面積をのぞいたものだと考えることができる。よって

$(10\times10-5\times5\times3.14)\times2=43(\text{cm}^2)$…②

①と②をたして，

$235.5+43=278.5(\text{cm}^2)$

よって，これらより求める答えは278.5cm^{2}である。

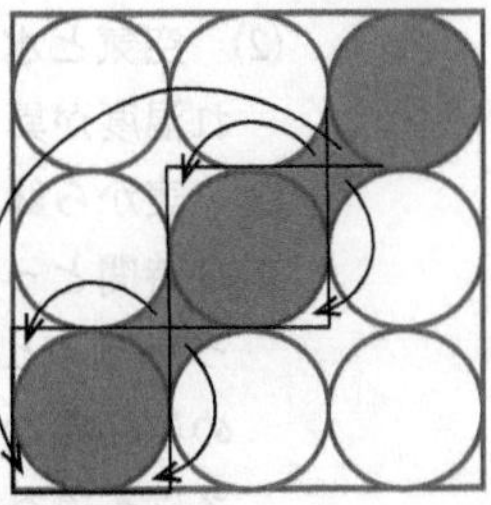

また，右の図のように，色のついた部分を移動させると，１辺が10cmの正方形が２つと，直径が10cmの円が１つになる。よって，

$10\times10\times2+5\times5\times3.14=278.5(\text{cm}^2)$

と求めてもよい。

問３　(1)　昇降口《しょうこうぐち》の鏡に映った鏡から，今の時刻は12時15分であるので午後１時まではあと45分あることがわかる。学校の昇降口から千花さんの家までは5kmあり，良夫さんは1kmを５分で走り，1kmを15分で歩くことができる。このことから，5kmすべての距離を走ったときは$5\times5=25$(分)，4km走り1km歩いたときは$5\times4+15\times1=35$(分)，3km走り2km歩いたときは$5\times3+15\times2=45$(分)かかることがわかる。よって3km走ったときに45分ぴったりに家に着くことができ，多く走るほど早く着くので，少なくとも3km以上は走らなければならない。

やや難　(2)　長針《ちょうしん》の先端《せんたん》は60分で1.47×60(cm)動き，長針の長さを半径とする円を描《えが》く。この円周を円周率3.14で割ると直径になり，さらに2で割ると半径になるから，長針の長さは$1.47\times60\div3.14\div2$(cm)と表される。短針《たんしん》の長さは長針の長さより3cm短いから，短針の長さを求める式は，

$1.47\times60\div3.14\div2-3$

となる。「$60\div3.14\div2-3$」を解答らんに書く。

問４　(1)　１時間目の参観者合計人数は200人で，大人は62人，高学年48人，中学年40人，低学年32人，その他18人であることから割合《わりあい》をそれぞれ計算すると，

$62\div200=0.31$

$48\div200=0.24$

$40\div200=0.2$

$32\div200=0.16$

$18\div200=0.09$

よって，大人が31％，高学年が24％，中学年が20％，低学年が16％，その他が９％。これらのデータを帯グラフで表す。

(2)　**資料１**より３時間目の参観者で最も割合が高いのは大人であるので①は○である。２時間目の小学生の参観者は243人の58％を占めているので，

$243\times0.58=140.94$(人)

３時間目の小学生の参観者は215人(**資料２**より)の61％を占めているので，

$215\times0.61=131.15$(人)

小学生の参観者は３時間目より２時間目の方が多いので②は×である。低学年の参観者の割合は２時間目も３時間目も同じ16％であるが，３時間目の方が参観者の合計人数が少ないので低学年の参観者数は２時間目よりも少ない。よって③は○である。

2 （理科：植物の発芽条件，対照実験，月）

問1 ⑴ 空気が必要かどうかを調べるには，空気以外の条件である水，温度，明るさの条件が同じでなければならない。容器A～Hから選ぶと，求める2組はAとC，EとH。

⑵ 空気と水については，両方がないと発芽しないので，明るい場合と暗い場合でそれぞれ温度が異なるときの実験を行う必要がある。

⑶ 表から鉢《はち》植えに光を当てない時間を連続で24時間とった鉢1と，12時間とった鉢2と，9時間とった鉢3はつぼみをつけているのに対して，光を当てない時間が9時間未満だった鉢4と鉢5はつぼみをつけなかった。このことから，アサガオがつぼみをつけるために必要な条件は，光を当てない時間を連続9時間以上とることだといえる。よって答えはイである。

⑷ 表の実験では，連続9時間光を当てない場合はつぼみをつけているが，連続6時間だとつけていない。この結果からは連続8時間光を当てない場合や，連続7時間光を当てない場合の結果がわからない。よってこの2つの条件で実験をすればよい。

問2 ⑴ ③の月は地球からは右半分が光っているように見えるのでウは間違い。⑧の月は地球からは三日月の形に見えるのでアは間違い。⑦の月は地球からは左半分が光っているように見えるのでイは間違い。よって組み合わせとして最もふさわしいものはエである。

⑵ 「調べてわかったこと」にある通り，「月は地球の周りを1周する間に，月が移動する向きと同じ方向に1回転している」。月はいつも同じ面を地球に向けていると考えてよい。したがって，①の位置では暗かった面は，⑤の位置では光の当たる面になるので，印Aはエの位置にある。

⑶ 【良夫さんのノート】から，月は「太陽の光に照らされた部分が太陽の光を反射《はんしゃ》して明るく輝《かがや》いている」ことが基本的な現象なのでアとイは間違い。また「宇宙《うちゅう》の中で地球の周りでは，太陽だけが自分で光を出している」とあるのでエも間違い。よって，ウがふさわしいと考えられる。

★ワンポイントアドバイス★

会話文や表，図など1問に与えられる情報量が多く複雑に見えるが，問題文をよく読んで取り組めば答えにたどり着けるようになっているものが多い。時間配分も頭に入れながら，落ち着いて取り組むことが大切だ。

2020年度

入　試　問　題

2020年度

2020年度

市立稲毛高等学校附属中学校入試問題

【適性検査Ⅰ】（17ページからはじまります）

【適性検査Ⅱ】（45分）

1 太郎《たろう》さん，次郎《じろう》さん，花子さんの３人は，丘《おか》の上の公園に遊びに行きました。次の問いに答えなさい。

問１　丘の上の公園に行く途中《とちゅう》に50段《だん》の階段がありました。その階段は，２段ごとに色がぬられており，４段ごとにライトがあります。ここで花子さんは，図１のように３段ごとに石を置いていき，色のついた階段とライトと石とがいっしょになる階段があるかを調べていくことにしました。色のついた階段とライトと石とがいっしょになるのは何段目になるかをすべて答えなさい。

図１

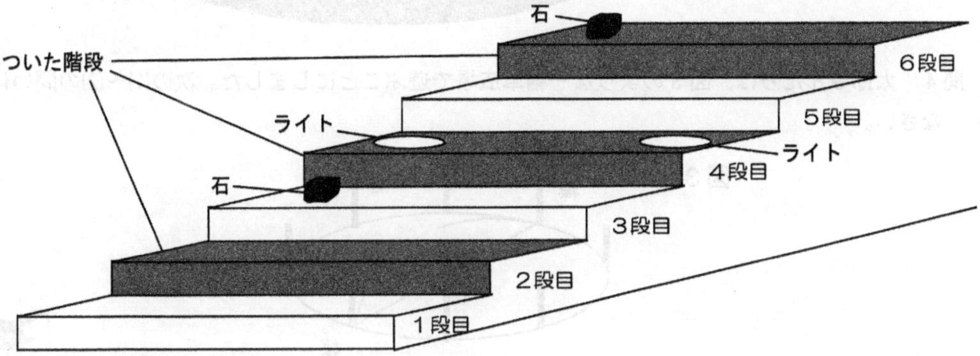

問２　丘の上の公園に着くと，はじめに，太郎さんと次郎さんと花子さんは砂場《すなば》で遊びました。太郎さんと次郎さんと花子さんは，立ち幅《はば》とびを行い，５日間の記録を表１のようにまとめました。５日目（今日）の太郎さんの記録は185cm，次郎さんの記録は178cmです。花子さんは何cm以上とべたら３人の中で最も平均が高くなるか，整数で答えなさい。ただし，次郎さんは２日目がお休みだったので斜線《しゃせん》にしてあります。

表１　立ち幅とびの記録

記録を測った日にち／名前	１日目	２日目	３日目	４日目	５日目（今日）
太郎さん	181 cm	160 cm	166 cm	190 cm	185 cm
次郎さん	170 cm	／	182 cm	175 cm	178 cm
花子さん	191 cm	175 cm	165 cm	179 cm	？

問3　次に，太郎さんたちは，ふん水広場に来ました。図2のように，A，Bのふん水があります。この2つのふん水は，何分かおきに毎回一定の量の水をふき上げるしくみになっています。Aのふん水は1時間に25回，Bのふん水は1時間に16回ふき上げます。1時間でそれぞれがふき上げたすべての水の量の比は，A：B＝15：8 です。A，Bのふん水がふき上げる1回分の水の量の比を，できるだけ小さな整数の比で答えなさい。

図2

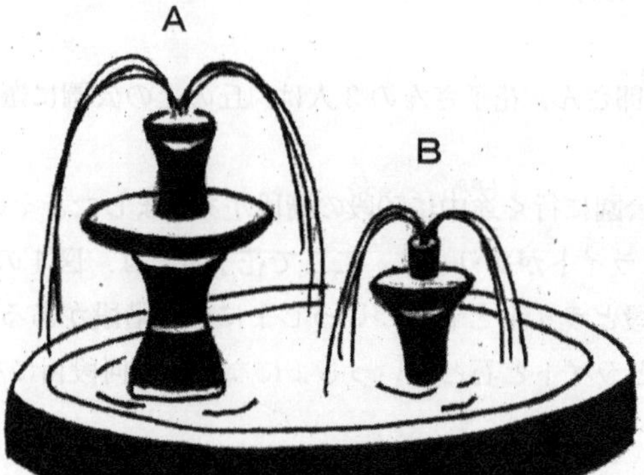

問4　太郎さんたちは，図3のような一輪車広場で遊ぶことにしました。次の(1)～(2)の問いに答えなさい。

図3

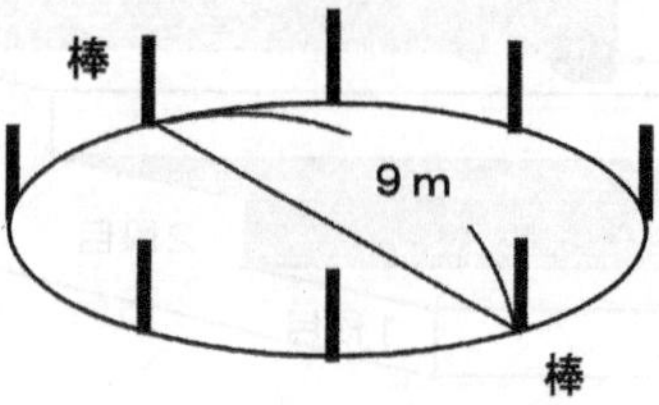

(1)　太郎さんは，図3の直線のように9 mはなれた棒《ぼう》から棒《ぼう》へ一輪車に乗ってまっすぐに進みます。一輪車の車輪の半径は29.8㎝です。このとき，この車輪は何回転まで回り終わっているか，整数で答えなさい。ただし，円周率は3.14とします。

(2)　この一輪車広場を上から見ると図4のような円になっています。円周上に等間隔《とうかんかく》に8本の棒が立っています。このうち3本を結んで三角形になるように一輪車で走ります。そのときにできる5種類の三角形をすべてかきなさい。ただし，回したり裏返《うらがえ》したりして重なる三角形は，1種類と考えます。(三角形は定規を使ってかきなさい。)

図4

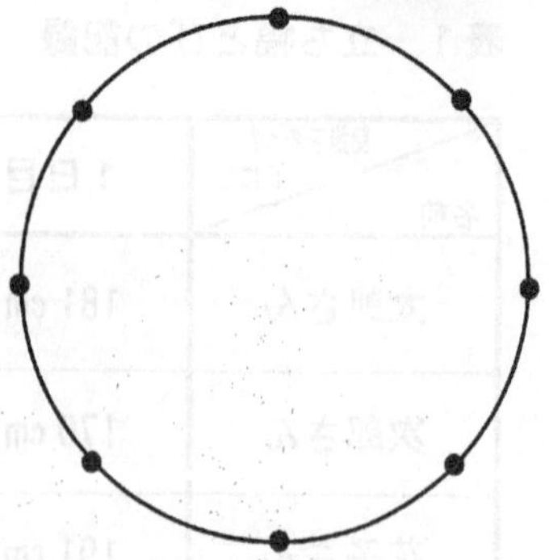

問5　太郎さんは家に帰って，竹ひごとねん土玉を使ってジャングルジムのような立体の模型《もけい》を作ってみようと思いました。次の⑴～⑶の問いに答えなさい。

⑴　立方体3個を，図5のように横に並《なら》べました。このとき，必要な竹ひごの本数を求める式①～③について，どのような考えで式に表したのか，ア～ウの記号で答えなさい。

図5

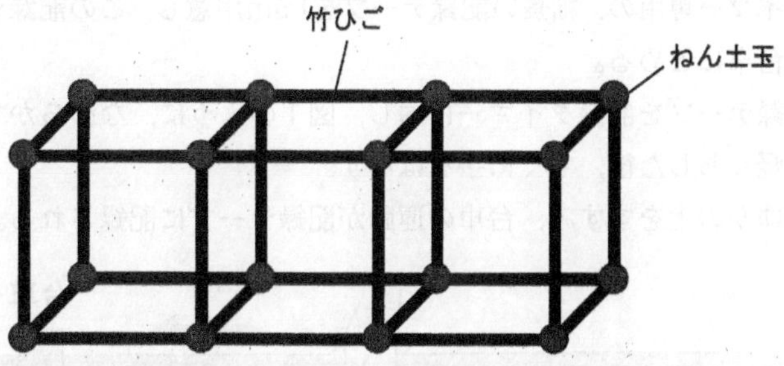

①　12×３－８　　②　10×２＋８　　③　12×２＋４

ア　左右の立方体の竹ひごの本数と，それらを結ぶ竹ひごの本数を考えた

イ　立方体３個分の竹ひごの本数と，重なり部分の本数を考えた

ウ　上下の面の竹ひごの本数と，その面に垂直《すいちょく》な柱のような竹ひごの本数を考えた

⑵　図６のように，立方体を横に１個ずつ増やして並べていきます。立方体を13個並べたとき，全部で何本の竹ひごが必要になるか答えなさい。

図6

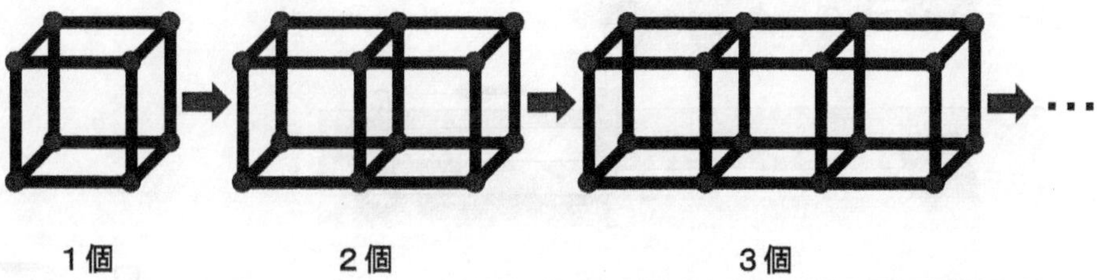

⑶　太郎さんがさらに立方体を作ろうとしたとき，長さをそろえる前の竹ひごを落としてしまいました。図７のように，１辺21㎝の正方形に竹ひご２本が重なったとき，色のついた部分の面積は何cm^2になるか答えなさい。ただし，竹ひごの太さは考えないものとします。

図7

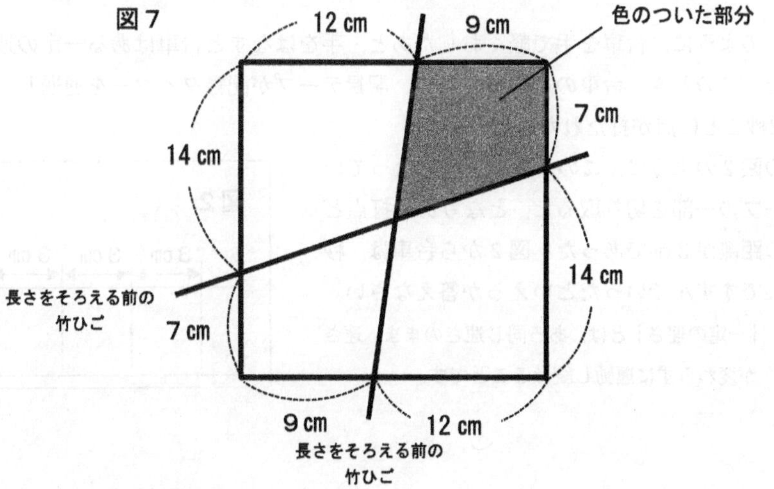

2 **問1** スイッチを入れると，一定の時間で記録テープに打点《だてん》することができる機械（記録タイマー）があります。これを利用すると，運動する物体の速さを測定することができます。次の(1)～(4)の問いに答えなさい。

【実験1】

① 記録タイマー専用《せんよう》の，細長い記録テープを1.5m用意し，この記録テープの一端《いったん》をセロハンテープで台車にとめる。

② ①の記録テープを記録タイマーに通し，図1のように，なめらかで水平なゆかの上で，手で台車を軽くおした後，すぐに手をはなす。

③ 台車はゆかの上をすすみ，台車の運動が記録テープに記録される。

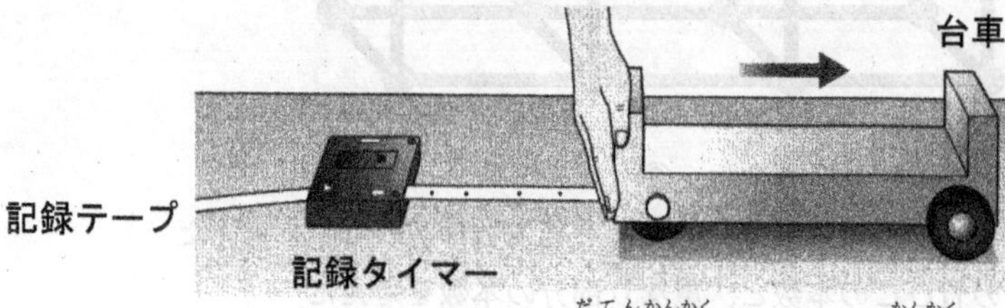

図1　注）図の打点間隔《だてんかんかく》は、実際の間隔《かんかく》とは異《こと》なります。

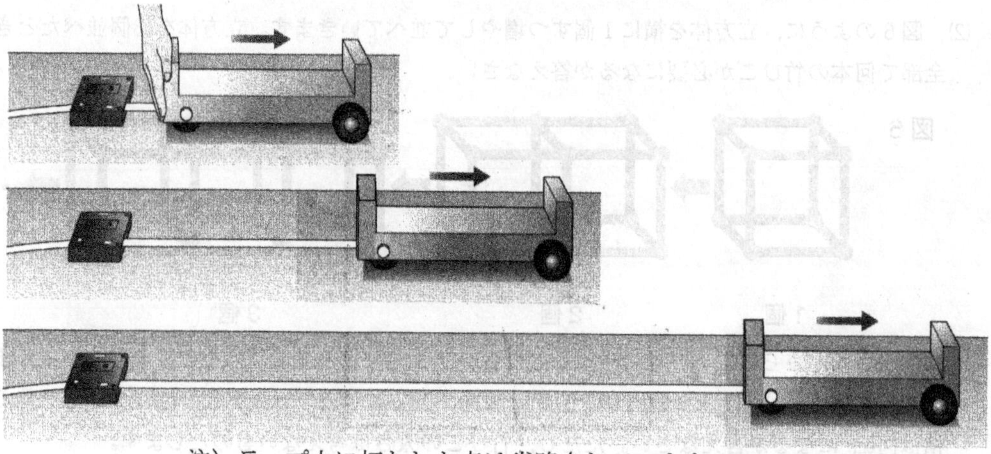

注）テープ上に打たれた点は省略されています。

(1) 図1のように，台車を手で軽くおしたあと，手をはなすと台車はある一定の速さですすんでいった。このとき，台車の運動とともに，記録テープが記録タイマーを通過し，記録テープ上に0.02秒ごとに点が打たれた。

右の図2のように，この一定の速さになっているテープの一部を切り取ると，となりあう打点どうしの距離《きょり》が3㎝であった。図2から台車は，秒速何㎝ですすんでいったといえるか答えなさい。

注）「一定の速さ」とは，ある同じ速さのまま，速さが変わらずに運動し続けることです。

図2

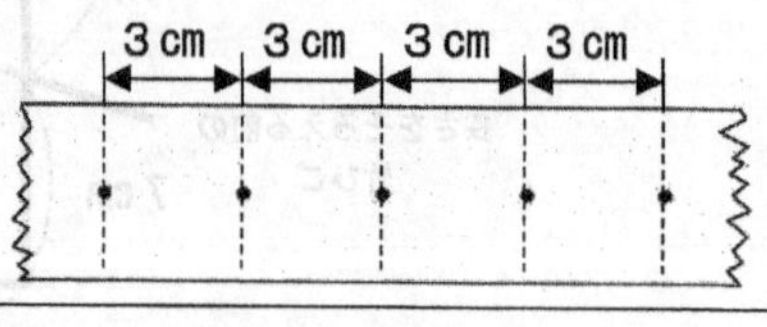

【実験２】

① 新しい記録テープに付けかえて，**実験１**のときより，台車をはじめにおす力を強くして台車をすすませる。

② **実験１**で得られた結果と①で得られた結果を比較する。

(2) **実験２**では，手をはなしたあと**実験１**のときと同じように，一定の速さですすんでいったが，そのすすむ速さは**実験１**のときよりも速かった。このとき，記録テープの打点はどのようになると考えられるか。**実験１**のテープと比べて最もふさわしいものを，次の**ア**～**エ**の中から１つ選び，記号で書きなさい。

実験１のテープの一部

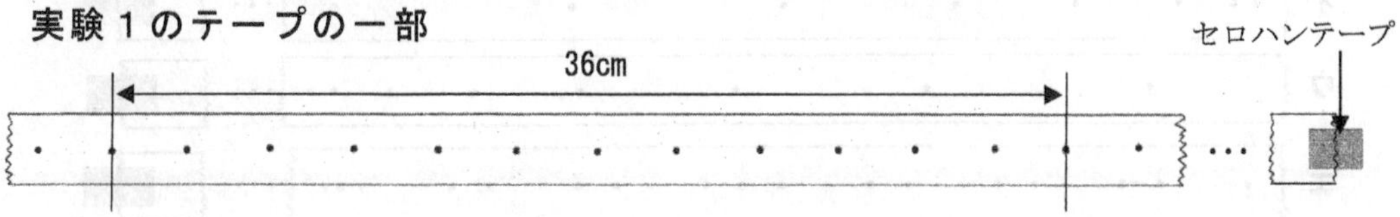

実験２のテープの一部

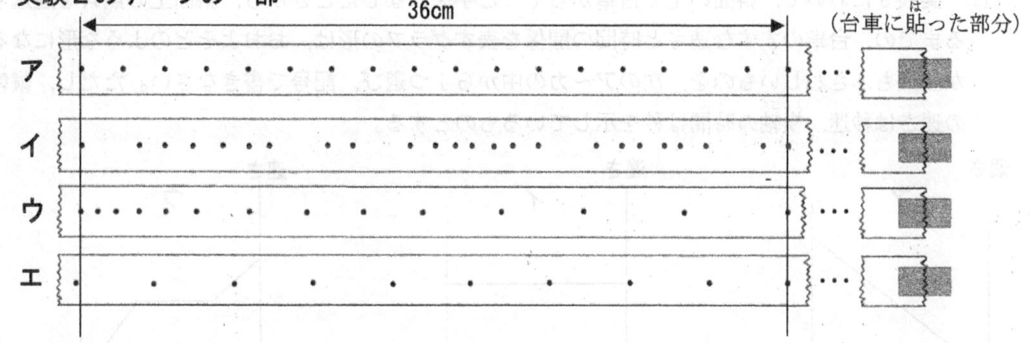

【実験３】

① なめらかな斜面上《しゃめんじょう》で，同じように台車の速さを測定する。

② 新しい記録テープに付けかえて台車にとりつけ，斜面の上の方に記録タイマーを固定する。

③ 台車を手で押さえておき，記録タイマーのスイッチを入れ，そっと手をはなす。

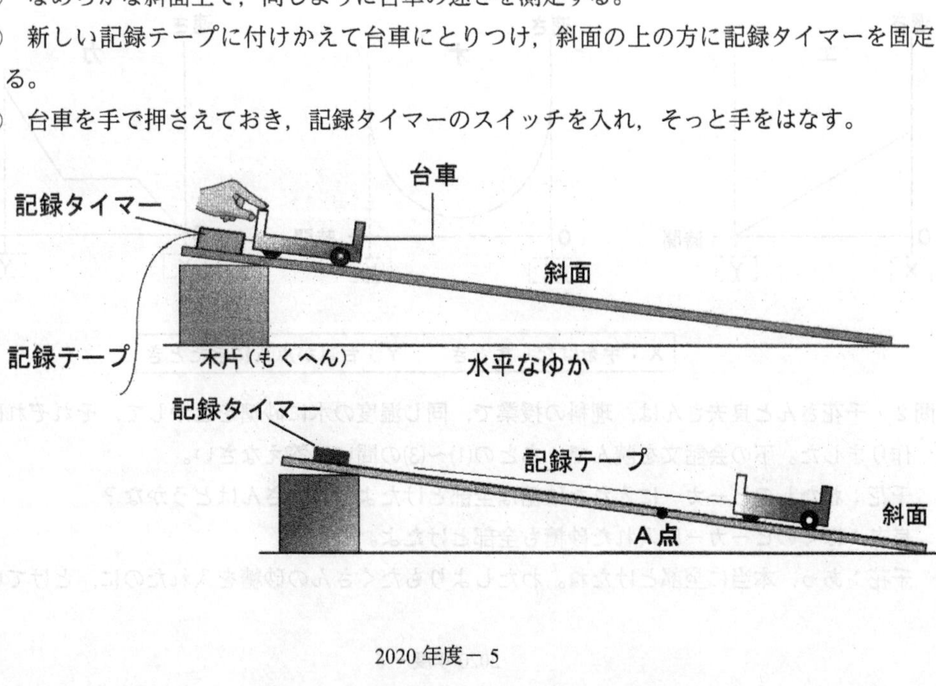

(3)　**実験3**では，手をはなしたあと，台車が斜面にそってすすむ間，台車の速さはどんどん速くなっていった。**実験3**では記録テープの打点はどのようになると考えられるか。最もふさわしいものを，次の**ア**～**エ**の中から1つ選び，記号で書きなさい。このとき，斜面の長さは，記録テープの長さよりも十分長いものとする。

（台車に貼《は》った部分）

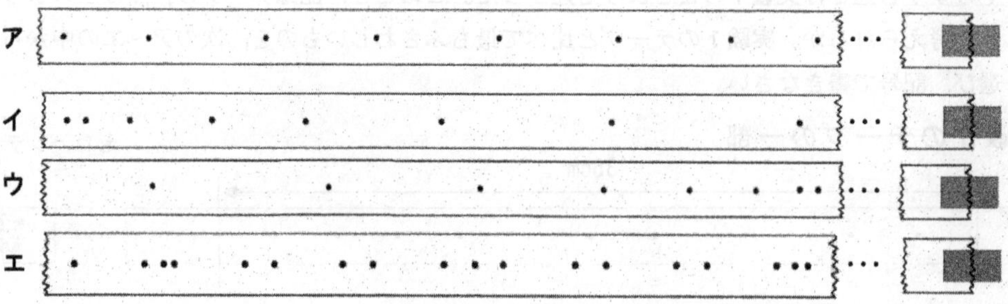

(4)　**実験3**において，斜面の上で台車からそっと手をはなしたときから，斜面上の点Aを通過《つうか》するまでの，台車のすすむ速さと時間の関係を表すグラフの形は，おおよそどのような形になるか。最もふさわしいものを，次の**ア**～**カ**の中から1つ選び，記号で書きなさい。ただし，縦軸《たてじく》の速さは秒速，横軸《よこじく》の時間は秒を示しているものとする。

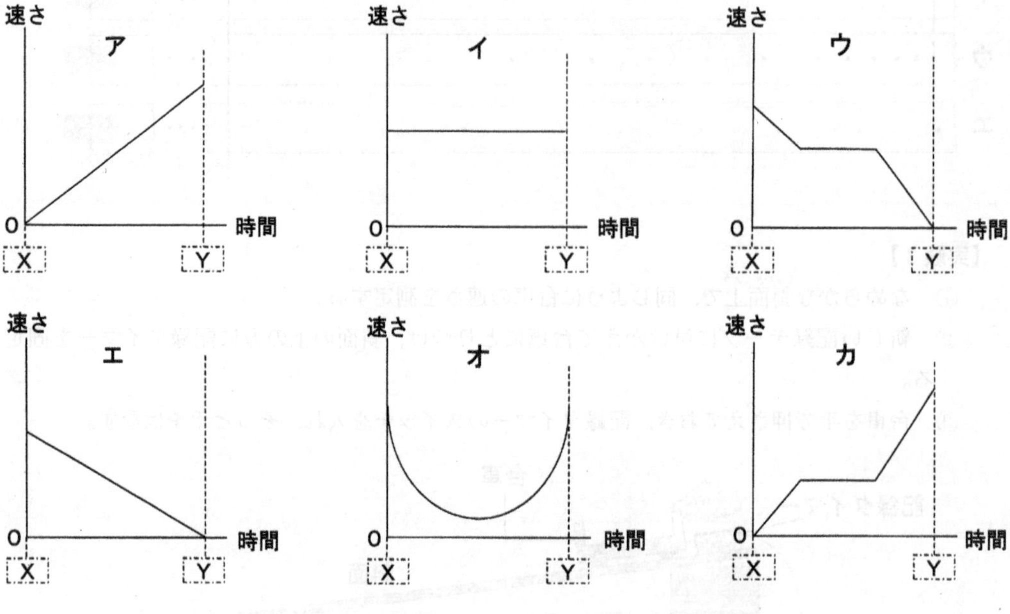

X：手をはなしたとき　　Y：台車が点Aにきたとき

問2　千花さんと良夫さんは，理科の授業で，同じ温度の水に砂糖《さとう》をとかして，それぞれ砂糖水を作りました。下の会話文を読んで，あとの(1)～(3)の問いに答えなさい。

千花：わたしのビーカーに入れた砂糖は全部とけたよ。良夫さんはどうかな？

良夫：ぼくのビーカーに入れた砂糖も全部とけたよ。

千花：あっ，本当に全部とけたね。わたしよりもたくさんの砂糖を入れたのに，とけているね。

すごいね。

良夫：でも，ぼくは千花さんとくらべて，ビーカーに砂糖もたくさん入れたけど，水もたくさん入れたから，よくとけたのだと思うよ。

千花：わたしは，水42ｇに砂糖18ｇとかしたよ。良夫さんは？

良夫：ぼくは，水70ｇに砂糖30ｇとかしたよ。

千花：ビーカーに入っている砂糖水は，両方ともとう明《めい》だけど，どちらが濃《こ》いのかな？

良夫：ぼくの方がたくさんの砂糖をとかしたから，きっと濃いと思うよ。

千花：本当かなあ……。図書室で調べてノートにまとめてみよう。

＜千花さんのノート＞

食塩や砂糖など、ある物質がとけている水のことを水よう液といいます。

水よう液の重さは、水の重さととけている物質の重さの和になります。

水よう液の濃さを比べるためには、水よう液の量に対するとけている物質の量の割合《わりあい》で比べます。

水よう液の濃さは、次の式で求められます。

水よう液の濃度《のうど》（％）＝ $\dfrac{\text{とけている物質の重さ（g）}}{\text{水よう液の重さ（g）}}$ ×１００

＜例＞ 水４０ｇに、食塩１０ｇをとかしたときの 水よう液の濃度

水よう液の濃度（％）＝ $\dfrac{10\text{（g）}}{40+10\text{（g）}}$ ×１００ ＝２０（％）

☆ただし、とけずに残った物質がある場合、その重さは、とけている物質の重さや、水よう液の重さには加えません。

(1)　千花さんの砂糖水の濃さと良夫さんの砂糖水の濃さは，どのような関係だと考えられるか。次のア～ウの中から１つ選び，記号で書きなさい。

ア　千花さんの砂糖水よりも良夫さんの砂糖水の方が濃い。

イ　良夫さんの砂糖水よりも千花さんの砂糖水の方が濃い。

ウ　千花さんの砂糖水と良夫さんの砂糖水の濃さは同じ。

千花さんは，水にとけている物質の量や水よう液の濃度に興味をもったので，夏休みの自由研究で，もののとけ方についてさらにくわしく調べました。あとの文は，そのときの千花さんの自由研究を簡単《かんたん》にまとめたものです。

＜千花さんの自由研究①＞

【実験１】

＜目的＞　20℃の水に物質Ａがどのくらいとけるのかを調べる。

＜方法＞　①　ビーカーを６つ用意し，ビーカー１～ビーカー６とする。

② 水と物質Ａの重さを変えて，物質Ａを少しずつ水に入れ，よくかき混ぜる。そして，物質Ａがとけるのかを観察する。

③ 結果を表にまとめる。

<結果>

ビーカー１	ビーカー２	ビーカー３
水 50 g 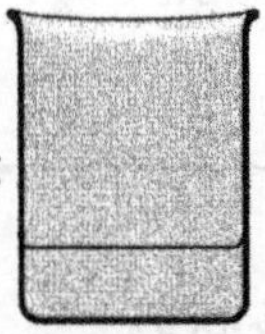 入れた物質Ａ：10 g とけずに残った物質Ａ：０ g	水 50 g 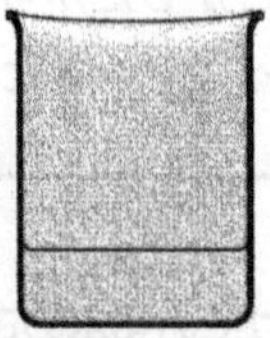 入れた物質Ａ：25 g とけずに残った物質Ａ：７ g	水 75 g 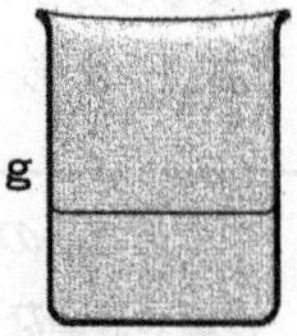 入れた物質Ａ：25 g とけずに残った物質Ａ：０ g
ビーカー４	**ビーカー５**	**ビーカー６**
水 100 g 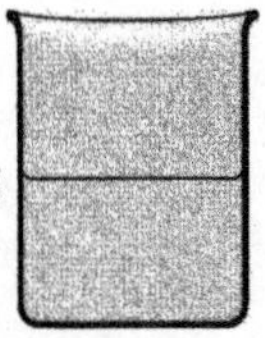 入れた物質Ａ：40 g とけずに残った物質Ａ：４ g	水 100 g 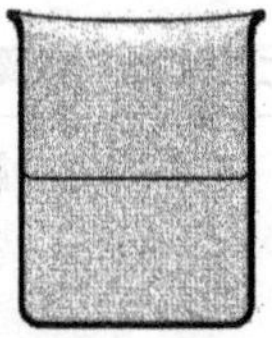 入れた物質Ａ：25 g とけずに残った物質Ａ：０ g	水 150 g 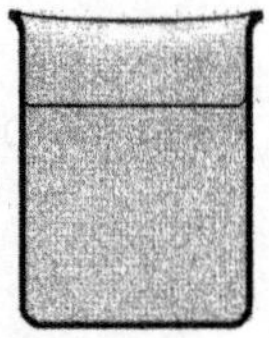 入れた物質Ａ：50 g とけずに残った物質Ａ：０ g

⑵ 千花さんがおこなった**実験１**において，水よう液の濃度が同じものはどれとどれだと考えられるか。ビーカー１～６から２組選び，記号で書きなさい。

＜千花さんの自由研究②＞

【実験２】

<目的> 物質Ａのかわりに，ミョウバンを用いて，そのとけ方について調べる。

<方法> ① ビーカーに30℃の水40ｇを入れる。

② ミョウバン５ｇを加えて，よくかきまぜる。

③ ビーカーのようすを観察する。

<結果> ②では，ミョウバンはすべてとけた。

③では，ビーカー内の水よう液を観察したら，とう明のままだった。

⑶ 千花さんがおこなった**実験２**の水よう液に，さらにミョウバン７ｇを加えたところ，ミョウバンはすべてはとけず，一部がビーカーの底に残りました。そこで，千花さんは，温度を上げればミョウバンはとけると考え，お湯10ｇを加えて，水よう液の温度を35℃にしました。しかし，まだミョウバンはすべてはとけずに残っていました。このとき，とけずに残ったミョウバンは何ｇだと考えられるか。千花さんが本で見つけた次のページの**表**を参考にして答えなさい。ただし，水の自然蒸発《じょうはつ》はないものとする。

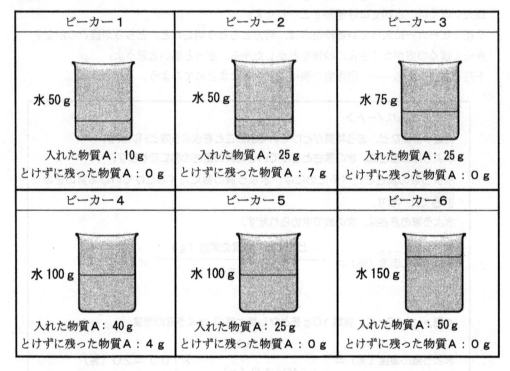

表 100ｇの水にとけるミョウバンの量

温度（℃）	とけるミョウバンの量（ｇ）
0	5.7
5	6.5
10	7.6
15	9.3
20	11.4
25	14.1
30	16.6
35	20.0
40	23.8
45	29.2
50	36.4

注１）　物質のとける量は，水の量に比例するものとする。

注２）　表中の「とけるミョウバンの量」とは，ミョウバンがすべてとけて，水よう液の中に残らない最大の量を示している。

図　千葉県の観光の課題についての原因と対策

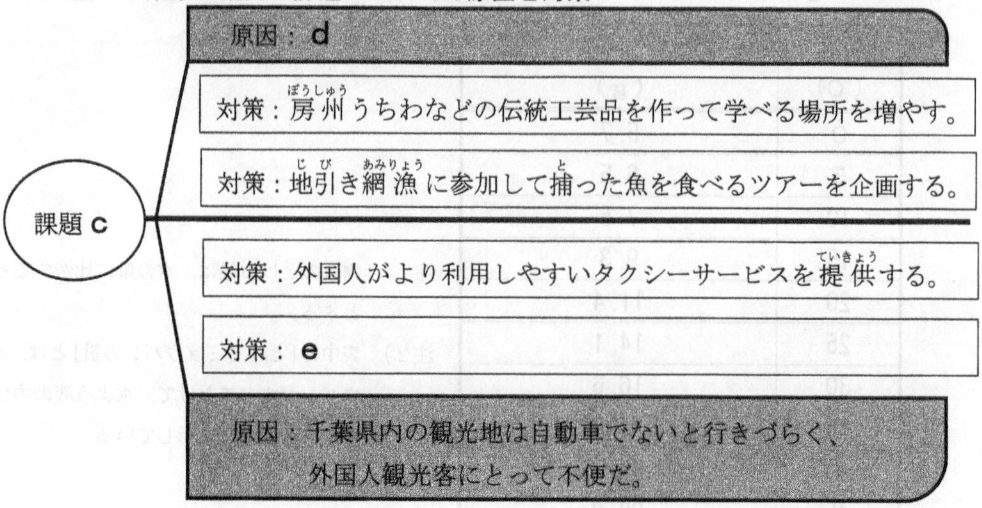
原因：d
対策：房州《ぼうしゅう》うちわなどの伝統工芸品を作って学べる場所を増やす。
対策：地《じ》引《び》き網漁《あみりょう》に参加して捕《と》った魚を食べるツアーを企画する。
課題 c
対策：外国人がより利用しやすいタクシーサービスを提供《ていきょう》する。
対策：e
原因：千葉県内の観光地は自動車でないと行きづらく、
外国人観光客にとって不便だ。

空欄dの選択肢（一つ選択する）

ア　千葉県の観光情報を得る手段《しゅだん》が少なく、どんな施設《しせつ》があるかわからない。

イ　千葉県の観光地で、通訳《つうやく》を通さずに、積極的に会話をできる人が少ない。

ウ　千葉県の伝統的な産業や文化を活かした体験の活動ができる場所が少ない。

エ　千葉県の飲食店には、様々な国の人に対応した食事を提供する場所が少ない。

空欄eの選択肢（一つ選択する）

オ　駅や電車内で、無料でインターネットを利用できるよう設備を整える。

カ　バスの本数を増やし、県内の観光地へ乗《の》り換《か》えせずに行けるようにする。

キ　観光地で買い物をする時に、現金以外の手段で支払《しはら》えるようにする。

ク　成田空港から国内の他の空港に行くことができる飛行機の本数を増やす。

資料６　空港別乗降《じょうこう》客数の割合《わりあい》（国際線）とその位置（平成30年）

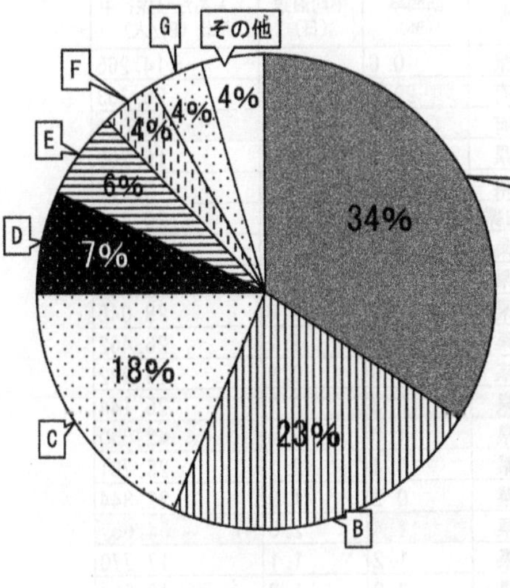

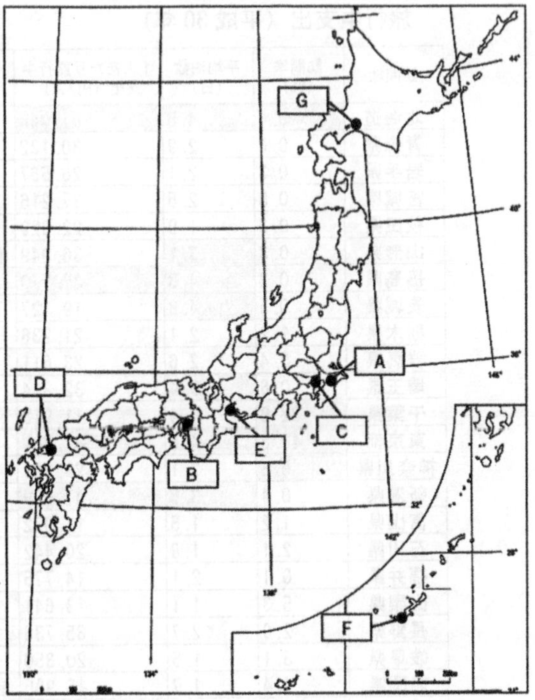

（国土交通省　航空局
「空港管理《かんり》状況《じょうきょう》調書」より作成）

千花さんが作成した文章

２つの資料を比較《ひかく》してわかったことは、（　ａ　）都道府県には、国際線の乗降客数が上位の空港のある都道府県が多いことです。また、資料５から千葉県と同じ特徴《とくちょう》をもつ県には、近畿《きんき》地方の（　ｂ　）県を挙げることができます。どちらも（　ａ　）にも関わらず、（　ｃ　）という特徴があります。

(1)　右の文中の（ａ）と（ｃ）の内容としてふさわしいものを、次のア～カの中からａは１つ、ｃは２つ選び、記号で書きなさい。

ア　訪問率が高い
イ　平均泊数が多い
ウ　１人あたり旅行中支出が多い
エ　訪問率が低い
オ　平均泊数が少ない
カ　１人あたり旅行中支出が少ない

(2)　右の文中の（ｂ）として最もふさわしい県名を漢字で書きなさい。

(3)　千花さんは(1)のｃを千葉県の外国人観光客の受け入れに関する課題だと考えました。この課題を解決するために、次のページの図にその原因と対策《たいさく》をまとめました。図中の空欄《くうらん》ｄと空欄ｅの内容として最もふさわしいものを次のページの選択肢《せんたくし》の中からそれぞれ一つずつ選び、記号で書きなさい。

資料５　都道府県別にみる外国人観光客（注１）の訪問《ほうもん》率（注２）、平均泊《はく》数および１人あたり旅行中支出（平成30年）

訪問地	訪問率（%）	平均泊数（日）	１人あたり旅行中支出（円/人）	訪問地	訪問率（%）	平均泊数（日）	１人あたり旅行中支出（円/人）
北海道	9.4	4.8	91,043	滋賀県	0.6	1.7	14,266
青森県	0.6	2.9	30,132	京都府	29.7	1.8	26,303
岩手県	0.3	2.1	26,567	大阪府	40.2	2.7	60,516
宮城県	0.8	2.5	37,216	兵庫県	6.3	1.2	16,206
秋田県	0.3	1.9	22,629	奈良県	10.7	0.4	5,587
山形県	0.3	3.1	36,949	和歌山県	1.2	1.8	20,578
福島県	0.2	4.3	37,770	鳥取県	0.4	1.8	23,407
茨城県	0.5	4.8	19,127	島根県	0.3	1.3	17,040
栃木県	1.2	2.1	21,236	岡山県	1.0	2.6	28,046
群馬県	0.4	2.6	23,611	広島県	2.9	2.2	26,462
埼玉県	0.6	5.4	32,314	山口県	0.9	0.9	14,292
千葉県	32.8	0.4	11,915	徳島県	0.3	2.2	25,144
東京都	40.8	4.5	87,709	香川県	1.0	2.6	43,550
神奈川県	6.6	2.1	23,361	愛媛県	0.4	2.1	25,781
新潟県	0.4	3.5	47,629	高知県	0.2	1.9	22,844
富山県	1.2	1.5	11,972	福岡県	11.4	2.5	54,657
石川県	2.1	1.8	20,442	佐賀県	1.2	1.1	17,770
福井県	0.1	2.1	14,775	長崎県	2.0	1.2	18,509
山梨県	5.3	1.1	13,641	熊本県	2.2	1.2	15,029
長野県	2.9	2.7	35,736	大分県	5.1	1.0	15,164
岐阜県	3.1	1.5	20,350	宮崎県	0.7	2.0	25,073
静岡県	4.4	1.7	15,985	鹿児島県	1.3	3.1	47,270
愛知県	7.6	2.4	39,707	沖縄県	8.2	4.0	71,355
三重県	0.5	3.2	24,547				

（国土交通省　観光庁《かんこうちょう》　「訪日《ほうにち》外国人消費動向調査」より作成）

※各項目《こうもく》の色をつけた部分は、その数値《すうち》が上位10位までであることを表している。

注１　観光・レジャー目的で日本を訪れた外国人のことである。

注２　日本を訪れた外国人観光客が、その都道府県を訪れた割合のことである。（複数の都道府県を訪れる場合もある）

問３　会話中の下線部③に関して、千花さんは、千葉県の外国人観光客の受け入れに関する課題について興味をもち、**資料５**と次のページの**資料６**を見て、あとの文章を作成しました。この文章を読んで、あとの⑴～⑶の問いに答えなさい。

資料３　千葉市地図（令和元年　2019 年）

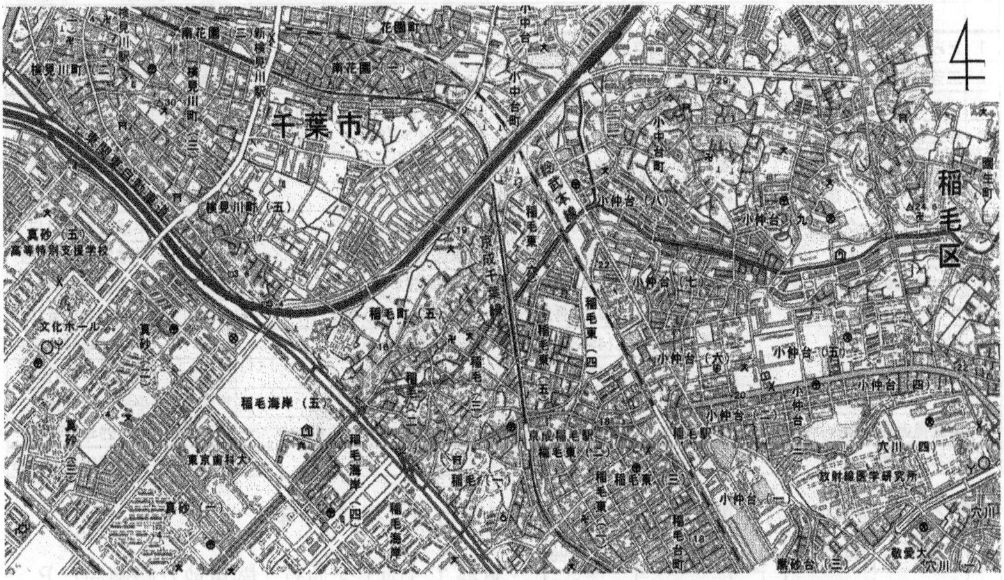

（国土交通省　国土地理院「電子国土基本図」より作成）

資料４　千葉市の航空写真（昭和 40 年　1965 年）

（国土交通省　国土地理院　「空中写真」より作成）

主な地図記号					
	○ 区役所	★ 小中学校	⊗ 高等学校	図書館	神社
	卍 寺院	老人ホーム	⊗ 警察署《けいさつしょ》	Y 消防署《しょうぼうしょ》	〒 郵便局《ゆうびんきょく》

資料１　千葉県の道の駅（令和元年 10 月）

	道の駅名	所在地	登録年月日		道の駅名	所在地	登録年月日
1	とみうら	南房総市	平成5年4月22日	16	オライはすぬま	山武市	平成16年8月9日
2	三芳村	南房総市	平成5年8月10日	17	ながら	長柄町	平成16年8月9日
3	やちよ	八千代市	平成8年4月16日	18	むつざわスマートウェルネスタウン・道の駅・つどいの郷	睦沢町	平成16年8月9日
4	きょなん	鋸南町	平成8年8月5日				
5	鴨川オーシャンパーク	鴨川市	平成9年4月11日	19	白浜野島崎	南房総市	平成17年8月10日
6	ローズマリー公園	南房総市	平成10年4月17日	20	南房パラダイス	館山市	平成18年8月10日
7	ふれあいパーク・きみつ	君津市	平成11年8月27日	21	水の郷さわら	香取市	平成22年3月1日
8	しょうなん	柏市	平成12年8月18日	22	風和里しばやま	芝山町	平成23年8月25日
9	たけゆらの里おおたき	大多喜町	平成12年8月18日	23	和田浦WA・O！	南房総市	平成24年9月14日
10	多古	多古町	平成13年8月21日	24	発酵の里こうざき	神崎町	平成26年10月10日
11	あずの里いちはら	市原市	平成14年8月13日	25	季楽里あさひ	旭市	平成27年4月15日
12	くりもと	香取市	平成14年8月13日	26	保田小学校	鋸南町	平成27年4月15日
13	ちくら・潮風王国	南房総市	平成14年8月13日	27	みのりの郷東金	東金市	平成27年11月5日
14	富楽里とみやま	南房総市	平成14年8月13日	28	木更津うまくたの里	木更津市	平成29年4月21日
15	おおつの里	南房総市	平成15年8月8日	29	いちかわ	市川市	平成29年11月17日

資料２　千葉県内の１年間の人口増減率上位５市町村（平成 30 年）

	市町村名	増加率％
1	流山市	2.7417
2	印西市	2.0719
3	袖ケ浦市	1.2604
4	四街道市	0.9263
5	浦安市	0.8949

	市町村名	減少率％
1	芝山町	2.6561
2	鋸南町	2.5518
3	大多喜町	2.3663
4	勝浦市	2.2279
5	銚子市	2.2278

資料１（国土交通省　関東地方整備局ＨＰ「千葉県の道の駅」より作成）

資料２（千葉県総合企画《きかく》部統計集「千葉県毎月常住人口調査報告書」より作成）

エ　千葉県内の人口増加率上位５市町村には、道の駅がまだ登録されていない。

問２　会話中の下線部②に関する千葉市内の同じ地点を示した次のページの資料３、資料４を見て、最もふさわしい文を次のア～エの中から一つ選び、記号で書きなさい。

ア　地図中に区役所は２か所あるが、どちらも地図の西側に偏《かたよ》っている。

イ　昭和40年時点の海岸線に沿《そ》うように、京成千葉線が走っている。

ウ　昭和40年時点には、東関東自動車道がまだ建設されていない。

エ　昭和40年以降《いこう》に埋め立てられた地域《ちいき》には、寺院や神社が多く見られる。

ドイツで昨年六月にあった※主要七カ国首脳《しゅのう》会議は「世界的な課題」として、効果的で強い対策《たいさく》を呼びかけた。先月には、ダボス会議で知られる※世界経済《けいざい》フォーラムが報告書で警告《けいこく》した。海のプラスチックごみの量は「このままでは二〇五〇年までに魚の重量を超《こ》える」との内容だ。

ただしマイクロプラスチック汚染《おせん》の実情はよくわかっていない。九州沖合《おきあい》や日本海などを調査した九州大が、海水一トン当たり二・四個を採取し、瀬戸内海《せとないかい》西部の六倍との結果を得た。

日本近海では中国、韓国《かんこく》、インドネシア、フィリピンなどアジアからのプラスチックごみの流出と海流との影響で、特に密度《みつど》が高いという分《ぶん》析《せき》もある。

環境省《かんきょうしょう》は十五年度から三年間、九州大や愛媛《えひめ》大などと共同で、南極海や東太平洋、日本近海に調査船を出して実態把握《はあく》に乗り出している。各国に急務の問題であることを訴《うった》え、排出《はいしゅつ》の削減《さくげん》など対策に向けた国際協力を進めるうえで重要だ。

身近な取り組みも欠かせない。世界経済フォーラムの報告書は、一昨年の世界のプラスチック生産が五〇年前の二〇倍以上の約三億トンに増え、今後二〇年間でさらに倍増すると予測した。世界中でマイクロプラスチックの発生源《はっせいげん》が急増する。

※微細《びさい》……極めて細かく小さい。

※懸念《けねん》……気にかかって不安に思う。

※主要七カ国首脳会議……二〇一五年六月に開かれた。

※世界経済フォーラム……二〇一六年一月に報告書を出した。

2 千花さんと良夫さんが夏休みの思い出について話をしています。

次の文章は二人の会話です。よく読んであとの問いに答えなさい。

良夫：昨年の夏休みはどこにでかけたの？

千花：わたしは、家族旅行で千葉県南部に海水浴に行ったよ。その途中《とちゅう》で、廃校《はいこう》を再利用した①道の駅保田《ほた》小学校で休憩《きゅうけい》したんだ。楽しかったな。

良夫：よかったね。わたしは稲毛海浜《いなげかいひん》公園のプールに、友人たちと遊びに行ったよ。せっかくなので海に行って泳ごうとしたけど、いなげの浜《はま》は工事中だったんだ。

千花：砂浜《すなはま》も維持《いじ》や整備が必要なんだね。そういえば、②昔は海岸がもっと内陸にあって、潮干狩《しおひが》りや海水浴などでにぎわう行楽地だったとおじいちゃんが話してたよ。

良夫：今は工事も終わって、白い砂浜になっているね。今年は東京オリンピック・パラリンピックもあって、③千葉市にも多くの外国人が訪《おとず》れるから、整備されたきれいな海岸を見ていってほしいな。

問1 会話中の下線部①に関する次のページの**資料1**、**資料2**を見て、ふさわしくない文を次の**ア**～**エ**の中から一つ選び、記号で書きなさい。

ア 平成5年4月に、千葉県ではじめての道の駅として、とみうらが登録された。

イ 保田小学校のある鋸南《きょなん》町は、人口減少率でみると千葉県で第2位になっている。

ウ 南房総《みなみぼうそう》市には、道の駅が7か所あり、千葉県の道の駅の約4分の1を占《し》めている。

ア　いろいろな種類の生活用品に使われている
イ　自然分解されるまでに長い時間がかかる
ウ　古いものほど自然分解に時間がかかる
エ　人体に有害なものほど自然分解に時間がかかる

問二　会話中の（②）に入る最も適切な言葉を、**資料B**から六字以上十字以内でぬき出して書きなさい。

問三　**資料B**に書かれている記事の内容として、合っているものをすべて選び、ア～オの記号で書きなさい。

ア　プラスチックごみへの懸念《けねん》はヨーロッパ諸国《しょこく》で特に強まっている。
イ　食物連鎖《れんさ》とは、魚や貝がプランクトンを食べることで、有害物質が濃縮《のうしゅく》されていくことである。
ウ　世界経済《けいざい》フォーラムは、三十四年後までに、海のプラスチックごみの量が魚の重量を上回るという見通しを報告した。
エ　日本からのプラスチックごみが海流によってインドネシア、フィリピンなどに運ばれている。
オ　世界のプラスチックの生産は急激《きゅうげき》に増えており、今後も二十年間で倍増すると予測されている。

問四　波線部③について、今のあなたにできる取り組みを、次の【書くことのきまり】にしたがって十行以上十二行以内で書きなさい。

【書くことのきまり】
1　二段落《だんらく》構成にすること。（段落のはじめは一字下げる）
2　一段落目には、どのような取り組みができるか、具体的に書きなさい。
3　「わたしにできる取り組みは、」に続く形で書きなさい。（字数に含《ふく》まれる）
4　二段落目には、なぜその取り組みがプラスチックごみを減らすことに有効だと考えるのか、理由を書きなさい。二段落目の中で「有効」という言葉を必ず使うこと。
5　句点（。）読点（、）もすべて一字として考えること。ただし、句点や読点が行の始め（一マス目）に来る場合には、前の行の最後のマスに文字と一緒《いっしょ》に入れること。
6　文字やかなづかいを正しく書き、漢字を適切に使うこと。

資料B　毎日新聞　朝刊　社説　二〇一六年二月二日
「プラスチックごみ　～　海を守る取り組み急げ　～」を一部改編

世界の海に漂《ただよ》うプラスチックの※微細《びさい》なごみ「マイクロプラスチック」への※懸念《けねん》が国際的に強まっている。日本近海は特に汚染《おせん》がひどいとの分析《ぶんせき》もある。全体像や生態系《せいたいけい》などへの影響《えいきょう》は未解明だが、悪影響がはっきりしてからでは遅《おそ》い。問題の大きさと広がりを認識《にんしき》し、国際的な取り組みを急ぐべきだ。

マイクロプラスチックは、レジ袋やペットボトル、漁具などのプラスチックごみが時間をかけ、紫外線《しがいせん》や波によって砕《くだ》かれた五ミリメートル以下の微細な断片《だんぺん》だ。回収《かいしゅう》は困難《こんなん》なうえ、分解されず長く海を漂う。

海に溶《と》け込んでいるポリ塩化ビフェニール（ＰＣＢ）などの有害物質を吸着《きゅうちゃく》することも知られている。魚や貝がプランクトンと間違《まちが》えて食べる結果、有害物質は濃縮《のうしゅく》され、食物連鎖《れんさ》を通じて生態系や人体に悪い影響を及《およ》ぼす恐《おそ》れがある。

【適性検査Ⅰ】（四五分）

1 千花さんと良夫さんは学習発表会の準備のため、資料を集めて話をしています。次の文章は二人の会話です。よく読んであとの問いに答えなさい。

千花　この前、かわいそうなウミガメのニュースを見たの。ウミガメが、クラゲと間違《まちが》えてレジ袋《ぶくろ》やペットボトルなどのプラスチックを食べて死んでしまうんだって。プラスチックの破片《はへん》がおなかにたまって満腹《まんぷく》とかん違いして餓死《がし》してしまうこともあるんだって。

良夫　世界中で、川や海に大量のごみが流れ込《こ》んでいるんだよね。中でも、プラスチックごみの問題は深刻《しんこく》なんだ。

千花　プラスチックは軽くてじょうぶで便利だから、世界中でいろいろなものに使われているんだけど、（　①　）という性質があるそうよ。

良夫　五ミリメートル以下の小さなプラスチックごみをマイクロプラスチックというんだね。マイクロプラスチックは長く海を漂《ただよ》ううえに、（　②　）という性質もあるんだ。

千花　今こうしている間にも、プラスチックごみが生まれているのよね。かわいそうなウミガメをこれ以上増やさないために、③プラスチックごみは、世界全体で減らしていかなければならないのね。わたしたちにできる身近な取り組みはないかしら。

問一　会話中の（①）に入る最も適切な言葉を次のア～エの中から選び、記号で書きなさい。ただし、**資料A**のグラフから読み取れることとする。

資料A

海洋ごみが完全に自然分解されるまでに要する年数

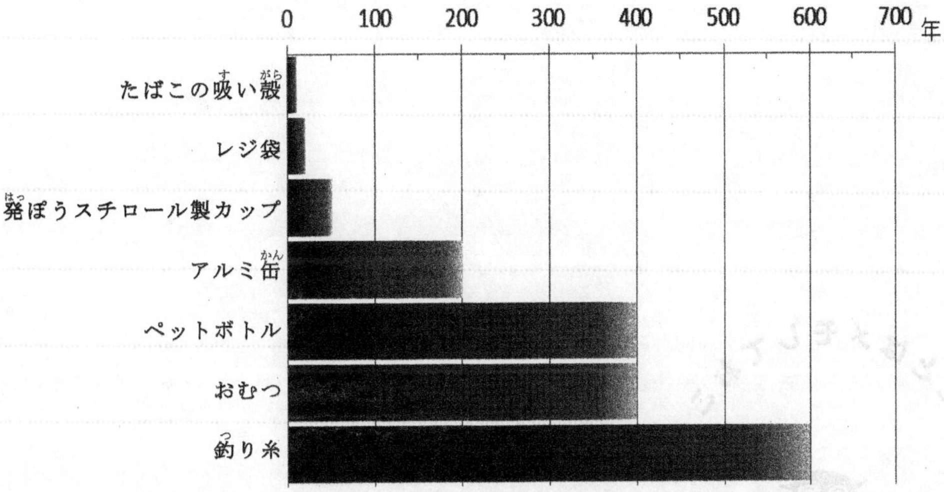

このうちアルミ缶以外はすべて海洋プラスチックごみ

出典　アメリカ海洋大気庁　NOAA/Woods Hole Sea Grant

MEMO

大切なことはメモしておこうネ！

2020 年 度

解 答 と 解 説

＜適性検査Ⅰ解答例＞

1 問一　イ

問二　有害物質を吸着する

問三　ウ，オ

問四　わたしにできる取り組みは，ごみをポイ捨てせずにきちんとごみ箱に分別して捨てるべきだと周りの人に呼びかけることだと思う。

　海とごみへの意識を変えることで訪れる人々は海岸にごみを捨てることをやめると思うので，周りへの呼びかけはレジ袋やペットボトルなどのプラスチックごみを減らす有効な手段だと考えた。自分で出したごみをそれぞれ持ち帰り家で分別して捨てることが当たり前になれば，「他の人が捨てているから自分も捨てる」という考えがなくなり，海のプラスチックごみの量は格段に減るだろう。

2 問1　ウ

問2　ウ

問3　(1)　a　ア

　　　　c　オ，カ（完答　順不同）

　　(2)　b　奈良（県）

　　(3)　d　ウ

　　　　e　カ

＜適性検査Ⅰ解説＞

1 （国語：資料の読み取り，作文，説明文）

問一　アは資料Aとは全く関係のない内容なので不正解。ウは，資料Aだけでは海洋ごみの自然分解にそのごみの古さが関係しているかは読み取れないので不正解。エは資料Aにはどのごみが人体に有害なのか書かれておらず，自然分解にかかる時間との関連性は読み取れないので不正解。よって答えはイである。資料Aから，年数の一番短い「たばこの吸い殻」であっても自然分解に約10年かかることがわかるので「長い時間がかかる」という文言は正しいといえる。

問二　答えるべき内容はマイクロプラスチックの性質なので，資料Bのどこに「性質」が書かれているか探す。すると二～三段落目が当てはまるのでその中から適切な語句をぬき出せばよい。ここで，会話中の②が含まれる文章をもう一度読むと，②の直前には「マイクロプラスチックは長く海を漂ううえに」とある。この内容は資料Bの二段落目の二文目に書かれている。これより解答はそれ以外から探すことがわかる。今まで述べた部分の中で「という性質」につながるような言葉は，三段落目の一文目にある「有害物質を吸着する」だけなのでこれが答えである。

問三　アは「ヨーロッパ諸国で特に」という部分が誤っている。資料Bの一段落目の二文目に「日本近海は特に汚染がひどいとの分析もある」という記述があるためだ。イは「食物連鎖」と「有害物質の濃縮」の関係が誤っている。「食物連鎖」＝「有害物質の濃縮」ではなく，「食物連鎖」を通じて「濃縮された有害物質」が人体などに悪影響を及ぼすのである。これは三段落目の二文目で述べられている。エは「日本」と「インドネシア，フィリピンなど」の位置が逆である。プラスチックごみは日本からインドネシアなどに流れるのではなく，インドネシアなどから日本に流れるのだ。これは六段落目で述べられている。以上より答えはウとオである。これらはそれぞれ四段落目の三文目と八段落目の二文目と同じ内容だ。

問四　【書くことのきまり】に沿って書く。会話や資料では海のプラスチックごみの問題性を述べている。このため，一段落目に書く「取り組み」として海のプラスチックごみを減らすにはどのようなことをすればよいかを考えればよい。二段落目で指定された「有効」という語句は，「○○という取り組みは××なのでプラスチックごみを減らすのに有効だ」などのように用いるとよい。

基本 2　（社会：都道府県，資料の読み取り，地図の読み取りなど）

問1　ウは「7か所」という部分が誤っている。資料1を見ると南房総市の道の駅は8か所である。他の3つの記号，アは資料1，イは資料2の右側の表，エは資料1と資料2の両方を見るとそれぞれ，正しいことがわかる。

問2　アは「どちらも地図の西側に偏っている」という部分が誤り。資料3を見ると東西に1か所ずつ市役所があるとわかる。イは「海岸線に沿うように」の部分が誤り。資料3と資料4を見比べると，資料3の「京成千葉線」のラインと同じ線が資料4の真ん中のあたり，つまり内陸部に通っていることがわかる。エは「寺院や神社が多く見られる」という部分が誤り。資料4で海だった場所を資料3で見ると，寺院や神社の地図記号がないとわかる。よって答えはウである。資料3にある東関東自動車道の線を資料4で探しても見当たらないことから正しいといえる。

問3　(1)　a　まず資料6のA～Gの空港がある都道府県を地図から判断する。これよりA：千葉県，B：大阪府，C：東京都，D：福岡県，E：愛知県，F：沖縄県，G：北海道にそれぞれ位置するといえる。これらの都道府県に共通することを資料5から探すと，どの都道府県も「訪問率」が上位10位までであるとわかる。よってaの答えはアである。

c　資料5からわかる千葉県の特徴をア以外から答えればよい。すると千葉県は他の都道府県と比べて「平均泊数」と「1人あたり旅行中支出」が少ないことがわかる。これよりcの答えはオとカである。

(2)　(1)の答えから千葉県は「訪問数が多い」「平均泊数が少ない」「1人あたり旅行中支出が多い」という特徴を持っているとわかる。同じ特徴を持つ近畿地方の都道府県を資料5から探すと，奈良県が当てはまることに気づくので答えとする。なお，京都府は千葉県ほど平均泊数や1人あたり旅行中支出が少ないわけではないので不正解である。千葉県も奈良県も平均泊数や1人あたり旅行中支出の数値が下位3位までに入っているが京都府は入っていない。

(3)　d　アとイを原因として選んでも，2つの挙げられている対策でその原因を解消できないので不正解。エは1つ目の房州うちわなどを用いた対策との関係性がないので不正解。よって正解はウである。房州うちわも地引き網漁も「伝統的な産業や文化」といえ，それぞれ学びの場やツアーなどの「体験の活動ができる場所」を作っているので，原因を解消できていると言える。

e　原因では「千葉県内の交通が不便」ということが書かれているので，それを解消する対策を選ぶ。オとキは交通との関連性がないので不正解。クは交通のことが書かれているが千葉県内ではなく国内を行き来しやすくする対策なので不正解。よって答えはカである。カによって千葉県内の交通の便はよいものになる。

★ワンポイントアドバイス★

1では，文章や資料を正確に読み取り，自分で文章を書く力が必要になってくる。自分の意見を，要点をまとめながら書く練習をしておこう。

2では，資料を読み取ってからそれをヒントに答える問題が多く出ている。順序立てて考えれば答えは導き出せるので，落ち着いて取り組もう。

＜適性検査Ⅱ解答例＞

1　問1　12，24，36，48(段目)

問2　173(cm以上)

問3　6：5

問4　(1)　4(回転)

(2)

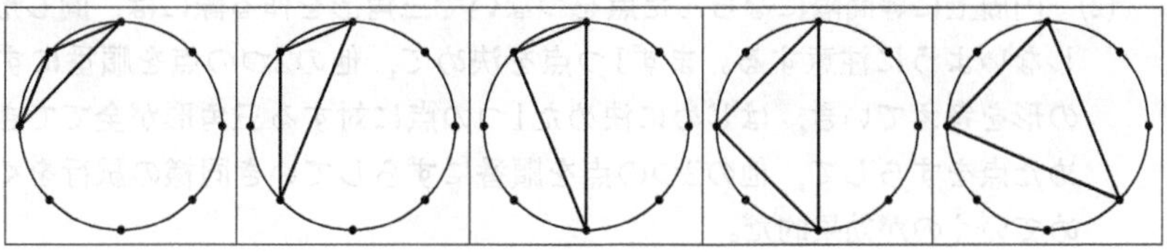

問5　(1)　①　イ　　②　ウ　　③　ア

(2)　108(本)

(3)　84(cm^2)

2　問1　(1)　(秒速)150(cm)

(2)　エ

(3)　ウ

(4)　ア

問2　(1)　ウ

(2)　2(と)4　　3(と)6

(3)　2(g)

＜適性検査Ⅱ解説＞

1 （算数：最小公倍数，平均値，比，円，等差数列，図形）

基本

問1 階段《かいだん》の色は2段ごとにぬられ，石は3段ごとに置かれていてライトは4段ごとにつけられている。2，3，4の最小公倍数である12段ごとに色のついた階段とライトと石が一緒になる。階段が50段あるうち，段数が12の倍数となるのは12，24，36，48段目である。

問2 太郎《たろう》さんの立ち幅《はば》とびの記録の平均は，(181＋160＋166＋190＋185)÷5＝176.4(cm)となり，次郎《じろう》さんは1日休んでいるので4日間の立ち幅とびの記録の平均は(170＋182＋175＋178)÷4＝176.25(cm)となる。花子さんの記録の平均が3人の中で最も高くなるようにするには，花子さんの記録の平均が太郎さんの記録の平均を上回ればよい。太郎さんの5日間の記録の合計の長さは181＋160＋166＋190＋185＝882(cm)であり，花子さんは5日目に882－(191＋175＋165＋179)＝172(cm)よりも長くとべばよいということになる。求める答えを整数で表すと173(cm)である。

問3 A，Bのふん水がふき上げる1回分の水の量の比は，1時間でそれぞれがふき上げた水の量の比をそれぞれの1時間にふき上げた回数で割ったものである。よって求める比はA：B＝$\frac{15}{25}$：$\frac{8}{16}$＝$\frac{3}{5}$：$\frac{1}{2}$＝6：5となる。

問4 (1) 一輪車の車輪の円周は29.8×2×3.14＝187.144(cm)である。棒《ぼう》と棒との間の距離《きょり》は9(m)＝900(cm)であるので，回転数は棒と棒との間の距離を一輪車の車輪の円周で割った値となる。900÷187.144＝4.8…となるので，すでに何回転したか整数で答える場合，4(回転)となる。

(2) 円周上に等間隔《とうかんかく》にならんだ点をつないで三角形を作る際には，同じ形のものをカウントしないように注意する。まず1つ点を決めて，他の2つの点を順番にずらしながら三角形の形を考えていき，はじめに決めた1つの点に対する三角形が全てできたら，はじめに決めた点をずらして，他の2つの点を順番にずらしていき同様の試行をくり返して答えを求めていくのが効果的だ。

問5 (1) 1つの立方体を作るのに必要な竹ひごの本数は12本であり，2つの立方体を横につなげると重なり部分で4本の竹ひごが余る。①はまず立方体が3個あると見立てて，そこから4×2＝8本の重なり部分で余る本数を引いている。**図5**の上の面には竹ひごが10本あり，それと同じ本数の竹ひごが下の面にもある。また，その上下の面をつなぐ柱のような竹ひごが8本あるため，②の式が成り立つ。③は，左右に立方体があり，それを4本の竹ひごでつなげているという考え方のもとに成り立つ。

(2) 1個目の立方体を作るのに必要な竹ひごは12本であり，そこから立方体を1個増やすごとに8本竹ひごが増えていく。よって，立方体を13個並べたときに必要な竹ひごは12＋8×(13－1)＝108(本)である。

やや難

(3) 右の図のように頂点をふりわけ，正方形の各頂点である点A，B，C，Dから中央の点Oに補助《ほじょ》線《せん》を引くと，一番長い辺が21(cm)の合同な三角形が4つできる。この三角形1つあたりの面積は，正方形の面積を4分の1にするものと考えてよい。色のついた部分の図形は，補助線によって三角形

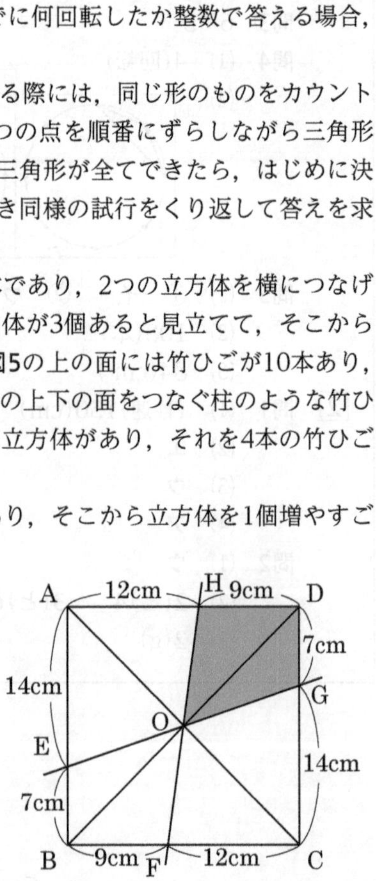

OHDと三角形ODGに分けられる。AH：HD＝12：9＝4：3より，正方形全体の面積を1としたときの三角形OHDの面積は$1\times\frac{1}{4}\times\frac{3}{4+3}=\frac{3}{28}$となり，三角形ODGについても同様にDG：CG＝7：14＝1：2であることから$1\times\frac{1}{4}\times\frac{1}{1+2}=\frac{1}{12}$となる。よって，色のついた部分の面積は，$21\times21\times\left(\frac{3}{28}+\frac{1}{12}\right)=84(\mathrm{cm}^2)$となる。

2 **（理科：物体の運動，水よう液）**

問1 ⑴　となり合う打点どうしの距離は3cmで，記録テープ上には0.02秒ごとに点が打たれるので，テープに点を打つ速さ，即ち台車の動く速さは3÷0.02＝150より秒速150cmとわかる。

⑵　台車の進む速さが速いと，テープに点を打つ速さも早くなり，**実験1**と**実験2**で点を打つ時間の間隔が変わらず速さが速くなっているとき，点と点との距離は長くなる。また，台車が一定の速さですすんでいるときは点の間隔も一定になる。

⑶　⑵より台車の速さが速くなるとテープの点の間隔は大きくなる。台車が斜面《しゃめん》にそってすすむ間，テープには右から左に点が打たれていくので，テープを右から左に見ていくと点の間隔がだんだん広がっていく。

⑷　⑶の問題文より，台車が斜面をすすむ間に台車の速さがどんどん速くなっていることが明らかになっている。時間が過ぎるごとに速さの値が一定にならずに大きくなっていくグラフを選ぶ。

問2 ⑴　千花さんのノートをもとに水よう液の濃度《のうど》を求める。千花さんのつくった砂糖《さとう》水の濃度は，$\frac{18}{42+18}\times100=30(\%)$であり，良夫さんのつくった砂糖水の濃度は$\frac{30}{70+30}\times100=30(\%)$となる。よって，2人のつくった砂糖水の濃さは同じとなる。

⑵　それぞれのビーカーの水よう液の濃度を求める。また，水よう液に溶けている物質の重さは，入れた物質**A**からとけずに残った物質**A**を引いたものであり，水よう液の重さは水の重さと，入れた物質**A**からとけずに残った物質**A**を引いたものを足して求められる。ビーカー**1**の水よう液の濃度については$\frac{10-0}{50+10-0}\times100=\frac{1}{5}\times100(\%)$，ビーカー**2**については$\frac{25-7}{50+25-7}\times100=\frac{9}{34}\times100(\%)$，ビーカー**3**は$\frac{25-0}{75+25-0}\times100=25(\%)$，ビーカー**4**は$\frac{40-4}{100+40-4}\times100=\frac{9}{34}\times100(\%)$，ビーカー**5**は$\frac{25-0}{100+25-0}\times100=20(\%)$，ビーカー**6**は$\frac{50-0}{150+50-0}\times100=25(\%)$となる。よって，濃度が同じ組み合わせはビーカー**2**とビーカー**4**，ビーカー**3**とビーカー**6**となる。

⑶　水よう液の温度を35℃にしたとき，ミョウバンは全部で5＋7＝12(g)，水は40＋10＝50(g)になっている。表のとけるミョウバンの量は水が100gのときのものであり，35℃で水が50gのときのとける量は$20.0\times\frac{50}{100}=10.0(\mathrm{g})$となる。よって溶け残ったミョウバンの量は12－10＝2(g)である。

★ワンポイントアドバイス★

幅広い範囲から出題されているが，問われているのは知識そのものより，論理的に考える力である。文章を書く問題に時間を割けるよう，単純な計算問題は素早く解くようにしたい。

2019年度

★★★★★★★★★★★★★★★★★★★★★★★★

入　試　問　題

2019年度

市立稲毛高等学校附属中学校入試問題

【適性検査Ⅰ】（16ページからはじまります）

【適性検査Ⅱ】（45分）

1 **太郎さん，次郎さん，花子さんの３人は市内の陸上大会の応えんに行きました。次の問いに答えなさい。**

問１　３人が陸上競技場に向かうとちゅうには，図１のように通路にそって，長さ120mの動く歩道がありました。また，動く歩道は２人が並《なら》んで移動するのに十分なはばがあります。

図１

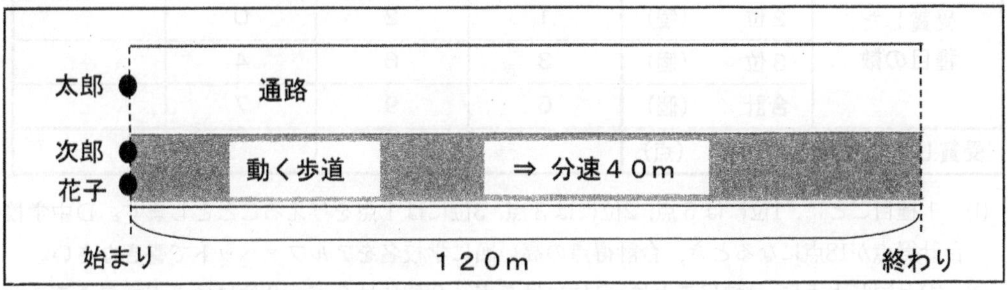

３人の歩く速さは分速80mで，動く歩道で矢印（⇒）の方向に進む速さは分速40mです。どちらの場合も速さはいつも同じとします。３人が下の**【条件】**で120m移動するとき，あとの(1)(2)に答えなさい。ただし，動く歩道を利用し始めたり利用し終えたりするときの，時間はかからないものとします。

【条件】　太郎さんは動く歩道を利用せずに，通路を歩いて移動します。
次郎さんは動く歩道を利用して歩いて移動します。
花子さんは動く歩道を利用して，歩かずに乗って移動します。

(1)　図２は，3人が始まりの地点から同時に移動したときの時間ときょりの関係をグラフにしたものです。花子さんにあてはまるグラフはア～ウのどのグラフになりますか。記号で書きなさい。

図２

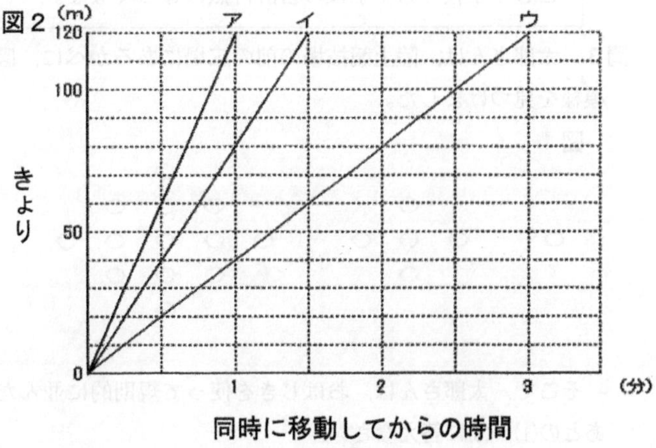

⑵　３人が始まりの地点から同時に移動し，太郎さんが50mの地点に着いたとき，次郎さんと花子さんは始まりの地点からそれぞれ何m移動していますか。

問２　太郎さん，次郎さん，花子さんは，4つの中学校A，B，C，Dの受賞の状況を**表１**にまとめたものです。**表１**から，A中学校の受賞した種目の数は，１位が２個，2位が１個，３位が３個，合計が６個であることがわかります。いま，３人はこの**表１**をもとに話し合っています。あとの⑴～⑶に答えなさい。

太郎：受賞した種目の数が多いほど合計得点は高くなるのかな。

花子：１位，２位，３位に与える点数がわかれば，４校それぞれの合計得点もわかるね。

次郎：みんなで調べてみよう。

表１　各中学校の受賞状況

受賞状況 ＼ 学校名		Ａ中学校	Ｂ中学校	Ｃ中学校	Ｄ中学校
受賞した種目の数	１位　（個）	2	1	3	
	２位　（個）	1	2	0	
	３位　（個）	3	6	4	
	合計　（個）	6	9	7	
受賞した種目の合計得点　（点）					

⑴　１種目ごとに，1位には５点，2位には３点，3位には１点を与えることとします。D中学校の合計得点が18点になるとき，合計得点の高い順に学校名をアルファベットで書きなさい。

⑵　⑴と同じように，1種目ごとに，1位には５点，２位には３点，３位には１点を与えることとします。D中学校の受賞した種目の数が，１位が１個，合計が８個，合計得点が18点になるとき，D中学校の受賞した２位と３位の数をそれぞれ求めなさい。

⑶　次郎さんは，１位，２位，３位に与える点数によって，２校の合計得点が等しくなる場合があることに気づきました。ただし，点数は１位，２位，３位の順に低くなるものとします。このとき，下の**【ア】【イ】**に当てはまる数をそれぞれ１つ書きなさい。

次郎さんの考え

> １種目ごとに，１位には【　ア　】点，２位には【　イ　】点，３位には１点を与えるとＢ中学校とＣ中学校の合計得点は等しくなる。

問３　太郎さんは，陸上競技場の前の広場にあるかべに，図１のように丸石が規則的に並んでいる模様《もよう》を見つけました。

図１

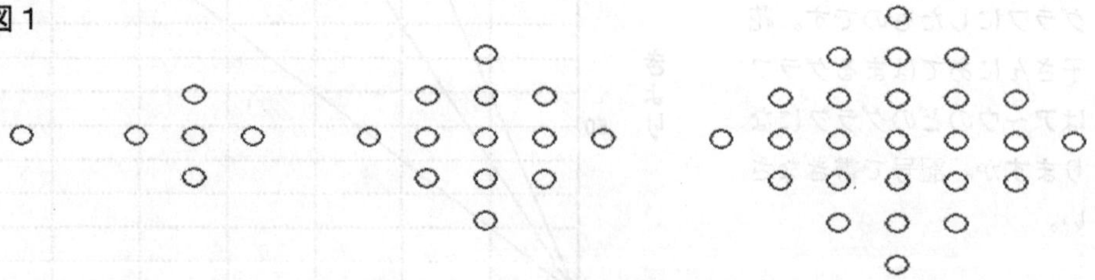

そこで，太郎さんは，おはじきを使って規則的に並んだ模様について考えることにしました。あとの⑴～⑶に答えなさい。

⑴　太郎さんは，実際に並べて調べるために，おはじきを買いに行くことにしました。おはじき20個の定価は185円です。なお，消費税は定価にふくまれているものとします。100個以上買うと定価の15%引きとなります。120個買うといくらになるか答えなさい。ただし，解答用紙には計算式と，小数第１位を四捨五入して答えを書きなさい。

⑵　太郎さんは，おはじきの置き方の様子を図２のように１番目から４番目として表しました。このとき，６番目に置くおはじきの数は全部で何個になるか書きなさい。

図２

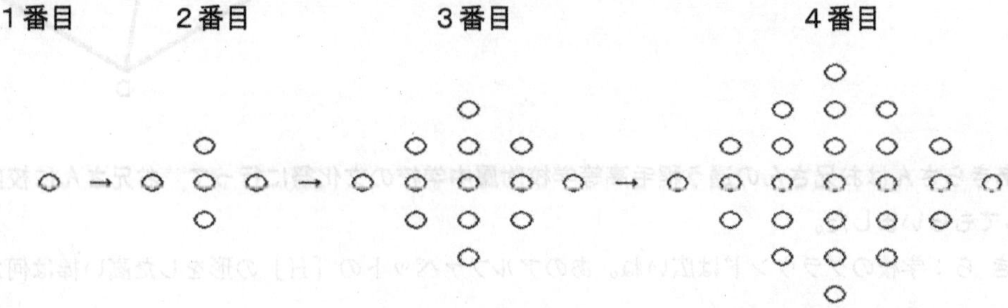

⑶　太郎さんは，図２の置き方で，色を変えて下の図３のようにおはじきを置いていきます。ただし，おはじきの白色を○，黒色を●として，10番目のときの，白色と黒色のおはじきの数は，どちらがどれだけ多いか求めなさい。

図３

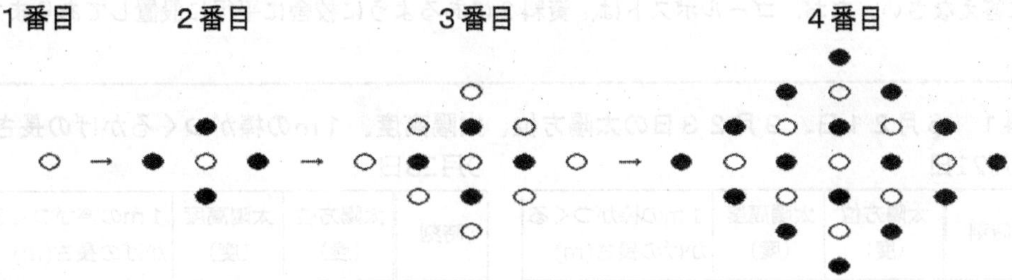

問４　太郎さんは，おはじきの置き方の対称性《たいしょうせい》から，対称な図形についても調べてみることにしました。右の図１は正六角形ABCDEFです。あとの⑴⑵に答えなさい。

⑴　正六角形ABCDEFは点対称な図形です。対称の中心を見つけ，解答用紙の図に対称の中心がわかるように点でかきなさい。ただし，対称の中心を見つけるための補助《ほじょ》の線は消さずに残しなさい。

図１

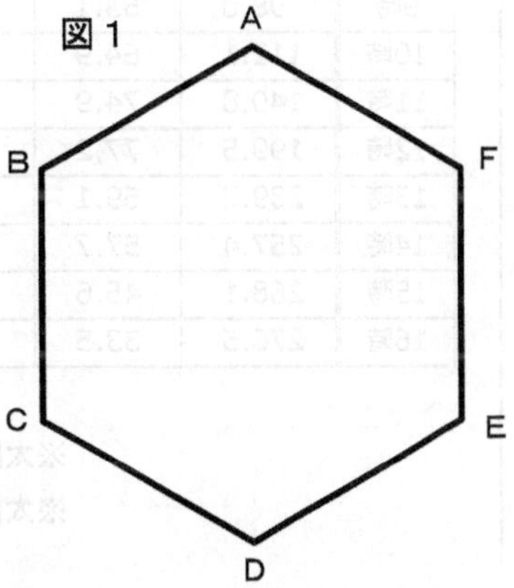

(2) 図２のように，対角線ACと対角線BFの交わった点をPとします。また，点Pから点Dに直線を引きます。このとき，三角形ABPの面積は三角形CDPの面積の何倍になるか答えなさい。

図２

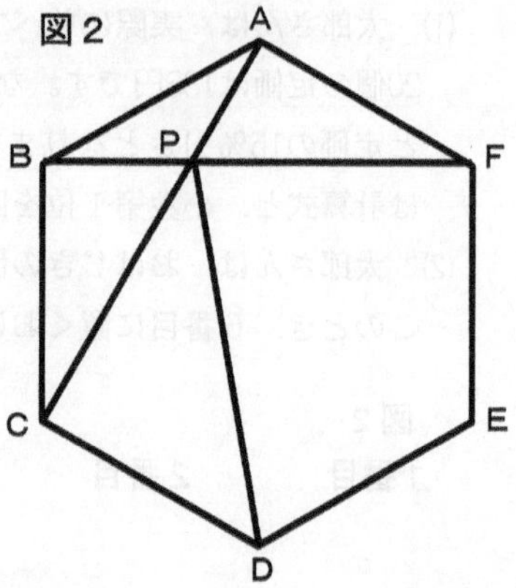

2 あきらさんはお兄さんの通う稲毛高等学校附属中学校の文化祭に行って，お兄さんに校内を案内してもらいました。

あきら：学校のグラウンドは広いね。あのアルファベットの「H」の形をした高い棒《ぼう》は何だろう。

お兄さん：あれはラグビーのゴールポストだよ。

あきら：３年生の時，理科の授業でグラウンドに１ｍの棒を立てて，棒のかげのでき方について学んだけれど，ラグビーのゴールポストで調べてみたらおもしろそうだな。

あきらさんはかげのでき方を考えるために，下の資料を集めました。資料をよく見て，あとの問いに答えなさい。なお，ゴールポストは，資料２にあるように校舎に平行に設置してあります。

資料１　６月２１日、９月２３日の太陽方位、太陽高度、１ｍの棒がつくるかげの長さ

6月21日

時刻	太陽方位（度）	太陽高度（度）	１ｍの棒がつくるかげの長さ(m)
8時	88.5	41.0	1.15
9時	98.0	53.1	0.75
10時	112.1	64.9	0.47
11時	140.8	74.9	0.27
12時	199.5	77.2	0.23
13時	239.7	69.1	0.38
14時	257.4	57.7	0.63
15時	268.1	45.6	0.98
16時	276.5	33.5	1.51

9月23日

時刻	太陽方位（度）	太陽高度（度）	１ｍの棒がつくるかげの長さ(m)
8時	113.6	29.3	1.78
9時	126.6	39.8	1.20
10時	143.8	48.4	0.89
11時	166.3	53.6	0.74
12時	191.8	53.8	0.73
13時	214.7	48.9	0.87
14時	232.2	40.5	1.17
15時	245.4	30.0	1.73
16時	256.0	18.5	2.99

（国立天文台ホームページより作成）

※太陽方位：太陽のある方角を、北を０度として東回りにはかった角度

※太陽高度：観測者から見たときに、太陽と水平な地上が作る角度

資料２　学校の平面図とその方位を示す方位磁針

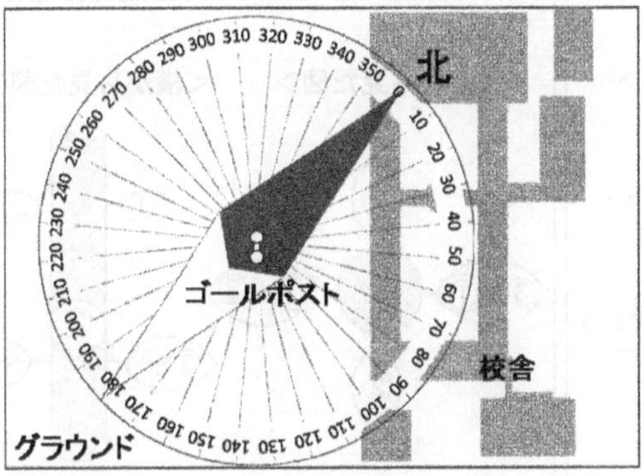

資料３　ラグビーのゴールポストを校舎側から見たときの写真

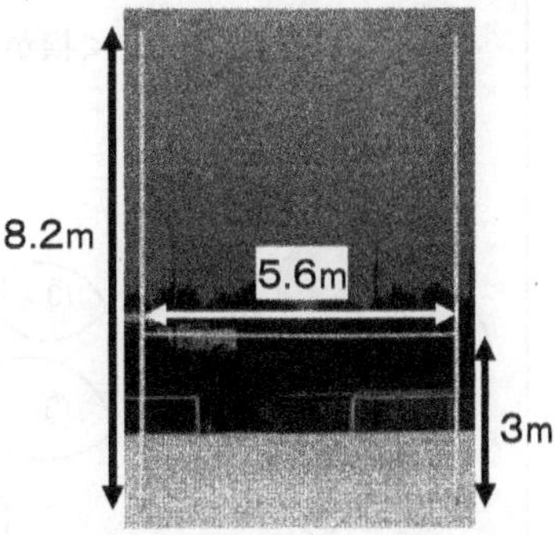

問１　６月21日の８時，10時，12時，14時，16時に１ｍの棒のかげを地面に書くと，どのようになりますか。次のア～エの中から最もふさわしいものを１つ選び，記号で書きなさい。

ア

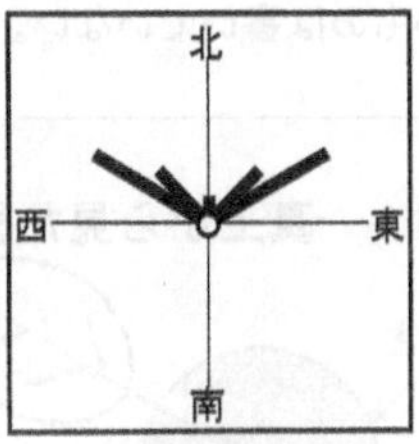

イ

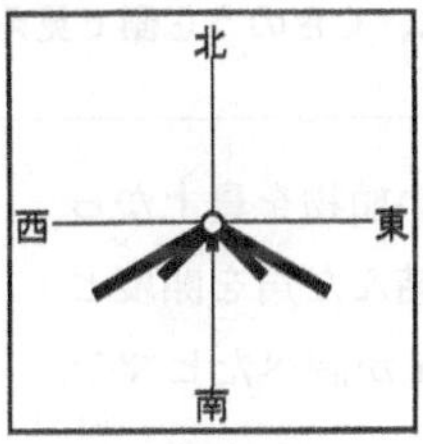

ウ

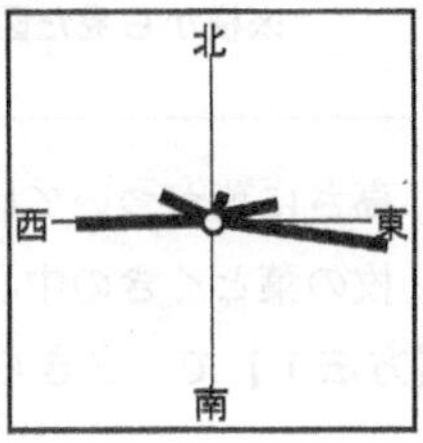

エ

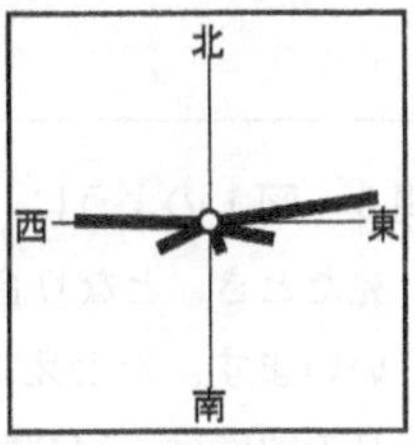

問２　９月23日のかげを調べると，ラグビーのゴールポストのまっすぐ立つ２本の柱が作るかげが重なる時刻があります。「かげが重なる時刻」とそのときの「柱１本のかげの長さ」として，ふさわしいものを１つずつ選び，記号で書きなさい。

【かげが重なる時刻】

ア　９時から10時のあいだ　　イ　10時から11時のあいだ

ウ　12時から13時のあいだ　　エ　13時から14時のあいだ

【柱１本のかげの長さ】

オ　３ｍから６ｍのあいだ　　カ　７ｍから10ｍのあいだ

キ　11ｍから14ｍのあいだ　　ク　15ｍから18ｍのあいだ

あきら：お兄さんが通っている稲毛高等学校附属中学校の中庭には大きな木があるね。下から見ると，葉が上の方にたくさんついているね。

お兄さん：植物は葉ででんぷんを作るから，葉のつき方に特徴《とくちょう》があるかもしれないよ。

あきら：ヒマワリやアジサイ，ホウセンカはどんな特徴があるのか，調べてみよう。

あきらさんは，**【方法１】**のように葉のつき方を調べました。あとの問いに答えなさい。

【方法１】

(1)　ヒマワリとアジサイの葉に①，②，③……と番号を書いたシールを上から順にはる。

(2)　上から見た図，横から見た図，特徴をまとめる。

【方法１】で調べたヒマワリとアジサイの葉のつき方

ヒマワリ

＜上から見た図＞　＜横から見た図＞

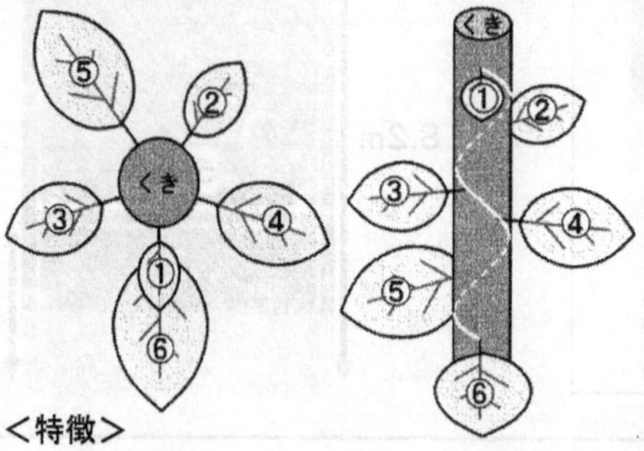

＜特徴＞

葉①と葉⑥は、上から見たとき重なっていた。また、葉①から葉⑥までで、くきのまわりを２周していた。

アジサイ

＜上から見た図＞　＜横から見た図＞

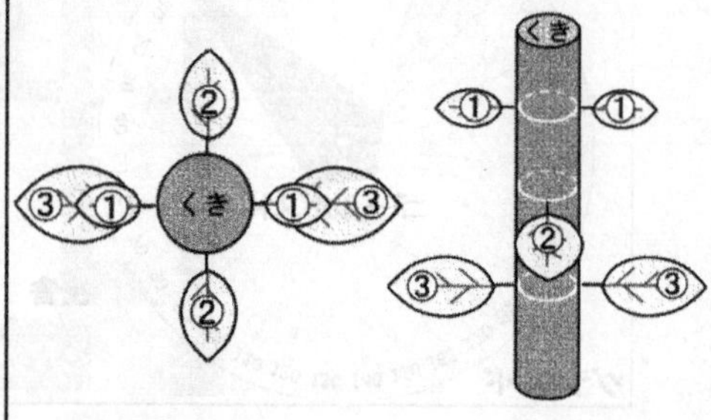

＜特徴＞

同じ高さにある葉が２枚あり、ちょうど真向かいについていた。上から見ると葉①と葉②、葉②と葉③は９０度ずれていた。

※横から見た図では、くきのうら側で見えないものは書いていない。

問３　図１のように，同じ高さに葉がついていない植物を真上から見たとき，となり合う２枚の葉とくきの中心を結んだ角を開度《かいど》といいます。たとえば，【方法１】で，あきらさんが調べたヒマワリの開度は，144度です。

あきらさんがホウセンカの開度を調べたところ，135度でした。ホウセンカの葉の特徴を説明した下の文の［あ］に適する葉の番号（②，③……など）のうち一番小さいものを入れなさい。また，［い］に適する数を入れなさい。

図１　真上から見た図

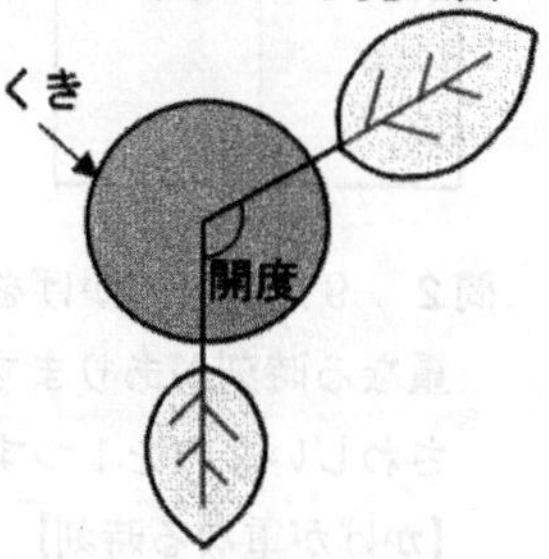

> ホウセンカの葉を【方法１】で調べると，上から見たとき，葉①と最初に重なるのは，葉［あ］である。また，葉①から葉［あ］までで，葉はくきのまわりを［い］周している。

あきらさんはさらにくわしく葉のつき方を調べるために，【方法２】を考えました。あとの問いに答えなさい。

【方法２】

⑴　【方法１】のアジサイを使って，葉①がくきについているところから，まっすぐに根の方へ線を引く。

⑵　くきについているところの近くで葉を切る。

⑶　⑴で引いた線に合わせて，くきにとうめいなセロハンを１回まきつける。セロハンの四隅《よすみ》にはABCDの記号を入れて向きがわかるようにしておく。

⑷　葉がついていたところに，油性ペンでしるしをつけ，その近くに葉の番号①，②……を

書く。その後，セロハンを開く。

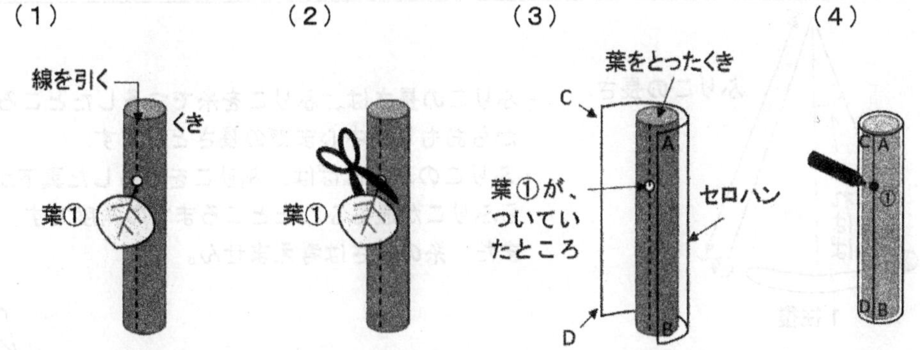

【方法２】で調べたアジサイの葉①から葉③のあと

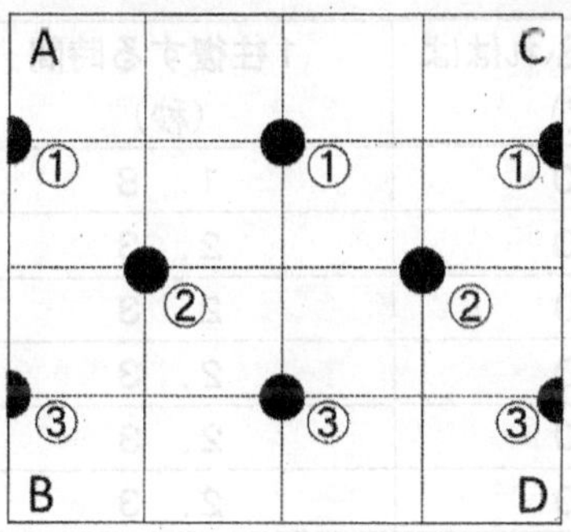

● 油性ペンのしるし

※セロハンにしるした、たて線は、くきの円周をいくつかに等分したところを表す線です。横線は、葉がくきについているところの高さを表す線です。

問４　あきらさんが前のページの**【方法１】**で調べたヒマワリの葉①から葉⑥を**【方法２】**で調べると，くきのまわりにまきつけたセロハンには，どのようなしるしがつきますか。解答らんの図に「油性ペンのしるし」と「葉の番号」を書きなさい。ただし，くきはまっすぐで，太さは均一とします。また，セロハンの四隅の**ABCD**の記号と，葉①および葉⑥の油性ペンのしるしは図に書いてあります。

あきらさんは，家にもどり，自由研究でふりこについて調べました。

お兄さん：研究の目的は何にしたの。

あ き ら：ふりこの長さ，おもりの重さ，ふりこのふれはばの条件を変えて，ふりこが１往復する時間が変わるか，調べてみたよ。結果を次のページの**表１**にまとめてみたんだ。

お兄さん：条件を変えてたくさん実験をしたね。どんなことがわかったの。

あ き ら：たとえば，**実験**１から**実験**７のうち，［ あ ］の３つの実験を比べると，［ い ］ことがわかるよ。

お兄さん：条件を変えながら，たくさん実験をしたことで，いろいろなことがわかったね。

次のページの**図２**はふりこを説明したものです。また，**表１**はあきらさんの実験結果です。あとの問いに答えなさい。

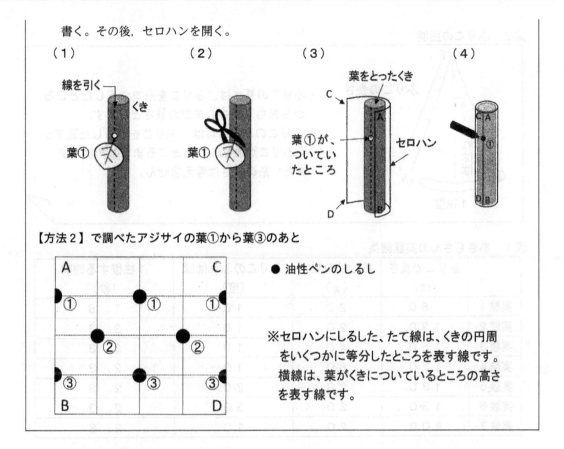

図２　ふりこの説明

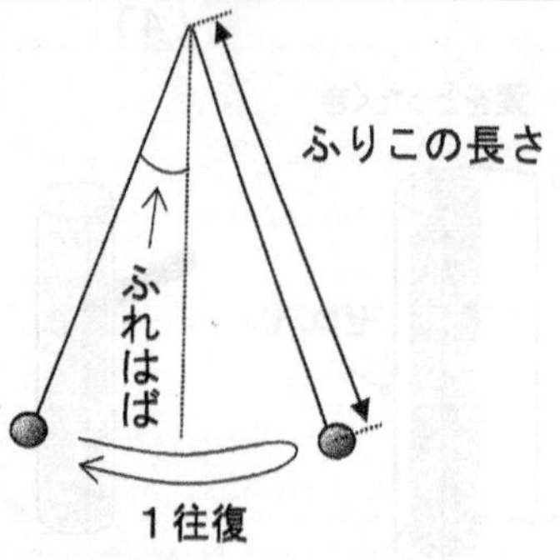

・ふりこの長さは、ふりこを糸でつるしたところからおもりの中心までの長さとします。
・ふりこのふれはばは、ふりこをつるした真下からふりこが最もふれたところまでの角度です。
また、糸の重さは考えません。

表１　あきらさんの実験結果

	ふりこの長さ（cm）	おもりの重さ（ｇ）	ふりこのふれはば（度）	１往復する時間（秒）
実験１	８０	２０	１０	１．８
実験２	１３０	２０	１０	２．３
実験３	１３０	４０	１０	２．３
実験４	１３０	６０	１０	２．３
実験５	１３０	２０	２０	２．３
実験６	１３０	２０	３０	２．３
実験７	２００	２０	１０	２．８

※ふりこのおもりはすべて同じ大きさで、重さだけ違《ちが》うものにした。

問５　**実験**１から**実験**７のうち，３つの実験を選んで比べることでわかることがいくつかあります。会話文に合うように，あ に**実験**１から**実験**７の中から実験の番号を３つ選び書きなさい。また，い には，あ で選んだ３つの実験の結果を比べることで，わかることを書きなさい。

問６　あきらさんは，図３のように，**実験**１から**実験**７で作ったふりこのいずれかを天じょうからつるし，その真下にくぎを打って，ふりこが１往復する時間を調べました。

ふりこのふれはばが，10度の点Ａから手をはなしたところ，ふりこの糸はくぎに当たり，点Ｂまでふれてから点Ａのほうにもどってきました。その際，ふりこが１往復する時間は2.3秒でした。

天じょうから何cmのところにくぎを打ちましたか。表１の実験結果をもとに答えなさい。

図３

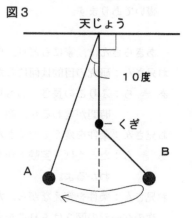

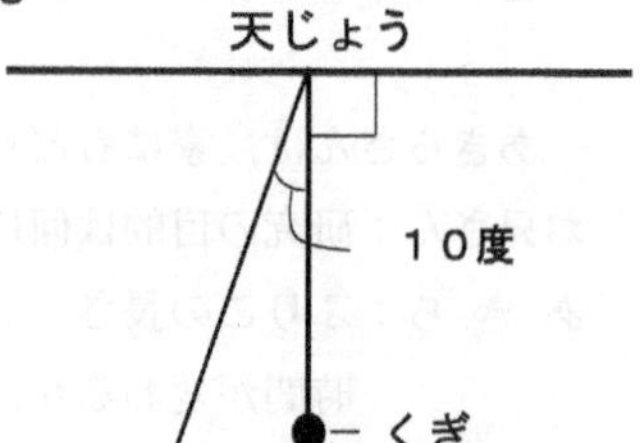

図　海外へのしょう油の輸出量が増加する理由

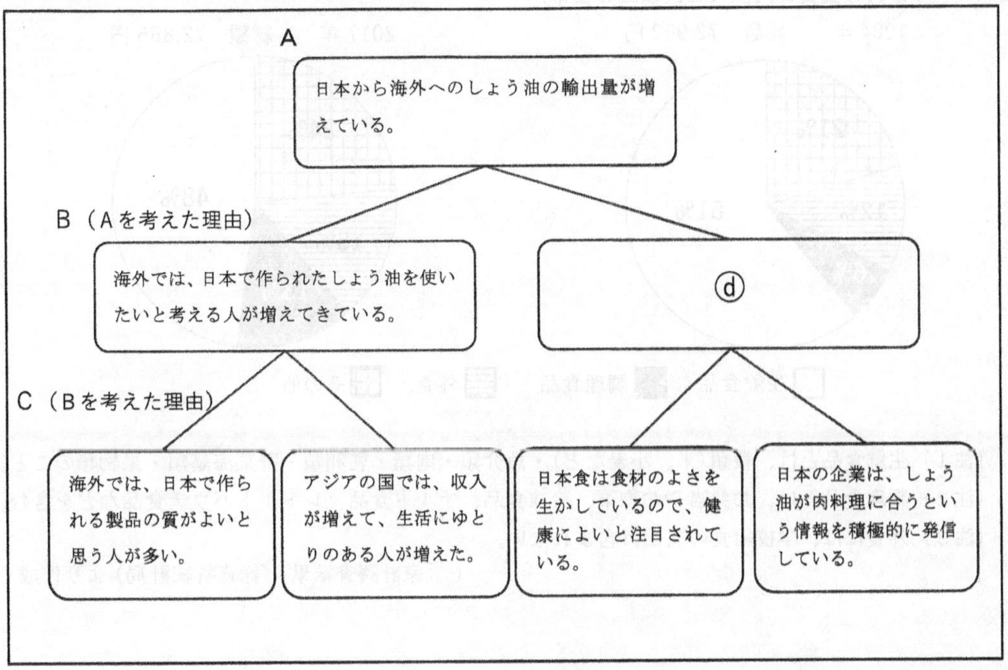
A
日本から海外へのしょう油の輸出量が増えている。
B（Aを考えた理由）
海外では、日本で作られたしょう油を使いたいと考える人が増えてきている。
ⓓ
C（Bを考えた理由）
海外では、日本で作られる製品の質がよいと思う人が多い。
アジアの国では、収入が増えて、生活にゆとりのある人が増えた。
日本食は食材のよさを生かしているので、健康によいと注目されている。
日本の企業は、しょう油が肉料理に合うという情報を積極的に発信している。

資料4　1か月の食費の内訳（２人以上の世帯）

1984年　総額　72,962円　　　　2017年　総額　72,866円

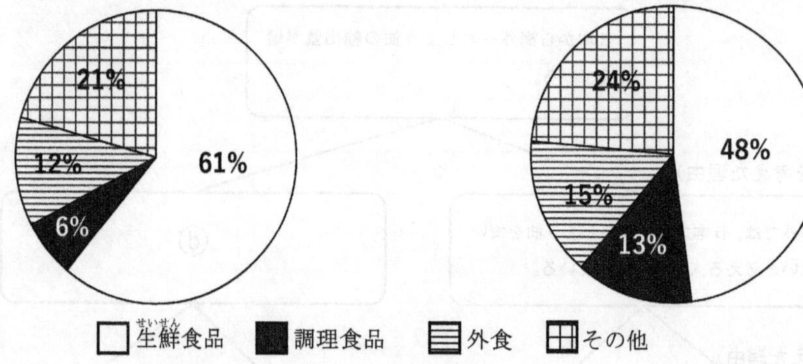

（注１）生鮮食品とは、穀類《こくるい》(米、小麦など)・魚介類・肉類・乳卵類・野菜海藻《かいそう》類・果物《くだもの》類のこと。
（注２）調理食品とは、お弁当やお惣菜《そうざい》、冷凍《れいとう》食品、チルド食品、レトルトパウチ食品などを含む。
（注３）外食には、学校給食の支出は含《ふく》まれない。

（「家計調査結果」(総務省統計局) より作成　）

問５　会話中の下線部⑤について、千花さんはその理由を考え次のページの図にまとめました。図中のⓓにあてはまる文として最もふさわしいものを、次の**ア**～**エ**の中から１つ選び、記号で書きなさい。

ア　日本で食生活が洋風化してきているため、しょう油の消費量が年々減少している。

イ　日本だけではなく多くの国々で、しょう油を使って調理をするようになってきている。

ウ　地球環境を保護するため、国境を越《こ》えた話し合いや取組が行われている。

エ　日本食には、だしのうまみや素材のよさを生かす伝統的な調理方法がある。

資料３　都道府県別しょう油の出荷量と入荷量（一部抜粋）　　単位：kL（しょう油）、万人（人口）

出荷先 ＼ 出荷元（人口）	北海道	青森	岩手	宮城	秋田	山形	福島	茨城	栃木	群馬	埼玉	千葉	東京	神奈川
北海道(532)	16, 365	0	35	1, 597	0	0	0	6	0	0	0	0	397	0
青森(128)	1, 539	2, 636	1, 368	1, 711	207	0	0	1	2	1	7	8	9, 027	7
岩手(126)	0	31	2, 061	146	12	0	1	11	0	0	9	3	25	1
宮城(232)	0	0	111	1, 986	0	64	6	2	9	0	0	6	5	2
秋田(100)	3	36	32	101	2, 241	28	1	1	0	2	5	4	32	9
山形(110)	1	0	0	27	32	2, 465	1	3	0	1	2	0	10	4
福島(188)	0	15	32	272	26	171	1, 267	26	22	13	147	210	25	28
茨城(289)	5	0	64	16	2	1	120	1, 191	127	159	117	282	481	37
栃木(196)	45	5	2	96	4	0	52	18	612	65	248	69	337	39
群馬(196)	348	253	185	530	434	857	1, 147	1, 741	10, 182	7, 313	5, 002	1, 151	1, 711	1, 166
埼玉(731)	4	0	20	8	0	2	2	96	5	593	1, 517	175	782	61
千葉(625)	7, 081	1, 532	2, 075	4, 882	1, 182	2, 236	3, 863	17, 490	11, 416	10, 133	38, 316	28, 420	24, 210	25, 297
東京（1, 372）	0	0	0	0	0	0	0	0	1	1	11	21	372	47
神奈川(916)	0	0	0	0	0	0	0	0	0	0	0	0	43	71

（「しょう油の統計資料」（しょうゆ情報センター）及び都道府県人口の推計値（総務省統計局）より作成）
※データは平成28年の数値

問３　会話中の下線部③の根拠《こんきょ》となる資料を集める方法として最もふさわしいものを、次のア～エの中から1つ選び、記号で書きなさい。

ア　千葉市内にある小学校の今月の献立《こんだて》表を集め、パンが出てくる回数を学校ごとに集計する。

イ　図書館で見つけた50年前に出版された料理の本を読んで、実際に作って食べる。

ウ　近くのスーパーマーケットで買い物客に聞き取り調査を行い、その日の献立の内容を聞く。

エ　10年ごとの家庭の食費の内訳を見て、米、パン、魚、肉などの購入金額の変化を調べる。

問４　会話中の④には次の文が入ります。ⓑ、ⓒの内容としてふさわしいものを、あとの選択肢《せんたくし》の中からⓑは1つ、ⓒは2つ選び、記号で書きなさい。

> 家庭で使うしょう油は減り、企業が使うしょう油は増えていたので、次のページの資料４を見て考えると、（　ⓑ　）のではなく、（　ⓒ　）からだという別の理由を考えました。

ⓑの選択肢（1つ選択する）

ア　家庭で調理する
イ　調理食品を購入《こうにゅう》する
ウ　外食をする

ⓒの選択肢（2つ選択する）

エ　家庭で調理することが増えた
オ　調理食品を購入することが増えた
カ　外食をすることが増えた
キ　家庭で調理することが減った
ク　調理食品を購入することが減った
ケ　外食をすることが減った

資料２　世界地図

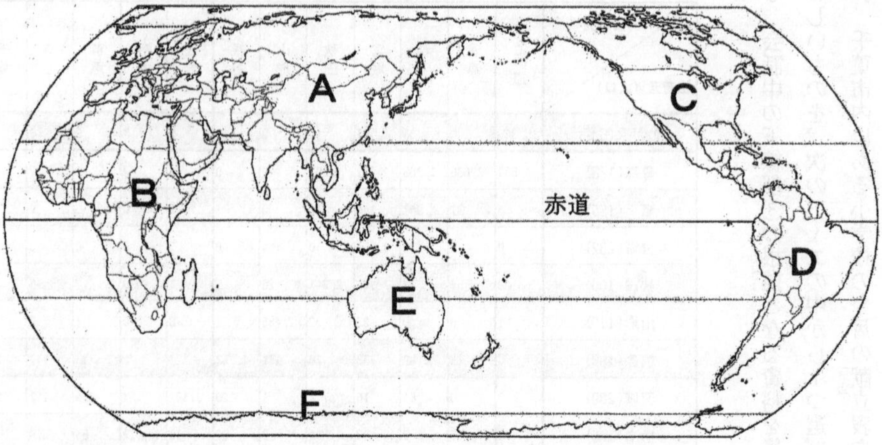

(1) 会話中の ⓐ にあてはまる国・地域はどの大陸にあるか、資料２のＡ～Ｆの中から１つ選び、記号で書きなさい。

(2) ２０１３年から２０１５年で日本食レストランの店舗数が２倍以上に増えている国と地域の中で、最も赤道に近いのはどこか、前のページの資料１の中から１つ選び、書きなさい。

問２ 会話中の下線部②について、次のページの資料３を見て、最も適当な文を次のア～エの中から１つ選び、記号で書きなさい。

ア　人口が５００万人以上の都道府県では、それ以外の都道府県と比べて出入荷量が多い。

イ　どの都道府県も、他の都道府県に出荷する量よりも同じ都道府県内に出荷する量が多い。

ウ　東京都に出荷されるしょう油は、千葉県の次に青森県から多く出荷されている。

エ　福島県や神奈川県からは東北地方の県にしか出荷されていない。

7　句点（。）読点（、）もすべて一字として考えること。ただし、句点や読点が行の始め（一マス目）にくる場合は、前の行の最後のマスに文字と一緒《いっしょ》に入れること。

2　千花さんと良夫さんは、夏休みの自由研究について会話をしています。

千花：夏休みの自由研究では、何を調べましたか。

良夫：わたしは、海外でブームになっている①日本食にしました。**資料1**を見ると、（　ⓐ　）では、日本食レストランの店舗《てんぽ》数が2年間で約2倍に増えていて、２０１５年時点では最も多いことがわかります。

千花：そうなのですね。わたしは、千葉県の特産品であるしょう油について興味をもちました。**資料3**を使って、②各都道府県で生産されたしょう油の出荷先について調べ、特徴《とくちょう》をつかみました。

良夫：他には、どのようなことがわかったのですか。

千花：国内では、しょう油の消費量が年々減少していることがわかりました。

良夫：そうなのですか。米の消費量も国内では年々減少しているみたいです。これは③日本人の食生活が洋風に変わってきたからでしょうか。

千花：調べてみると、（　④　）。しょう油の消費量は減っていますが、⑤日本から海外への輸出量は増えているようです。

問1　会話中の下線部①に関する**資料1**、**資料2**を見て、あとの⑴⑵に答えなさい。

資料1　主な国と地域の日本食レストランの店舗数

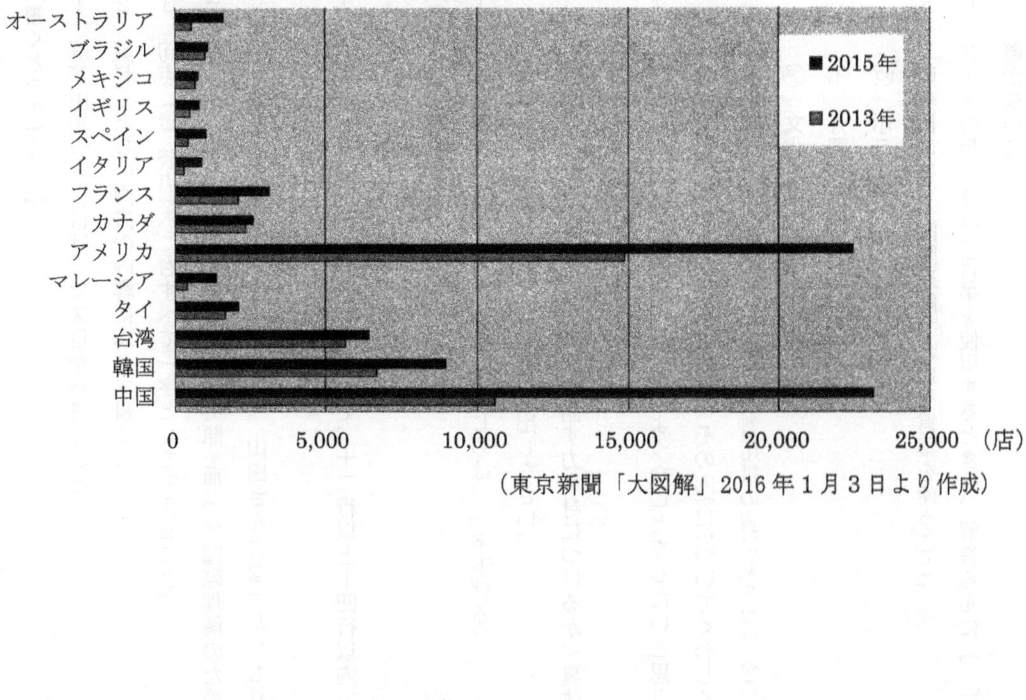

（東京新聞「大図解」2016年1月3日より作成）

きるからです。

鈴木　なるほど、そうですね。青木さんはどのようなことを考えましたか。

青木　私は、ＡとＢの二つの資料から、文化や価値観などの［①］が大切だと思います。そのためには、相手を理解し、自分のことも理解してもらえるように、コミュニケーション能力を高める必要があります。Ａにあるように、相手のことだけでなく、［②］も重要だと考えます。

鈴木　山田さんはどうですか。

山田　私も、国際理解を進めていくために、コミュニケーション能力を高めることが大切だと思います。そのために、英語を話せるようになることが効果的だと思います。

鈴木　たくさんある言語の中から、なぜ英語を話せることが効果的だと考えるのですか。

山田　それは、［③］

鈴木　でも、英語を話せるようになるのはなかなかむずかしいですよね。山田さんはどうやったら英語を話せるようになると思いますか。そして、英語を使ってどんなことをしたいですか。

山田　［④］

（後略）

問一　［①］［②］にあてはまる言葉を資料ＡＢから抜き出し、それぞれ**十五字程度**で書きなさい。

問二　山田さんは、鈴木さんの質問に資料ＣとＤを使って答えました。［③］に当てはまるように、次の**【書くときの決まり】**にしたがって、**八十一字以上一〇〇字以内**で書きなさい。

【書くときの決まり】

1　解答用紙の一行目は**一マス目から書く**こと。
2　**資料ＣとＤの両方**の内容にふれて書くこと。
3　句点（。）読点（、）もすべて一字として考えること。

問三　鈴木さんの質問に、山田さんは、「英語を使って国際理解のためにしたいこと」を答えました。あなたが、山田さんになったつもりで［④］にあてはまる内容を答えなさい。次の**【書くときの決まり】**にしたがって、**十二行以上十四行以内**で書きなさい。

【書くときの決まり】

1　**二段落《だんらく》構成**にすること。（段落のはじめは、一字下げる）
2　**「私は、」**（字数にふくむ）から書き出しなさい。
3　一段落目には、どのように英語を話す力を身につけるか、**具体的な方法**を交えて書きなさい。
4　二段落目には、英語を使ってどのようなことをしたいと思うのか、次の㋐～㋒から**一つだけ選び**、その内容についてくわしく書きなさい。ただし、選んだ内容は解答用紙の表に丸をつけること。

㋐　**文化や歴史を学ぶ**
㋑　**外国を旅行する**
㋒　**ボランティア活動をする**

5　二段落目には、「国際理解」という言葉を使うこと。
6　2・5の指定された言葉を使用するときは、解答らんに「　」は書かないこと。

※視野……物事を考えたり、判断したりする範囲《はんい》。

C

世界の言語別使用人口

順	言語名	使用人口 (単位 100 万人)
1	中国語	845
2	スペイン語	329
3	英語	328
4	アラビア語	221
5	ヒンディー語	182
6	ベンガル語	181
7	ポルトガル語	178
8	ロシア語	144
9	日本語	122
10	パンジャビ語	91

(THE ALMANAC 2013 より)

D

公用語に使われている国の数

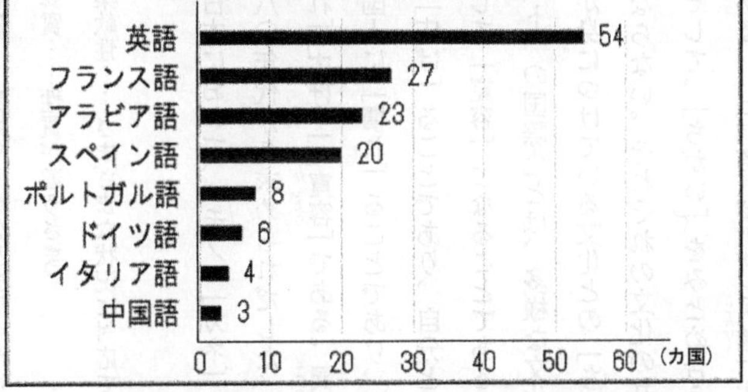

(藤田千枝編／坂口美佳子「くらべてわかる世界地図 5 文化の世界地図」 より)

E 【話し合いの様子の一部】

鈴木　これから「国際理解を進めていくために大切なこと」について、この班の意見をどうするか話し合いたいと思います。まずは、資料からみなさんが考えたことを発表してください。それでは、佐藤さんからお願いします。

佐藤　私は、情報化が大切だと思います。Aにあるように、インターネットの利用は急速に広まっています。それはインターネットを使えると便利だし、家にいたままで世界中の情報を知ることがで

【適性検査Ⅰ】（四五分）

1 二〇二〇年には東京でオリンピック・パラリンピックが開かれるなど、日本では、これからますます国際化が進んでいくことが予想されます。そこで鈴木さんのクラスでは、A～Dの資料を見て、これから国際理解を進めていくために大切なことについて、班《はん》ごとに意見を発表することになりました。Eはそのときの【話し合いの様子の一部】です。これを読んで、あとの問いに答えなさい。

A 国際化が最も進んでおり、国際化を最も進めているのは情報の世界です。

メディアである新聞や雑誌《ざっし》は毎日のように外国の情報を大きく伝え、テレビは世界中の事件や政治家の※動向、芸術・芸能活動、暮《く》らしや風景の映像《えいぞう》を映《うつ》します。

とくにパソコンとインターネットは私たちの情報生活を大きく変えました。メールをやり取りし、ホームページを※閲覧《えつらん》するなどは、私たちの生活の一部に溶《と》け込《こ》んでいます……

【中略】

外国人とやりとりする際のコミュニケーション能力には、いろいろなレベルがあります。もちろん語学も必要ですが、海外で生活したり、外国人と仕事のやりとりをしたりするときに大切なのは、自分と違《ちが》うもの、※異質《いしつ》なものを受け入れる※柔軟性《じゅうなんせい》です。

【中略】

相手に関心を持っていることを示す態度も重要です。相手の目を見て、相づちなどでしっかり話を聞いていることを表します。もちろん、腕《うで》をついたり、足を開いたり、投げ出したりして話を聞くのではコミュニケーション能力はマイナスで、相手に悪い感情を与えます。

また、コミュニケーション能力は、相手を知りたい、理解したい、と思う気持ちと同じく、自分のことを知ってほしいという熱意があるかどうかでも大きく左右します。

（「英語以前に身に付けたいこと」坂東眞理子《まりこ》 著より
問題作成のため一部改編）

※動向……現在の行動の様子や将来の方向。動き。

※閲覧……書物や書類などを調べたり、読んだりすること。

※異質……性質が違うさま。

※柔軟性……さまざまな状況に対応できること。

B 日本において、「モノ」「カネ」「情報」に続く「ヒト」の国際化が、一九八〇年代から求められだした。「ヒト」の国際化のキーワードは、「慣れ」「広げ」「※寛容《かんよう》」である。異《こと》なる文化を身につけている諸《しょ》民族・諸外国人に「慣れ」ることであり、物事をみつめ、考える※視野《しや》を世界へと「広げ」ることであり、自分と違っている価値《かち》観を身につけた人々に対して「寛容」になることである。

「ヒト」の国際化とは、多様な文化のそれぞれの独自性を知り、自分たちが身につけている文化との「ちがい」を知るといったことに止まってはならない。それぞれの文化の共通性を探《さぐ》り、似ているところを知り、そして、「ちがい」をみとめ合うことのできる関係を築いていくことである。

（「国際理解教育と人権《じんけん》」大阪市小学校国際理解教育研究会　より）

※寛容……心が広くて、よく人の言動を受け入れること。

2019 年 度

解 答 と 解 説

＜適性検査Ⅰ解答例＞

1 問一 ①「ちがい」をみとめ合うこと

② 自分のことを知ってほしいという熱意

問二 英語は使用人口は一位の中国語に比べると少ないですが，公用語に使われている国の数が一番多いため，英語を話せると多くの国の人とコミュニケーションをとることができると考えられるからです。

問三 ㋑： 私は，英語を使用している外国の人と会話をすることで，英語を話せるようになると思います。英語を話す力を身につけるためには，たくさん会話をして練習することが大切だと考えます。

私は，英語を使って外国を旅行したいと思います。英語を公用語としている国や，英語を使用する人が多い国に行きたいです。その国に暮らす人と英語でコミュニケーションをとったり，歴史的な観光地を訪れたりすることで，国際理解を深めることができると考えます。外国を旅行して，実際に使われている言語をその場所で使うことで，よりその土地について知ることができると思います。

2 問1 ⑴ A

⑵ マレーシア

問2 ウ

問3 エ

問4 ⓑ ア

ⓒ オ，カ(完答　順不同)

問5 イ

＜適性検査Ⅰ解説＞

1 (国語：資料の読み取り，作文，説明文)

問一① Bの資料には，「自分たちが身につけている文化の「ちがい」を知るだけに止まらず，それぞれの文化の共通性を探り，似ているところを知り，そして「ちがい」をみとめ合うことのできる関係を築いていくこと」が「ヒト」の国際化であるということが書かれている。言葉を文中から抜き出す問題なので，「文化や価値観の ① が大切」という文章の意味が通るような言葉を探し，正しく抜き出すこと。

② 「Aにあるように」とあるので，資料Aから探せばよいことが分かる。また，「相手のことだけでなく」という言葉から，「自分のこと」について，なにか続けられると予想できる。Aの資料の中で自分のことについて書かれている文章を探して抜き出す。

問二 【書くときの決まり】にしたがうこと。資料Cには，世界の言語別使用人口がまとめられている。ここで注目すべきなのは，英語が三位であることと，中国語が一位であることである。さらに，資料Dでは，公用語に使われている国の数がグラフで表されており，ここでは中国語が三か国のみなのに対し，英語は五十四か国で使用されていることが分かる。これらのことを合わせて，鈴木さんの質問にわかりやすく答える文章を書く。

問三　【書くことの決まり】に，各段落に書くことが指示されているのでそのとおりに書くこと。一段落目には，普段から英語のCDを聞く，日本に来ている外国人留学生と積極的に話す，などの英語を話す力を身に付けるための具体的な方法をあげる。さらに二段落目には，選んだ内容について自分の考えをくわしく書く。解答例では㋑を選んだものをあげた。外国を旅行することによって，英語や文化などに直接ふれ，理解できることをまとめるとよい。また，㋐を選んだ場合は，文化や歴史を学ぶことで外国と自分の国のちがいを理解することができることをまとめるとよい。㋒を選んだ場合は，英語を使ってボランティア活動をすれば，自分の国だけでなくもっと世界的に活動することができることなどを書くとよいだろう。いずれの選択しを選んでも，国際理解に関連してまとめることが必要とされる。

基本 2 （社会：国，資料の読み取りなど）

問1　(1)　良夫さんの発言より，ⓐにあてはまる国は日本食レストランの店舗数が2年間で約2倍に増えていて，2015年時点では最も多い国であると分かるので，資料1から中国であると読み取れる。中国はユーラシア大陸に位置しているので答えはAである。

(2)　2013年から2015年で日本食レストランの店舗数が2倍以上に増えている国は，資料1の中で，オーストラリア，スペイン，イタリア，マレーシア，中国である。この中で最も赤道に近い国はマレーシアである。

問2　選択しを資料3を見ながら一つ一つしぼっていけばよい。東京都に出荷されるしょう油は，一番多いのが24,210kLの千葉県で，次いで9,027kLの青森県なのでウが正しい。

問3　日本人の食生活が洋風に変わってきた根拠となる資料を集める方法として正しい選択しを選ぶ。アは，千葉市内の小学校だけでは日本人の食生活を調べるのには範囲が狭い上，今月の献立だけでは食生活の変化は調べられない。イは，実際に作って食べることで食生活の変化は調べられないのでふさわしくない。ウは，ア同様調査する対象の範囲が狭いこと，その日の献立のみでは食生活の変化は調べられないことから間違いである。

問4　資料4を見ると，生鮮食品の割合が減り，調理食品や外食の割合が増えていることが分かる。さらに，家庭で使うしょう油が減り，企業が使うしょう油が増えていることが書かれており，この2つを合わせて考えれば答えが推測できる。

問5　図を見ながら正しい答えを決める。Cの「日本食は食材のよさを生かしているので，健康によいと注目されている。」，「日本の企業は，しょう油が肉料理に合うという情報を積極的に発信している。」という理由とつながり，さらにAの「日本から海外へのしょう油の輸出量が増えている」理由となるものを探せばよい。

★ワンポイントアドバイス★

1では，文章や資料を正確に読み取り，自分で文章を書く力が必要になってくる。自分の意見を，要点をまとめながら書く練習をしておこう。

2では，資料を読み取ってからそれをヒントに答える問題が多く出ている。順序立てて考えれば答えは導き出せるので，落ち着いて取り組もう。

＜適性検査Ⅱ解答例＞

1　問1　(1)　ウ

(2)　次郎さん　75(m)　　花子さん　25(m)

問2　(1)　C(中学校→)D(中学校→)B(中学校→)A(中学校)

(2)　2位　3(個)　　3位　4(個)

(3)　【ア】 3　　【イ】 2　　※ア，イが1点差ならばよい　例：ア　4　イ　3

問3　(1)　計算式　185×6×0.85　0.85は分数でも可　　185×6×(1−0.15)他

答え　944円

(2)　61(個)

(3)　黒(色が)19(個多い)

問4　(1)

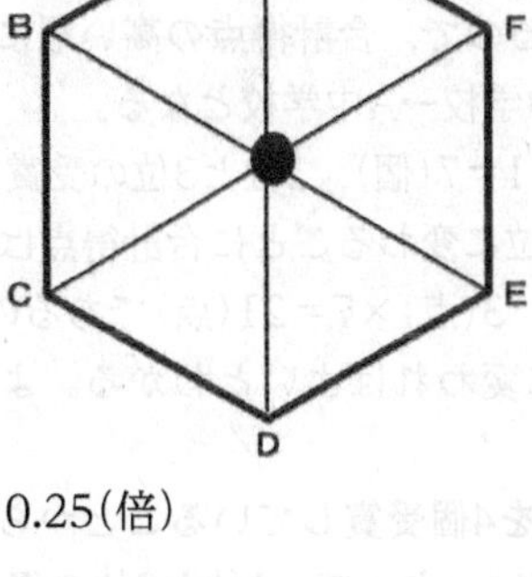

(2)　0.25(倍)

2　問1　ウ

問2　かげが重なる時刻　ア　　柱1本のかげの長さ　カ

問3　あ　⑨　　い　3

問4

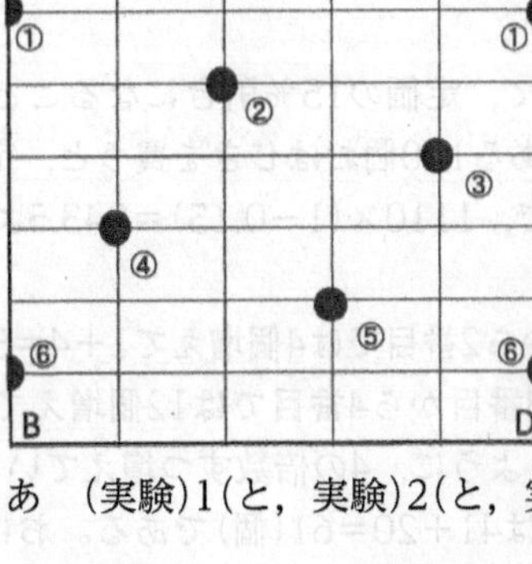

問5　あ　(実験)1(と，実験)2(と，実験)7

い　1と2と7→ふりこの長さが変わると，1往復する時間が変わる
2と3と4→おもりの重さを変えても，1往復する時間は変わらない
2と5と6→ふりこのふれはばを変えても，1往復する時間は変わらない

問6　120(cm)

＜適性検査Ⅱ解説＞

1　(算数：速さ，得点計算，規則性，対称性，面積)

基本　問1　(1)　条件より，太郎さんの速さは分速80m，次郎さんは80+40=120より分速120m，花子さんは分速40mで進むことがわかる。花子さんは3人の中で最も速さが遅いため，120mを移動し終わった時点で最もかかった時間の長いウであることがわかる。120mで3分かかっているので，120÷3=40より分速40mであることからも判断できる。

(2)　分速80mで移動する太郎さんが50mの地点に着いたとき，50÷80=0.625より，3人が同時に移動してから0.625分たっていることがわかる。よって，分速120mで移動する次郎さんは，120×0.625=75(m)，分速40mで移動する花子さんは40×0.625=25(m)移動しているとわかる。

速さと移動距離は比例関係にあることから，移動距離を□mとして，分速80m：50m=分速120m：□より，□=75(m)，分速80m：50m=分速40m：□より，□=25(m)と求めることもできる。

問2　(1)　A中学校は，5(点)×2+3(点)×1+1(点)×3=10+3+3=16(点)，B中学校は，5(点)×1+3(点)×2+1(点)×6=5+6+6=17(点)，C中学校は，5(点)×3+3(点)×0+1(点)×4=15+0+4=19(点)，D中学校は18点であるので，合計得点の高い順に並べると，19点，18点，17点，16点でC中学校→D中学校→B中学校→A中学校となる。

(2)　2位と3位の受賞した種目をたした値は，8−1=7(個)，2位と3位の受賞した種目の合計得点は，18−1×5=13(点)であり，2位が1個3位に変わるごとに合計得点は3−1=2(点)ずつ少なくなる。7個すべてが2位だったとすると，3(点)×7=21(点)であるので，(21−13)÷2=4より，2位が7個ある状況から，4個3位に変わればよいとわかる。よって，3位は4個，2位は7−4=3(個)である。

(3)　B中学校は3位を6個受賞し，C中学校は3位を4個受賞していることから，3位だけを比べると，B中学校のほうが6−4=2(点)得点が高い。よって，1位と2位の得点をたした値はC中学校のほうが2点得点が高くなれば，2つの学校の合計得点は等しくなる。B中学校とC中学校の差は，B中学校が2位を2−0=2(個)多く，C中学校が1位を3−1=2(個)多く受賞していることであるので，1位と2位の差を1点にすれば，B中学校とC中学校の合計得点は等しくなるとわかる。

問3　(1)　100個以上である120個のおはじきを買うので，定価の15%引きになることに注意する。おはじきは20個で185円なので，20個の6倍である120個おはじきを買うと，定価は185×6=1110(円)である。これが15%引きになるので，1110×(1−0.15)=943.5より，小数第1位を四捨五入して944円である。

(2)　おはじきの個数の増え方に着目する。1番目から2番目では4個増えて1+4=5(個)に，2番目から3番目では8個増えて5+8=13(個)に，3番目から4番目では12個増えて13+12=25(個)になっていることから，4，8，12…というように，4の倍数ずつ増えていくことがわかる。よって5番目は，25+16=41(個)，6番目は41+20=61(個)である。おはじきはひし

形をどんどん囲むようにして大きくなっていることに気づくとわかりやすい。

(3) 奇数番目では白のおはじきが増え，偶数番目では黒のおはじきが増える。白のおはじきは8の倍数，黒のおはじきは8個ずつ増えていくので，

1，3，5，7，9番目で，　1＋8＋16＋24＋32(＝81)

⇕3 ⇕4 ⇕4 ⇕4 ⇕4

2，4，6，8，10番目で，4＋12＋20＋28＋36(＝100)

と増えていくので，3＋4×4＝19(個)の差があるとわかる。

10番目のときの白色と黒色のおはじきの数の差を比べて，黒のおはじきが100－81＝19(個)多いと計算してもよい。

問4 (1) 点対称な図形は対称の中心のまわりを180度回転すると元の形に戻る。対応する2つの点を結ぶ直線は対称の中心を通るので，対角線をひいたときの交点は対称の中心となる。よって対角線AD，対角線BE，対角線CFの交点が対称の中心となる。

やや難

(2) 図のように対角線AEと対角線BFの交わった点をQとする。正六角形は線対称な図形なので，三角形ABPと三角形AFQは合同である。また，点対称な図形なので，AP＝BP，AQ＝FQであることから，AP=AQである。㋐の角度は60°なので，三角形APQは正三角形である。よって，BP＝PQ＝QFであるので，BP：PF＝1：2となる。三角形ABPの面積を1とすると，三角形APFの面積は高さが等しく，底辺が2倍なので，面積は2である。

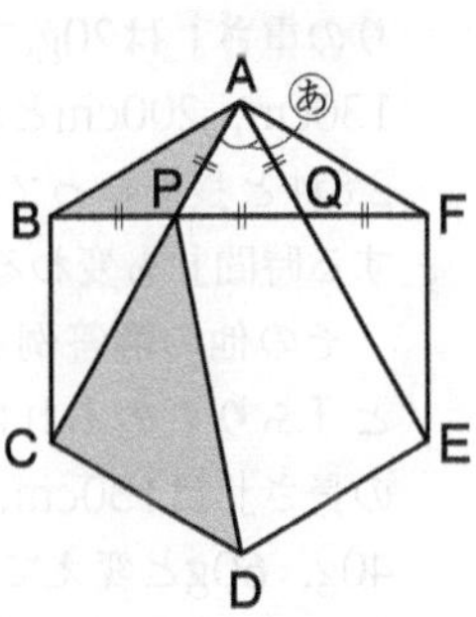

同じように考えると，AP：PC＝1：2なので，三角形CDPの面積は三角形APFの2倍となる。よって，三角形CDPの面積は4である。

したがって，三角形ABPは三角形CDPの1÷4＝0.25(倍)である。

2 (理科：かげの動き，葉のつき方，ふりこ)

問1 6月21日8時の太陽の方位は88.5°より，太陽は真東よりほんの少しだけ北よりの位置にあったことがわかる。その後，太陽はしだいに南から西のほうへ動いていき，16時は真西よりも少し北よりの位置であることがわかる。かげは太陽の方向と逆にできるから，8時のかげは真西よりほんの少しだけ南よりにでき，しだいに北のほうに移り，16時には真東よりも少し南よりにできる。よって，正しいのは**ウ**である。

問2 校舎側からは**資料3**のようにラグビーのゴールポストが見えるので，**資料2**より，2本の柱は方位磁針の130～140度，あるいは310～320度のところに並んでいる。ここに太陽があるとき，2本の柱と太陽は一直線上に存在し，2本の柱が重なるようにかげができる。9月23日のうち，太陽方位が130度～140度か310度～320度のあいだにあるのは，9時から10時の太陽方位が126.6度～143.8度であるときである。よってかげが重なる時間は**ア**である。このとき1mの棒がつくるかげの長さは0.89m～1.20mであり，柱の長さは8.2mであることから，0.89×8.2～1.20×8.2より，柱のかげの長さは7.298m～9.84mのあいだである。よって，**カ**の7mから10mになる。

問3 1周は360°だから，135と360の最小公倍数を考えると1080となる。よって，1080÷360＝3で，上から見たとき3周すると葉が重なることがわかる。上からついている葉を横に並べたものとして考えると，葉と葉のあいだの数は，1080÷135＝8(枚)である。よって，葉の数は8＋1＝9(枚)となる。

問4 ヒマワリの開度《かいど》は144度であることから，葉①を0度とすると，葉②は144度，葉③は144＋144＝288(度)，葉④は288＋144＝432(度)，葉⑤は432＋144＝576(度)，葉⑥は576＋144＝

720(度)である。720÷5＝144(度)であることから，それぞれの葉は，葉①と葉⑥が端にあるとうめいなセロハンを5等分した縦線上にあるとわかる。

セロハンはくきに360度まきつけたものを開いて平面にしたものであるので，縦線の間隔は360÷5=72(度)である。また，葉①から葉⑥までのあいだにある4つの横線に葉②～葉⑤が順番に並ぶ。よって，葉②は葉①の1つ下の横線に，72×2＝144(度)より，2つ右隣の縦線にしるしをつける。葉③は葉②の1つ下の横線で，かつ2つ右隣の縦線にしるしをつける。葉④は葉③の1つ下の横線で，2つ右隣の縦線にあたる432－360＝72(度)の縦線にしるしをつける。葉⑤は葉④の1つ下の横線で，かつ2つ右隣の縦線にしるしをつける。

問5　条件を3つ設定した実験を行ったとき，1つの条件について結果を比べるには，残り2つの条件は同じ値でなければならない。「ふりこの長さ」について3つの結果を比べるには，「おもりの重さ」と「ふりこのふれはば」が3つそろっている**実験1・実験2・実験7**を選ぶ。この場合，「おもりの重さ」は20g，「ふりこのふれはば」は10度という条件のもとで，「ふりこの長さ」を80cm，130cm，200cmと変えて実験している。このとき結果となる「1往復する時間」は1.8秒，2.3秒，2.8秒と長くなっている。よって，変えた条件である「ふりこの長さ」を変化させると，「1往復する時間」も変わることがわかる。

その他の解答例として，「おもりの重さ」について3つの結果を比べるには，「ふりこの長さ」と「ふりこのふれはば」が3つそろっている**実験2・実験3・実験4**を選ぶ。この場合，「ふりこの長さ」は130cm，「ふりこのふれはば」は10度という条件のもとで，「おもりの重さ」を20g，40g，60gと変えて実験している。このとき結果となる「1往復する時間」はすべて2.3秒で一定である。よって，変えた条件である「おもりの重さ」を変化させても，「1往復する時間」は変わらないことがわかる。

「ふりこのふれはば」について3つの結果を比べるには，「ふりこの長さ」と「おもりの重さ」が3つそろっている**実験2・実験5・実験6**を選ぶ。この場合，「ふりこの長さ」は130cm，「おもりの重さ」は20gという条件のもとで，「ふりこのふれはば」を10度，20度，30度と変えて実験している。このとき結果となる「1往復する時間」はすべて2.3秒で一定である。よって，変えた条件である「ふりこのふれはば」を変化させても，「1往復する時間」は変わらないことがわかる。

問6　求めたいものは天じょうからくぎを打ったところまでの長さであるので，「ふりこの長さ」に着目する。表1より，「ふりこの長さ」が大きくなると「1往復する時間」も大きくなることがわかる。また，条件として「ふりこのふれはば」が10度であることが決まっており，かつ同じふりこを使っているので「おもりの重さ」が一定である，ふりこの長さがちがう**実験1・実験2・実験7**の結果を**表**にまとめると右のようになる。

	実験1	**実験2**	**実験7**
ふりこの長さ(cm)	80	130	200
1往復する時間(秒)	1.8	2.3	2.8
片道の時間(秒)	0.9	1.15	1.4

表より，片道の時間をたして1往復する時間である2.3秒になるのは**実験1**と**実験7**の0.9＋1.4＝2.3の組み合わせである。これより，**実験7**の「ふりこの長さ」が200cmのふりこを用いて，くぎから下の長さが80cmになるようになっていることがわかる。よって，天じょうからくぎまでの長さは200－80＝120(cm)である。

★ワンポイントアドバイス★

幅広い範囲から出題されているが，問われているのは知識そのものより，論理的に考える力である。文章を書く問題に時間を割けるよう，単純な計算問題は素早く解くようにしたい。

MEMO

大切なことはメモしておこうネ！

平成30年度

入　試　問　題

平成30年度

市立稲毛高等学校附属中学校入試問題

【適性検査Ⅰ】（15ページからはじまります）

【適性検査Ⅱ】（45分）

1　太郎さんの小学校は，校外学習で水族館に行きます。次の問いに答えなさい。

問１　太郎さんの学校から水族館までは60kmの道のりがあり，バスを使って向かいます。水族館に向かう途中，20分間のトイレ休けいを１回とりました。下の**表１**は，学校を出発してからの時間と進んだ道のりの関係を表したものです。このとき，あとの(1)(2)(3)に答えなさい。ただし，バスの速さは一定とします。

表１　学校を出発してからの時間と進んだ道のり

時間（分）	0	10	20	30	40	50	60	70	80	90	100	110	120
進んだ道のり（km）	0	6	12	18	24	30	30	30	36	42	48	54	60

(1)　休けい場所は学校から何km進んだところですか。

(2)　休けい場所までのバスの速さは時速何kmですか。

(3)　休けい場所を出発した後，太郎さんは「水族館まであと10km」と書かれた看板を見つけました。太郎さんが乗ったバスは，休けい場所を出発してから何分後にこの看板を通り過ぎましたか。分数で答えなさい。ただし，バスの長さは考えないものとします。

問２　下の**表２**は，水族館の**入場料金表**で，個人で入場料を支払う場合，大人１人1400円，子ども１人700円となっています。また，５人以上29人までの団体では大人１人分の入場料が1200円，子ども１人分の入場料が600円となり，個人で入場料を支払うよりも安くなります。

太郎さんは，水族館が開館した10時から11時までの１時間で，入場者について調べたところ，個人料金で入場した人と団体料金で入場した人がいることがわかりました。入場した団体は，Ａ小学校，Ｂ中学校，Ｃ高校の３つでした。このとき，あとの(1)(2)(3)に答えなさい。

表２　入場料金表

水族館　　入場料金

	個　人	団　体	
		５～２９人	３０人以上
大人（高校生含む）	１４００円	１２００円	１０００円
子ども（４歳～中学生）	７００円	６００円	５００円

＊３歳までは無料です。

(1)　Ａ小学校の児童は25人です。児童の入場料を**料金表**の団体の金額で支払う場合，個人で支払う入場料の何％引きになりますか。小数第２位を四捨五入して小数第１位まで求め，答えを書きなさい。

⑵　Ａ小学校は児童25人，引率の先生３人，Ｂ中学校は生徒100人，引率の先生６人，Ｃ高校は生徒160人，引率の先生10人でした。

太郎さんは，これらの３つの団体が支払った入場料の合計を求めるために，**表３**に整理しています。Ａ小学校は児童25人，引率の先生３人，合計28人であることから団体料金が適用され，**表３**のように㋐，㋑の人数が決まります。Ｂ中学校とＣ高校の生徒と引率の先生の人数から，㋒，㋓に入る人数を求めなさい。

表３　太郎さんのメモ

水族館　１人当たりの入場料と入場者数				
		個　人	団　体	
			５～２９人	３０人以上
大人（高校生含む）	入場料	１４００円	１２００円	１０００円
	入場者数		㋐　３人	㋒　人
子ども（４歳～中学生）	入場料	７００円	６００円	５００円
	入場者数		㋑　２５人	㋓　人

⑶　10時から11時までに，個人料金で入場した大人と子どもは合わせて20人でした。個人料金で入場した大人と子どもの人数をそれぞれ求めるには，他に何がわかれば求められますか。下の**ア**～**エ**の中から１つ選び，記号で書きなさい。

ア　団体料金で入場した人数の合計
イ　入場した人数の合計
ウ　団体料金で入場した人が支払った料金の合計
エ　個人料金で入場した人が支払った料金の合計

問３　帰りのバスでは，班ごとにくじで決めた順番で１日のふりかえりを発表しました。太郎さんが引いたくじは正方形の折り紙でつくられていて，色のついた面が外側でした。

図１の正方形ABCDの折り紙を，**図２**のように頂点ＡとＣが重なるように折ると**図３**の直角二等辺三角形ABDができ，次に**図４**のように頂点ＢとＤが重なるように折ると，**図５**の直角二等辺三角形AODができます。

太郎さんは，さらに**図６**のように頂点ＡとＤが重なるように折り，**図７**のような直角二等辺三角形AOPをつくりました。　　　　　（**図４，５，６，７**は次のページにあります。）

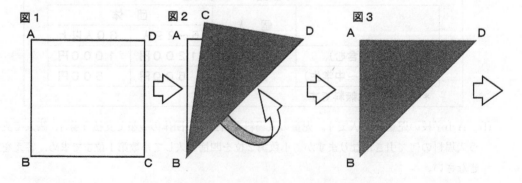

図１

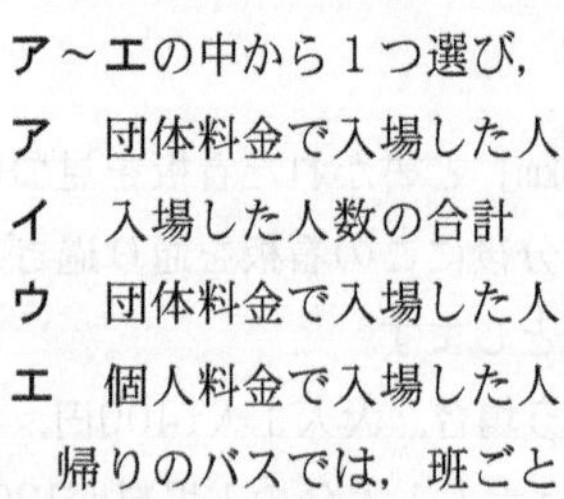

図２

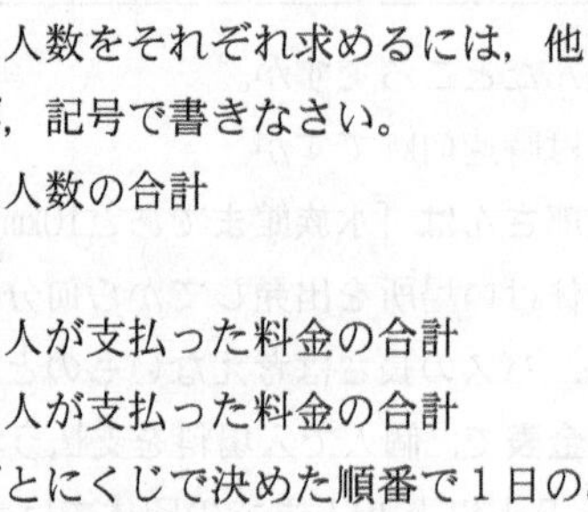

図３

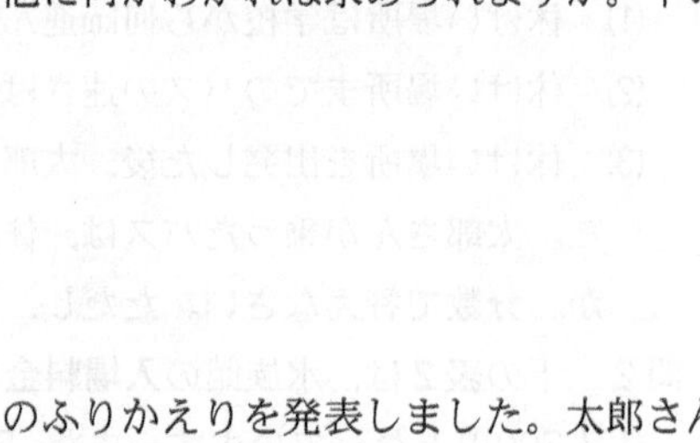

図4　図5　図6　図7

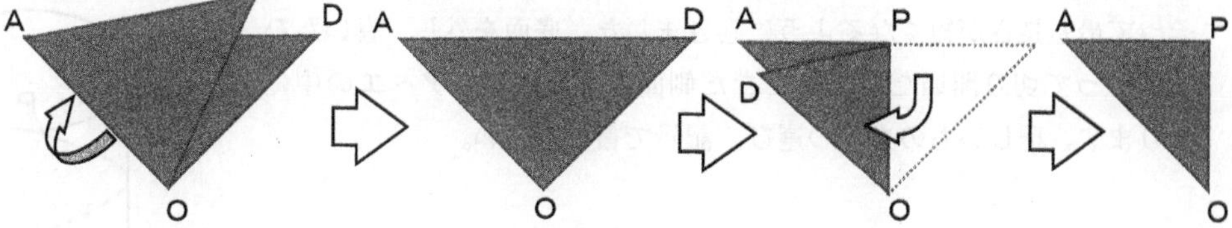

図7のように折り目をつけてから折り紙の内側が見えるように開いたときの折り目の線はどうなりますか。解答用紙の図に線を加えて，折り目の線を完成させなさい。

ただし，折り紙の折り方で，下の**図ア**のように折り目が外側になるように折ることを山折り，**図イ**のように折り目が内側になるように折ることを谷折りといいます。山折りは実線《じっせん》（――），谷折りは破線《はせん》（………）で表しなさい。

図ア

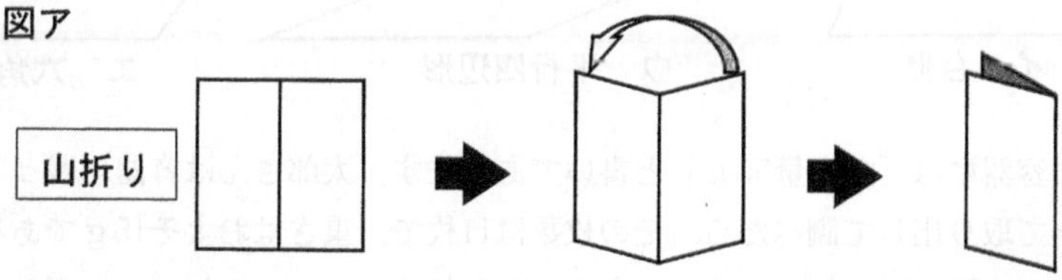

図イ

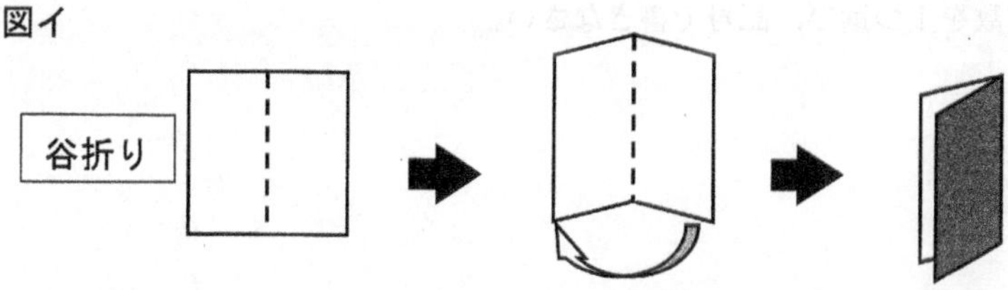

問4　太郎さんはおやつにうすやきポテトを持って行きました。その容器は，**図1**のように底面の直径が8㎝，高さが13㎝の円柱でした。あとの(1)(2)(3)に答えなさい。

(1)　**図1**の円柱の展開図は，1つの四角形と2つの円でかくことができます。太郎さんは実際の長さで**図2**のように展開図をかきました。このとき，四角形ABCDの辺ADの長さを求めなさい。解答用紙には，答えを求めるための計算式と答えを書きなさい。ただし，円周率は3.14とします。

図1

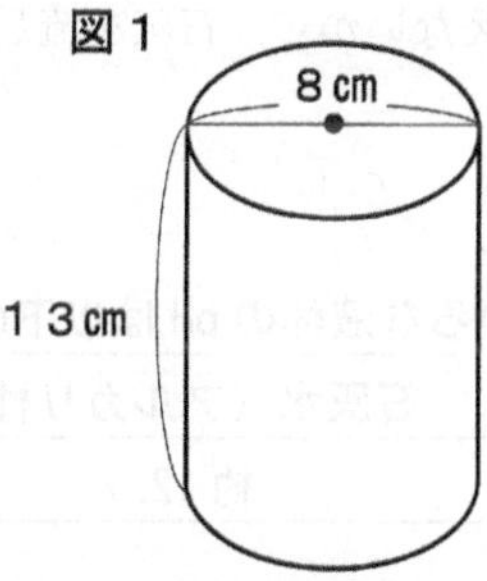

図2

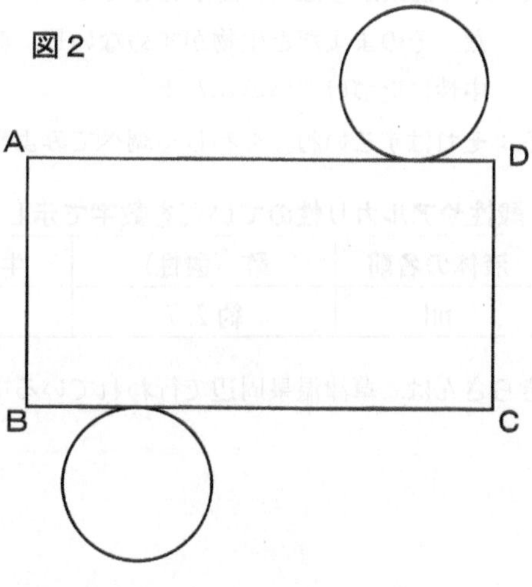

⑵　太郎さんは，**図３**のように点Ｐから点Ｑまで，ひもを容器の側面にそって最も長さが短くなるように巻《ま》きました。底面を外し，巻いたひもにそって切り開いたときにできた側面の図形は下の**ア**～**エ**の中にあります。正しいものを１つ選び，記号で書きなさい。

図３

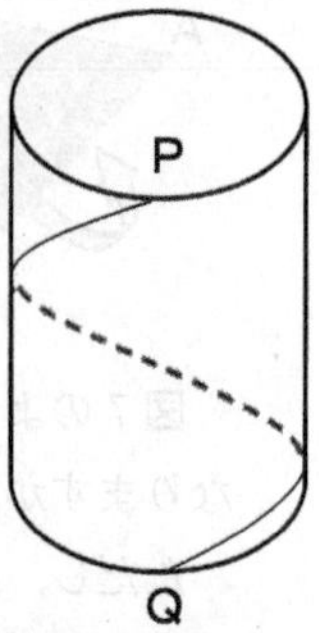

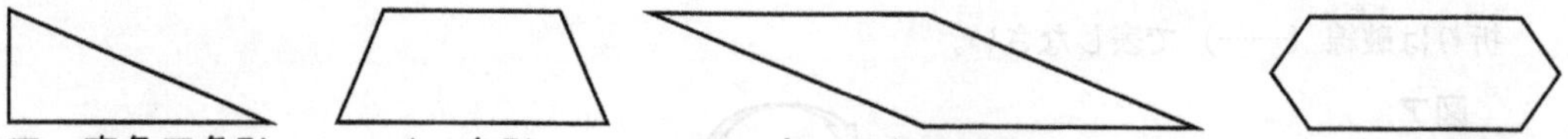

ア　直角三角形　**イ　台形**　**ウ　平行四辺形**　**エ　六角形**

⑶　うすやきポテトの容器には「内容量55ｇ」と書いてあります。太郎さんは容器に残っているうすやきポテトを全て取り出して調べたら，その枚数は11枚で，重さはおよそ15ｇであることがわかりました。この容器には，初め，うすやきポテトが何枚入っていましたか。下の**ア**～**エ**の中から最も近い枚数を１つ選び，記号で書きなさい。

ア　約30枚
イ　約40枚
ウ　約65枚
エ　約75枚

２　あきらさんは群馬県にある祖母の家に行き，お父さんと草津温泉の近くの中和《ちゅうわ》工場に行きました。次の会話文を読み，あとの問いに答えなさい。

あきら：お父さん，工場から川に白い水を流しているよ。
父：あれは水に石灰《せっかい》を混ぜたものだよ。
あきら：どうして石灰を流しているの。
父：草津温泉からは熱い湯がわきでていて，そこから流れだす湯川は，酢《す》とほぼ同じ※pHなんだ。そのままだと生物がすめないし，農業用水にも使えないから，石灰を流して川の水を中性に近づけているんだよ。
あきら：それはすごいね。くわしく調べてみよう。

※pH：酸性やアルカリ性のていどを数字で示したもの。いろいろな液体のpHは以下のとおり。

液体の名前	酢（酸性）	牛乳（中性）	石灰水（アルカリ性）
pH	約2.7	約6.8	約12.7

あきらさんは，草津温泉周辺で行われている中和の取り組みについて次のページの**資料**を集めました。

＜資料＞

写真：湯川に投入される石灰

図：草津温泉周辺の川や中和工場

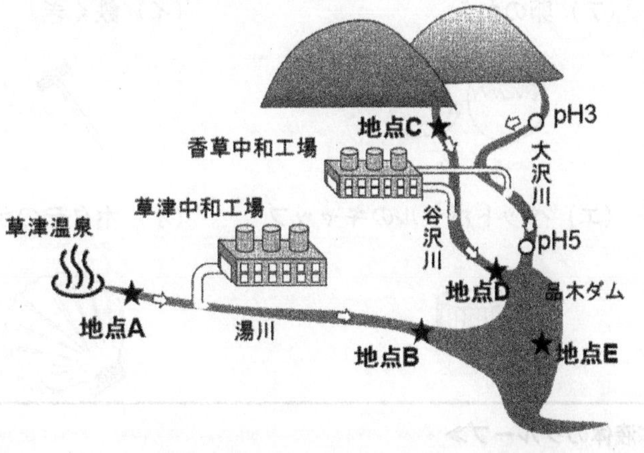

表：図中の★地点A～Eの水質

	4月			7月			12月		
	pH	水温(℃)	水のようす	pH	水温(℃)	水のようす	pH	水温(℃)	水のようす
ア	5.3	13.5	にごっている	5.4	23.3	にごっている	5.0	9.8	にごっている
イ	2.2	32.6	とう明	2.1	34.2	とう明	2.1	31.0	とう明
ウ	5.8	24.2	にごっている	5.8	28.1	にごっている	5.7	20.9	にごっている
エ	3.1	6.3	とう明	3.1	15.0	とう明	3.2	3.3	とう明
オ	6.5	8.2	にごっている	5.9	16.2	にごっている	6.2	4.1	にごっている

（品木ダム水質管理所ホームページより作成）

問1　**図**の地点Bは，**表**の**ア**～**オ**のうちのどれですか。１つ選び，記号で書きなさい。また，それを選んだ理由を上の**資料**の内容をもとにして２つ書きなさい。

次の日にあきらさんはお父さんと，祖母の家の近くの鍾乳洞《しょうにゅうどう》を訪《おとず》れました。

あきら：鍾乳洞ってどうやってできるの？

父：鍾乳洞は雨水が岩や地面の下の岩石を溶かしていくことでできるんだ。

あきら：雨水が岩や地面の下の岩石を溶かすことができるの？

父：雨水が地面にしみこんでいくときに，土の中にある二酸化炭素が水に含まれていくんだよ。この二酸化炭素を含んだ雨水には岩石を溶かすはたらきがあるんだ。

あきら：ふうん。二酸化炭素が入っただけなのにすごいんだね。

父：そうだね。鍾乳洞をつくっている岩石や，この辺りの地面の下には石灰岩があるんだ。石灰岩は二酸化炭素が含まれる水に溶ける性質があるんだよ。

あきら：石灰岩って，どんな岩石なの？

父：石灰岩は炭酸カルシウムという物質が主成分で，サンゴなどの死がいがもとになってできているんだよ。石灰岩は生物の死がいが積み重なってできた岩石なんだ。

あきら：じゃあ，この鍾乳洞も大昔の生物がかかわっているんだね。

問2　あきらさんは，下線部のような鍾乳洞のでき方を身近な物質を使って確かめる実験を行いました。用意した材料は，次のページのとおりです。**「物質のグループ」**と**「液体のグループ」**の中から適切な組み合わせとなるものをそれぞれ１つずつ選び，記号で書きなさい。

≪物質のグループ≫

（ア）卵のから

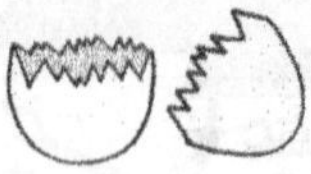

（イ）鉄くぎ

（ウ）炭

（エ）ペットボトルのキャップ

（オ）ホタテのから

≪液体のグループ≫

（カ）食塩水　（キ）石灰水　（ク）酢　（ケ）さとう水　（コ）レモンのしる

あきら：鍾乳洞にはコウモリがいたね。何を食べているのかな。

父：コウモリはこん虫を食べているんだよ。日の入り前後の時間にすみかから出て，探しに行くんだ。

あきら：日の入りまで，あと50分くらいだね。あ，月が出ているよ。

父：今，月はだいたい真南にあるね。月があるから，日がしずんでも明るそうだね。

あきら：月の光がない日は，コウモリは暗くてもこん虫がとれるのかな。

父：コウモリはこん虫を探すために特別な能力があるから大丈夫なんだよ。

あきら：……あっ，コウモリだ！

問３　下の**資料**は，群馬県の７月24日から８月13日までの日の入り時刻，月の出時刻，月の入り時刻，月の形をまとめたものです。あとの(1)(2)に答えなさい。

＜資料＞

	7月24日	7月25日	7月26日	7月27日	7月28日	7月29日	7月30日
日の入り時刻	19:02	19:02	19:01	19:00	18:59	18:58	18:58
月の出時刻	5:20	6:27	7:33	8:37	9:38	10:37	11:34
月の入り時刻	19:37	20:21	21:00	21:35	22:08	22:41	23:14
月の形							

	7月31日	8月1日	8月2日	8月3日	8月4日	8月5日	8月6日
日の入り時刻	18:57	18:56	18:55	18:54	18:53	18:52	18:51
月の出時刻	12:30	13:24	14:18	15:11	16:01	16:50	17:35
月の入り時刻	23:47	ー(※)	0:23	1:02	1:45	2:31	3:21
月の形				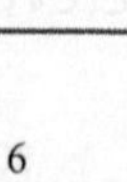			

	8月7日	8月8日	8月9日	8月10日	8月11日	8月12日	8月13日
日の入り時刻	18:50	18:49	18:48	18:47	18:45	18:44	18:43
月の出時刻	18:18	18:57	19:34	20:10	20:44	21:19	21:55
月の入り時刻	4:15	5:11	6:10	7:09	8:10	9:12	10:15
月の形	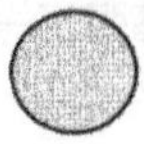		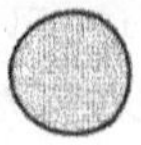	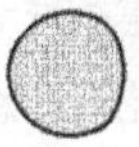	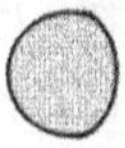	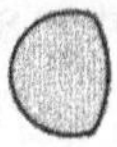	

（※）８月１日にのぼる月は、８月２日の０：２３にしずむので書いていません。

（国立天文台ホームページより作成）

⑴　あきらさんとお父さんが会話をしているのは何月何日ですか。**会話文**と**資料**から考えて，数字で書きなさい。

⑵　この会話から１週間後に観察に行ったとき，日の入り時刻に見える月は，どんな形の月でどの方角に見えますか。方角は解答らんの□の中から１か所選び，その中に，月の形を書きなさい。

問４　あきらさんは，コウモリが鳥と同じように空を飛ぶことができることから，それぞれの翼《つばさ》の部分について，骨の様子を比べてみました。

鳥やコウモリにおいて，人のひじにあたる関節はどこですか。**図のア～ク**から１つずつ選び，記号で書きなさい。

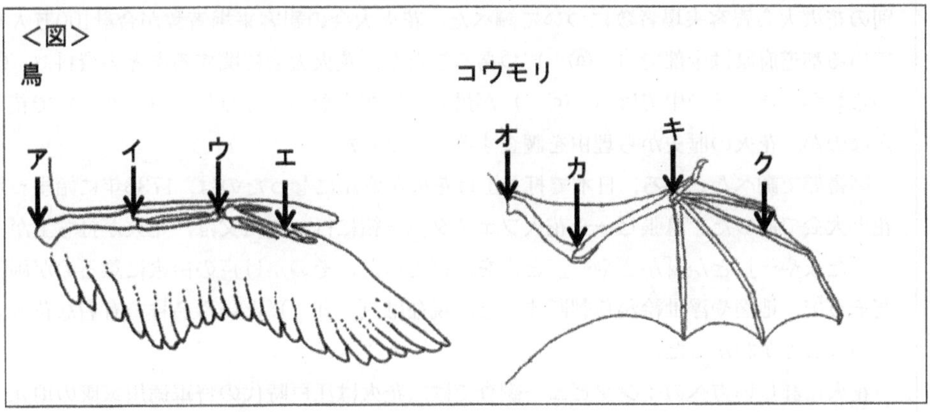

問５　ある種のコウモリは※超《ちょう》音波を出しながら飛んで，こん虫をつかまえます。超音波がこん虫にあたると，こだまのように音がはね返ってくるので，それを聞くことで，暗やみの中でもこん虫をつかまえることができます（右図）。

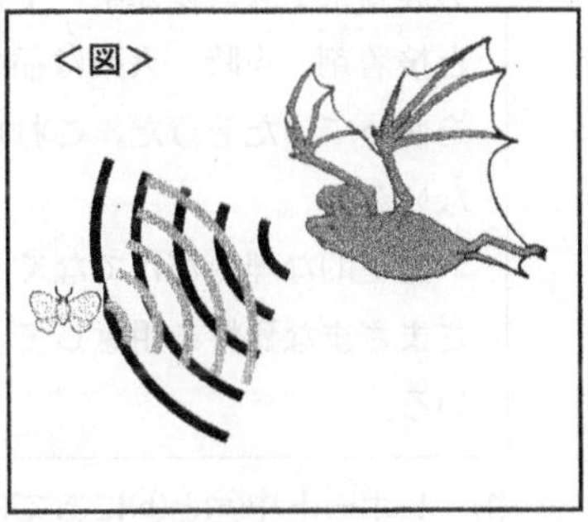

コウモリが夜，こん虫をつかまえるときに，「見るのではなく，出した超音波のはね返りを受け取っていること」を確かめるためには，３つの実験が必要です。

１つ目は「目と耳の両方をふさいだコウモリがこん虫をつかまえられるかを調べる。その結果，つかまえることができない」というものです。

あと２つはどのような実験をして，どのような結果になりますか。１つ目の実験にならって，書きなさい。

※超音波：人間の耳には聞こえないとても高い音

2 （※適性検査Ⅰ）千花さんと良夫さんは，夏休みに書いた自由研究のレポートについて話をしました。

千花：わたしは，夏休みの自由研究のテーマを決めるために，千葉県内の有名な場所に出かけました。その中で８月の初めに幕張の浜で行われている花火大会「幕張ビーチ花火フェスタ」に行き，次々と打ち上げられる花火に感動しました。

良夫：30万人以上の人が来場し，一万発以上の花火が打ち上げられるそうですね。

千花：本当にきれいな花火でした。こんなに感動する花火大会がほかの県にもあるのかと興味をもち，夏休みの自由研究は花火大会をテーマにした①レポートを書きました。

良夫：そうなのですね。わたしは千葉県で盛んな②漁業についてレポートをまとめました。③水あげ量で全国１位の漁港は，千葉県の銚子《ちょうし》漁港でした。でも不思議なことに，水あげ金額は全国１位ではないのです。

千花：ぜひ，その理由が知りたいです。

問１　文章中①について，千花さんは，あとの**資料１～４**をもとにして，次のようにレポートをまとめました。レポートを読んで，あとの(1)(2)(3)に答えなさい。

わたしは，まず，花火大会が盛んな地域に注目し，花火大会別の観客来場者数と都道府県別の花火大会観客来場者数について調べた。花火大会の観客来場者数が合計100万人を超えている都道府県は全部で（　ⓐ　）つあることが，花火大会に関するあとの資料（　ⓑ　）からわかった。その中では（　ⓒ　）が最も人口が少ない。どうして（　ⓒ　）で花火が盛んなのか。花火の歴史から理由を調査することにした。

図書館で調べたところ，日本で打ち上げ花火が盛んになったのは，1733年に始まった両国花火大会であった。幕張ビーチ花火フェスタへ一緒《いっしょ》に行った祖父は，花火が打ち上がるたびに「たまやー」とか「かぎやー」と声をあげていた。そのかけ声の由来になるのが両国花火だそうで，地図や浮世絵《うきよえ》から判断すると，現在は（　ⓓ　）という名称《めいしょう》で有名な花火大会だということがわかった。

花火に詳《くわ》しい方へのインタビュー調査では，花火は江戸時代の将軍徳川家康の地元（現在の静岡県や隣《となり》の愛知県）で盛んになり，川を伝って北に広がったそうだ。花火の材料は火薬と接着剤《せっちゃくざい》。当時，火薬は稲のもみ殻《がら》と混ぜて作り，接着剤は米のでんぷんを利用した和のりを使っていたそうだ。これらの事実は，（　ⓒ　）で花火が盛んな理由の一つといえるのではないか。

歴史的な理由だけでなく，現代に基《もと》づく理由があるかもしれない。そのように考え，今後さまざまな資料を用意して（　ⓒ　）で花火が盛んな理由の調査を続けていきたいと思っている。

(1)　レポート中ⓐとⓑにあてはまる数字を書きなさい。

(2)　レポート中ⓒにあてはまる都道府県について，次の**ア～コ**の中から１つ選び，記号で書きなさい。

ア　東京都　**イ**　愛知県　**ウ**　山口県　**エ**　秋田県　**オ**　新潟《にいがた》県

カ　栃木《とちぎ》県　**キ**　大阪府　**ク**　山形県　**ケ**　福岡県　**コ**　茨城《いばらき》県

(3) レポート中ⓓにあてはまるのは，何という花火大会か。**資料１**の中から１つ選び，順位のらんの数字で書きなさい。

資料１　花火大会別の観客来場者数（平成２７年度）

順位	名称	開催地	来場者（万人）
1	江戸川区花火大会	東京都江戸川区	139
2	天神祭奉納《てんじんさいほうのう》花火	大阪府大阪市	130
3	関門海峡《かんもんかいきょう》花火大会	山口県下関市 福岡県北九州市	110
4	長岡まつり花火大会	新潟県長岡市	104
5	神宮外苑《じんぐうがいえん》花火大会	東京都渋谷区	100
6	新潟《にいがた》まつり花火大会	新潟県新潟市	98
7	隅田川《すみだがわ》花火大会	東京都墨田区	96
8	東京湾大華火祭《とうきょうわんだいはなびさい》	東京都中央区	72

「花火産業の成長戦略」（株式会社日本政策投資銀行）より作成

資料２　都道府県別の花火大会観客来場者数上位９都道府県（平成２７年度）

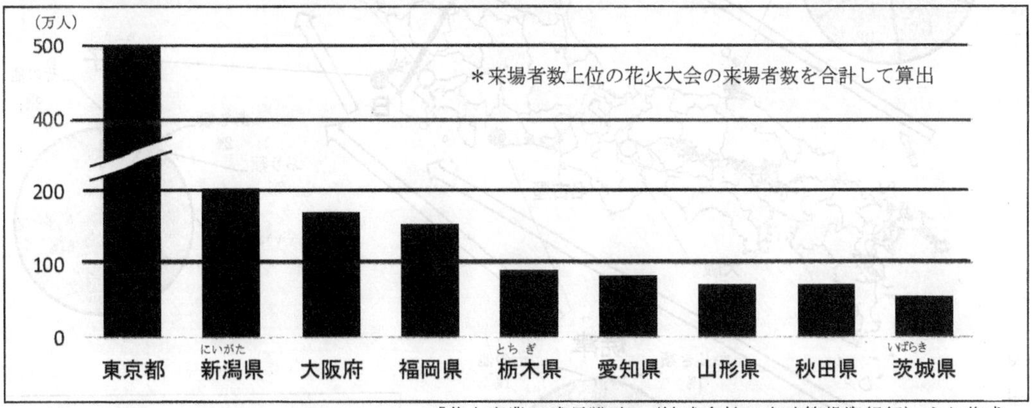

「花火産業の成長戦略」（株式会社日本政策投資銀行）より作成

資料３　　現在の両国付近の地図

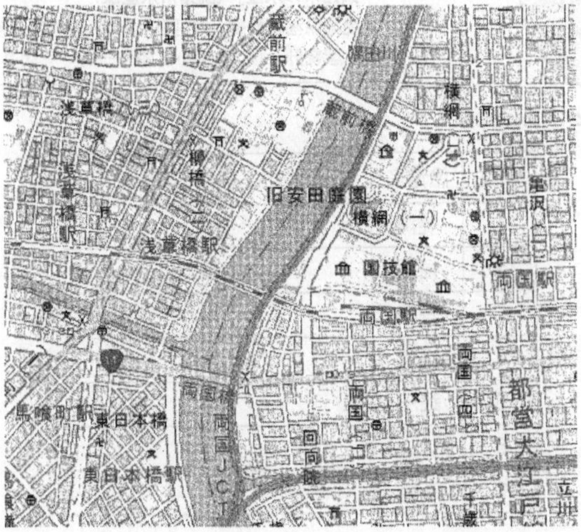

国土地理院「地理院地図」より作成

資料４　名所江戸百景　両国花火

歌川広重「名所江戸百景」より作成

問２　千花さんと良夫さんの会話中②に関連した**資料５**と**資料６**を見て，あとの⑴⑵⑶に答えなさい。

資料５　日本の主要漁港と水あげ量の魚種別内訳

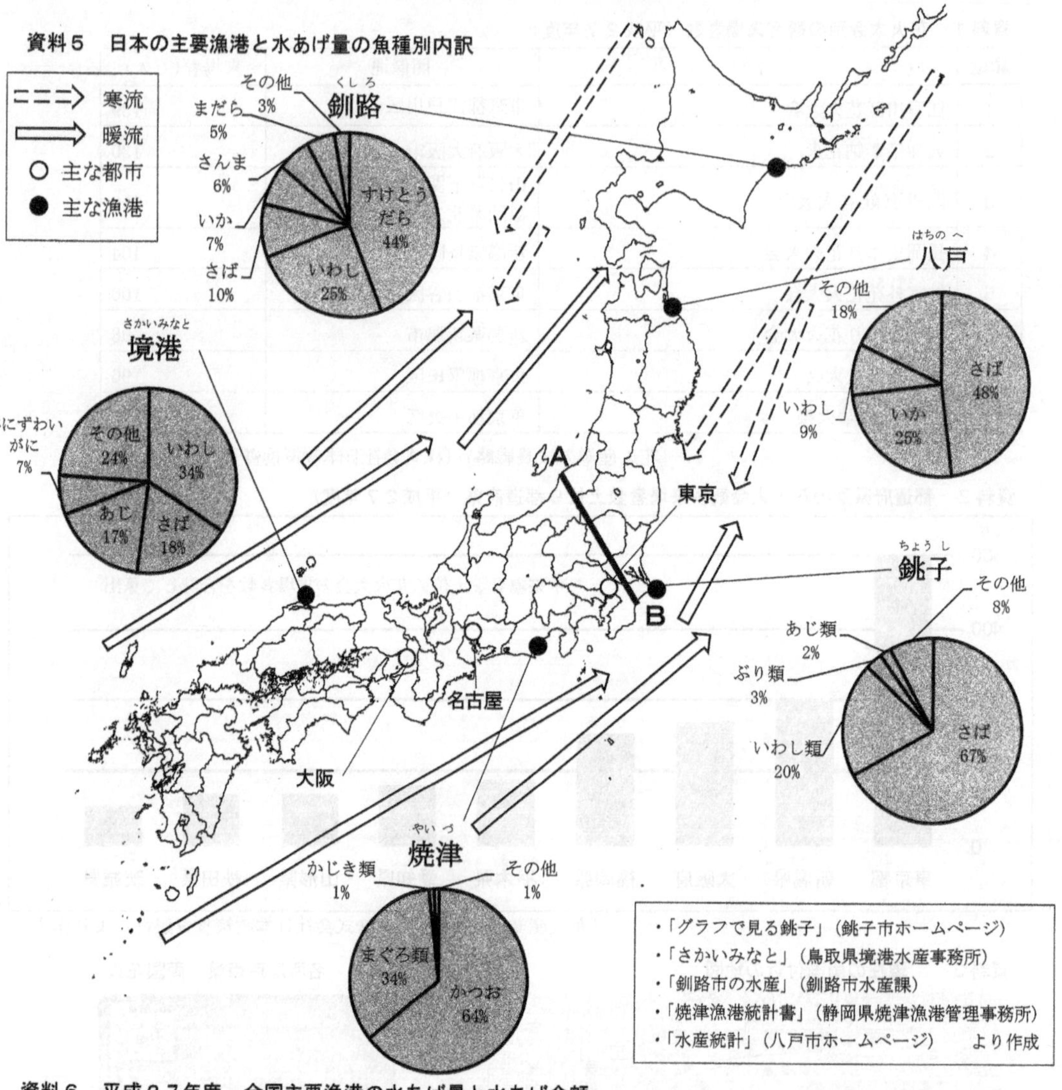

・「グラフで見る銚子」（銚子市ホームページ）
・「さかいみなと」（鳥取県境港水産事務所）
・「釧路市の水産」（釧路市水産課）
・「焼津漁港統計書」（静岡県焼津漁港管理事務所）
・「水産統計」（八戸市ホームページ）　より作成

資料６　平成２７年度　全国主要漁港の水あげ量と水あげ金額

順位	漁港名	水あげ量（トン）
1	銚子	219, 262
2	焼津	169, 007
3	境港	126, 203
4	長崎	118, 866
5	釧路	114, 251
6	八戸	113, 359
7	石巻《いしのまき》	103, 905

順位	漁港名	水あげ金額(億円)
1	焼津	476
2	福岡	422
3	長崎	350
4	根室《ねむろ》	248
5	銚子	235
6	気仙沼《けせんぬま》	213
7	三崎	207

（八戸市ホームページ水産統計より作成）

(1)　**資料**5中にある直線A－Bのおおよその断面図として，最もふさわしいものを次の**ア**～**エ**の中から1つ選び，記号で書きなさい。

ア

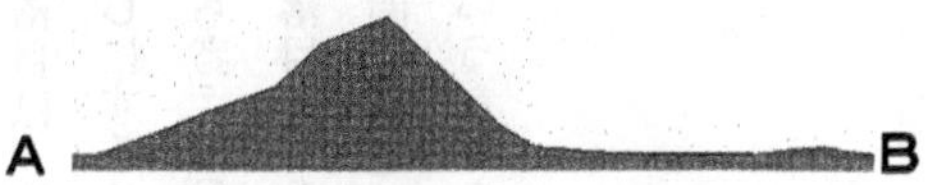

イ

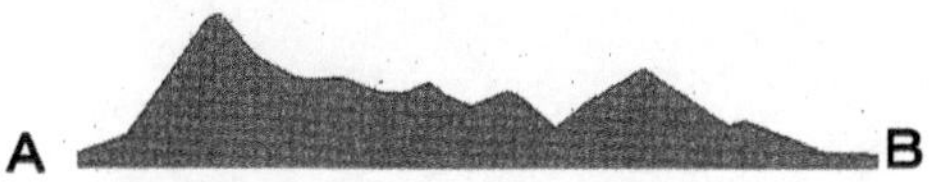

ウ

エ

(2)　銚子漁港に関係した次の**ア**～**オ**の文を読んで，最もふさわしくないものを1つ選び，記号で書きなさい。

ア　すけとうだらは冷たい海に多く生息しているので，銚子漁港ではあまり水あげされない。

イ　水あげ量の順位を水あげ金額の順位と比べると，銚子漁港を含む5つの漁港が順位を落としている。

ウ　水あげ量の魚種別内訳でみると，銚子漁港では遠洋漁業を中心に行っていることがわかる。

エ　東京には大きな市場があり，水あげされた魚を銚子漁港から鮮度《せんど》をほとんど落とさずに届けられる。

オ　銚子漁港沖では，暖流と寒流がぶつかり合っているので，日本有数の好漁場となっている。

(3)　千花さんと良夫さんの会話中③について，その理由を30字以上40字以内で説明しなさい。ただし，**資料**5中の魚の名前を必ず入れて書きなさい。（句点（。）読点（，）もすべて1字として考えること）

4　**二段落《だんらく》構成**で書くこと。

5　一段落目は、**「オリンピック・パラリンピックに向けて」という書き出し**にすること。一段落目には選んだ問題について、B・Cの資料から考えた**具体的な活動内容**を書くこと。

6　二段落目に、あなたが考えるC②**「豊かさ」**について、一段落の内容と関連させて書きなさい。あなたの**体験**や**知識**を交え、**「豊かさ」**という言葉を必ず使って書くこと。

い捨て文化」から「長持ち文化」に変わっていくべきだと思います。こういうことを実現するには、社会全体の努力が必要です。エネルギーのむだを省き、資源を節約して余分なよごれを減らすということが、住みよい平和な社会のためにどうしても必要だと、みんなが自覚したとき、社会のしくみが変わるでしょう。

わたしたちがかしこいエネルギーの利用者になるために、もう一つ必要なことがあります。それは、ごみとうまく付き合うことです。つまり、ごみをリサイクル（再利用）して、捨てるごみの量を減らすのです。ごみ収集車に出す前に、空きかん・空きびん・生ごみ・プラスチック……などに分け、それぞれの業者にわたるようにし、できる限り※再生するのです。中でも、今どうしても実現したいのは、紙のリサイクルです。都市生活のごみの約四十パーセントは紙だと言われます。森林資源を守るためにも、どうしてもそれが必要です。

そして最後に、あなたたちに考えてもらいたいのは、豊かさとは何か、ということです。

エネルギーの必要度は、結局、どのような②豊かさを求めるかで決まってきます。物が多ければ豊かというわけではないことは、もう言うまでもないでしょう。

（学校図書　小学校国語　六年下「エネルギー消費社会」
高木　仁三郎　著より　問題作成のため一部改編）

※ろう費……むだづかい。
※規模……物事のしくみ・しくみの大きさ。
※深刻……重大な様子。
※分散……ばらばらに別れること。
※経済……人間が社会生活の中で、物やお金を手に入れたり、使ったりする働き。
※再生……使えなくなったものを使えるように作り直すこと。

問一　資料**A オリンピックと環境**について、次の**【書くときの決まり】**にしたがって**百十字以上百二十字以内で要約**しなさい。

【書くときの決まり】

1　解答用紙の**一マス目から書く**こと。
2　句点（。）読点（、）かぎかっこ（「）（」）もすべて一字として考えること。
3　**文体**は**常体**で書くこと。

問二　あなたは二〇二〇年のオリンピック・パラリンピックに向けて、ボランティアとして**A**①**「環境を大切にするように呼びかける活動」**を行うことになりました。
あなたは㋐**「温暖化」**、㋑**「森林の伐採」**、㋒**「大量のごみ」**のどの問題について呼びかけますか。あなたの考える**C**②**「豊かさ」**と関連させて答えなさい。取り上げた問題がわかるように解答用紙の表に丸をつけ、**資料A・B・C**をもとに、次の**【書くときの決まり】**にしたがって、**十三行以上十五行以内**で書きなさい。

【書くときの決まり】

1　原稿《げんこう》用紙の使い方にしたがって一行目から書くこと。
2　句点（。）読点（、）かぎかっこ（「）（」）もすべて一字として考えること。
3　**文体**は**常体**で書くこと。ただし、**原稿用紙の使い方にしたがう**こと。

B　エコロジー先進国ドイツ（世界遺産《いさん》登録都市ゴスラー）に学ぶ

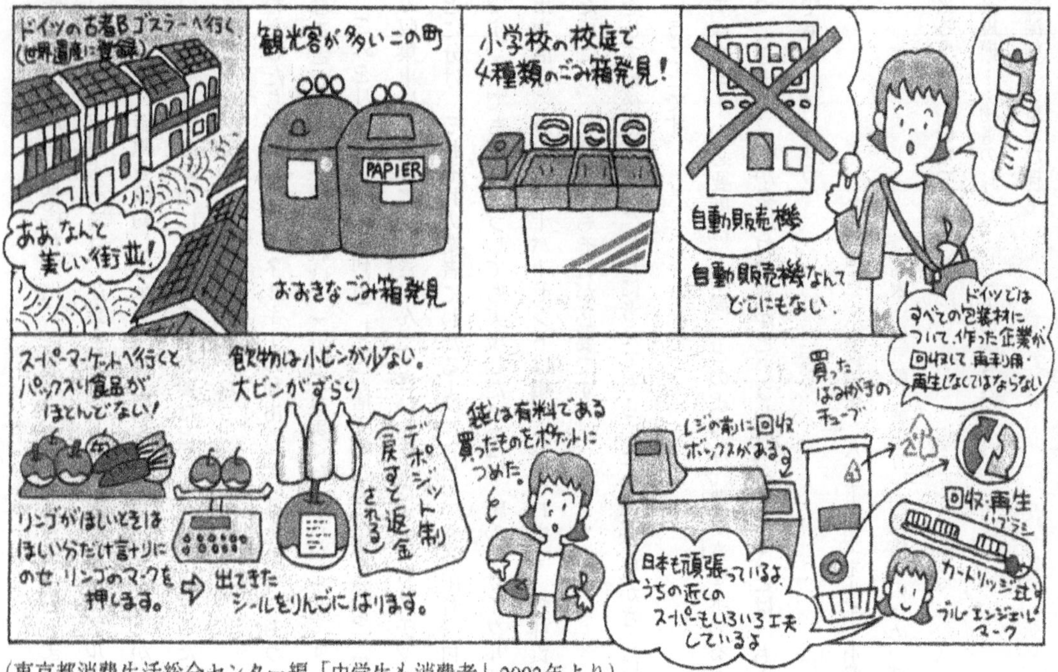

（東京都消費生活総合センター編「中学生も消費者」2002年より）

図の中の語句の読み方

街並《まちなみ》　販売《はんばい》　押《お》します　戻《もど》す　袋《ふくろ》　頑張《がんば》って　包装材《ほうそうざい》

C

エネルギーや資源の※ろう費は、都市部だけの問題ではなく、地球規模《きぼ》での※深刻《しんこく》な問題をも引き起こしています。それは、地球の温暖化という問題です。石油や石炭を使うと、必ずはい気ガスとして二酸化炭素が出ます。この二酸化炭素が地球を温めているようなのです。このまま大気中の二酸化炭素のう度が増え続けていけば、二十一世紀の前半には気温が地球全体で一度ほど上がり、二十一世紀の半ばから末にかけては、二－三度も上がってしまうことになるかもしれません。大気中の二酸化炭素のう度の増加は、石油や石炭などの燃料の消費が増えることによるだけでなく、二酸化炭素を吸収《きゅうしゅう》してくれる森林の木が切りたおされ、森林がなくなっていくということとも関係しているようです。

本当にかしこくエネルギーを使うには、もっと大きく社会全体が変わっていく必要があります。日本では、東京などの巨大な消費地に人や産業が集中するので、生活や生産に必要な物を地方から運んでくることになります。そこで、輸送に大変なエネルギーがかかります。もっと各地域に産業が※分散し、野菜や魚だけでなく、工業製品も、なるべく自分の地域で生産された物を、その土地で利用するようになれば、ずっとむだのない社会になるでしょう。

また、現在の※経済《けいざい》では、消費が増えることが喜ばれます。これは、一台の車を何年も使うよりも、毎年買いかえるほうが、経済が活発になるという考え方です。しかし、それはエネルギーや資源の面では大変なむだです。何十年も乗れる車を作ることは可能です。これからは、「使

【適性検査Ⅰ】（四五分）

1 二〇二〇年には東京でオリンピック・パラリンピックが開かれます。そのうちオリンピックについて調べてみると、環境《かんきょう》を守る活動を行っていることがわかりました。

A　オリンピックと環境

一九九五（平成七）年から、オリンピックの主な活動として、「スポーツ」「文化」に加えて「環境」が入りました。オリンピックと「環境」は、どのような関係があるのでしょう。

【オリンピックと環境を守る活動】

環境を守らなければ、将来《しょうらい》、スポーツを楽しむことができなくなるかもしれません。

例えば、㋐温暖化《おんだんか》によって海面が上昇《じょうしょう》し砂浜《すなはま》が減ってビーチバレーができなくなったり、雪が減ってスキーやスノーボードができなくなったりする恐《おそ》れがあります。また、スポーツを行う競技場を建設するための㋑森林の※伐採《ばっさい》や、競技場で出される㋒大量のごみが環境に影響《えいきょう》を与《あた》えることがあります。

そこで、国際オリンピック委員会（IOC）は一九九五年、積極的に環境問題に取り組むとオリンピック※憲章《けんしょう》に明記しました。これを受けて、日本オリンピック委員会（JOC）は、スポーツを楽しむ環境を守るため、「スポーツ環境専門《せんもん》部会」を設置し、オリンピック選手を通じて環境を守るようメッセージを伝えたり、競技会場にポスターや※横断幕《まく》を掲示《けいじ》したりするなど、①環境を大切にするように呼《よ》びかける活動を進めています。

（東京都教育委員会「オリンピック・パラリンピック読本　小学校編」より　問題作成のため一部改編）

※伐採……山や森の竹・木などを切りとること。
※憲章……重要な決まり。
※横断幕……標語や主張などを書いた横長の幕。

そこで、環境に関する取組を調べてみると、Bのような取組があることを知り、他にもCの資料を見つけました。

AからCの資料を読んで、あとの問いに答えなさい。

MEMO

大切なことはメモしておこうネ！

平成30年度

解答と解説

＜適性検査Ⅰ解答例＞

1 問一　オリンピックの競技と環境問題とは，互いに密接に関わり合っている。そこで，一九九五年にIOCはスポーツを楽しむ環境を守るため，積極的に環境問題に取り組むことを憲章に明記し，それを受けてJOCも環境問題を呼びかける活動を行っている。

問二　㋐温暖化

オリンピック・パラリンピックに向けて，私はマイボトルの持ち歩きを呼びかけるポスターを作りたい。これにより，ペットボトルという石油製品の生産を減らし，温暖化の原因である二酸化炭素の増加を抑えることにつながる。この他にも，エコバッグの使用や公共交通機関の利用を呼びかけて温室効果ガス排出量削減の意識を高めたい。

日本では，水が飲みたいと思えば自動販売機で綺麗な水が手に入るが，その一方で貧しい国では温暖化による異常気象で生きるための水さえ手に入らない人がいることをテレビで知った。「豊かさ」とは一部の人が贅沢できることではなく，世界中の生き物が共生できることを言うのだと思う。

（別解答例）

㋑森林の伐採

オリンピック・パラリンピックに向けて，私は森林の伐採を防ぐための呼びかけを行いたい。具体的には，ごみ箱の横にリサイクルに出す紙をいれる箱を置いて，紙を捨てずにリサイクルしてもらいやすいようにしたい。ゴミ箱の横にリサイクルボックスを置いておけば，リサイクルの手間を嫌う人も簡単に紙資源を回収することができる。

人間の経済は成長している一方で，地球の資源は減っていっている。大量の紙を使用できても，その代わりに森林を失っていては豊かとはいえない。本当の「豊かさ」とは，今の環境を守りつつも生活に支障が出ないように資源を有効利用する技術を持ち，それを生かす努力をできることだと思う。

㋒大量のごみ

オリンピック・パラリンピックに向けて，私はごみを減らすよう呼びかける活動をしていきたい。具体的な活動内容としては，「オリンピック・パラリンピックで日本を訪れる人たちに，ごみのないクリーンな日本を見せよう」といったことを伝えるポスターを作り，オフィスなどでの再生紙利用の推しょうだ。

ものを多く所有することが豊かさであると思いがちだが，これは必然的にごみを多く排出してしまうことにもなる。海外から日本へ来る人たちに美しい東京の街を見せることこそが，日本が本当に豊かであることを示すことになるだろう。また，集団内で再生紙利用といった一つの試みをすることも，人とのつながりから心の豊かさへと変わるはずだ。

2 問1 (1) ⓐ 4 ⓑ 2

(2) オ

(3) 7

問2 (1) ア

(2) ウ

(3) さばやいわしは，かつおやまぐろに比べて市場で安く取り引きされるから。

＜適性検査Ⅰ解説＞

1 （国語：作文，説明文）

問一 要約を書くときには，具体例は省き主な文章の流れを追うことが大事である。今回の資料では，海面上昇とビーチバレー，雪の減少とスキーやスノーボードといった説明や，「競技会場にポスターや横断幕を掲示したり」という活動例などは除き，環境とスポーツのつながりが深いこと，IOCが積極的に取り組むと憲章に明記したこと，そしてJOCがそれを受けて環境保護を呼びかける活動を行っていることの3点をおさえる。

問二 【書くときの決まり】に細かい指示がいくつもあるので注意する。「常体」という指定なので，文末は「～です。」や「～ました。」などではなく，「～だ。」や「～である。」などのかたちにする。具体的な活動内容を書かなければならないので，自分が活動を思いつきやすいものを㋐～㋒のうちから選ぶとよい。「資料A・B・Cをもとに」とあるので，自分の体験や知識を交えつつも独りよがりな文章にならないように気をつける。

基本 **2** （社会：資料の読み取り，日本の地形など）

問1 (1) ⓐが含まれる文では都道府県のことをいっているので，参考にするべきなのは**資料2**である。**資料2**をみると，100万人を超えているのは東京都，新潟県，大阪府，福岡県の4つであることがわかる。

(2) 4つの都県のうち東京都，大阪府，福岡県には大きな都市があり，流通の拠点ともなっているので，人口が多いことが想像できる。また，レポートの3段落目に昔は花火の材料に稲のもみ殻や米のでんぷんが使われており，このことがⓒで花火が盛んな理由の一つに考えられていることから，ⓒは米の生産量が多い新潟県と判断できる。

(3) **資料4**に橋が見えることから，両国花火は川で行われていたことがわかる。**資料3**の方を見ると，両国を流れているのが隅田川であることがわかる。**資料1**に「隅田川花火大会」があるので，答えは7とわかる。

問2 (1) AからBの地形を考えたとき，B寄りに関東平野が広がっていることがわかる。また，A寄りには越後山脈があるので，答えがアにしぼられる。

(2) アは銚子の円グラフを見ると，すけとうだらの項目はないので，銚子ではあまり水あげされていないとわかる。また，海流を表す矢印をみると銚子漁港沖に暖流が来ていることから，冷たい海ではないことがわかる。イは**資料6**で銚子，境港，釧路，八戸，石巻の5つの漁港が順位を落としていることがわかる。エは，**資料5**で示されている他の漁港よりも東京に近く，東京には築地市場という大きな市場もあるので，ふさわしい。オは海流をみると，暖流と寒流が近くでぶつかっており，ふさわしい。よって，最もふさわしくないのは，ウである。遠洋漁業で獲れるのはかつおやまぐろだが，銚子の円グラフにそれらの項目はなく，高い割合を占めるさばやいわしは沖合漁業で獲れる魚である。

(3) 水あげ金額が1位の焼津の円グラフを見るとかつおやまぐろ類がほとんどを占めてお

り，水あげされる魚の種類が銚子とは大きく異なることがわかる。かつおやまぐろが燃料費などの多くかかる遠洋漁業で獲れる魚であることを知っていると，これらの魚の方が，価格がさばやいわしより高くなるために，水あげ金額では銚子が1位でなくなることがわかる。

★ワンポイントアドバイス★

一見，もともと持っている知識を多く求められているような問題でも，提示された資料をよく見れば答えられる問題が多い。あわてずに落ち着いて資料を分析しよう。

＜適性検査Ⅱ解答例＞

1 問1 (1) 30(km)

(2) (時速)36(km)

(3) $\frac{100}{3}\left(33\frac{1}{3}\right)$(分後)

問2 (1) 14.3(%引き)

(2) ㋒ 176(人)　㋓ 100(人)

(3) エ

問3

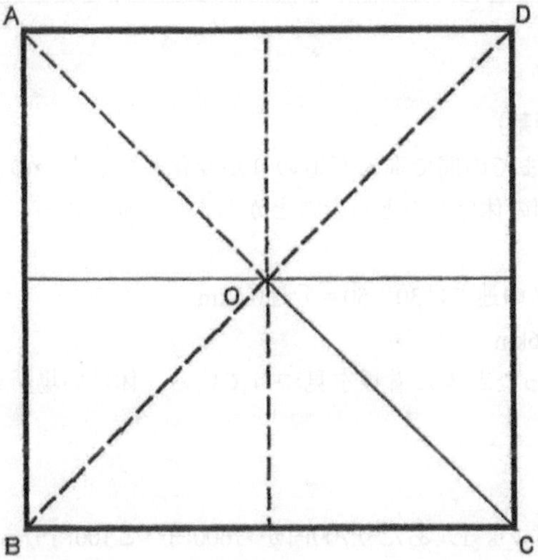

問4 (1) 計算式 8×3.14(8×3.14＝25.12でも可) 答え 25.12(cm)

(2) ウ

(3) イ

2 問1 地点B ウ

選んだ理由

1つ目の理由 水温が高いから

2つ目の理由 pHが中性に近くなっているから

または(中和のため)水がにごっているから

問2　物質　ア　　液体　ク　　※アとコ，オとク，オとコでも可

問3　(1)　7月31日

(2)

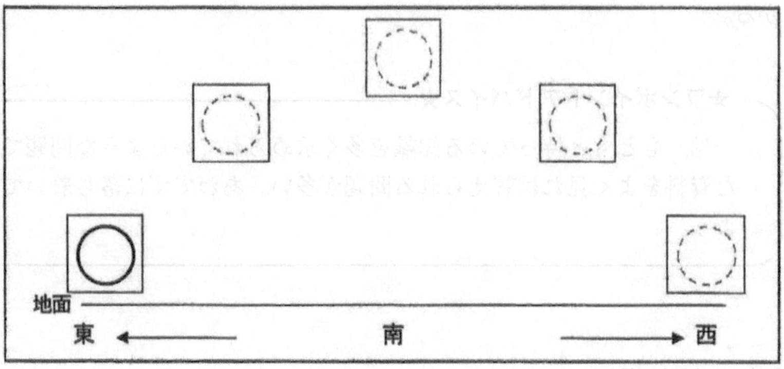

問4　鳥　イ　　コウモリ　カ

問5　2つ目の実験

目をふさいだコウモリがこん虫をつかまえられるかを調べる。その結果，こん虫をつかまえることができる。

3つ目の実験

耳をふさいだコウモリがこん虫をつかまえられるかを調べる。その結果，こん虫をつかまえることができない。

＜適性検査Ⅱ解説＞

1　(算数：速さ，割引，展開図，最短距離)

問1　(1)　表1を見ると，50分から70分までの間で進んだ道のりが変化していないので，学校を出発して50分たったときに20分間の休けいをとったことがわかる。50分たったときに進んだ道のりは表より30kmである。

(2)　30kmを50分で走るので，バスの速さは30÷50＝分速0.6km

時速に直すと，0.6×60＝時速36km

(3)　学校から60－10＝50(km)走ったときに看板を見つけている。休けい場所からは，50－30＝20(km)

よって，20÷0.6＝$\frac{100}{3}$(分)

問2　(1)　児童のみについて考えればよい。1人あたり700円から600円へと100円引きになるので，100÷700×100＝14.28…より，割引は14.3％。

(2)　㋒　中学校，高校ともに合計人数は30人以上となる。高校生以降は大人なので，㋒にはB中学校の先生とC高校の全員が含まれる。

㋓　B中学校の生徒がここに含まれる。

(3)　この場合，団体料金は関係ないのでア，ウは除外される。また，入場した人数の合計がわかっても大人と子どもの人数はわからないので，イも除外される。

やや難　問3　頭の中でうまく組み立てる。はじめにB，Dが通るように一直線に谷折りをしてある。また，BとDを重ねることでAとCを通るような折り目ができるが，手前から見て頂点Aがある側は外側

が上を向いているのに対し，頂点Cがある側は外側を下に向けているため，点Oを境に折り目が逆になることが想像できる。また，OPの折り目は紙の中心OからAB，AD，BC，DCのそれぞれの中点(真ん中の点)が重なったPを通るような折り目であるため，正方形を十字に分割するような折り目ができることが想像できる。OからAB，BCの中点への折り目は，折れることで外側同士が接するので山折り，OからAB，DCの中点への折り目は内側同士で接するように折れるので谷折りである。

重要 問4 (1) 辺ADの長さは底面の円の円周と同じ長さである。つまり底面の直径8cmの円の円周を求めればよい。

(2) 点Pを点Aの位置とすると，点Qは点Cに重なる。このとき，最も短いひもの長さは，図2においてACを結ぶ対角線と同じになる。ひもにそって切り開くと，この対角線が平行四辺形の一辺になる。

(3) うすやきポテトの1枚当たりの重さは$\frac{15}{11}$gであることがわかる。これが全部で55gあったので，本来の枚数は$55\div\frac{15}{11}=40.33\cdots$(枚)とわかる。これに最も近いのはイの約40枚である。

2 (理科：水質調査，生物の特徴)

問1 表を読み取ると，水質は「pH」，「水温」，「水のようす」の3つの要素から評価されていることがわかる。このうち「pH」と「水のようす」は大きく関係していて，pHが中性に近いと水がにごるということが読み取れる。したがって，ここで書くべき2つの理由とは，「水温」にかかわることと，「pH」「水のようす」にかかわることの2つである。まず水温について見てみると，明らかに水温が高い地点と低い地点があることがわかる。ここで，5つの調査地点のうち，地点A，B，Eでは草津温泉から流れ出た湯川が含まれるので，水温が高くなることが推測できる。また，地点Bは中和工場より川下にあるため，水は中性に近く，にごっていると推測できる。よって，地点Bはアかウであると考えられるが，Eと比べてより温泉に近い方が水温は高くなると考えられるので，地点Bはウであると推測できる。

問2 炭酸カルシウムは，二酸化炭素を含む水のような酸性の液体に溶ける性質がある。物質のグループのうち，石灰岩と同じように炭酸カルシウムを多く含むのはアとオである。イは鉄，ウは炭素が主成分であり，エはポリプロピレン(プラスチックの種類のうちの1つ)と呼ばれる，主に炭素，酸素，水素から構成された素材で作られている。 また，液体のグループのうち，酸性の液体はクとコである。石灰水は二酸化炭素を吹き込むことで白く濁ることがよく知られているが，石灰水そのものに最初から二酸化炭素はふくまれていない。

問3 (1) 月は1時間で15度動くので，$90\div15=6$より，月の出の時刻からおよそ6時間で南中する(真南にみえるようになる)。二人の会話から，現時刻が日の入りより50分くらい前であることがわかるので，日の入りの50分前くらいの時刻がちょうど月の出の時刻の6時間後になるような日付を探す。最も近いのは7月31日である。日の入りのころ南の空に見える月は半月(上弦の月)であることから，見当をつけることもできる。

(2) 一週間後の8月7日の月は満月である。8月7日の日の入り時刻は月の出時刻の32分後であるので，日の入り時刻ごろの月の場所は，ほとんど東の地平線の近くにある。

問4 脊椎動物の腕の部分には，肩，ひじ，手首の3つの関節があり，その先に指があることをもとに考える。ひじは胴体につながる部分(＝肩)から2番目の関節である。ア，オは人間でいう肩，ウ，キは手首，エ，クは指の第2関節に相当する。鳥の羽では，もともと5本あった指のうち2本は退化してしまっている。

問5 「コウモリは目ではなく耳を使ってこん虫をとる」ということを実験で確かめたい場合，まず，「コウモリがこん虫をとるのに目も耳も関係がない」ということを否定しなくてはいけない。これは問題文にある1つ目の実験で確かめることができる。次に必要なのは「コウモリがこん虫をとるのに目は必要がない」ということを確かめることで，コウモリの目だけをふさいでこん虫をつかまえられるかを調べ，結果つかまえられれば確かめたいことに沿っているといえる。

確認が必要なことのもう1つは「コウモリがこん虫をとるには耳が必要である」ということで，コウモリの耳だけをふさいでこん虫をつかまえられるか調べ，つかまえられなければ確かめたいことに沿っていると言える。

★ワンポイントアドバイス★

幅広い範囲から出題されているが，問われているのは知識そのものより，論理的に考える力である。文章を書く問題に時間を割けるよう，単純な計算問題は素早く解くようにしたい。

平成29年度

★★★★★★★★★★★★★★★★★★★★★★★

入　試　問　題

平成29年度

市立稲毛高等学校附属中学校入試問題

【適性検査Ⅰ】（45分）

1　ある地域《ちいき》で子どもまつりが行われています。小学生の千春さん，えりさん，健太さんは最初に販《はん》売《ばい》コーナーで昼食を買い，次に工作の広場に行きます。あとの問いに答えなさい。

問1　販売コーナーには次のようなメニューがあります。なお，消費税は値段にふくまれているものとします。

【子どもサービス】

・★のついた品物は、表示の値段《ねだん》から10％引いた値段になります。

・パンと飲み物を１つずつ買うとセットになり、合計金額から50円引きになります。

・パンを３つ買うと、３つの合計金額の２割引《わりびき》になります。

○パン

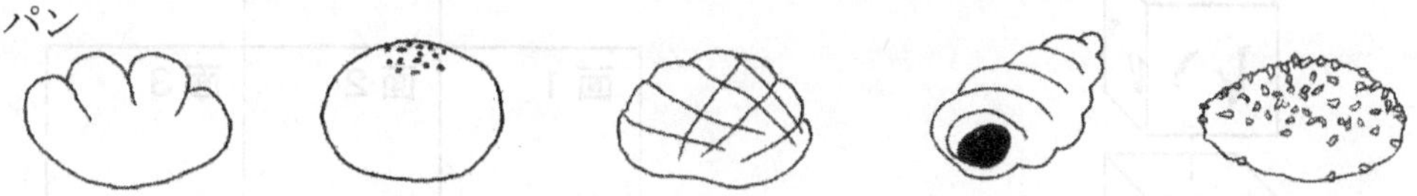

クリームパン 120円	あんパン 150円	★メロンパン 200円	チョコパン 200円	カレーパン 250円

○飲み物

★コーラ 100円	ラムネ 120円	スポーツドリンク 150円	生しぼりオレンジ 200円

⑴　千春さんが【子どもサービス】を利用して，あんパンとチョコパンとカレーパンを１つずつ買うと，代金はいくらですか。その答えを求めるための計算式と答えを書きなさい。

⑵　えりさんと健太さんの会話文を読んで，2人が買った品物について，考えられる組み合わせを解答らんの例にならって，すべて答えなさい。ただし，同じ品物を２つ以上買う場合には，その個数も書きなさい。

えり：健太さんの代金は400円だったそうね。わたしも同じ金額だったわ。

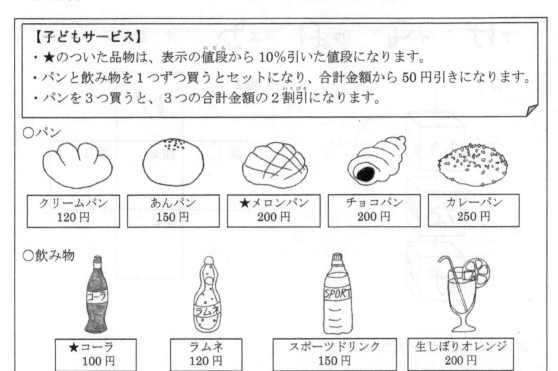

健太：偶然《ぐうぜん》だね。えりさんは飲み物を買ったみたいだね。ぼくは飲み物を買っていないよ。他には何を買ったの？

えり：わたしは，飲み物を１つとパンを２つ買ったよ。でも，パンの１つは持って帰るつもりよ。健太さんは3つもパンを買って，食べきれるの？
健太：ぼくも１つは弟のおみやげにするよ。

問２　工作の広場で，3人は立方体を作ることにしました。

⑴　千春さんは，**図１**のように３つの立方体を糸でつなげた飾《かざ》りを作ります。この飾りはつるした状態で前，後，左，右のどの方向から見ても上から「**いなげ**」と読むことができます。

①　**図２**に正方形の面を１枚加えると，「**げ**」の文字が入る立方体の展開《てんかい》図《ず》ができます。面を１枚かき加えて展開図を完成させなさい。

②　**図２**の**面１～面４**には「**げ**」の文字がどの方向で入りますか。下の**ア～オ**から選びそれぞれ記号で答えなさい。同じ記号を２回以上使ってもかまいません。

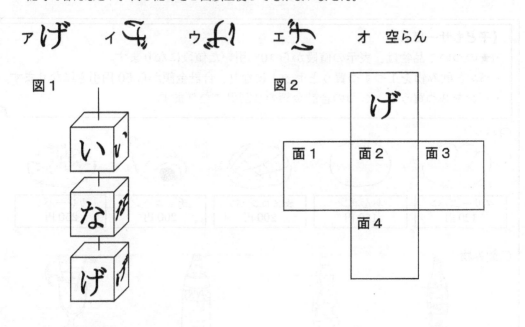

オ　空らん

図１

図２

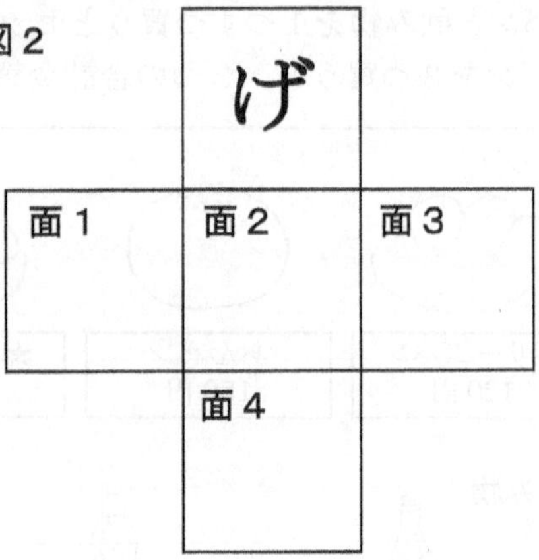

⑵　※出題に不備があったため削除

⑶　健太さんは1辺の長さが10cmの立方体を作りました。辺BC上で頂点《ちょうてん》Bから7.5cmの所にある点をPとします。**図4**のように，点Pから頂点Eまでの長さが最も短くなるようにマジックで立方体の面上に直線を引き，辺BFと直線が交わる点をQとします。三角形QEFをぬりつぶすとき，この三角形の面積を分数で求めなさい。

図4

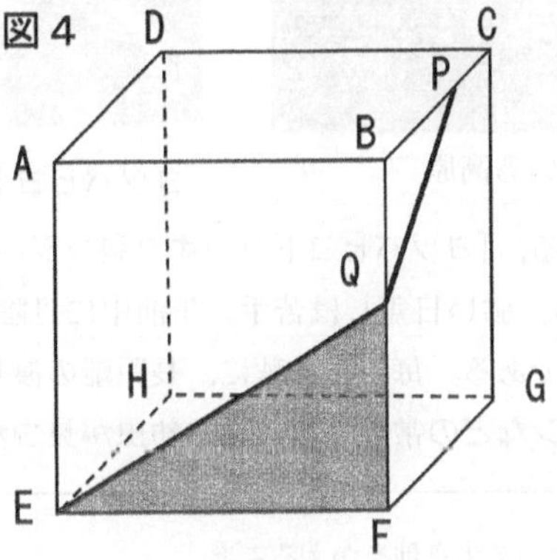

2　あきらさんのクラスでは，夏休みの自由研究について話し合っています。次の会話文を読み，あとの問いに答えなさい。

あきら：先生，①群馬県に住んでいる祖母が，とても翅《はね》がきれいな蝶《ちょう》の写真を送って来てくれました。

先生：これは※渡《わた》りをする蝶として有名なアサギマダラですね。私は実物を見たことはありません。

あきら：蝶が渡り鳥のように移動するのですか？

先生：はい。近年の研究で明らかになったそうです。北は北海道から，南は沖縄《おきなわ》や台湾《たいわん》まで渡る個体もいるらしいですよ。

あきら：小さな体でそんなに長い渡りをするなんてすごいですね。②もっと調べてみようと思います。

祖母が送ってくれたアサギマダラの写真

後日，あきらさんは図書館でアサギマダラについて調べ，次のようにまとめました。

アサギマダラ

アサギマダラはマダラチョウ科に属《ぞく》する大型の美しいチョウである。このチョウの最も興味深い点は，非常に長距離《きょり》の渡りを行うことにある。この実態を明らかにするため，全国でマーキング（しるしをつける）調査が行われている。その結果，春から夏にかけては日本列島を北上し，秋になると南下することが徐々《じょじょ》に分かってきた。しかし細かいルートは今でもよく分かっていない。

○　翅を広げると5～6cmくらいの大きさ。黒の縁《ふち》取りに囲まれた浅黄《あさぎ》色（うすい青緑色）の斑《まだら》がある。

アサギマダラのいる高原

ヨツバヒヨドリの密《みつ》を吸うアサギマダラ

○　ピンク色の花を咲かせる,「ヨツバヒヨドリ（キク科フジバカマ属）」の蜜が好物。
○　22℃ 程度の温度を好み，強い日差しは苦手。午前中に日陰《ひかげ》で蜜を吸う姿が見られる。
○　寿命《じゅみょう》は４～５ヶ月程度である。毎年春と秋に，長距離の渡りをする。
○　夏と冬には，キジョランなどの常緑《じょうりょく》植物の葉に幼虫が見つかる。

※渡り……鳥などが季節によって生息《せいそく》地をかえること。

先生：アサギマダラの渡りの研究では，主に次のような３つの方法が用いられるようです。このような地道な研究で，徐々に渡りの実態《じったい》が明らかになっていったのです。

⑴　ある地点で捕獲《ほかく》したアサギマダラに　ⓐ捕獲場所，ⓑ□，ⓒ捕獲した者の名前が分かる③マークをつけ，すぐに放す。
⑵　ほかの研究者が別の場所で，マークのある個体を捕獲する（再捕獲）と，その情報をインターネット上に書き込み，研究者同士で共有する。
⑶　集まったデータを集計すると，渡りの時期やルートが推定《すいてい》できる。

ゆき：私は以前，鹿児島県に住む叔父《おじ》に誘《さそ》われて，奄美《あまみ》大島で再捕獲したことがあります。
先生：ゆきさんが再捕獲したのは何月ごろでしたか？
ゆき：確か11月の中旬だったと思います。秋のうちは多く飛来しますが，冬になるとほとんど見なくなってしまうそうです。
先生：ほかの地域でその年の秋に再捕獲された個体についても，インターネット上のデータを調べてみると面白いかもしれませんね。

ゆきさんが，奄美大島で再捕獲した数とインターネットで調べた結果を，次のページの**表１**のようにまとめました。

問１　あきらさんがもらった下線部①の写真は，７月の中旬に撮られたものでした。そこで，あきらさんは，８月初旬にアサギマダラが訪れる地点を予測しました。予測地点として最も適切なものを次の㈠～㈣から１つ選び記号で答えなさい。

㈠　大分県姫島《ひめじま》　㈡　愛知県渥美《あつみ》半島　㈢　千葉県愛宕《あたご》山　㈣　福島県磐梯《ばんだい》山

問２　下線部②で，あきらさんは，アサギマダラはヨツバヒヨドリの何を手がかりに飛来するか調べるために，あとの⑴～⑸の５つの実験を考えました。あなたなら，どのような仮説を立てて，

表１

マーキングされた場所	主なマーキング日	※奄美大島での再捕獲数評価	岡山県での再捕獲数評価	愛知県での再捕獲数評価
東北・関東	8月下旬～9月上旬	×	△	◎
北陸・信州	8月下旬～9月下旬	△	◎	○
東海・近畿《きんき》	10月上旬～10月下旬	◎	○	△
四国・中国	10月中旬～11月中旬	○	△	×
九州	10月下旬～11月中旬	△	×	×
再捕獲数の合計		49頭	63頭	109頭

※再捕獲数評価とは、再捕獲数の合計に対する、その場所での再捕獲数の割合を４段階でしめしたもの。

（◎…50%をこえる、○…20%程度、△…5%程度、×…ほとんど０%に近い）

実験を行いますか。仮説の書き方は，「アサギマダラはヨツバヒヨドリの○○○を手がかりにして飛来するだろう。」です。また，その仮説を確かめるために，次の⑴～⑸のどの実験を行いますか。実験の記号を２つ答えなさい。

⑴　灰色の厚紙と針金でヨツバヒヨドリの精巧《せいこう》な模型《もけい》を作り，アサギマダラのいる高原に置く。

⑵　黄・青・橙《だいだい》のカラフルな４㎝四方の画用紙を用意し，アサギマダラのいる高原に置く。

⑶　ピンク色の４㎝四方の画用紙を用意し，アサギマダラのいる高原に置く。

⑷　ピンク色の４㎝四方の画用紙でヨツバヒヨドリの精巧な模型を作り，アサギマダラのいる高原に置く。

⑸　黄・青・橙のカラフルな４㎝四方の画用紙に，ヨツバヒヨドリをすりつぶした汁《しる》をしみこませ，アサギマダラのいる高原に置く。

問３　空らんⓑ［　　］に当てはまる，マークをつけるときに明らかにすべき情報は何ですか。適切なことばを１つ書きなさい。

問４　下線部③について，動物にマークをつける方法として，牛や馬の耳に切れ込みを入れたり，鳥の足に金属の輪をつけたりする方法があります。しかし，アサギマダラの翅を切ったり，肢《あし》に輪をつけたりするのはマークとして不適当です。アサギマダラにマークをつけるときに，どのようなことに気をつければ良いか書きなさい。

問５　奄美大島を訪れる個体は，東海・近畿地方でマークされたものが多いのはなぜですか。理由として考えられることを説明しなさい。

3 **千花さんと良夫さんは博物館を訪れ，博物館職員の説明を聞きながら，千葉の歴史について調べることにしました。次の会話文を読み，あとの問いに答えなさい。**

職員：昨年は①千葉常胤《つねたね》の父である千葉常重《つねしげ》が，大椎《おおじ》から千葉に移り，千葉氏を名乗ってから890年にあたるといわれた年です。

千花：890年前に，千葉市発展《はってん》の第一歩が築かれたのですね。

職員：千葉常胤は源頼朝《みなもとのよりとも》を助け，下総《しもうさ》の支配権《けん》を認《みと》められました。

良夫：下総のほかにも，千葉氏の領地はあったのですか。

職員：千葉常胤は源平《げんぺい》の合戦などで活躍《かつやく》し，日本の各地に領地を与《あた》えられました。その領地は常胤の６人の子どもたちに引き継《つ》がれました。

千花：千葉氏はその後，どうなったのですか。

職員：豊臣秀吉《とよとみひでよし》が北条《ほうじょう》氏を滅《ほろ》ぼして全国を統一すると，北条氏に味方していた千葉氏も滅びました。

良夫：千葉市には，千葉氏ゆかりのものが何かありますか。

職員：千葉市の市章には，千葉氏の「月星紋《もん》」が入っています。千葉市が誕生した②大正10年に市章は制定されました。千葉市が市制施行《しこう》100周年をむかえるのは４年後です。

千花：千葉氏にまつわる伝統行事は，何か残っていないのですか。

職員：全国には，③「千葉六党《りくとう》」にまつわる行事など，さまざまな伝統行事が残っています。

良夫：市制施行後，千葉市は人口も増えて都市化しましたが，今でも周辺部には畑が残っていて，④新鮮《しんせん》な野菜を作って，東京に出荷している農家もありますね。

問１　下線部①に関して，次の説明と会話文を読み，千葉氏の系図《けいず》（平忠常《たいらのただつね》から千葉常胤まで）を完成させなさい。ただし，系図は親子関係を横の線でつないで左から右に書き，名前が不明の場合は□で表しなさい。

桓武天皇《かんむてんのう》の曾《ひ》孫（孫の子）の**高望《たかもち》王**が「平」の姓《せい》を賜《たまわ》る。**平良文《よしふみ》**は**平高望**の子にあたる。**平良文**の孫である**平忠常**が下総国で乱《らん》をおこす。**平常兼《つねかね》**は**平忠常**の曾孫にあたる。**平常兼**の子が大椎から千葉に移り，「千葉」の姓を名乗る。

問２　下線部②は，西暦《せいれき》何年か書きなさい。

問３　下線部③に関して，あとの**資料１**と**資料２**を参考にして，胤正《たねまさ》をのぞく「千葉六党」にまつわる伝統行事名を，**資料１**の表より１つあげ，その名前を書きなさい。また，それが行われている現在の地方名を漢字で書きなさい。

資料１　千葉氏にまつわる伝統行事

記号	都市名	一族名	伝統行事の内容(太字は伝統行事名)
ア	宮城県亘理《わたり》町・涌谷《わくや》町	武石《たけし》(亘理→涌谷伊達《だて》)氏	「**古式獅子舞**《こしきししまい》」は、京都から伝えられたという獅子舞を舞《ま》って神にささげるまつりで、涌谷妙見社の前で７月に行われる。
イ	福島県相馬《そうま》市・南相馬市	相馬氏	「**相馬野馬追**《のまおい》」は、神の思いにかないそうな良馬をとらえて、神にささげるまつりで、相馬氏が信仰《しんこう》していた３つの妙見社で７月に行われる。
ウ	千葉県千葉市・船橋市・習志野市・八千代市	馬加《まくわり》千葉氏	「**三山七年祭**《みやましちねんまつり》」は千葉県内の４市にまたがる、９つの神社のおみこしが６年に一度集まって行われる、安産(無事に子どもが生まれること)のまつりである。
エ	千葉県千葉市	千葉氏	「**妙見大祭**《みょうけんたいさい》」は千葉氏の守り神である妙見を祭る千葉神社で、８月に７日間にわたって行われるまつりで、千葉開府と同様に890年の歴史がある。
オ	岐阜県郡上《ぐじょう》市	東《とう》(遠藤《えんどう》)氏	「**郡上踊**《おど》**り**」は日本三大盆《ぼん》踊りの一つで、７月中旬から９月上旬まで33夜にわったって行われる盆踊りである。
カ	佐賀県小城《おぎ》市	九州千葉氏	「**祇園祭**《ぎおんまつり》」は九州の小京都といわれる小城市で７月に行われ、武者人形を飾《かざ》った山鉾《やまぼこ》(まつりで曳《ひ》く飾り付けた車)が練り歩く、戦の訓練を兼《か》ねたまつりである。

(ア～カの記号は、下の地図中の場所をしめす)

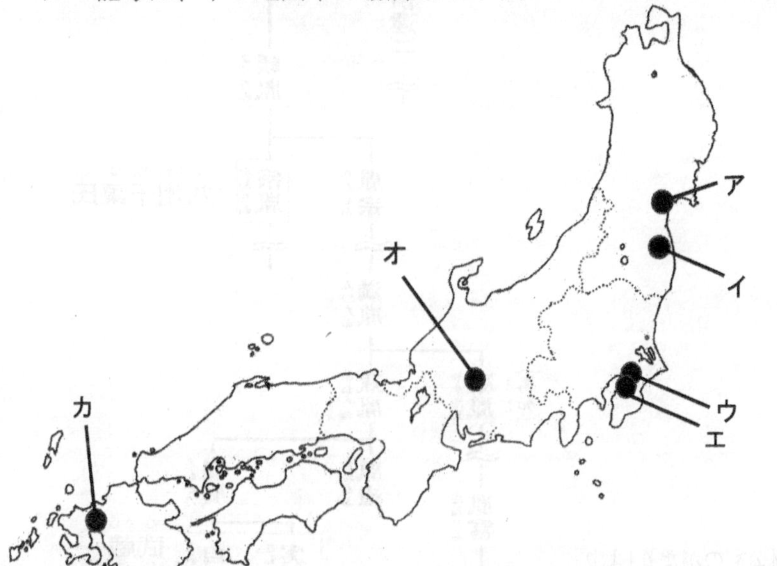

境界は現在の地方区分をしめす。

資料２　千葉氏系図

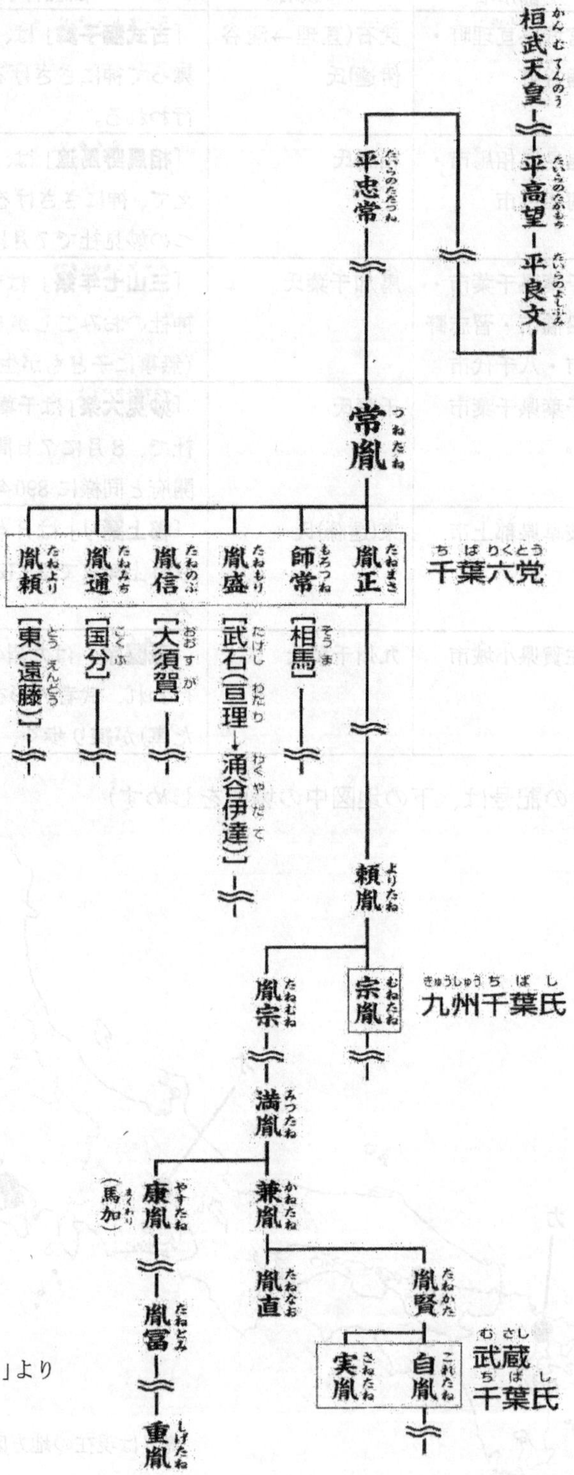

「千葉常胤公ものがたり」より

問４　下線部④に関して，**資料３**のグラフＡ～Ｃは，「千葉県のキャベツ」「長野県のレタス」「宮崎県のきゅうり」のいずれかの野菜が東京都の中央卸売《おろしうり》市場に入荷《にゅうか》してくる月別の入荷額を表したものです。10ページの**資料４**を参考にして，それぞれの野菜にあてはまるものを，Ａ～Ｃの中から選び，記号で答えなさい。

資料３

Ａ

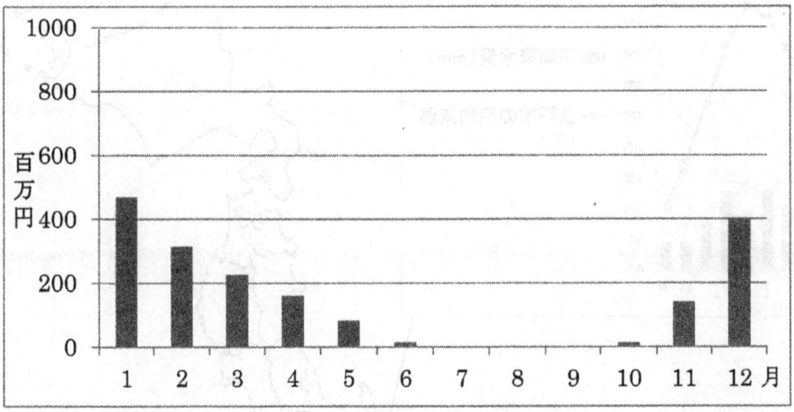

Ｂ

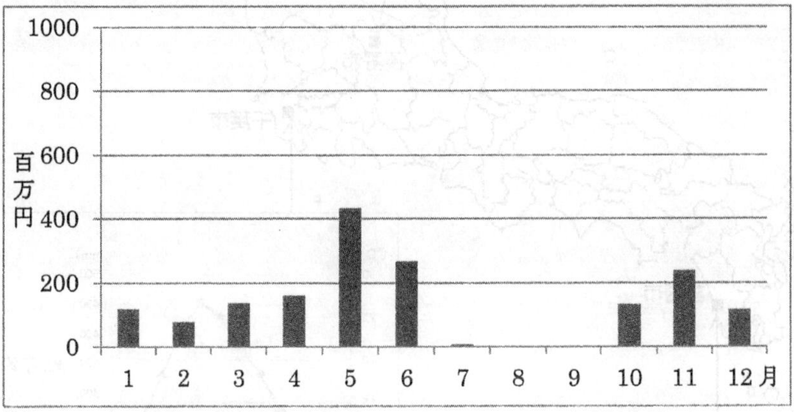

Ｃ

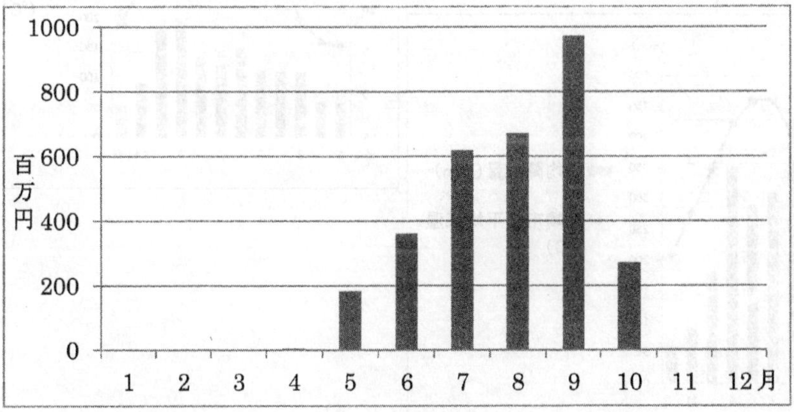

平成27年度　東京都中央卸売市場　市場統計情報より作成

資料４　３県の県庁《ちょう》所在地の月別平均気温・降《こう》水量

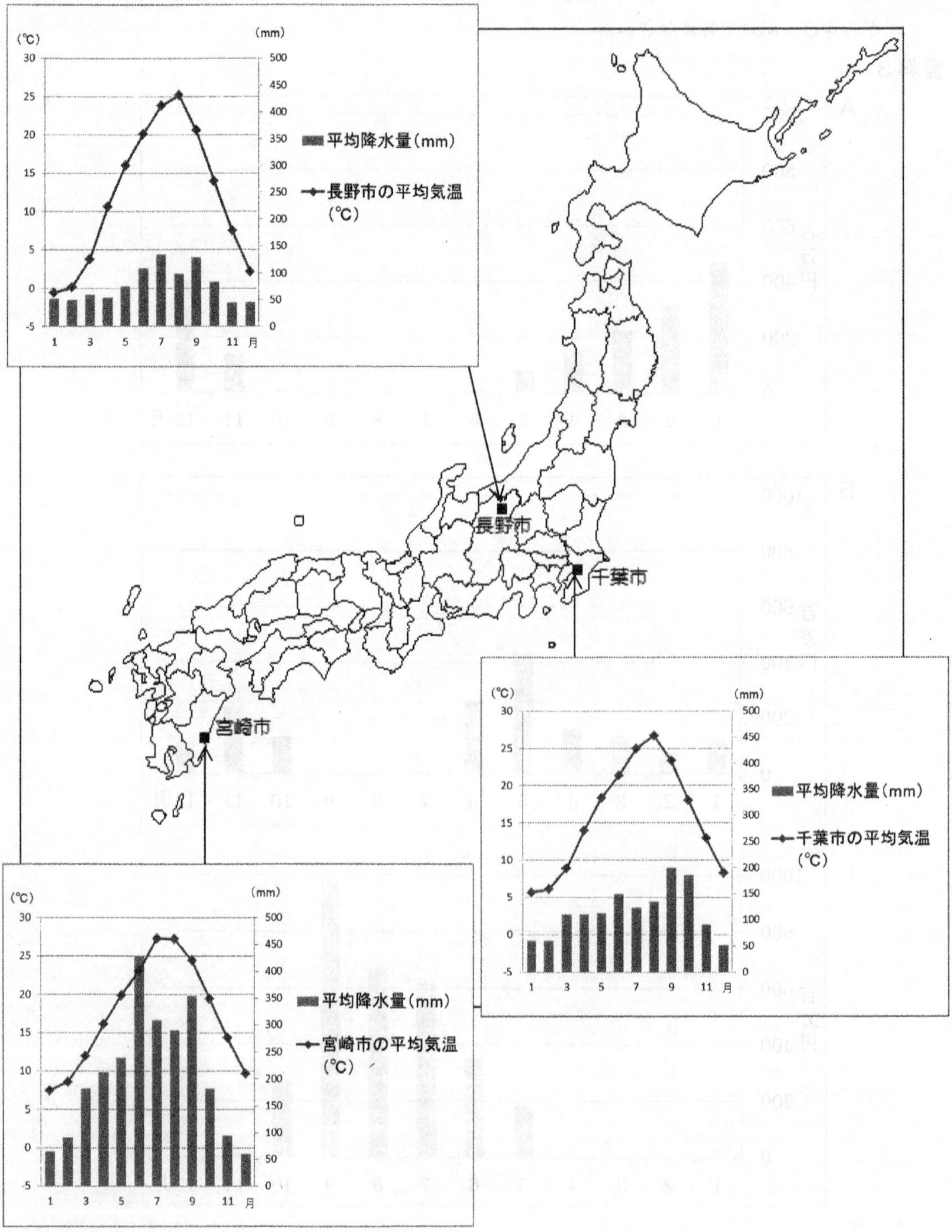

気象庁データブック（1981～2010年）より作成

スライドⅣ では、メモ の条件にあわせて、B①「ハスのように、……」にあるように**ハスの葉っぱと同じようなセルフ・クリーニングのしくみを使った商品を提案する**ことにしました。あなたは、どのような商品を提案しますか。

次の**【書くときのきまり】**にしたがって、**十五行以上十七行以内**で書きなさい。

【書くときのきまり】

1 原稿用紙の一行目から書くこと。

2 、や。や「もすべて一字として考えること。

3 **二段落構成**にすること。

4 一段落目には、あなたが提案したい商品について書くこと。C②「高齢者」が、C③「趣味を楽しむ」ときにどのように使用するのか、**具体的な使用方法を説明する**こと。

5 二段落目では、なぜその商品を提案したのか、あなたの**体験**から**理由**を書くこと。

問三 話し合いの中で、スライドⅡ を何番目にするか意見が分かれました。あなたは スライドⅠ から スライドⅣ を、**どのような順番で並べて**発表するのが最も効果的だと考えますか。なぜ、そのような順番にしたかを、次の**【書くときのきまり】**にしたがって、**八行以上十行以内**で書きなさい。

【書くときのきまり】

1 **スライドの順番**を指定されているわくに書くこと。

2 原稿用紙の一行目から書くこと。

3 、や。や「もすべて一字として考えること。

4 **一段落構成**にすること。

5 はじめの文は、**「スライドⅡの順番は～」**という書き出しにすること。

6 文章中で**「構成の意図」**という言葉を一回以上使用すること。

問一　[A]・[B]・[C]の資料を読んで、五年生の児童が[ア]～[ク]の情報カードを作りました。

この八枚の情報カードの中から、[A]・[B]・[C]の資料から**読み取れるもの四つ**を選んで記号で答えなさい。

[ア] 千葉市に住んでいた大賀博士が、検見川で古代蓮の実をみつけた。

[イ] 大賀ハスは海外でも栽培されている。

[ウ] ネットショッピングを利用する六十五歳以上の人たちが増えている。

[エ] ハスの葉には「超はっ水性」という水をはじく性質がある。

[オ] 大賀博士がみつけたハスの実は、約千年前のものである。

[カ] 文部科学省が、高齢者に関する調査を行った。

[キ] 大賀ハスは、平成五年に千葉市の花に制定された。

[ク] ハスの花は、昔から俳句や短歌によまれている。

問二　花子さんたちは[A]・[B]・[C]・[D]の資料を読んで、三人で発表について話し合いました。そして[スライドⅠ]から[スライドⅣ]までの四枚の**スライド**とそれぞれに**メモ**を作りました。

スライドⅠ　大賀ハス
メモ「大賀ハス」について説明する。
スライドⅡ
れんこんサラダ
メモ Dの資料「ちばのふるさと料理-れんこんサラダ」を紹介する。
スライドⅢ
セルフ・クリーニング
メモ セルフ・クリーニングのしくみについて説明する。
スライドⅣ
私たちが考えたもの
?
メモ セルフ・クリーニングのしくみを使った商品を考える。使ってもらいたい人はC②「高齢者」である。C②「高齢者」が、C③「趣味を楽しむ」ときに使えるものを考える。

D　**ちばのふるさと料理－れんこんサラダ**

れんこんは「穴があいて先の見通しがよい」と，正月料理や行事食には欠かせない食材として昔から使われています。現在では，行事食以外にも年間を通じていろいろな食べ方が工夫《くふう》されています。

【材料（４人分）】

・れんこん300ｇ　・にんじん80ｇ　・きゅうり50ｇ　・卵《たまご》　１個

・ブロッコリー100ｇ　・レタス（サラダ菜）４枚

・ミニトマト※適宜《てきぎ》　・酢《す》　適宜

ソース　塩…小さじ２杯《はい》　マヨネーズ…大さじ３杯

こしょう…少々

【作り方】

1. れんこんは皮をむき，縦《たて》に２つまたは４つ割にして薄《うす》く切り，※酢《す》水にさらしてからさっとゆでます。
2. にんじんは花形にぬき，薄く切ってさっとゆでます。
3. 卵は固ゆでにし，※粗《あら》みじんに切ります。
4. きゅうりは※板ずりにし，縦《たて》２つに切ってから斜《なな》め切りにします。
5. ブロッコリーは子房《こぶさ》に分け，たっぷりの熱湯に塩を入れゆでておきます。
6. 1. 2. 3. 4. を合わせて【ソース】で和《あ》え，レタスをしいた器《うつわ》に盛《も》り，ブロッコリーとミニトマトを飾《かざ》ります。

【一口メモ】

れんこんは独特の形と併《あわ》せて，シャキッとした歯ざわりが特徴《とくちょう》です。れんこんをシャキッと仕上げるには，鍋《なべ》のお湯が沸騰《ふっとう》してから入れ，ふたをしないでさっとゆでて，すばやく冷まします。

※適宜……それぞれの場合によくあっている様子。

※酢水……酢をたらした水。

※粗みじん……３～４㎜角を目安に，粗いみじん切りにすること。

※板ずり……塩をまぶしてすりこみ，まな板の上でゴロゴロ転がす下ごしらえ。

（千葉県ＨＰ「ちばのふるさと料理」より。問題作成のため一部改編。）

B

池やぬまなどで、水の中から生えているハスの葉《は》っぱを見たことがありますか？　大きな円い形のハスの葉《は》っぱ、その表面《ひょうめん》はとてもきれいで、よく見るとよごれひとつありません。ハスの葉《は》っぱは水をとてもよくはじくため、よごれがつきにくく、また、よごれてもかんたんに、雨の水であらい落《お》とせてしまうのです。

水のしずくが玉になって、ハスの葉《は》っぱの上で、コロコロと転《ころ》がっているところもよく見かけます。なぜハスの葉《は》っぱは、水をコロコロの玉にしてしまえるのでしょう？

この、水をはじく性質《せいしつ》は、「超《ちょう》はっ水性《すいせい》」といって、葉《は》っぱの表《ひょう》面《めん》に、目には見えないくらいのとても小さいデコボコがあることから生まれています。

葉《は》っぱの表面《ひょうめん》には大きさが数マイクロメートルのデコボコがあり、そのデコボコの表面《ひょうめん》には、さらにその数百分の一の大きさの小さな出っぱりがたくさんついています。1マイクロメートルは、1ミリメートルの1000分の1の長さです。

この小さな出っぱりがあるために、水と葉《は》っぱがふれ合っている部分《ぶぶん》の面積《めんせき》がとても小さくなり、水玉がぺちゃんこにつぶれてしまうのをふせいでいるのです。

水をはじくようにするときは、表面《ひょうめん》をツルツルにみがいて水が流《なが》れやすくすることが多いのですが、ハスは全《まった》くぎゃくのことをしているのです。①ハスのように、自動的《じどうてき》に表面《ひょうめん》をきれいにできるしくみを「セルフ・クリーニング」機能《きのう》とよんでいます。

（「科学のお話『超』能力をもつ生き物たち」　石田秀輝　学研教育出版　による。）

C

※問題に使用された作品の著作権者が二次使用の許可を出していないため、問題を掲載しておりません。

A　千葉市が世界に誇《ほこ》る大賀ハスの素《す》晴らしさをもっと知っていただくため，大賀ハスの由来、大賀博士《はかせ》のハス研究，千葉公園の開花状況《じょうきょう》など，大賀ハスに関するさまざまな情報を集めました。

大賀ハスの由来，※分根《ぶんこん》のあらまし

1951（昭和26）年３月３日から４月６日までの35日間，大賀一郎博士たちは千葉県検見川の東京大学農学部厚生《こうせい》農場内（現・東京大学総合運動場）の※泥炭層《でいたんそう》を掘《ほ》り進め，地下約６メートルの青《せい》泥層から３月30日に古蓮実《ふるはすみ》１粒《つぶ》を発見しました。これは予定期間を過ぎ，作業中止もやむを得ないと思われた矢先のことでした。作業に参加していた花園中学校の生徒がふるっていた土の中から発見されたのです。そのあと４月６日に２粒の実を発掘《はっくつ》し，同年５月６日に大賀博士宅（東京都府中市）で発芽処理《しょり》が行われ，３個とも発芽しましたが１個は発芽後まもなく※枯死《こし》しました。生長した実生苗《みしょうなえ》２株が６月に千葉県農業試験場（現・県農林総合研究センター）へ移されました。１株は数日後に枯《か》れ，3月30日出土の実生苗だけが順調に生育し，９月には８枚の立ち葉を広げる株に生長しました。

翌1952（昭和27）年４月７日に生長した蓮根《れんこん》を掘り上げ，４節約60㎝のもの（大）は東京大学検見川厚生農場（当時）へ，３節約40㎝（中）のものは千葉市の希望で千葉公園・弁天池の一角（現・菖蒲《しょうぶ》園）へ，２節約30㎝のもの（小）は県農業試験場へそれぞれ植え付けられました。

当時，検見川農場には牛馬が飼育され，その食害から避《さ》けるため，東京大学の株は地元の農業委員である伊原茂氏に栽培《さいばい》を※委託《いたく》されました。この株は同年７月１日に最初の蕾《つぼみ》を付け，7月18日に開花しました。1954（昭和29）年３月31日付で千葉県の※天然記念物「検見川の大賀蓮《はす》」として指定され，以来，この古蓮は「大賀蓮」と呼ばれています。大賀蓮は，実と同じ地層から出土した丸木舟《まるきぶね》の※ラジオ・カーボン・テスト等の年代測定に基《もと》づき，約2000年前の古蓮と推定《すいてい》されました。分根された千葉公園の株は1953（昭28）年８月５日，県農業試験場の株は1955（昭30）年頃に開花しています。

１粒の古蓮実が３つの蓮根となり，その後，実や蓮根によって，国内及び海外へ150箇《か》所以上に分根，栽培され，友好と平和の使者として親しみ愛されています。また，1993（平成５）年４月29日，千葉市が政令指定都市になったことなどを記念し「市の花」に制定され，古代のロマンを秘めた花蓮として本市の象徴《しょうちょう》になっています。

（千葉市ＨＰ　「大賀ハス何でも情報館　大賀ハスの由来，分根のあらまし」より。
問題作成のため一部改編。）

※分根……根を分けて移し植えること。

※泥炭層……枯れた植物などが分解されてできた地層。

※枯死……草木が枯れてしまうこと。

※委託……かわりにやってもらうこと。

※天然記念物……法律によって保護するように決められているめずらしい動物・植物・鉱物。

※ラジオ・カーボン・テスト……年代を測定する方法の１つ。

【適性検査Ⅱ】（四五分）

小学校六年生の花子さんは、全校遠足で千葉公園にハスを見に行きました。その後、遠足の報告を学習発表会で行うことになりました。発表会には、地域の方もたくさんいらっしゃいます。学習発表会は、四年生の児童・五年生の児童と三人で行います。三人が用意した次の[A]・[B]・[C]・[D]の資料を読み、あとの問いに答えなさい。

平 成 29 年 度

解 答 と 解 説

＜適性検査Ⅰ解答例＞

1 問1 (1) 計算式 (150＋200＋250)×0.8 答え 480 円

(2) 健太さん (クリームパン，チョコパン，メロンパン)

(あんパン2つ，チョコパン)

えりさん (クリームパン，メロンパン，スポーツドリンク)

(あんパン2つ，スポーツドリンク)

(あんパン，メロンパン，ラムネ)

(メロンパン2つ，メロンソーダ)

問2 (1)①

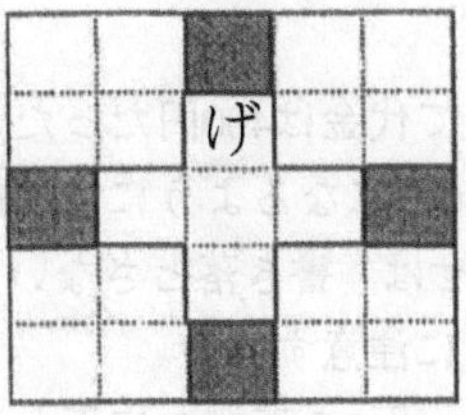

(4つの■のうちどれか1つ)

②

面1	面2	面3	面4
エ	オ	イ	ウ

(2) 〈削除〉

(3) $\frac{200}{7}$ cm^2

2 問1 エ

問2 (例)アサギマダラはヨツバヒヨドリの 色 を手がかりにして飛来するだろう。

実験の記号 (2) と (3) (または (1) と (4))

(例)アサギマダラはヨツバヒヨドリの 形 を手がかりにして飛来するだろう。

実験の記号 (3) と (4)

(例)アサギマダラはヨツバヒヨドリの におい を手がかりにして飛来するだろう。

実験の記号 (2) と (5)

(3つの中で，1つを答えれば良い)

問3 捕獲日

問4 マークによって飛べなくなったり，外敵に狙われやすくなったりして，生存に影響することがないマークが適している。

問5 (例) すべての個体が東北～沖縄にかけて長距離を渡るわけではなく，多くの個体はその半分程度の距離を渡っている。

(例) 奄美大島を訪れる個体は，東海・近畿地方から旅を開始している個体が多い。

3 問1 平忠常――□――□――平常兼――千葉常重――千葉常胤

問2　1921　年
問3　伝統行事名　相馬野馬追　　地方名　東北　地方
　（伝統行事名　郡上踊り　地方名　中部　地方）
　（伝統行事名　古式獅子舞　地方名　東北　地方）
問4　千葉県のキャベツ　B　　長野県のレタス　C　　宮崎県のきゅうり　A

＜適性検査Ⅰ解説＞

やや難　**1**　**（算数：割合の計算，順列・組み合わせ，立体図形）**

問1　(1)　【子どもサービス】より，パンを3つ買うと，3つの合計金額が2割引きになることから式を立て計算する。

(2)　まず【子どもサービス】より，★のついているメロンパンが180円，コーラが90円になることをおさえておく。2人の会話から，健太さんは，パン3つ買って代金は400円であったことがわかる。【子どもサービス】より，パンを3つ買うと，3つの合計金額が2割引きになるので，代金が400円になるためには合計金額が500円になるようにしてパンを3つ買えばよいことになる。

　また，えりさんは，飲み物1つとパン2つ買って代金は400円だったことがわかる。この場合は，合計金額から50円引きになるので，450円になるようにして飲み物1つとパン2つを買えばよいことになる。考えられる組み合わせは，書き落とさないように，また，同じ品物を2つ以上買う場合は，その個数も書くことに注意する。

問2　(1)①　すでに入っている「げ」の文字の向きから，面2を下側の底面とすると，上側の底面が不足しているので，解答例の4つの■のうちどれか1つをかき加える。

②　図1を参考にして，図2を組み立てた形を想像して選んでいく。

(3)　図4を展開図の一部で表すと右の図のようになる。三角形QEFの面積を求めるには，辺QFの長さを求めなければならない。そこで点Pから辺FGに垂直な直線を引く。辺FGと交わった点をRとする。EからRまでの長さは17.5cmなので，三角形EFQを1.75倍に拡大したものが三角形ERPになる。そこで，EF：QF＝ER：PRがなり立つことがわかる。式を立てると，10：QF＝17.5：10　これを解くと，$QF=\frac{10}{1.75}$　したがって，三角形QEFの面積＝$10\times\frac{10}{1.75}\times\frac{1}{2}=\frac{1000}{35}=\frac{200}{7}$(cm²)となる。

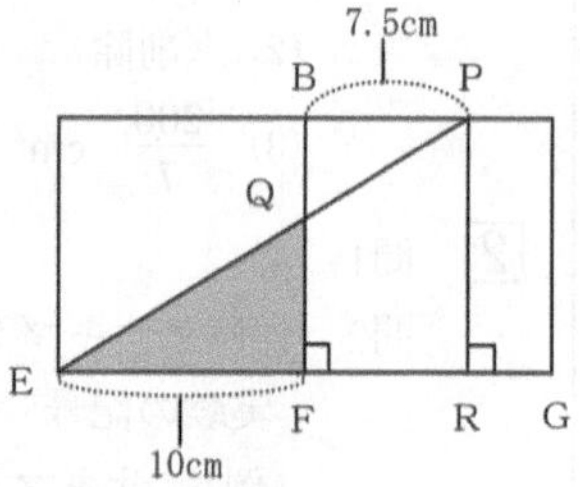

2　**（理科：動物・こん虫）**

問1　7月に群馬県にいたことから，東北・関東では8月下旬から9月上旬にマーキングされているので，今後は北上し，福島県磐梯山に訪れる可能性がある。

問2　5つの実験から，手がかりと考えられるのは，色，形，においである。そこで，たとえば色を手がかりとして選んだ場合は，行う2つの実験は，1つだけちがう条件にして，あとの条件は同じすることが大切である。

問3　表1もヒントになるが，捕獲した場合は，場所と同様に捕獲日の情報が必要である。

問4　マーキングは，細書き用の油性のフェルトペンで，左右両方の後翅の裏に書き入れる方法で行う。マークをつけるときは，翅を傷つけて飛ぶことができなくなり，命を落とさないように注意する。解答例と同じ内容が書かれてあれば正解である。

問5　先生は「北は北海道から，南は沖縄や台湾まで渡る個体もいるらしい」と言っているが，すべての個体が長距離を渡るわけではないことから考える。

重要 3　（社会，算数：日本の文化・歴史，地域の経済・産業，工夫して計算する）

問1　会話文の1行目から，千葉常重――千葉常胤ができる。さらに，説明文から，
平忠常――□――□――平常兼ができる。さらに，「平常兼の子が大椎から千葉に移り」とある。これは，会話文の1行目の「千葉常重が，大椎から千葉に移り」と同じ内容と考えられるので，平常兼――千葉常重となり，1つにつながる。

問2　会話文の最初に出てくる「昨年」は2016年のことである。千葉市が市制施行100周年をむかえるのは，2017年から4年後の2021年である。大正10年は，ここから，100年前なので，2021－100＝1921（年）になる。

問3　資料1・2より，「千葉六党」にまつわる伝統行事は，記号ア，イ，オの3つである。解答はどれか1つを選べばよい。伝統行事が行われている地方名は，その位置が地図中に示されているので，それをもとに答えるとよい。ア，イは同じ地方である。

問4　資料3のグラフの特徴をとらえる。入荷量がないのは，収穫できないのではなく，他の地域で作られたものが入荷されるということである。グラフAは，冬の期間に多く入荷されているので，冬でも比かく的暖かく，栽培に適している「宮崎県のきゅうり」を表している。

グラフBは，1月から6月と10月から12月に入荷が集中している。キャベツの生育には，すずしい気候が適している。千葉市の平均気温は，それほど低くはないが，1年のうち9か月間ほど，入荷できているので，東京都の中央卸売場に近い産地であること，また千葉県のすずしい高原でキャベツは栽培されていると判断して，「千葉県のキャベツ」とする。

グラフCは，5月から10月に入荷が集中している。レタスの栽培には，比かく的低温が向いている。長野市の平均気温は，他の2市よりも低いし，5月から10月がレタス栽培に適した気候であると考えられる。

★ワンポイントアドバイス★

ほとんどが，記述式の問題である。ふだんから文章を書く練習が必要だ。また，全問解けるような時間配分が必要だ。早く解ける問題からとりかかること。今回は，3から解いていく方がよい。

＜適性検査Ⅱ解答例＞《学校から解答例の発表はありません。》

問一　イ　ウ　エ　キ

問二　ウォーキングやハイキングをするときにかぶるぼうしを提案します。最近は，歩くという趣味を楽しむ高齢者の方がたくさんいます。そこで，屋外を歩くときにかぶるぼうしにセルフ・クリーニングのしくみを持たせるのです。ぼうしは強い日差しをさける目的でかぶることが多いのですが，急に雨が降ってきたときなどには，かみの毛がぬれるのを防いでくれます。

私も学校への行き帰りにはぼうしをかぶっていますが，にわか雨のときは，かさがなく歩かなければならないときがあります。そんなとき，雨水がぼうしにしみこんできて，とても気持ちの悪い思いをしたことがあります。冬なら寒くもあります。ぼうしにセルフ・クリーニングのしくみがあれば，歩いている途中で雨が降ってきても安心だからです。

問三　スライドの順番　Ⅰ　→　Ⅲ　→　Ⅳ　→　Ⅱ

理由　スライドⅡの順番は最後がいいと思います。構成の意図は，地域の方に学習発表会に来てよかったと満足してもらい，またみんなも楽しめるのに効果的だと思うからです。スライドⅠの「大賀ハス」の説明では，少し難しい内容もあるので，スライドⅢやⅣで身近で関心のありそうな内容を紹介して少しリラックスしてもらいます。最後に，スライドⅡで，まったく内容の違うものを紹介することで，印象深い内容のものになると思います。

＜適性検査Ⅱ解説＞

（国語：文章読解型　意見文を書く）

問一　先に情報カードの内容をおさえてから資料を読むようにすると早く選ぶことができる。
ア…「千葉県に住んでいた」は書かれていない。オ…大賀博士が発見したハスの実は約二千年前のものである。カ…調査を行ったのは総務省である。ク…資料の中に書かれていない。

問二　まず，書く題材をそろえる。身近な高齢者を思い出し，趣味が何であるか，趣味を楽しむときに使用するものは何か考える。使用するものについて，その高齢者が不満を言っていないか，または，セルフ・クリーニングのしくみがあったらもっと使いやすいのにと思ったことを書き出してみる。そして，【書くときのきまり】にしたがって，まとめていく。

問三　地域の方がたくさん来るという点に着目する。そこで，ハスについての報告を効果的なものにするためのスライドの構成を考える。スライドⅡは，ほかのスライドとは違って，より身近な内容になっているので，発表会を印象深くするためには最後にするのが適している。

★ワンポイントアドバイス★

問一・問三から先に取りかかるとよい。問二は，題材選びがポイントになる。雨が降って困ったこと，よごれが服についてなかなか落ちなかったことなどを思い出して，題材を書き出す。題材が出てくれば，七割はできたことになる。

収録から外れてしまった年度の
解答解説・解答用紙を弊社ホームページで公開しております。
巻頭ページ＜収録内容＞下方のQRコードからアクセス可。

※都合によりホームページでの公開ができない問題については，
次ページ以降に収録しております。

平成28年度

市立稲毛高等学校附属中学校入試問題

【適性検査Ⅰ】（45分）

1　ある中学校の体育祭では部活動リレーを行っています。そこで，テニス部では，部活動リレーの選手５人を選ぶことになりました。下の表１は，テニス部員の走力の記録で走る速さは走る距離《きょり》に関係なく一定として考えるものとします。

このとき，あとの問いに答えなさい。

表１：テニス部員の走力の記録

学年	性別	名前	走った距離（m）	かかった時間（秒）	学年	性別	名前	走った距離（m）	かかった時間（秒）
1	男	しょう	80	11.2	2	女	まき	100	13.5
1	男	たくや	80	11.8	2	女	りの	100	14.9
1	男	ごろう	100	15.5	3	女	あつこ	100	15.3
1	女	みなみ	100	15.3	3	女	はるな	100	14.8
2	男	つよし	100	13.9	3	女	ゆうこ	120	17.4

問１　１年生の「たくや」さんが100mを走るとすると何秒かかりますか。その答えを求めるための計算式と答えを書きなさい。答えは，小数第２位を四捨五入《ししゃごにゅう》し，小数第１位までで表しなさい。

問２　テニス部員は，どうやってリレーの選手を決めるのかということについて話し合いました。その結果，以下のような『選手選びのルール』を考えました。

この『選手選びのルール』に従って，5人の選手を選ぶとき，考えられる選手の組み合わせを，解答らんの例にならって，すべて答えなさい。

ただし，書く順番は１年生，２年生，３年生の順で書き，同学年であれば男子を先に書くこと。

『選手選びのルール』

学年	５人の中にすべての学年の部員が入ること。
性別	男子３人、女子２人になること。
走る速さ	100mを15.0秒以下で走れる記録を出した部員から選ぶこと。

問３　テニス部担当の先生は，部員とは別に「学年」「性別」「走る速さ」に関しての『選手選びのルール』を考えました。そのルールで選手を選ぶと「しょう，たくや，あつこ，はるな，ゆうこ」の５人になります。先生の考えた『選手選びのルール』を答えなさい。

ただし，そのルールに従って選ぶと必ずこのメンバーになり，「学年」「性別」「走る速さ」のルールのうちどれか１つでも守らないと，このメンバーだけに決まらないものとすること，また，表１から得られる情報だけで選手を選ぶものとすること。

問４　部活動リレーを行うトラックは，下の図１のように２つの半円と長方形を組み合わせた形になっていました。トラックの長さは１周200mで，Ａ地点からＢ地点までの曲線部分をつくる半円の直径が30mになっています。

円周率を3.14としてあとの⑴，⑵の問いに答えなさい。

図１

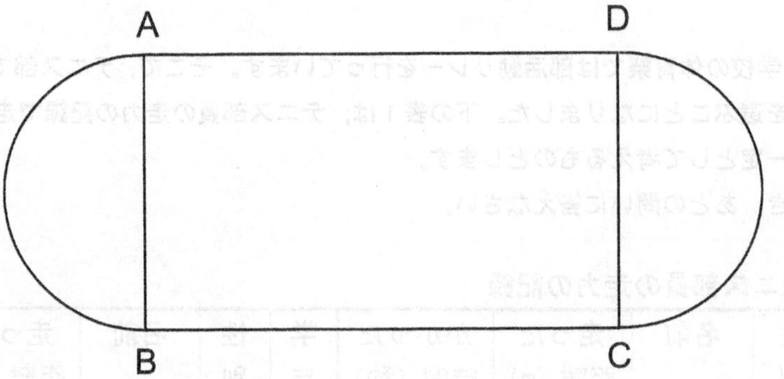

⑴　図１のＡ地点からＢ地点までの曲線部分の長さと，Ｂ地点からＣ地点までの直線部分の長さを答えなさい。

⑵　下の図２のように，トラックの内側にできる長方形ABCDで，辺ABを３等分した点をＥ，Ｆとします。また，辺ABに平行な直線を，辺BCを４等分した点Ｇ，Ｈ，Ｉを通るように３本引きます。この３本の直線と直線FDの交わる点をＪ，Ｋ，Ｌとするとき，図の斜線《しゃせん》部分の四角形KGHLの面積を求めなさい。また，その面積が長方形ABCDの面積の何倍か答えなさい。

図２

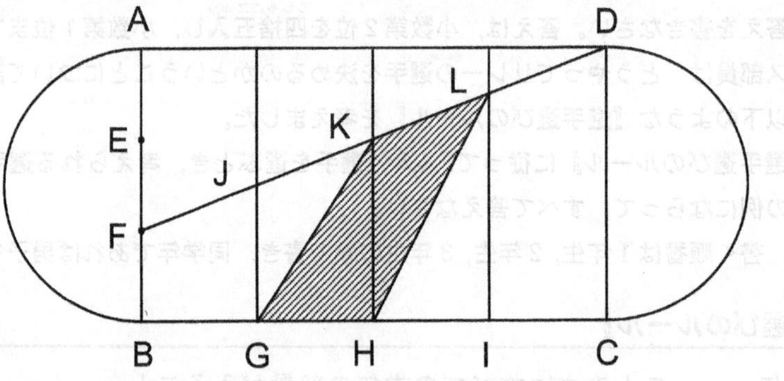

2　良夫さんのクラスでは，水よう液の性質について学習しています。次の会話文を読み，あとの問いに答えなさい。

先生：先日は，ムラサキキャベツ液を作って，いろいろな水よう液に入れて色の変化を調べました。

良夫：５色に分かれてきれいでした。

先生：ムラサキキャベツ以外でも作れますよ。

和美：［　ア　］でも作れるかな。

先生：作れますよ。夏休みの自由研究でやってみましょう。

さて今日は，ムラサキキャベツ液のかわりにpH《ピィーエイチ》メーター（次のページの図１）という器具を使って，酸性やアルカリ性の強さを調べます。グループごとに計った値《あたい》を黒板に書いてください。

図１

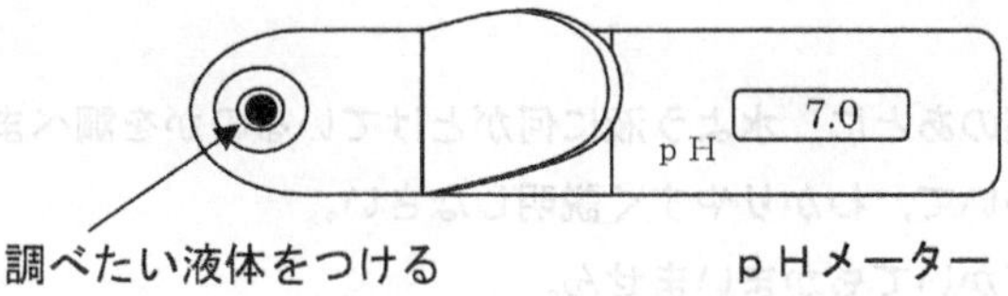

－しばらくして－

先生：グループの結果を平均すると，表１のようになりました。

表１：測定の結果

水よう液	塩酸	食酢《しょくす》	うすめた食酢	（水）	うすめたアンモニア水	水酸化ナトリウム水よう液
pＨメーターの値	1.0	3.0	4.0	7.0	11.0	13.0

先生：水は，pHメーターでは，7.0という値になります。7.0という値は，中性を示しています。

先生：次に，代表的な酸性の水よう液である塩酸についてくわしく調べましょう。図２のように，試験管の中に，先ほど用いた塩酸を入れて，そこに，アルミニウムの板を１枚入れてみましょう。そして，試験管の中の様子をよく観察します。

その前に，今から行う実験には注意しなければいけないことが，あります。確認しましょう。それは，

[　イ　] ことと [　ウ　] ことです。

これらの注意を守って実験を始めてください。

図２

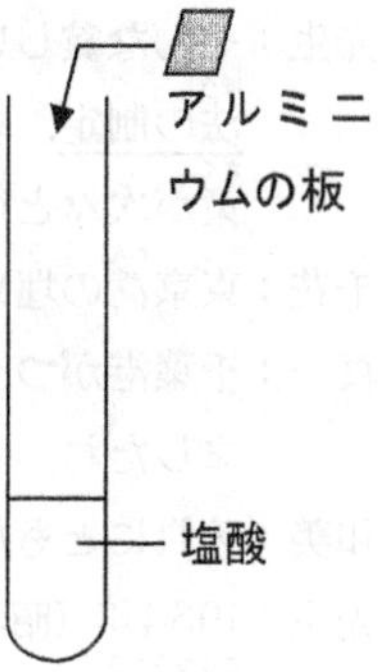

良夫：アルミニウムの板の表面からあわが出てきたよ。

和美：このあわ（気体）を使って，最近では二酸化炭素を出さない [　エ　] が普及《ふきゅう》し始めているよ。

良夫：知っているよ。地球温暖《おんだん》化を進めないようにする技術だよね。

良夫：このままずっとアルミニウムの板を塩酸に入れておくと，アルミニウムの板はどうなるのかな？

和美：このあとは [　オ　]

良夫：なるほどね。しばらく観察してみよう。

和美：①あわの出方が弱くなってきたね。

問１　[ア] には，ムラサキキャベツ液と同じようなはたらきをもつ野菜や果物の名前が入ります。当てはまる名前を１つ書きなさい。

問２　[イ] と [ウ] には，実験で注意することがらが入ります。[イ] には安全のために使う道具の名前が含《ふく》まれます。[ウ] には，試験管に液体を入れる時の注意が含まれます。当てはまることがらを，会話文から考えて書きなさい。

問３　[エ] には，二酸化炭素を出さない技術を利用したものの名前が入ります。また，[オ] には，

アルミニウムの板の変化が入ります。当てはまることがらを，会話文から考えて書きなさい。

問４　下線部①では，試験管の中の塩酸のpHの値はどう変化すると考えますか。簡単《かんたん》な理由を含めて書きなさい。

問５　下線部①の観察のあとに，水よう液に何がとけているのかを調べます。とけている物質を取り出す方法を，図をかいて，わかりやすく説明しなさい。

　三角定規を使ってかいてもかまいません。

3　良夫さんのクラスでは社会科の時間に，戦後70年をテーマにして話し合いました。次の会話文を読み，あとの問いに答えなさい。

先生：2015年（平成27年）は「戦後70年」ということばが，さまざまな場面で登場しました。

良夫：戦後というのは，太平洋戦争が終わってから70年ということですね。

千花：８月15日の「終戦の日」に，戦役者追悼式《せんぼつしゃついとうしき》が行われる様子をテレビで見たことがあるわ。

先生：千葉市では1945年（昭和20年）７月７日に「七夕空襲《たなばたくうしゅう》」があり，千葉の中心街が焼けて大きな被害《ひがい》が出ました。

和美：わたしも，おばあちゃんの家が空襲で焼けてしまった話を聞いたわ。

良夫：戦後はゼロからの出発で，特に食べ物が不足していたので，「おなかいっぱい食べることが夢だった」と，ぼくのおじいちゃんから聞いたことがあります。

先生：そんな貧しい生活のなかで，国民は新しい日本をつくるために立ち上がりました。①日本国憲《けん》法《ぽう》の制定，教育や②選挙制度の改革，農地改革や産業の復興《ふっこう》など，新しい国づくりのための政《せい》策《さく》が次々と行われました。

千花：東京湾《わん》の埋《う》め立て地に川崎製鉄が進出したのも，戦後ですね。

真一：千葉港がつくられ，東京電力千葉火力発電所が操業《そうぎょう》を始めるなど，千葉でも工業化が進められましたね。

和美：それにともなって，千葉市の人口も増えてきたのね。

先生：1964年（昭和39年）には東京で，アジア初のオリンピックが開催《かいさい》されました。これに合わせて交通網《こうつうもう》の整備や都市づくりが進み，外国の人々は日本の戦後復興に目を見張りました。

良夫：高度経済《こうどけいざい》成長の時代をむかえて，日本の経済が大きく発展《はってん》した時期ですね。

千花：機械による大量生産が始まり，日本の工業が急速に発展しましたね。

真一：そのおかげで，「三種《さんしゅ》の神器《じんぎ》」とよばれるテレビ，電気冷蔵庫《れいぞうこ》，電気洗濯機《せんたくき》などの③電化製品が普及《ふきゅう》し，国民が豊かさを実感するようになりましたね。

和美：工業が発展すると日本の輸出が急速に伸び，④貿易もさかんになりましたね。

良夫：日本が豊かになると，日本からたくさんの人が海外旅行に出かけ，外国からの⑤観光客も増えましたね。

千花：それで千葉県に空の玄関口として，成田空港が開港したのね。

先生：豊かになった反面，いろいろな問題が起こってきたのも，高度経済成長をむかえたころからです。

真一：日本の輸出が急激《きゅうげき》に増えると，貿易摩擦《まさつ》の問題が起きましたね。

和美：工業が発展すると，千葉市でも大気汚染《おせん》などの公害問題が発生しましたね。

良夫：海岸の埋め立てで自然も失われ，千葉市では海水浴や漁業をすることがむずかしくなっていきました。

千花：東日本大震災《しんさい》のときには千葉市の埋め立て地でも液状化《えきじょうか》現象が起き，わたしの通う学校の校庭が水びたしになりました。

真一：でも，日本はさまざまな問題を乗り越えながら，戦後めざしてきた平和で豊かな国づくりを実現したのですね。

先生：「歴史とは過去と現在とのいきいきした対話である」ということばがありますが，戦後70年が過ぎた今，過去と現在の一層《いっそう》の対話が求められる時期でもあります。

問１　会話中の下線部①について，日本がどのような国をめざしたか，次の資料１を参考にして30字から40字以内で書きなさい。その際，日本国憲法の三原則から１つ選んで，その語を用いること。（句読点なども一文字とする）

資料１

年	月	主なできごと
1945	8	日本が降伏《こうふく》し，戦争が終わる
	9	軍隊を解散する
	11	特定の大会社を解散する
		政党《せいとう》が復活する
	12	労働者の権利《けんり》が保障《ほしょう》される
		農地改革が始まる
1946	1	天皇の人間宣言《せんげん》が出される
	4	戦後初めての衆議院《しゅうぎいん》議員選挙が行われる
	11	新しい憲法が公布される
1947	3	教育制度の改革を行う
	5	新しい憲法が施行《しこう》される
1951	9	サンフランシスコ平和条約に調印する
1956	12	国際連合へ加盟《かめい》する
1960	12	政府が国民所得倍増計画を発表する
1964	10	東京オリンピックが開かれる

問２　会話中の下線部②については，戦前から改革をすすめてきました。次の資料２から全人口に占《し》める選挙権を持つ人の割合が急激に増えた２つの時期に注目して，選挙権を持つ人について，現在との違いを２つ書きなさい。

資料２

選挙権を持つ人の数と全人口に占める割合

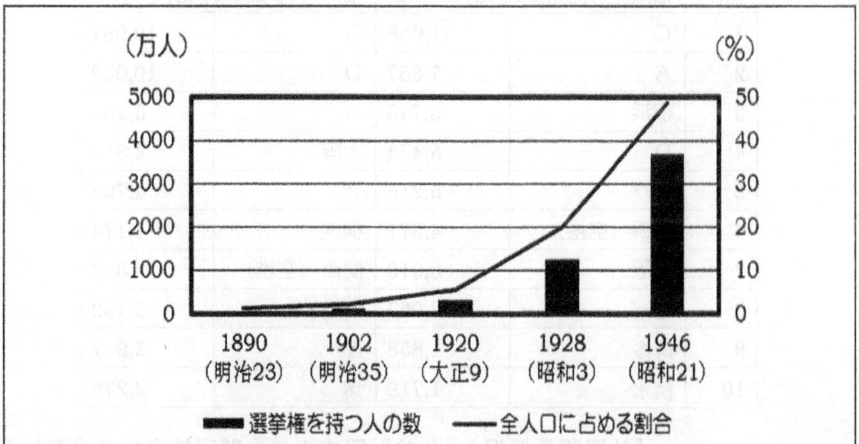

「日本の長期統計系列《けいれつ》第27章公務員《こうむいん》・選挙」（総務省《そうむしょう》統計局）を参考にして作成

問３　会話中の下線部③について，白黒テレビ，カラーテレビに当てはまるものを，次の資料３中のア～カからそれぞれ選び，記号で書きなさい。

グラフ中のア～カは乗用車、ルームエアコン、電気冷蔵庫、電気洗濯機、白黒テレビ、カラーテレビ、いずれかの普及率を表しています。

資料３　　電化製品の普及の様子

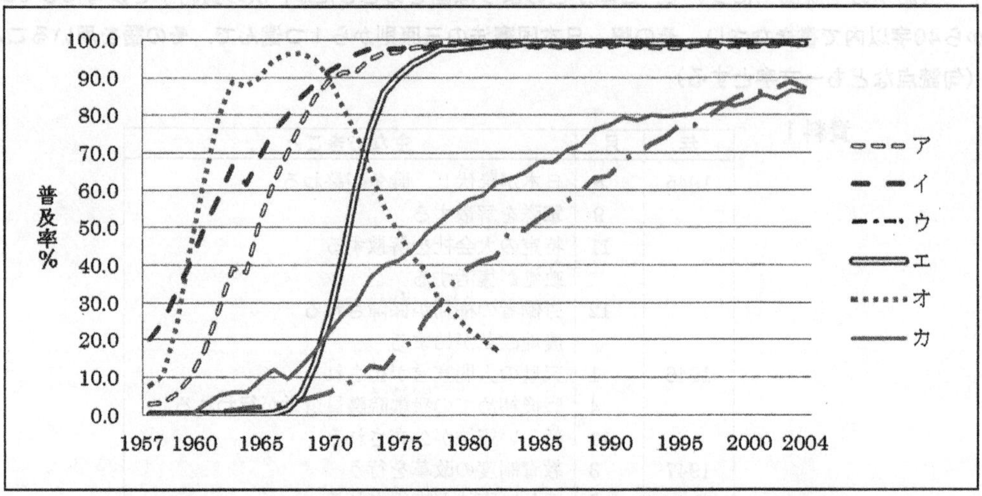

「主要耐久《たいきゅう》消費財等の普及率」（内閣府《ないかくふ》）を参考にして作成

問４　会話中の下線部④について，下の□の中の説明と，資料４と次のページの資料５を参考にして，Ａ～Ｄの港の名称を漢字で書きなさい。

・資料４の中のＡ～Ｄは千葉県にある２つの港と名古屋港、東京港を示しています。
・資料４と資料５のＡ～Ｄの港は一致《いっち》します。

資料４　　港湾《こうわん》および空港の輸出入額（2013年）

順位	輸出　（単位：10億円）		輸入（単位：10億円）	
1	C	11,058	A	10,987
2	A	7,857	D	10,039
3	横浜	6,748	C	5,252
4	D	5,474	大阪	4,856
5	神戸	5,216	B	4,793
6	関西（空港）	4,371	横浜	4,174
7	大阪	3,010	関西（空港）	3,366
8	三河《みかわ》	2,067	川崎《かわさき》	3,152
9	博多《はかた》	1,858	神戸	2,947
10	清水《しみず》	1,719	堺《さかい》	2,275

「外国貿易概況《がいきょう》」（公益財団法人日本関税協会）を参考にして作成

資料５　　A～D港の輸出入品（2013 年）

	輸出　（輸出総額に占める割合）		輸入　（輸入総額に占める割合）	
A	半導体等電子部品※	10.8%	通信機	13.8%
	科学光学機器※	6.6%	半導体等電子部品	10.0%
	半導体等製造装置《そうち》	5.1%	医薬品	9.8%
B	自動車	23.5%	原油	42.1%
	有機化合物	22.5%	天然ガス	22.7%
	石油製品	18.2%	石油製品	14.5%
C	自動車	26.8%	石油ガス類	16.2%
	自動車部品	15.5%	原油	8.8%
	原動機	5.1%	衣類・衣類付属品	6.7%
D	事務用機器	9.3%	事務用機器	8.2%
	自動車部品	6.6%	衣類・衣類付属品	8.1%
	プラスチック	5.1%	魚介類調整品	5.0%

各税関の統計資料を参考にして作成

※半導体・・・パソコンやゲーム機、携帯《けいたい》電話などの部品として使われるもの
※科学光学機器・・・眼鏡《めがね》やレンズ、カメラや双眼鏡《そうがんきょう》などのこと

問５　会話中の下線部⑤について，あとの資料６と資料７を見て，次の問いに答えなさい。

⑴　次の条件にあてはまる地域をすべて選び，解答用紙中の白地図を黒で正確にぬりつぶしなさい。

宿泊《しゅくはく》客数が100万人を超《こ》えていて，外国人の宿泊客数が（のべ人数）10万人に達していない地域

⑵　宿泊客数に占める外国人の宿泊客数が最も多い地域区分を書き，そのおもな理由を次から選び，記号を書きなさい。

ア　大型展示《てんじ》場や国際会議場があり，国際的な関心の高いイベントが開かれるから。
イ　首都東京に近く，国内外の人々に人気の高い巨大《きょだい》テーマパークが存在《そんざい》するから。
ウ　アクアラインとの接続で東京に近くなり，アウトレットモールも存在するから。
エ　国際空港があり，出入国する人々が宿泊するためのホテルが多く存在するから。
オ　大きな漁港で新鮮《しんせん》な魚がとれ，しょうゆなど伝統的な産業が発達しているから。
カ　気候が温暖《おんだん》でびわや花が栽培《さいばい》され，海に面して豊かな自然に恵《めぐ》まれているから。

資料６　　千葉県の地域別の宿泊客数（のべ人数）の状況《じょうきょう》

（単位：千人）

地域区分	千葉《ちば》	東葛飾《ひがしかつしか》	印旛《いんば》	香取《かとり》	海匝《かいそう》	山武《さんむ》	長生《ちょうせい》	夷隅《いすみ》	安房《あわ》	君津《きみつ》	合計
宿泊客数	2, 166	6, 831	2, 642	33	319	240	457	377	1, 731	630	15, 424
外国人の宿泊客数	135	96	1, 176	0	1	0	0	1	3	22	1, 434

「平成 25 年千葉県観光入込《いりこみ》調査報告書」を参考にして作成

※人数らんは千人未満を四捨五入しているため 500 人未満の地域については 0 と記されています。
※宿泊客数（のべ人数）・・・ここでは、同じ人が２泊宿泊した場合は「２人」、３泊宿泊した場合は「３人」として数えています。

資料７

東葛飾地域
野田市
流山市
我孫子市
柏市
松戸市
鎌ケ谷市
市川市
船橋市
浦安市
習志野市
白井市
八千代市
印西市
栄町
印旛地域
成田市
酒々井町
佐倉市
四街道市
富里市
八街市
神崎町
香取地域
香取市
東庄町
多古町
芝山町
旭市
銚子市
匝瑳市
横芝光町
海匝地域
山武市
千葉市
千葉地域
東金市
大網白里市
九十九里町
山武地域
市原市
長柄町
茂原市
白子町
長生村
長生地域
君津地域
袖ケ浦市
木更津市
長南町
睦沢町
一宮町
いすみ市
君津市
大多喜町
富津市
御宿町
勝浦市
鋸南町
鴨川市
夷隅地域
南房総市
安房地域
館山市

を一つ選び、その理由を書くこと。
また、選んだことがわかるように解答用紙の表に○印を記入すること。

4 意見文の中ではそれぞれの内容を①～⑤の記号で示すこと。
第二段落では、掃除を行うことの意味について考える資料をB・C・Dから、一つ選び、その内容を紹介《しょうかい》すること。
意見文の中では、それぞれの資料名をB・C・Dの記号で示すこと。
その際、次の言葉をそれぞれ一回以上使うこと。

B	⑥人間性	⑦成長
C	⑧視点	⑨興味
D	⑩日課	⑪歴史

さらに、内容に関連する自分の体験も合わせて書くこと。
また、選んだ資料がわかるように解答用紙の表に○印を記入すること。
第二段落の書き出しは、「掃除の意味を考えるために～」で始めること。

5 第三段落では、第一段落で選んだ問題点の解決に向けた具体的な手立てを書くこと。
具体的な手立ては、掃除の時間に行うこととする。
第三段落の書き出しは「第一段落の問題点を解決するには～」で始めること。

6 適切な漢字・かなづかいを用いて書くこと。
7 原稿《げんこう》用紙の書き方のきまりを守って書くこと。
8 句読点なども一字として考えること。

ところが、こちらの家にはコンクリートの土間が八畳《じょう》、土足で上がる台所が八畳ある。この広い土間には思った以上にホコリがたまる。一日休めば足下にフワフワと綿《わた》ボコリが舞《ま》い、ふいに来客でもあれば「しまった」という気持ちになる。だからここに来てしばらくは、朝起きたら箒《ほうき》を持つと決めて掃除を続けることにした。それがいまでは、なかば顔を洗《あら》うのと同じように習慣になっている。

（中略）

ぼくの住むかやぶき屋根の家は江戸時代末期から百五十年にわたって立っている。昔の家は長持ちするといわれるけれど、その理由は※梁《はり》や柱が太いとか、床下《ゆかした》に風が抜《ぬ》けるといったことばかりではない。毎年の大掃除、日々のお手入れ、つまり人が住みメンテナンスを続けてきたからこそ保たれているのだ。

ぼくは毎朝起き出すと、たんなる習慣として土間を掃く。それは※目当《めあ》たらしいことなど何もない※惰性《だせい》のような仕事である。しかし、人が家を構えて家族の⑪歴史を刻《きざ》むとは、本来そういうことなのかもしれなかった。

（「楽しいぞ！ ひと昔前の暮らしかた」　新田穂高　岩波ジュニア新書による。）

※（注）梁……柱の上に直角に渡《わた》し、屋根の重みを支える横柱。
目当たらしい……「目新しい」に同じ。
惰性……今まで続けてきたくせや習慣。

問一　花子さんは、図書館で、掃除や清掃をする意味について書かれた本を探しました。Ｅはその一部です。

Ｅ

清掃をする大切な三つの意味

Ⅰ　快適《かいてき》…気持《きも》ちよく過《す》ごすため
Ⅱ　健康《けんこう》…元気《げんき》に過《す》ごすため
Ⅲ　耐久《たいきゅう》…物《もの》を長《なが》く使《つか》うため

（「学研まんがでよくわかるシリーズ68 そうじのひみつ」　漫画　鳥飼規世　構成　オフィス・イディオム　学研パブリッシング　による。）

Ｂ・Ｃ・Ｄの文章のうち、「Ⅲ　耐久」について書かれているものはどれですか。一つ選んで**記号で**答えなさい。
また、それを選んだ**理由**を左のようにまとめました。
□に当てはまる内容を、**文章中の言葉を使って、二十五字以上三十字以内**で答えなさい。
ただし、句読点なども一字として考えること。

《理由》

筆者は　□二十五字以上三十字以内□　と言っているから。

問二　**掃除の意味について**、次の**【書くときのきまり】**にしたがって、**二十一行以上二十三行以内で意見文**を書きなさい。

【書くときのきまり】

1　題、氏名は書かずに一行目から本文を書くこと。
2　文章全体は**三段落《だんらく》構成**とすること。
3　**第一段落**では、Ａの①～⑤から、**あなたが最も問題だと思うこと**

を交わし合う。

それが、上から降りてきて※上高地《かみこうち》付近まで来ると、行き来している人の間に挨拶がなくなってくる。横手《よこて》辺りにはキャンプ場が多いので、オートキャンプをする人たちがたくさんいる。もう少し下に来ると観光客がいる。いろいろな人が混じっている。

そして、挨拶がなくなってきたところから、一気にごみが増える。挨拶の途切《とぎ》れ目が、ごみの始まりなのだ。

挨拶のあるところはごみも少なく、挨拶のないところは汚れる。ごみというのは人や社会の姿《すがた》をはっきり映《うつ》し出している。

富士山の清掃《せいそう》を始めてから、以前よりも富士山が愛《いと》しく感じられるようになった。ごみを拾いながら、いろいろな⑧視点《してん》から富士山を見ていることで、富士山に対する想《おも》いがどんどん強くなってきた。

山も町も同じだ。

自分の住む町を、ごみを拾いながら歩いてみよう。家から学校までも、家から最寄《も》りの駅までの道でもいい。毎日通っている道を、ごみを拾って歩く。

毎日歩いていてよく知っているつもりでいても、思いがけないところに目がいく。塀《へい》の向こうとか、生け垣《がき》のなかとか、ベンチの下とか、落書きがあるかないかとか。本気でごみを拾おうとすると、普通《ふつう》に歩くときの三倍くらいの時間はかかる。

いろんな角度からいつもと違った視点で見るので、これまで気がつかなかったことが見えてくる。ものの見方がマニアックになる。「こんなところにこんな花が咲《さ》いていたんだ」とか「これは何の実だろう?」と発見もある。

また、表にごみが散らかっている店は、店内もどこか薄汚《うすよご》れた感じがしてくる。店の周囲がきれいに掃除されていると、店の主人もいい顔をしているように見える。「こんど、この店に来てみようかな」と思ったりする。もっとこんなことも知りたい、と⑨興味が湧《わ》く。見方がまったく変わってくる。〝自分の町〟という意識が強くなる。すると、そこにごみなんか捨《す》てられない。いや、捨てたくならない。そして、見知った顔の人に出会えば、挨拶したくなる。

〝自分の町〟意識と、〝自分たちの山〟意識はつながるものだ。私の町、私の山、私の地球……とみんなが思えるようになれば、必ずやきれいになっていく。

その山があるふもとの町を見れば、その山がきれいかどうかわかる。ふもとの町がきれいな国は、間違いなく山もきれいだ。

（「富士山を汚すのは誰か――清掃登山と環境問題」　野口健　角川ONEテーマ21　による。）

※（注）　上高地……長野県にある観光地。
生け垣……背の低い木をならべて作った垣根《かきね》。

Dかやぶき屋根の家に移り住んでから、朝いちばんに土間を掃《は》くのが⑩日課になった。ここに来る以前のアパートでは畳《たたみ》一枚に満たない玄関《げんかん》の土間など、気が付いたときにササッと掃き出すだけで用が足りた。朝の掃き掃除《そうじ》などお寺の修行をするようなもの。自分には縁《えん》がないと思っていた。

B どんな仕事をするにしても、まず大切なのが仕事をしやすい環境《かんきょう》づくりだ。これは、職人の世界だけに限らず、どんな職場においても言えることだが、こと職人の世界では、仕事場の掃除をするのが弟子《でし》の最初の仕事であることがほとんどだ。※師匠《ししょう》が働きやすいよう、そして店舗《てんぽ》の場合は訪《おとず》れるお客さんが心地《ここち》よく思えるような、快適な空間づくりのための掃除は、職人修業《しゅぎょう》において非常に大切な仕事になる。

※藍染《あいぞめ》職人の小林次郎さんは、「工房布礼愛《こうぼうふれあい》」で働く弟子たちに、店舗内だけでなく、近隣《きんりん》の掃除もさせている。これは、隣《となり》近所の人たちと仲良く気持ちよくお付き合いするという意味がある。染物《そめもの》の工程は分業のため、多くの人と関わりながら一つの染物を仕上げる。そのため、良好な人間関係を築いていくことも一つの修業になるのだ。

さらに、〝美しさ〟に対する意識を高めるという意味もある。美しい染物を生み出すためには、常に〝美しさ〟を感じ、〝美しさ〟と向き合い、※対峙《たいじ》していかなければならないからだ。

十五歳《さい》から師匠の下《もと》へ修業に通い始めた※押絵羽子板《おしえはごいた》職人の西山鴻月さんは、師匠の家の前を掃《は》くときに、隣の家の前も掃いていたという。（中略）

※徒弟《とてい》制度が色濃《こ》く残っていた時代を知る※江戸切子職人の小林英夫さんによると、入ったばかりの弟子たちは、主に子守《こもり》や仕事場の拭《ふ》き掃除をしていたという。職人の数が多く、人手が余っていたということもあるが、そうした雑用を一年近くやらせることで、弟子の忍耐《にんたい》力ややる気を見ることができるのだ。

掃除一つで⑥人間性までも見られる職人の世界は、実に奥《おく》が深い。こうした、基本となる仕事をしていくことで、弟子たちは職人としての心得を次第《しだい》に※体得していくことになる。

技術の習得以前に、職人として生きるための心の基礎《きそ》を築き、一人の人間としてしっかりと⑦成長していくことが望まれているのだ。

（「職人を生きる」鮫島敦 岩波ジュニア新書 による。）

※（注） 師匠……学問や芸ごとなどの先生。
藍染……植物に含まれる色素で青色や、紺《こん》色を染めること。
対峙……正面から向かい合うこと。
押絵羽子板……歌舞伎《かぶき》などを題材にした図柄《ずがら》を、立体的につくった羽子板。
徒弟制度……親方のもとに住み込みで働いて技術を身につける制度。
江戸切子……江戸時代末期に江戸で始まったガラス細工。
体得……実際にやってみて、知識や技を身につけること。

C 挨拶《あいさつ》とごみには、面白《おもしろ》い関係性がある。

例えば、北アルプスに登る。上のほうは、そんなにごみがない。ある程度、山好きな人たちが行くところということもあって、モラルがしっかりしている。すれ違《ちが》うときには、たいていの人が挨拶を交《か》わす。「こんにちは」「おはようございます」、見知らぬ同士が言葉

【適性検査Ⅱ】（四五分）

六年生の花子さんの小学校では、いくつかの学年が協力して、たてわり掃除《そうじ》を行っています。先日、美化委員会で四年生から、下のAのような声を聞きました。美化委員の花子さんが困《こま》っている様子を見て、担任の先生は、掃除の意味について考えるための意見文を書くことを提案されました。B・C・Dは、先生が用意してくださった資料です。

A～Dを読んで、あとの問いに答えなさい。

A　四年生から

教室掃除担当《たんとう》の四年生　Xさん

どうして掃除をやらなければいけないのかわかりません。①面倒《めんどう》だし、家でも掃除は②お母さんがやってくれます。放課後、日直と先生がやればいいと思います。学校には勉強をしに来ているのだから、③私たちには関係ないと思います。

廊下掃除担当の四年生　Yさん

廊下《ろうか》にゴミが落ちていても、④気にしなければいいと思います。廊下は⑤勉強する場所ではないから、掃除をする必要はないと思います。

平成27年度

市立稲毛高等学校附属中学校入試問題

【適性検査Ⅰ】（45分）

1 良夫さんは，いつもとはひと味ちがう「野菜たっぷりカレー」をつくることにしました。そこで，良夫さんはインターネットでカレーに必要な材料を調べ，野菜の量が多くなるように修正し，表1のような材料・分量の表を作成しました。

表１：カレーに必要な材料・分量（６人分）

材料	分量
じゃがいも	５個
にんじん	$3\frac{1}{2}$ 本
たまねぎ	$2\frac{3}{5}$ 個
肉	350ｇ
水	900mL
食塩	３g
はちみつ	60g
油	大さじ１　小さじ１
カレールウ	適量

問１　良夫さんは分量を６人分から８人分にしたいと考えました。８人分にしたときの「じゃがいも」「にんじん」「たまねぎ」の分量をそれぞれ答えなさい。ただし，答えが分数になる場合は仮分数を用いずに帯分数で答えなさい。

問２　良夫さんは８人分のカレーをつくるために家にある野菜を調べたところ，ちょうど「じゃがいも６個，にんじん４本，たまねぎ３個」が足りないと判断しました。そのため，ある店で足りない野菜を買うことにしました。その店では以下のような値段《ねだん》で売られていました。

野菜セット

Ａセット　じゃがいも２個，にんじん１本，たまねぎ１個　　150円
Ｂセット　じゃがいも１個，にんじん２本，たまねぎ２個　　200円
Ｃセット　じゃがいも２個，にんじん３本，たまねぎ２個　　300円
Ｄセット　じゃがいも５個，にんじん１本　　210円

単品売り

じゃがいも　１個　42円　　にんじん　１本　58円　　たまねぎ　１個　66円

良夫さんが足りない野菜を買うために使った金額は534円でした。このとき，どのような買い物をしたか考えられる場合を２通り考え，解答らんの表に数を書きなさい。ただし，足りない野菜の個数と同じ数を買ったものとし，消費税は値段にふくまれているものとします。

問３　表１には「大さじ」や「小さじ」という言葉が書いてあります。下の写真は実際の大さじと小さじです。大さじ１ぱいは15mLであり，大さじ１ぱいと小さじ１ぱいの分量の比は３：１です。はかるものが水である場合１mLの重さは１ｇとなります。しかし，はかるものが変われば重さが変わるので同じ大さじ１ぱいでも重さが異なります。

下の表２は食塩，油，はちみつの水に対する重さの割合を示したものです。例えば，大さじ１ぱいの水の重さと大さじ１ぱいの食塩の重さを比かくした場合，食塩の重さが水の重さの1.1倍あるということです。

写真

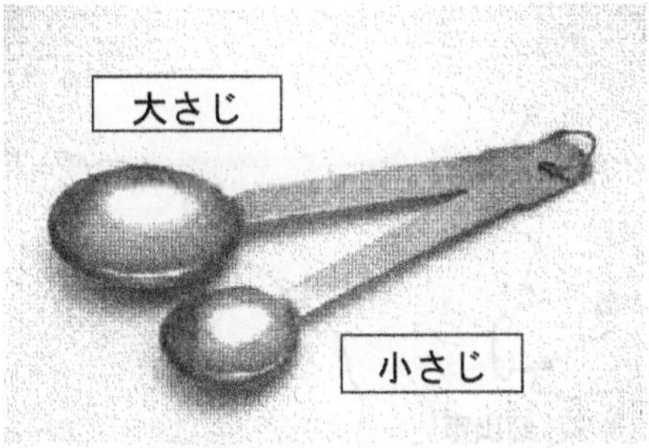

表２

種類	水に対する重さの割合
食塩	1.1 倍
油	0.9 倍
はちみつ	1.5 倍

表１に示されたはちみつ60ｇを大さじや小さじではかると，何ばいになるか答えを整数で一つ書きなさい。また，表１に示された油の量は何ｇか答えなさい。

問４　カレーができテーブルに運んだところ，テーブルクロスを見ると図１のような模様《もよう》がありました。外側の線は，円を転がして内側の正六角形の辺にそって１周してできた線です。図１の点線で囲まれた部分の正六角形の頂点《ちょうてん》の様子を拡大すると，図２のようになっています。

円の半径が1.5㎝であり，外側の線の長さが60.84㎝のとき，内側の正六角形の一辺の長さは何㎝か答えなさい。ただし，円周率は3.14とします。

図１：テーブルクロスの模様

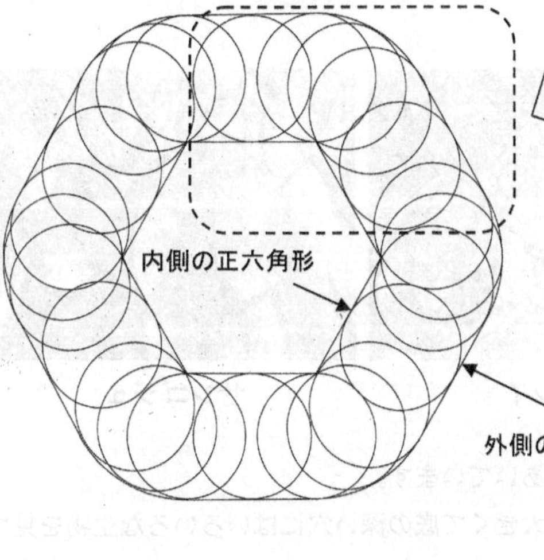

図２：正六角形の頂点を円が通過するときの拡大図

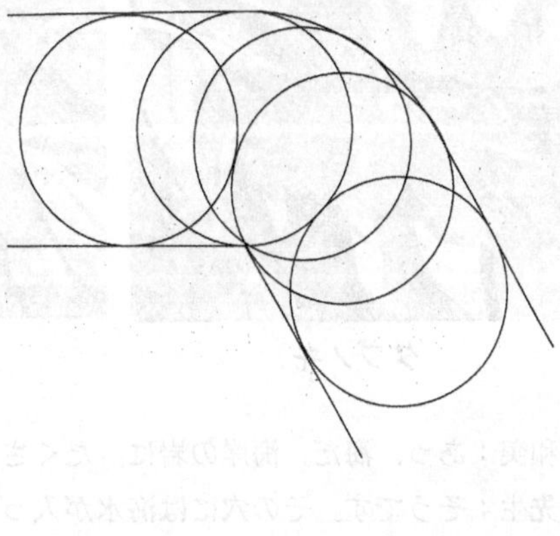

2 **生物クラブでは，先生と良夫さんと和美さんと千花さんが，海岸の自然観察をするために千葉県館山市にある沖ノ島《おきのしま》（写真１）に行きました。次の会話文を読み，あとの問いに答えなさい。**

先生：さあ，沖ノ島の入り口に着きました。①持ち物は忘れていませんね。特に安全に気をつけてください。今は潮《しお》が引いていて，島のタイドプール（潮だまり）で，いろいろな生物を観察できます。一度採取し，観察したら元にもどしましょう。

千花：先生，なにか変じゃないですか。②この島は陸と砂浜《すなはま》でつながっていますね。

先生：つながっている部分の様子をよく見ておきましょう。それでは，この砂浜を通って島の中に移動しましょう。

写真１：館山市沖ノ島入り口

地図：沖ノ島の位置

良夫：先生，見てください。すごく大きな木がありますね。この木は何ですか。

先生：これは「タブノキ（写真２）」です。高さは，20mぐらいあります。他にも「マテバシイ（写真２）」「サンゴジュ（写真２）」などの木が，生《お》い茂《しげ》っています。まるで深い森の中にいるようですね。③いずれも温暖《おんだん》な海岸沿《そ》いに見られる代表的な植物です。では，先に進んでいきましょう。

写真２：沖ノ島の植物

タブノキ　　マテバシイ　　サンゴジュ

和美：あっ，海だ。海岸の岩に，たくさんの穴《あな》があいています。

先生：そうです。その穴には海水が入っていて，大きくて底の深い穴にはいろいろな生物を見つけられます。

良夫：どんな生物がいるのだろう。楽しみだな。

写真３：タイドプールの様子

和美：先生，ヤドカリがたくさんいます。イソギンチャクもいますよ。それから，小魚などがたくさん泳いでいます。

先生：いっぱいいるでしょう。大きいタイドプール（写真３）では，たくさんの種類の生物が見つけられます。④小魚のような小さい生物にとっては，とても大切な生活場所です。

和美：ところで先生，先日千葉県のある海岸でクサフグの産卵《さんらん》（写真４）が見られたそうですが，この海岸なのですか。

写真４：クサフグの産卵の様子

先生：⑤クサフグの産卵の場所を私は知っていますが，詳《くわ》しい場所は教えられません。クサフグは毎年６月頃，夕暮れ時に同じ場所に何千匹《びき》も集まります。そして，潮が一番満ちるといっせいに産卵します。オスのクサフグは，メスが産卵するといっせいに精子《せいし》を出すので海が真っ白になります。

良夫：先生，クサフグの産卵はすごく感動的でしょうね。

問１　下線部①について，タイドプールにいる生物を採取するのに適したものを，次のＡからＨの中から４つ選び，記号で答えなさい。

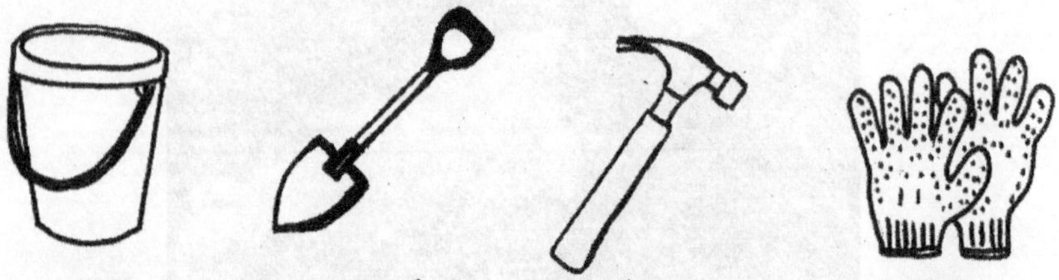

Ａ．バケツ　Ｂ．スコップ　Ｃ．金づち　Ｄ．軍手

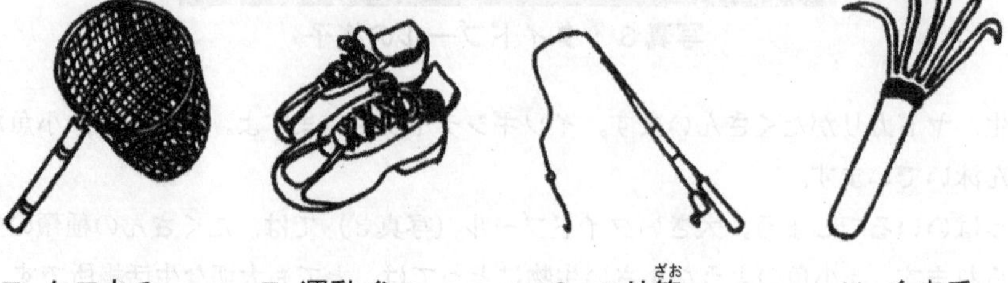

Ｅ．タモあみ　Ｆ．運動ぐつ　Ｇ．つり竿《ざお》　Ｈ．くま手

問２　下線部②のように，沖ノ島はどうして陸とつながったのでしょうか。その原因と考えられることを書きなさい。

問３　写真２の３種類の植物の葉を見て，下線部③の沖ノ島に見られる植物の葉に共通する特徴《とくちょう》を書きなさい。また，その特徴が沖ノ島の環境で育つために，どのような利点があるのかを書きなさい。

問４　下線部④の生物にとって，なぜタイドプールが大切な生活の場所なのか，理由を書きなさい。

問５　下線部⑤で，先生はクサフグの産卵の場所を教えられないと言いました。この言葉から先生が子どもたちに一番伝えたかったことが何かを考えて書きなさい。

３　良夫さんのクラスでは社会科の時間に，日本の食文化について話し合いました。これについて次の会話を読んで，あとの問いに答えなさい。

先生：平成25年12月に，「和食；日本人の伝統的な食文化」がユネスコ（国際連合教育科学文化機関）※1無形文化遺産《いさん》に登録されました。

良夫：ぼくはふだん，あまり和食という意識をしないで食べているけれど，和食の良さってどんなところにあるのかな。

千花：わたしは，おすしやすきやきが大好きだわ。和食は長い歴史の中で生み出された，日本文化の一つだと思うわ。

先生：そのとおりです。今回，無形文化遺産に登録されたのは，和食全体に関する「食の文化」です。推薦《すいせん》された理由は，大きくまとめると４つありますが，皆さんは和食というとどのようなことを思いうかべますか。

真一：ぼくは和食といえば，お正月のおせち料理を思い出すよ。

先生：お正月のおせち料理は，年中行事とのかかわりが深く，和食が無形文化遺産に登録された理由の一つです。

和美：そういえばおばあちゃんの家では秋のお月見のときに，お団子と一緒《いっしょ》に栗《くり》やお芋《いも》をお供《そな》えしていたわ。秋にとれた里芋や野菜の煮物《にもの》の中には，もみじの形をしたにんじんが入っていたわ。

先生：自然の美しさや季節の表現も，和食が無形文化遺産に登録された理由の一つです。

良夫：ぼくは去年の夏，九十九里浜《くじゅうくりはま》に海水浴に行って民宿に泊《と》まったけど，夕食には地引網《あみ》でとれた，新鮮《しんせん》ないわしを使った①その土地ならではの料理がたくさん出ましたよ。

真一：おじいちゃんの家ではお正月のお雑煮《ぞうに》に，近くの海でとれた「はばのり」をかけて食べるよ。

先生：地元でとれた新鮮な食材とその持ち味を生かした調理も，和食が無形文化遺産に登録された理由です。

千花：千葉県は②野菜の生産も盛《さか》んだから，旬《しゅん》（出ざかりでその食物が一番味のいい時季）の食材を生かした料理がいろいろありそうね。※2地産地消も進むし，一石二鳥だわ。

真一：これで３つ理由が出てきたけど，あと一つは何だろう。

先生：最近は海外で和食がブームになり，和食のレストランも世界各地にできています。なぜ和食ブームが起きたのか，わかりますか。

和美：和食は，健康的な食生活にぴったりの料理だからだと思います。

先生：すぐれた栄養バランスも，和食が無形文化遺産に登録された理由です。「一汁三菜《いちじゅうさんさい》」が和食の基本的な形といわれていますが，これは米と汁物《しるもの》を基本とした料理です。このような身近な食の文化が，世界の文化遺産として認《みと》められたのです。

千花：ところで，私たちがイメージする和食が広まったのは，いつごろなのかしら。

先生：現在に伝わるなじみの深い和食が広まり，庶民《しょみん》が気軽に食べられるようになったのは歌舞伎《かぶき》や浮世絵《うきよえ》が庶民に広まっていった時代です。その時代になると，千葉県内の各地で醤油《しょうゆ》づくりが盛んになり，③野田や銚子《ちょうし》の醤油は高級品として，さかんに江戸に出荷されました。醤油は和食には欠かせない調味料です。

良夫：天ぷらのつけ汁《じる》，にぎりずし，うなぎの蒲焼《かばやき》のたれには，醤油が必要ですね。

真一：屋台で天ぷらやおすしを売っている浮世絵を見ると，今の※3ファストフードのような感覚で食べているように見えるね。

先生：すしといえば酢飯《すめし》の上に生の魚をのせたにぎりずしを思い浮《う》かべますが，この時代に庶民が手軽に食べられるように工夫してつくられたものなのです。

和美：土用《どよう》の丑《うし》の日にうなぎを食べる風習も，この時代に広まったと，スーパーマーケットで宣伝《せんでん》していたわ。

千花：歌舞伎や浮世絵が庶民に広まったこの時代には，和食のように④日本独特の文化が発達したけれど，それはなぜかしら。

真一：外国との関係が大きいと思うよ。武士の政権が倒れ，新たな時代をむかえると西洋からさまざまな料理が入ってくるね。

和美：文明開化の象徴《しょうちょう》といえば，牛鍋《なべ》，アイスクリーム，あんぱんなどがあるわね。

先生：西洋の食文化が入ってくると，それまでの⑤日本の食文化が和食として強調されるようになってきました。中国から入ってきた※4精進《しょうじん》料理も，ポルトガルからその名前が伝わってきたとされる天ぷらも，長い年月のうちに日本を代表する伝統的な和食になりました。

良夫：日本の歴史をみていくと，和食といっても外国から入ってきたものが，長い時間をかけて日本人の好みに合うように，少しずつ変えられてきたことがわかるね。ぼくもこれを機会に，いろいろな和食を食べてみようかな。

千花：和食のことがいろいろとわかって勉強になったわ。わたしも，もっといろいろ和食を食べてみたくなったわ。

先生：和食がユネスコ無形文化遺産に登録されたことは，日本人が自分の国の文化を見直す良い機会になりますね。

※1　無形文化遺産……伝統，芸能，祭礼，行事，伝統工芸技術など，古くから伝えられ現在に残されている文化。

※2　地産地消……地元で生産された農産物などの食材を地元で消費すること。

※3　ファストフード……手早く調理され，簡単《かんたん》に提供《ていきょう》される手軽な食品や食事。

※4　精進料理……武士がはじめて政治の実権をにぎった時代に，中国から入ってきた新しい仏教（禅宗《ぜんしゅう》）とともに日本につたえられたとされる料理。肉類を用いず，大豆・野菜・穀類《こくるい》を加工して工夫された料理。

問1　会話中の下線部①について，千葉県のいわし料理以外にも各都道府県には，その土地ならではの料理がたくさんあります。以下の表は，ア～オの都道府県におけるその土地ならではの料理とその特色について表したものです。資料1とそれぞれの料理の特色をもとに，表のア～オにあてはまる都道府県名を「都」「道」「府」「県」をつけて書きなさい。また，その位置を次のページの日本地図中から選び，番号を書きなさい。

都道府県名	料理名	特色
ア	きりたんぽ鍋	鳥からとった出汁《だし》に醤油を加えたスープに、新米をついて杉の串《くし》に巻きつけて焼いたきりたんぽを入れた鍋物。雪どけ水を利用した、米どころならではの料理。
イ	讃岐《さぬき》うどん	温暖《おんだん》で降水量の少ないこの県は、良質な小麦と塩の産地であり、この料理はその２つを原料として発達した。この県のうどん生産量は日本一である。
ウ	ゴーヤチャンプルー	チャンプルーはごちゃ混ぜを意味する言葉で、豆腐《とうふ》を加えた野菜炒《いた》め。ゴーヤは日照が強くて気温が高く、雨の多い地域で生産される。
エ	三平汁《さんぺいじる》	昆布《こんぶ》で出汁をとり、サケ、ニシン、タラなどの魚に塩をふったものと、だいこん、にんじん、じゃがいもを一緒に煮た塩汁。寒さがきびしい冬の名物料理。
オ	ほうとう	小麦粉を練りざっくり切っためんを野菜とともに味噌《みそ》で煮《に》込《こ》んだ鍋料理。山がちな土地で、内陸のため雨が少なく、畑作中心で小麦などが多く栽培《さいばい》された。

日本地図

1
2
3
4
5
6
7
8
9
10
11
12
13
14
15
16
17
18
19
20
21
22
23
24
25
26
27
28
29
30
31
32
33
34
35
36
37
38
39
40
41
42
43
44
45
46
47

資料１　各都市（ア～オの都道府県のいずれかに所在）の雨温図（気温と降水量を合わせて表示したグラフ）

雨温図の左の数値《すうち》（－５～30）は気温（℃），右の数値（０～350）は降水量（㎜）を表します。

那覇《なは》

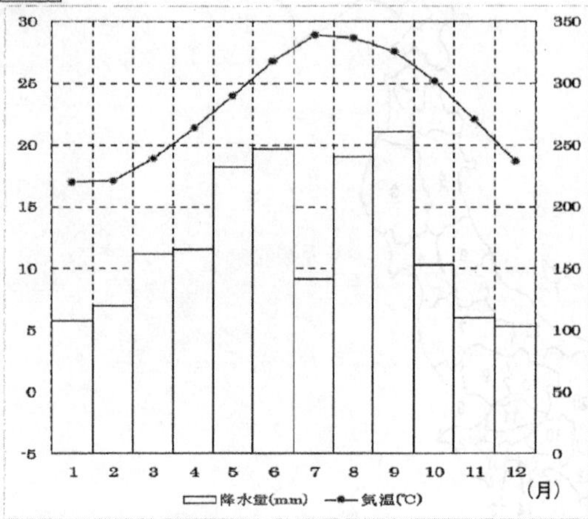

横手

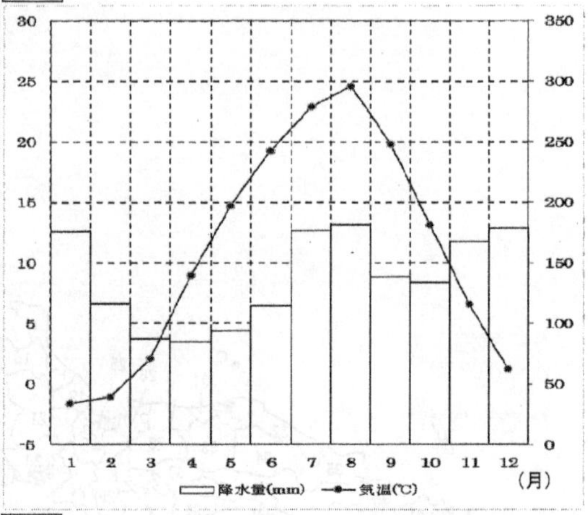

高松

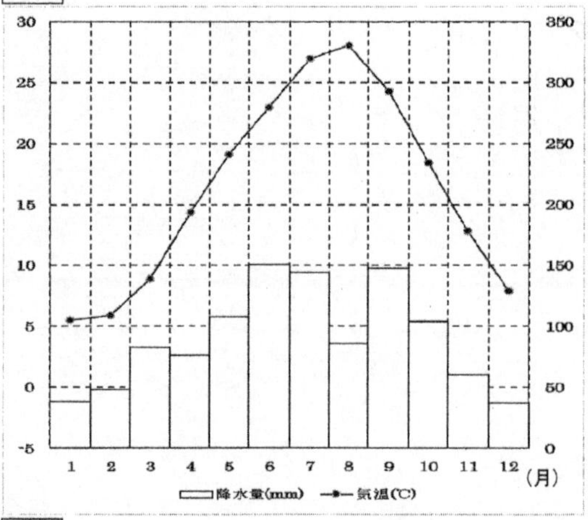

札幌《さっぽろ》

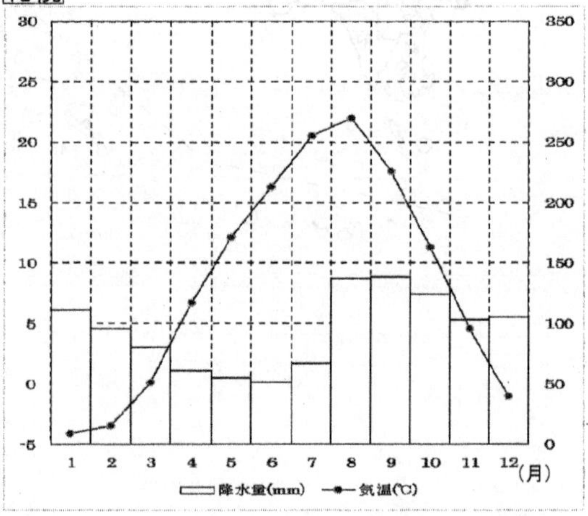

甲府《こうふ》

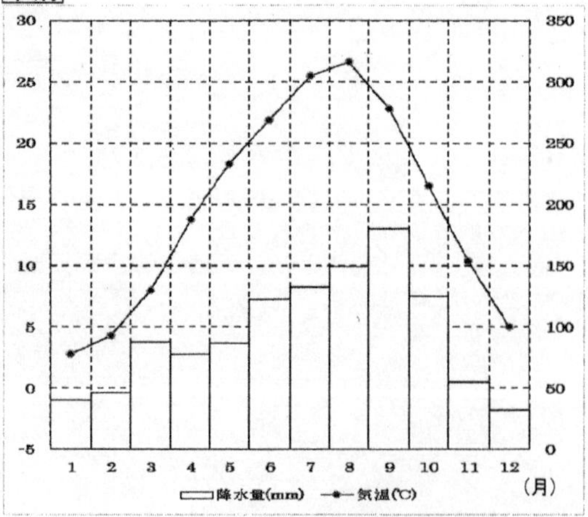

（気象庁ホームページより作成）

問２　会話中の下線部②について，資料２を参考にして次の問いに答えなさい。

⑴　なすの旬の季節を書きなさい。

⑵　12月になすの価格が最も高くなっている理由を，取扱量《とりあつかいりょう》と消費との関係を考えて書きなさい。

資料２：千葉市地方卸売《おろしうり》市場におけるなすの取扱量と価格

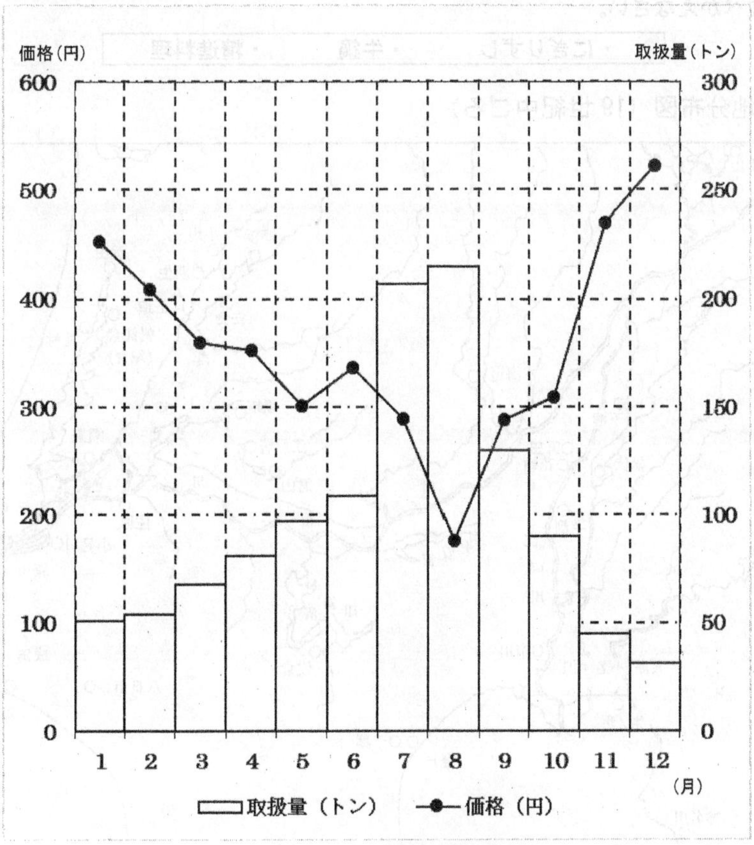

（千葉市地方卸売市場ホームページ
平成25年品目別取扱高表（野菜）より作成）

問３　会話中の下線部③について，「関東醤油産地分布図」と次のページの資料３「関東醤油番付表」から判断して，19世紀中ごろに江戸に醤油を出荷していた92名の生産者のうち，現在の千葉県の範囲《はんい》の生産者は何人になるか，その数を答えなさい。

問４　会話中の下線部④について，会話文を参考にして，歌舞伎や浮世絵が庶民に広まった時代に日本独特の文化が発達した理由を，時代名を入れて説明しなさい。

問５　会話中の下線部⑤について，会話文の記述をもとに，次の和食を日本人が食べ始めた年代が古い順に並べかえなさい。

・にぎりずし	・牛鍋	・精進料理

関東醤油産地分布図（19 世紀中ごろ）

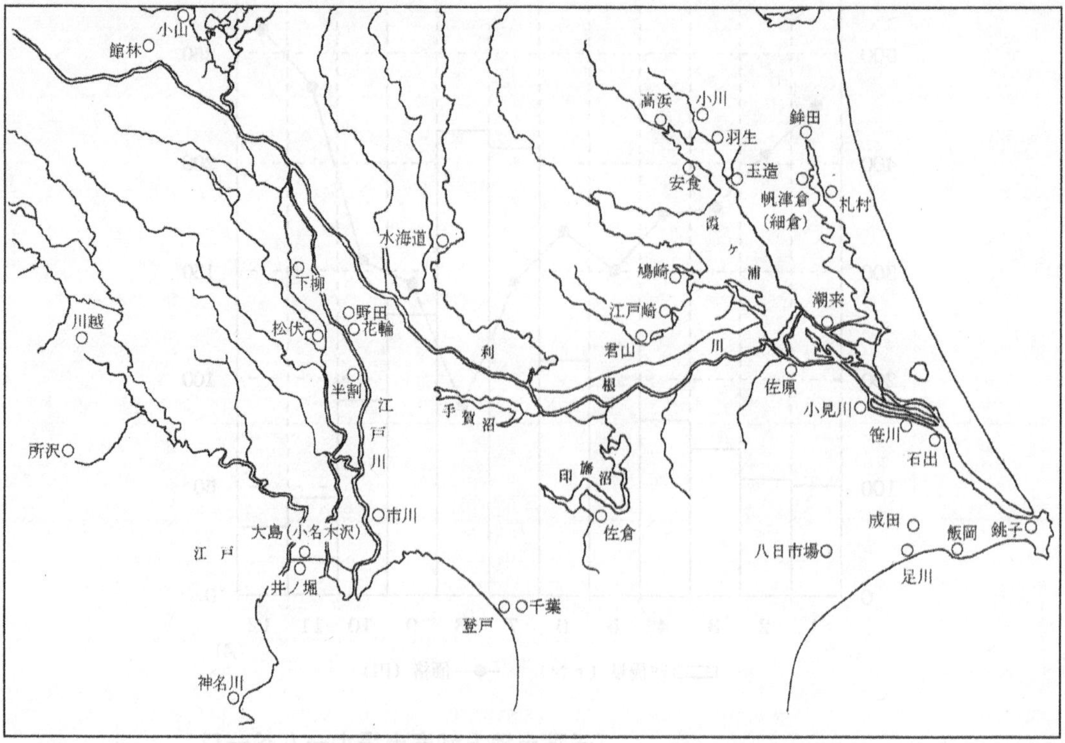

関東醤油産地分布図
（房総半島）

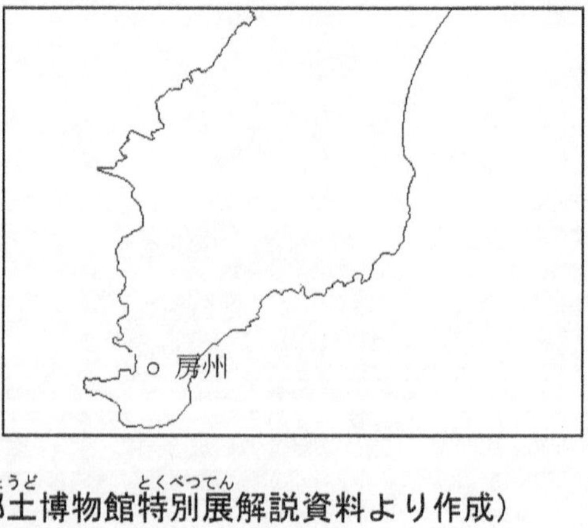

（野田市郷土《きょうど》博物館特別展《とくべつてん》解説資料より作成）

資料３　関東醤油番付表（19 世紀中ごろ）

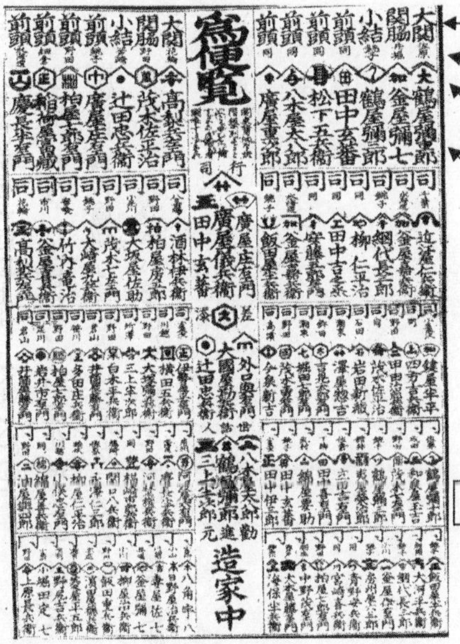

※相撲《すもう》の番付になぞらえて、関東地方で江戸に醤油を出荷した 92 名の醤油生産者を東と西に 46 名ずつふり分け、それぞれ上位から順位づけをした表

（国文学研究資料館所蔵《しょぞう》）

「関東醤油番付表」の産地名のみを取り出した表（「同」は右に書いてある産地名と同じ）

＜西番付＞		＜東番付＞
花輪　野田　江戸崎　銚子　野田　細倉　水海道	為便覧	佐原　井ノ堀　銚子　同　同　同　同
八日市場　野田　小見川　野田　銚子　安喰（安食）　市川　花輪		千葉　水海道　銚子　同　同　同　水海道　銚子
小名木沢　川越　野田　所沢　野田　君山　笹川　野田　足川　君山		小名木沢　同　野田　同　石田（石出）　潮来　鉾田　潮来　野田　高浜
房州（館山）　水海道　野田　同　嶋崎　佐原　松伏　川越　同　野田		佐原　成田　野田　銚子　館林　佐倉　下柳　札村　銚子　小名木沢
小見川　小山　川越　井ノ堀　小川　野田　玉造　潮来　半割　小見川　野田		銚子　飯岡　銚子　小川　銚子　同　同　野田　羽生　登戸　神名川（神奈川）

※ 安喰→安食、石田→石出、神名川→神奈川、房州→館山を示す。

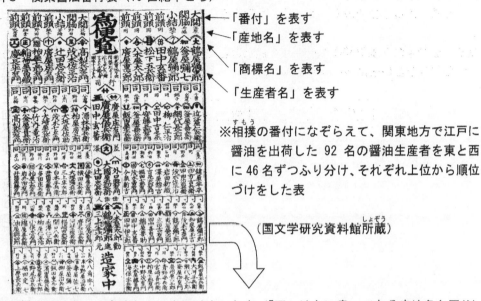

うための文化」について、A①**「自然」**・B⑦**「心のゆとり」**と
いう言葉を**一回以上**使って書くこと。
三段落目は、**「大切にしたい文化は～」**で始めること。
6　原稿用紙の適切な使い方にしたがって書くこと。
7　文字やかなづかいを正しく書き、漢字を適切に使うこと。

E「千葉県の伝統的工芸品である楊枝《ようじ》」

い
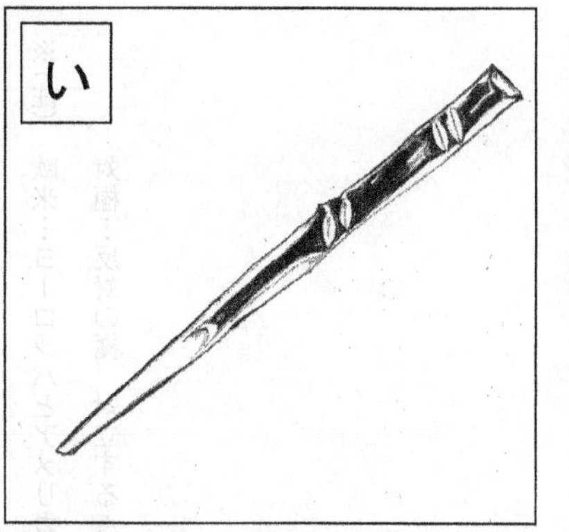

ろ
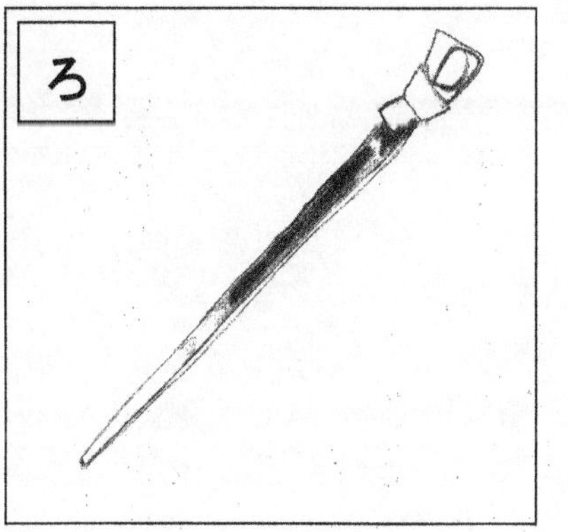

は
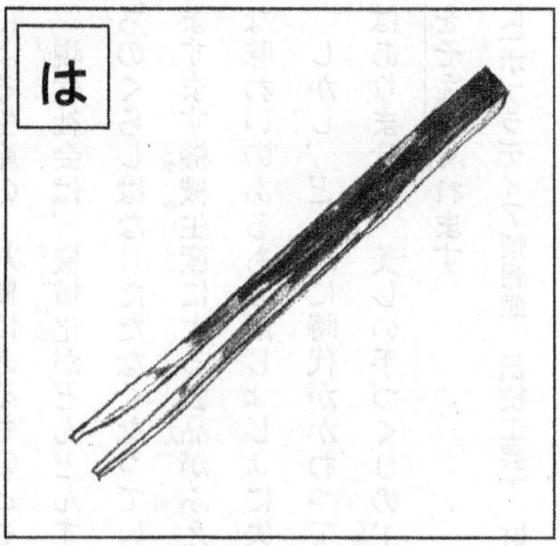

◎問二では、い～はの楊枝の中から一つを選び、【書くときのきまり】にしたがって、名前をつけます。楊枝の記号い～はを解答用紙の決められた場所に書きなさい。

問一　B⑥「床の間」は、どのようなA③「人工的な装置」ですか。A①「自然」を一回以上使い、Bの文章中の言葉を使って「……人工的な装置。」というかたちにして二十五字以上三十字以内で書きなさい。

問二　A・B・Cの文章とDのグラフ、Eの図から、日本の文化について、次の【書くときのきまり】にしたがって、十八行以上二十行以内で作文を書きなさい。

【書くときのきまり】

1　題名は書かず、一行目から作文を書き始めること。
2　文章全体は三段落構成とすること。
3　一段落目では、Eから選んだ楊枝について、その模様や形から、楊枝に、A②「季節」を意識した名前をつけること。
　楊枝の名前は十字以内とし、意識したA②「季節」も書くこと。
　そのうえで、A④「見立て」を一回以上使って、名前をつけた理由も書くこと。
　また、C⑧「現代人の生活にも色どりをそえ」るために、その楊枝をどんな場所でどのように使ったらよいかを考えて、具体的に書くこと。
4　二段落目には、Dのグラフから読み取れること、そこからあなたが考えたことを書くこと。
　二段落目は、「グラフから～」で始めること。
5　三段落目では、あなたが大切にしていきたいA⑤「日本人が長年かけて練り上げてきた、美しさを深く味わくりの方法《ほうほう》をとりいれてきました。その結果《けっか》、大量《たいりょう》の製品《せいひん》をはやく生産《せいさん》することができるようになり、日本の社会は豊《ゆた》かになってきました。

しかし、伝統工芸《でんとうこうげい》は、長い歴史《れきし》があり、その技術《ぎじゅつ》や技法《ぎほう》が機械化《きかいか》されることなく、手仕事としてうけつがれているものです。ですから、機械《きかい》による生産《せいさん》の※対極《たいきょく》にあるものともいえるでしょう。

現代《げんだい》社会は、機械化《きかいか》がどんどんすすみ、機械生産《きかいせいさん》なくして、わたしたちのくらしはなりたたなくなっています。近年、経済《けいざい》の発展《はってん》とともに、ますます機械生産《きかいせいさん》による製品《せいひん》がふえ、そのいっぽうで、手づくりの素朴《そぼく》な味わいのあるものがじょじょに失《うしな》われてきています。

しかし、どんなに時代がかわっても、伝統工芸《でんとうこうげい》の魅力《みりょく》はかわるものではありません。美しい手づくりの工芸品《こうげいひん》は、⑧現代人《げんだいじん》の生活にも色どりをそえてくれます。

（「ポプラディア情報館　伝統工芸」　財団法人　伝統的工芸品産業振興会　監修
ポプラ社による）

※（注）　欧米…ヨーロッパとアメリカ。
対極…反対の極。対立する点。

D

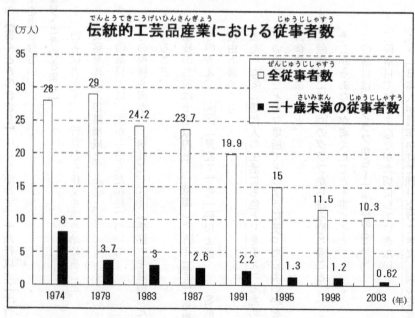

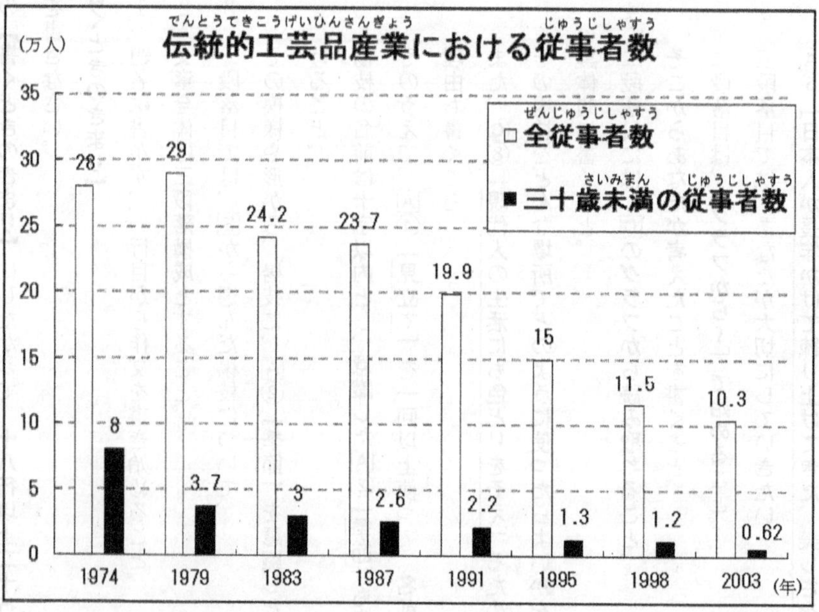

（伝統的工芸品産業審議会「21世紀の伝統的工芸品産業施策のあり方について」より作成）

B旅館の和室に⑥床《とこ》の間《ま》はなくてはならないアイテムだ。外見は洋風の一戸建ての住宅《じゅうたく》でも、和室には床の間が※しつらえられている新築物件がある。

床の間は、部屋《へや》のなかの一部であるが、そこに座《すわ》ったり、家具を置いたりする場所ではない。

いわば、遊んでいる空間であり、じっさいには不必要な空間ともいえる。

日本家屋の特徴《とくちょう》をあげればきりがないが、床の間の存在《そんざい》は外国ではみられない最たるものである。

理由は諸説《しょせつ》ある。まず、せまい家屋のなかで遊んでいる空間をわざわざつくるのは、安らぎの場所として、ストレス解消ができるからだという説がある。

また、床の間は、屋内にある自然そのものを表現しているという説もある。この空間には、生け花が飾《かざ》られたり、書や※山水画などの※軸物《じくもの》がかけられる。

これらは総じて、自然を象徴《しょうちょう》している。意外に思われるかもしれないが、書は、本来は山をなぞり水の流れにまかせて書くというのが基本で、そこには自然そのものの心が生きているとされた。

つまり、床の間は座敷《ざしき》のなかで自然の※凝集《ぎょうしゅう》している場所なのである。

わざわざ床の間をしつらえたということは、日本人が自然とともに生活し、いかにそれを大切に思っているかをあらわしている。心休まる空間にたいする思い入れが、床の間を生みだしたのである。

住宅に※機能性や※合理性を求めるだけではなく、⑦心のゆとりという点を考えると、床の間のような空間は無視《むし》できない。いまもなお、そのよさが認識《にんしき》されつづけている。

（「日本人なら知っておきたい『和』の知恵　藤野紘　河出書房新社」による）

床の間

※（注）　しつらえる……用意する。設ける。

山水画……山岳《さんがく》、河川《かせん》を中心とする自然の風景をかいた絵。

軸物……巻物《まきもの》。掛《か》け物。

凝集……一カ所に集まること。

機能性……ある物事にそなわっている働きをもっていること。

合理性……論理《ろんり》にかなった性質をもっていること。

C日本は、明治以後《めいじいご》の近代化にともない、※欧米《おうべい》から機械《きかい》によるものづ

【適性検査Ⅱ】（四五分）

次のA・B・Cの文章、Dのグラフ、Eの図からあとの問いに答えなさい。

A日本と西洋との自然観のちがいがよく表われているのが庭である。内と外との中間地点である庭に、どのように①自然を取り入れるか。その方法に、両者の自然に対する意識のちがいがうかがえる。

自然を取り入れるといっても、庭に草木をたくさん植えたり、水を流したりして自然らしさを演出しようとするのは、むしろ西洋のほうである。日本はむしろ逆だ。日本でもっとも有名な庭といえば、室町時代につくられた京都の※竜安寺《りょうあんじ》の石庭《せきてい》を思い出す人は多いだろう。石庭の名のとおり、この庭を構成しているのは石と砂である。いわゆる※枯山水《かれさんすい》とよばれるものだ。枯山水は、石と砂だけで、山のつらなる様《さま》や、滝《たき》や河の流れを表現する。そこでは植物はかえってじゃまであり、※極力排除《はいじょ》される。

それに対して、西洋の庭は花が中心だ。色とりどりの、なるべく珍《めずら》しい花がたくさん咲《さ》いているほど美しい庭とされる。西洋の庭の楽しみは、花を見ることといってもいい。ガーデニングとは、基本的には②季節によって木を植え替《か》えたり、さまざまな花を咲かせたりすることである。

しかし、そうだとすると植物をたくさん植えている西洋の庭の方が、自然を豊かに取り入れているような気もする。だが、そこに西洋と日本の自然観の大きなちがいがある。西洋の庭に植えられている草花は枯《か》れれば取り替えられる。つまり自然は交換《こうかん》可能な物として扱《あつか》われている。いいかえれば、そこでは見えているものがすべてである。

それに対して、日本の枯山水は、見る者の想像力によって、目には見えない自然のいとなみと一つになるための③人工的な装置《そうち》だといえる。そこではたんに、砂が海を表わしていると理解するだけでは足りない。だいじなのは、そこに実際に水が※たゆたっているのを積極的に想像し、そのイメージを押し広げていくことである。（中略）

このように石や砂を、山や島、川や海のイメージでとらえることを④「見立て」という。目の前にある前景の背後《はいご》に、後景を透《す》かして見る。

この「見立て」は、⑤日本人が長年かけて練り上げてきた、美しさを深く味わうための文化のエッセンスといってよい。

盆栽《ぼんさい》も、小さな鉢《はち》植えの木を樹齢《じゅれい》数千年の老木《ろうぼく》に見立てて味わうものである。茶室も、あの狭《せま》い空間を仙人《せんにん》の住む高峰《こうほう》の頂《いただき》などに見立てるものだ。茶道《さどう》で、一杯《いっぱい》の茶の中に宇宙《うちゅう》があるというのも「見立て」であるし、茶道具ではないひょうたんを花入れに使ってみるという遊び心も「見立て」である。落語も、特別な道具を使わず、一本の扇子《せんす》を箸《はし》に見立ててそばをすすってみせたり、※煙管《キセル》に見立てたりしてさまざまな場面を表わす「見立て」の芸である。

（「美しいをさがす旅にでよう　田中真知　白水社」による）

※（注）　竜安寺……京都右京区にある寺。石庭が有名。
枯山水……水を用いずに石、砂などにより風景を表現する庭園様式。
極力……できるだけちからをつくす様子。精いっぱい。
たゆたって……ゆらゆら動いて
煙管……きざみたばこをつめて吸《す》う道具。両端《りょうたん》は金属、間は竹などでできている。

平成26年度

市立稲毛高等学校附属中学校入試問題

【適性検査Ⅰ】　(45分)

1　太郎さんと千花さんはコインランドリーに行きました。コインランドリーには下図のようにそれぞれ大きさの違《ちが》う３台の洗濯乾燥機《せんたくかんそうき》が置いてあります。この３台は自由に使えるとします。太郎さんと千花さんの会話を読んで，あとの問いに答えなさい。

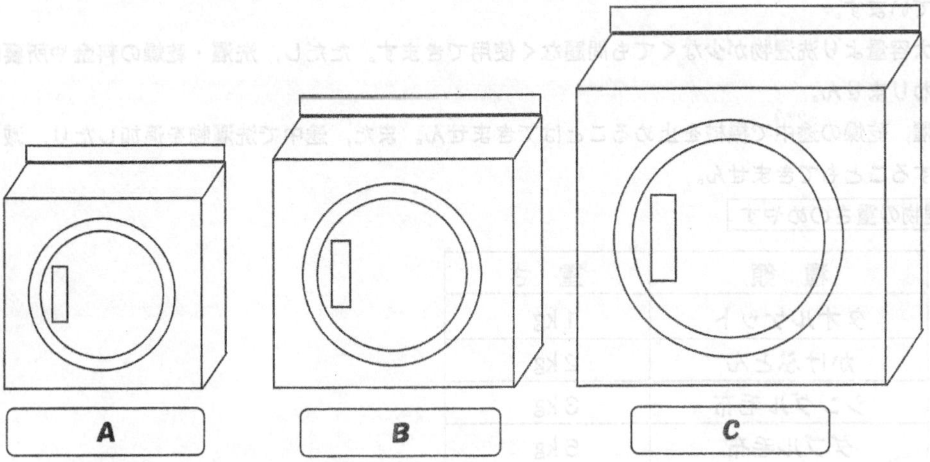

太郎：こんなところで会うなんて偶然《ぐうぜん》だね。

千花：そうね，おどろいたわ。使い方がわからなくて困《こま》っていたの。もし時間があったら教えてくれないかしら。

太郎：それならちょうど終わったから教えてあげるよ。でも，まずは「機械について」と「使用上の注意」をよく読んでね。

千花：ちゃんと説明が書いてあったのね。助かるわ。

太郎：特に気をつけてほしいのは，洗濯か乾燥を１回するごとに料金がかかることだね。
例えばAの機械で洗濯と乾燥の両方をしたいなら，1回の料金が200円だから合計400円だよ。
また，同じ機械でも洗濯と乾燥では最大容量（※）と所要時間が違うから注意が必要だよ。

千花：ということは，例えば洗濯物が５kgでAの機械を使うときは，洗濯はできるけど，乾燥は最大容量が３kgまでだからできないのね。だとしたら，１回３kg分乾燥させ終わってから，残りの２kgを乾燥させればいいのね。

太郎：そうだね。でも，分けられない場合は無理だし，お金も時間もかかるから乾燥をするときは，Bの機械に移して一度に乾燥させた方がいいよ。

千花：そうなのね。よく考えて使わないといけないわね。

太郎：それがいいね。他にも洗濯物の量が多いときは，他に利用者がいないなら３台同時に使うと短時間でできるよ。

千花：わかったわ。太郎さんありがとう。

※最大容量……入れることができるもっとも多い量

機械について

		A	B	C
洗濯 / 乾燥	1回の料金	200円 / 200円	300円 / 300円	400円 / 400円
	最大容量	5kgまで / 3kgまで	8kgまで / 6kgまで	12kgまで / 10kgまで
	所要時間	30分 / 25分	40分 / 30分	50分 / 40分

使用上の注意

・乾燥する場合の最大容量は，ぬれて重くなった重さではなく，乾《かわ》いている状態のときの重さを表示しています。

・最大容量より洗濯物が少なくても問題なく使用できます。ただし，洗濯・乾燥の料金や所要時間は変わりません。

・洗濯，乾燥の途中《とちゅう》で機械を止めることはできません。また，途中で洗濯物を追加したり，減らしたりすることもできません。

洗濯物の重さのめやす

種　類	重　さ
タオルケット	1kg
かけぶとん	2kg
シングル毛布	3kg
ダブル毛布	6kg
カーペット	9kg
こたつぶとん	10kg

問1　太郎さんはタオルケット，シングル毛布，ダブル毛布，カーペット各1枚ずつを最短時間で洗濯と乾燥を行いました。そのときの時間と必要な料金を答えなさい。ただし，洗濯と乾燥を行っている時間のみを考え，操作時間や洗濯物を入れる時間などは考えないものとします。

問2　千花さんは，「私の洗濯物はたった3つよ。全て洗濯と乾燥を行う場合，最も安い方法では800円かかり，最も早い方法では80分かかるわ。」と話していました。千花さんの洗濯物として考えられるものを2組答えなさい。ただし，千花さんの洗濯物はすべて「洗濯物の重さのめやす」の中に書かれているものだとします。また，同じ種類のものが複数あってもかまいません。

2　次のページの図のように，部屋Ａと部屋Ｂがとなりあっており，間にはとびらがあります。部屋Ａと部屋Ｂは表１のとおりです。

表１

	部屋Ａ	部屋Ｂ
床の広さ	６ 畳《じょう》	６畳
天井《てんじょう》の高さ	２ｍ	２ｍ
部屋の温度	32℃	28℃

※１畳はたたみ一枚の広さ

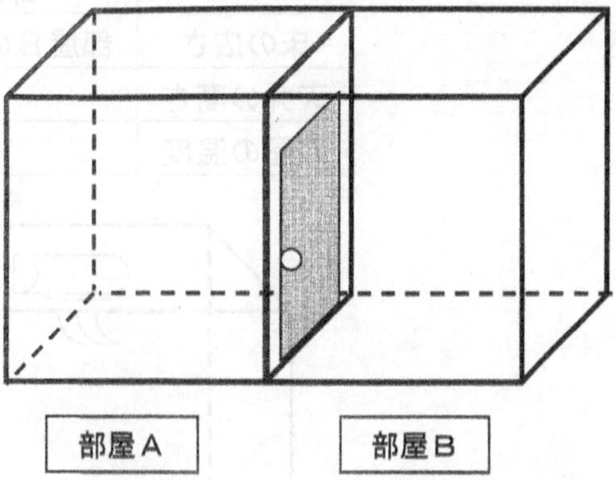

とびらをあけると部屋の中の空気は混ざりあい，部屋の温度は，どちらの部屋も部屋Ａ，部屋Ｂの平均である30℃となります。このことを参考にあとの問いに答えなさい。ただし，空気は均一に混ざりあい，温度は一定になるものとします。また，外から熱が入ったり，部屋の中の熱が外に出たりしないものとします。

問１　部屋Ａと部屋Ｂが次の表２の場合，とびらをあけたときの２つの部屋の温度は何℃になるか，小数第３位を四捨五入して答えなさい。また，式も書きなさい。

表２

	部屋Ａ	部屋Ｂ
床の広さ	12 畳	６畳
天井の高さ	２ｍ	２ｍ
部屋の温度	32℃	28℃

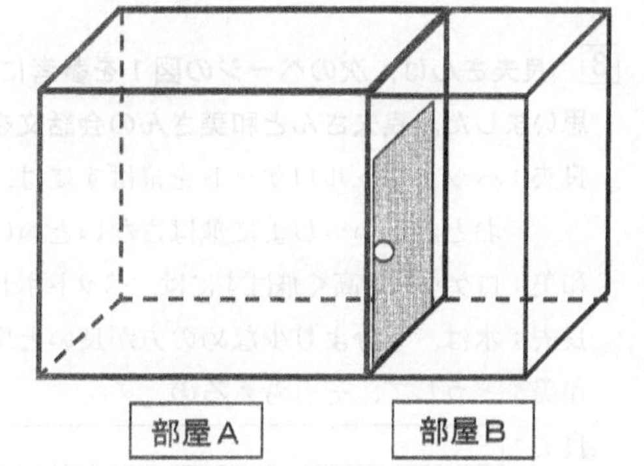

問２　部屋Ａと部屋Ｂが次の表３の場合，とびらをあけたときの２つの部屋の温度は何℃になるか，小数第３位を四捨五入して答えなさい。また，式も書きなさい。

表３

	部屋Ａ	部屋Ｂ
床の広さ	12 畳	６畳
天井の高さ	２ｍ	1.5ｍ
部屋の温度	32℃	28℃

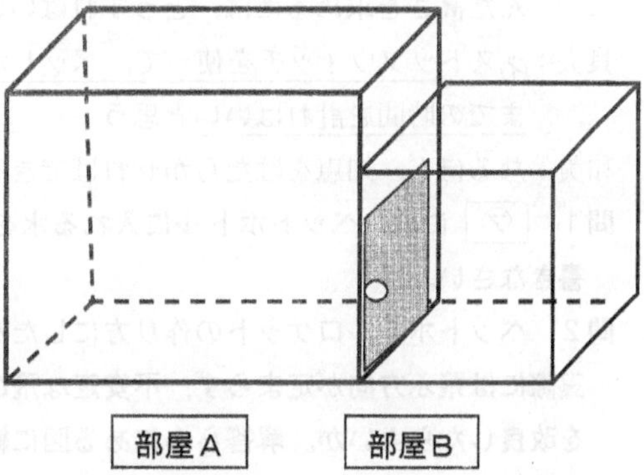

問３　天井の高さの等しい部屋Ａと部屋Ｂがあり，部屋Ａは部屋Ｂの1.25倍の広さがあります。また，部屋Ｂの温度は29℃です。とびらを閉めた状態で部屋Ａの冷房《れいぼう》を何分間かつけます。その後とびらを開けて，部屋Ａと部屋Ｂの空気を混ぜたとき，２つの部屋の温度を28℃にするには，部屋Ａを何℃にすればよいか答えなさい。また，式も書きなさい。

	部屋Ａ	部屋Ｂ
床の広さ	部屋Ｂの 1.25 倍	―
天井の高さ	等しい	
部屋の温度	―	29℃

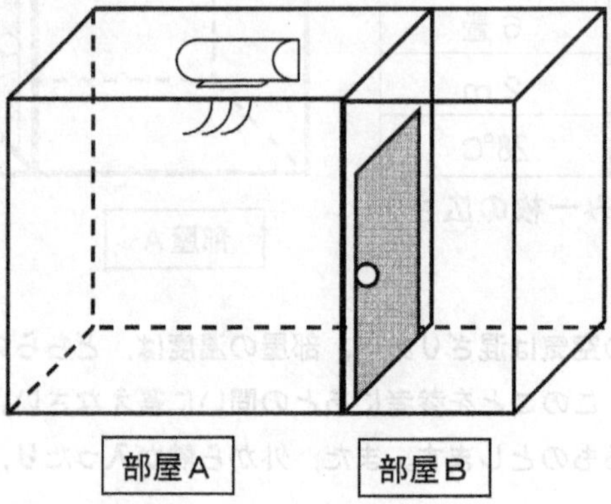

3　良夫さんは，次のページの図１を参考にできるだけ高く飛ぶペットボトルロケットを作ろうと思いました。良夫さんと和美さんの会話文を読んで，あとの問いに答えなさい。

良夫：ペットボトルロケットを飛ばすには，人がいない広い校庭の真ん中で，風の無い日を選んで，おとなといっしょに飛ばさないといけないね。

和美：ロケットを高く飛ばすには，ペットボトルに入れる水の量と空気の量の割合が関係すると思うわ。

良夫：水は，半分より少なめの方が良いと思う。

和美：どうして，そう考えるの。

良夫：［　　　　　㋐　　　　　］だからだよ。

和美：なるほど，飛ばしてみればわかるわね。でも，何回かロケットを飛ばして，いちばん高く飛んだ高さを求めるには，どうすればいいの。

良夫：㋑ストップウォッチを使って，ペットボトルロケットが真上に発射されてから地面に落ちるまでの時間を計ればいいと思う。

和美：なるほど，知恵をはたらかせればできるのね。

問１　［㋐］には，ペットボトルに入れる水を半分より少なめにする理由が入ります。その理由を書きなさい。

問２　ペットボトルロケットの作り方にしたがって，ロケットを作り，真上に飛ばしてみたところ，実際には飛ぶ方向が定まらず，不安定な飛び方でした。まっすぐ上に飛ぶようにするには，どこを改良したらよいか。解答らんにある図に絵を２つつけ加えて，それぞれ何を改良するのか説明を加えなさい。

問３　ペットボトルロケットを改良し，ペットボトルロケットを真上に飛ばしました。下線部㋑の時間を計ったら，8.0秒でした。次のページの表のボールが落下する距離《きょり》を１秒ごとに調べた実験結果をもとに，ペットボトルロケットが何ｍの高さまで到達《とうたつ》したかを計算し，整数で答えなさい。ただし，空気の抵抗は考えないものとする。

図１　ペットボトルロケットと発射《はっしゃ》台の作り方

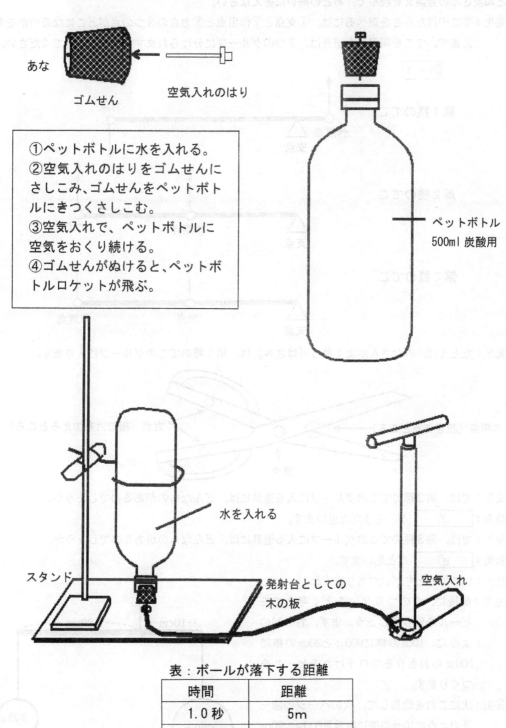

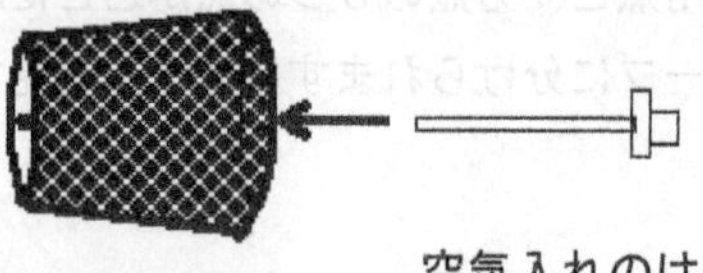

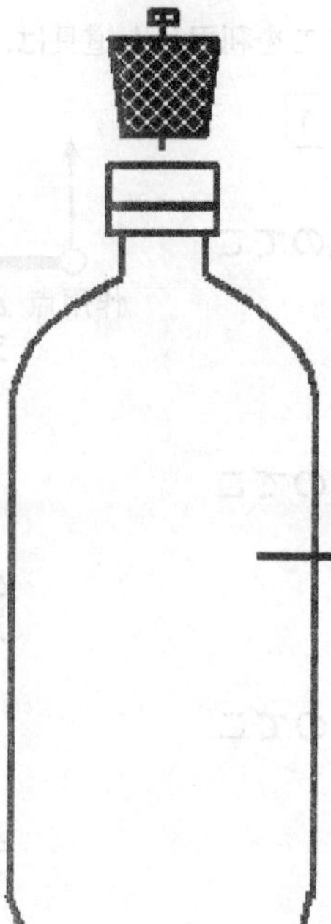

①ペットボトルに水を入れる。
②空気入れのはりをゴムせんにさしこみ、ゴムせんをペットボトルにきつくさしこむ。
③空気入れで、ペットボトルに空気をおくり続ける。
④ゴムせんがぬけると、ペットボトルロケットが飛ぶ。

表：ボールが落下する距離

時間	距離
1.0 秒	5m
2.0 秒	20m
3.0 秒	45m

4　**良夫さんのクラスでは，「てこ」や「力のつり合い」について学習しています。先生と良夫さんと和美さんの会話文を読んで，あとの問いに答えなさい。**

先生：てこのはたらきを調べるには，①支点と②作用点と③力点の３つの点がどこになるのかを考えます。てこを利用した道具は，３つのグループに分けられます。図－１を見てください。

図－１

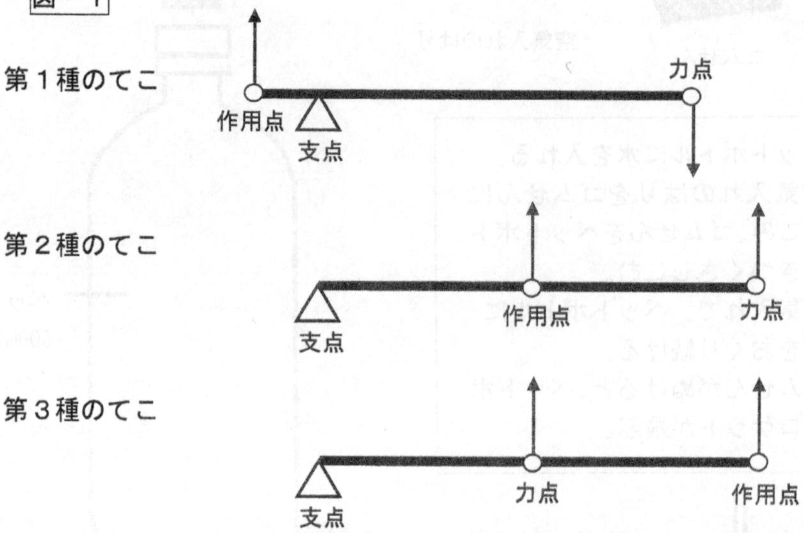

先生：たとえば，みなさんがよく使う「はさみ」は，第１種のてこのグループに入ります。

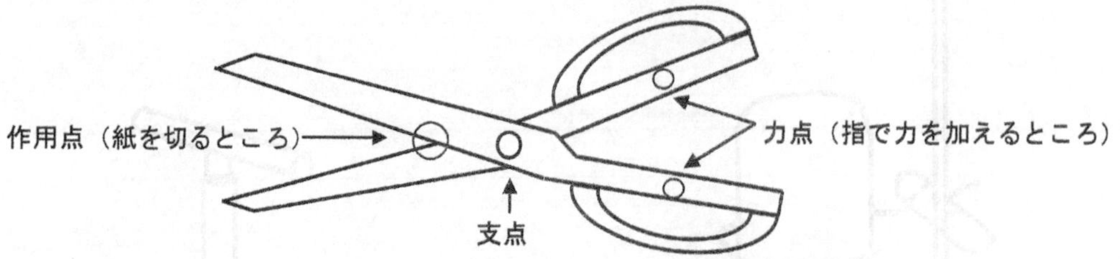

先生：では，第２種のてこのグループに入る道具には，どんなものがあるのでしょうか。

良夫：［　㋐　］が，そうだと思います。

先生：では，第３種のてこのグループに入る道具には，どんなものがあるのでしょうか。

和美：［　㋑　］だと思います。

良夫：いろいろとちがいがありますね。

先生：最後に，力のつり合いをよく考えてモビールを作りましょう。まず，右の図のように，10cmの棒に600ｇと20cmの棒に300ｇのおもりをつり下げたモビールをつくります。

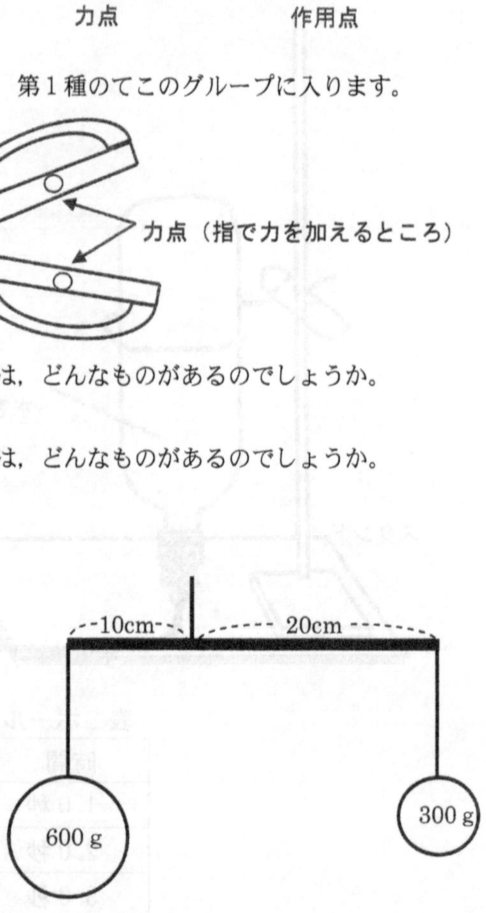

先生：次にこれを改良して，次のページの図－２のように10cmの棒に総重量600ｇ，20cmの棒に総重量300ｇのモビールをつり下げます。ＡＢＣＤＥのおもりの重さを考

えましょう。ただし，棒と糸の重さは考えないものとします。

図－２

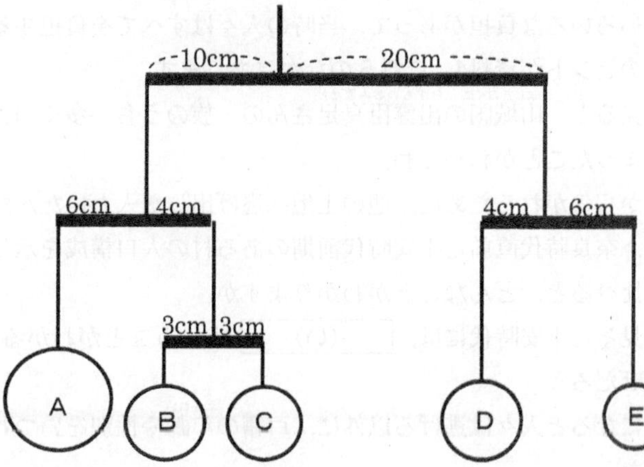

和美：［　　㋒　　］になります。

問１　［㋐］には，第２種のてこのグループの道具名がはいります。解答らんに道具の絵を描《か》いて，①支点と②作用点と③力点の３つの点がどこになるのか書き加えなさい。

問２　［㋑］には，第３種のてこのグループの道具名がはいります。解答らんに道具の絵を描いて，①支点と②作用点と③力点の３つの点がどこになるのか書き加えなさい。

問３　［㋒］には，ＡＢＣＤＥのおもりの重さがはいります。解答らんにそれぞれの値を書きなさい。

5　良夫さんのクラスでは社会科の時間に，奈良《なら》の都に運ばれる税について話し合いました。これについて次の会話を読んで，あとの問いに答えなさい。

先生：天皇を中心とした国づくりが進むと，戸籍《こせき》にもとづいて人々が税などを負担《ふたん》するしくみがつくられました。資料１は，奈良県から出土した木簡《もっかん》（木の荷札）で，ある税を納《おさ》めた証拠《しょうこ》を示すものです。どのような税かわかりますか。

良夫：地方の特産物を運ぶ時にこの木簡をつけたとすると，この税は［（あ）］だと思います。

千花：わたしもそう思います。木簡をよく見ると，［（あ）］という文字が書いてあります。

先生：そのとおりです。いいところに気がつきましたね。では，この木簡をつけて，何を納めたのでしょう。

真一：木簡の一番下に「塩二斗《と》」とあるので，塩を納めたのだと思います。

先生：よく見つけましたね。成人男子は自分で食料を用意し，何日もかけて税を都まで運ばなければなりませんでした。

和美：木簡の一番上には「周防国《すおうのくに》」と書いてあるけど，地図１を見ると，「周防国」から３週間近くもかけて塩を運んだことがわかります。

先生：資料２の木簡を見ると，私たちの住む「下総国《しもうさのくに》」からは，わかめを納めていることがわかりますが，わかめを都まで何日かけて運んでいますか。

良夫：下総国から都までわかめを運ぶのに，［(1)］日かかっています。

千花：陸奥国《むつのくに》からだと，税の特産物を運ぶために50日かかっているわ。

真一：税の負担は，都からはなれるほど重かったんだね。

先生：資料３をみると，当時の人々の負担がわかります。

和美：こんなにいろいろな負担があって，当時の人々はすべてを負担することができたのかしら。

先生：その答えのヒントが資料4，資料５のなかにあります。

千花：資料４を見ると，山城国《やましろのくに》の出雲臣真足《いずものおみまたり》さんの一族のうち，多くの人が山城国からよその国へ逃《に》げてしまったことがわかるわ。

真一：重い負担からのがれるために，他の土地へ逃げ出した人もいたんだね。

先生：資料５は，奈良時代直前と平安時代前期のある村の人口構成を示したものです。この２つのグラフを比べると，どんなことがわかりますか。

和美：グラフを見ると平安時代には，［　（い）　］ということがわかるわ。

良夫：それはなぜだろう。

先生：平安時代になると人々は逃げる以外に，戸籍の年齢《ねんれい》や性別をいつわって報告するということもしました。

千花：そうすると平安時代の戸籍に書かれていることは，事実ではないのかしら。

真一：でも，なぜ戸籍をいつわったのかなあ。

和美：それは［　（う）　］からだと思うわ。

先生：奈良時代の税のしくみについて，いろいろと意見が出ましたが，人々の納めるいろいろな税が，天皇を中心とした国づくりのためには必要だったのです。

資料１　奈良県出土の木簡１

周防国《すおうのくに》大嶋郡《おおしまぐん》美敢郷《みあえのさと》凡海阿耶男《おおしあまのあやお》御調塩《みつきしお》二斗《にと》

資料２　奈良県出土の木簡２

下総国《しもうさのくに》海上郡《うなかみぐん》酢水浦《すみずうら》若海藻《わかめ》御贄《みにえ》太伍斤《ふとごきん》中《ちゅう》

平城京跡出土の木簡

(奈良国立文化財研究所蔵)

問１　会話中の （あ） にあてはまる語を漢字で書きなさい。

問２　地図１を参考にして，会話中の ⑴ にあてはまる数字を書きなさい。

問３　会話中の （い） にあてはまる平安時代の人口の特色を，奈良時代直前と比べて，2つ書きなさい。

問４　会話中の （う） にあてはまる戸籍をいつわった理由を，参考にした資料の番号をあげて説明しなさい。

問５　会話中の下線部「周防国」の位置を会話と資料を参考にして，解答用紙の地図中に黒で塗りなさい。

地図１　都まで特産物を運ぶのにかかった日数と木簡からわかる特産物

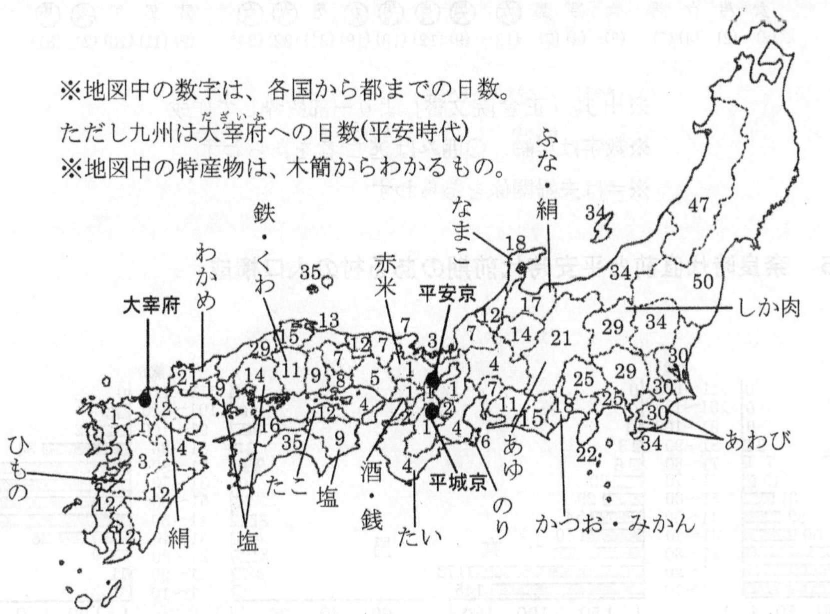

資料３　人々の負担

対象	負担の内容
６歳《さい》以上の男女	稲《いね》の収穫《しゅうかく》の３％を納《おさ》める。
成人男子	地方の特産物などを都まで運んで納める。
	布（労役の代わり）を都まで運んで納める。
	１年間に60日以内、各国の土木工事などで働く。
成人男子（３～４人に１人の割合）	１年間に36日間、各国で兵士の役を務《つと》める。
	１年間都で兵士の役を務める。
	３年間九州北部で兵士の役を務める。

※兵士の役を務める者は21歳～60歳で、成人男子のその他の税は免除される。
※成人は21歳～60歳である。
※61歳～65歳は成人の２分の１、17歳～20歳は成人の４分の１の税を納める。

資料4　山城国(京都府)の出雲臣真足さん(戸主)の一族(726年)

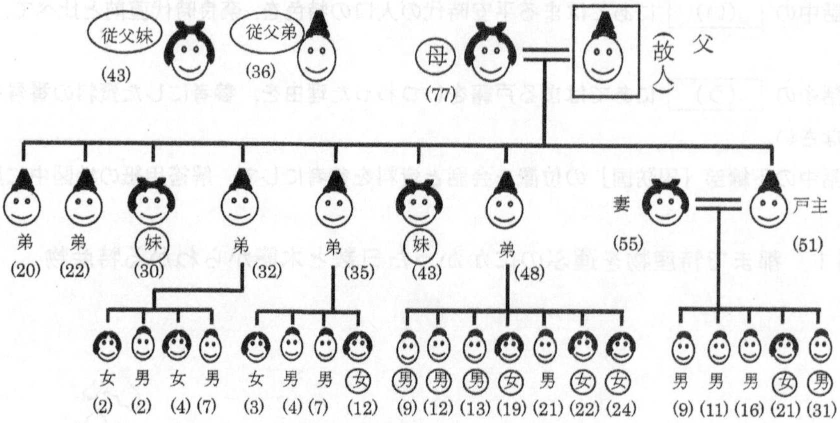

※出典《しゅってん》「正倉院文書《しょうそういんもんじょ》」より一部抜粋して作成
※数字は年齢《ねんれい》、○囲みは逃亡者《とうぼうしゃ》をあらわす
※＝は夫婦関係をあらわす

資料5　奈良時代直前と平安時代前期のある村の人口構成

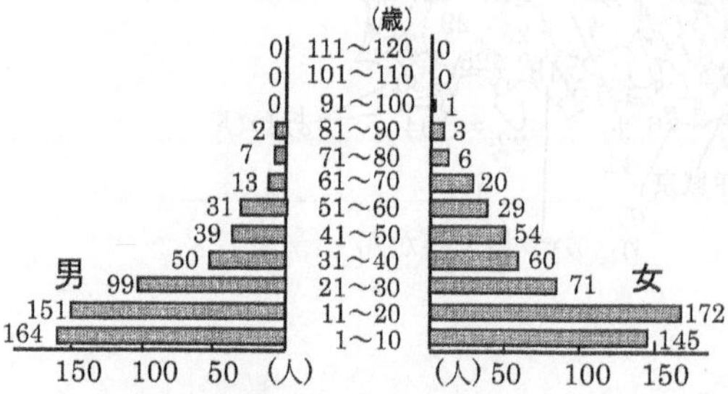

奈良時代直前(702年)の人口
※出典「寧楽遺文《ならいぶん》」より作成

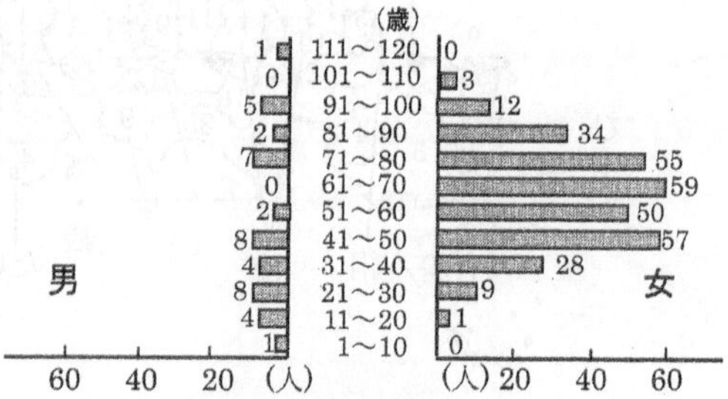

平安時代前期(902年)の人口
※出典「平安遺文《いぶん》」より作成

6　**良夫さんと千花さんが，千葉市のごみ処理《しょり》の状況《じょうきょう》を調べに市役所の環境《かんきょう》局を訪れ，係の人の説明を聞きました。これについて次の会話文を読んで，あとの問いに答えなさい。**

良夫：千葉市では今，どれくらいのごみが出されているのですか。

係員：平成23年度には，市全体で年間約265,000トンの焼却《しょうきゃく》ごみが出されています。

千花：千葉市では，ごみをどのように処理しているのですか。

係員：千葉市では，ごみの㋐5分別（可燃ごみ，不燃ごみ，資源ごみ，有害ごみ，粗《そ》大ごみ）を行っています。そのうち可燃ごみは清掃《せいそう》工場で焼却されますが，それ以外は新浜《にいはま》リサイクルセンターなどに集められます。資源ごみは再生業者などに売り，粗大ごみ・不燃ごみはくだいて，資源になるものを取り出し，できるだけ埋《う》め立てる量を減らすようにしています。しかし，可燃ごみの中を見ると，まだまだ資源になるものが混じっているのが現状です。

良夫：可燃ごみの中に，資源になるものが混じっているなんてもったいない。きちんと分ければ資源として立派に生まれ変わるのに，混ぜてしまえばただのごみ。家庭の中で，もっとごみを減らしたり，分別したりしないといけませんね。

千花：千葉市のごみ処理には今，どのくらいのお金がかかっていますか。

係員：平成23年度のごみ処理にかかったお金は約133.6億円です。１年間に㋑市民一人当たり13,873円負担《ふたん》していることになります。なんと１日に約3,660万円が，ごみ処理に使われている計算になります。可燃ごみ１袋《ふくろ》（45リットル）の処理に約280円，不燃ごみ１袋（20リットル）の処理に約220円かかります。

良夫：今年の２月１日から，「家庭ごみ手数料徴収《ちょうしゅう》制度」を始めるのはなぜですか。

係員：千葉市では平成19年度から「焼却ごみ三分の一削減《さくげん》」をめざし，ごみの減量やリサイクルに取り組んできました。目標値の254,000トンまで，あと約11,000トンになりました。ところが，グラフ１からわかるように ㋒ 年度からは，削減のペースが大はばに落ちてきました。

グラフ１：焼却ごみ量と削減量の推移《すいい》

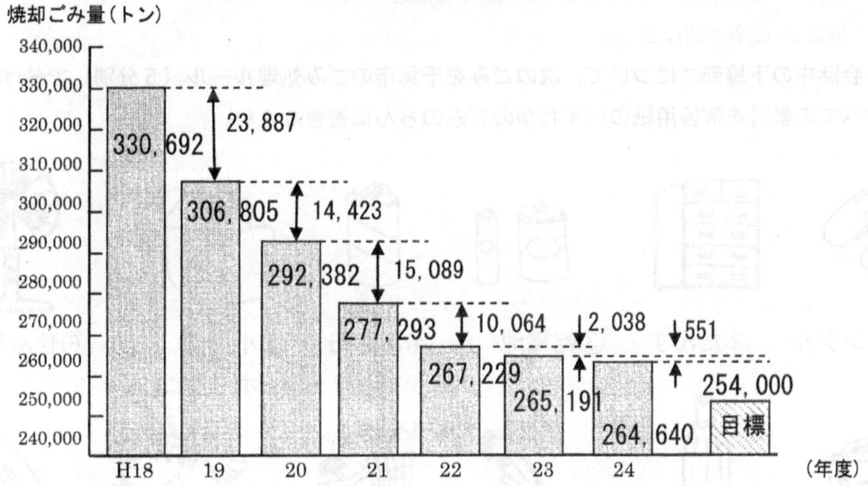

係員：目標値の254,000トンを達成するためにも，「家庭ごみ手数料徴収制度」が導入されます。「千葉市廃棄《はいき》物の適正処理及び再利用等に関する条例（※1）」の一部が，平成25年３月15日に決められ，新しい袋の代金は表１のようになりました。

表１：新しい指定袋の値段

	指定袋のサイズ	販売価格（10枚セット）	１枚当たりの価格
可燃ごみ	45リットル（特大）	360円	36円
	30リットル（大）	240円	24円
	20リットル（中）	160円	16円
	10リットル（小）	80円	8円
不燃ごみ	20リットル（大）	160円	16円
	10リットル（小）	80円	8円

千花：今までは，可燃ごみ用の45リットル袋が１枚10円くらいだから，私たちの負担はかなりふえるわね。

良夫：でも，ごみが減るという良い点もあるよ。それに ㋓ というのも良い点だね。

係員：千葉市の焼却ごみは現在，新港《しんみなと》クリーン・エネルギーセンター，北清掃工場，北谷津《きたやつ》清掃工場の３か所で焼却処理されています。ところが，昭和53年度に建設された北谷津清掃工場は施設《しせつ》が古くなったので，平成28年度には廃止《はいし》する予定です。

千花：目標値の254,000トンは，２つの清掃工場で処理できるごみの量ということですね。

良夫：わたしたち一人一人が，ごみの量をさらに減らす工夫をしないといけないね。

係員：千葉市では，"「ちばルール」みんなで取り組む３Ｒ"を合い言葉に，ごみを減らすための工夫にも取り組んでいます。これは，市民，事業者（※2），市が一緒に３Ｒに取り組んで，ごみの減量，リサイクルを進めていくためのルールです。

千花：３Ｒはポスターで見たことがあるわ。「リデュース」，「リユース」，「リサイクル」ですね。

良夫：「リデュース」（ごみを出さない努力をしよう）がいちばん大事だと思うけど，「リユース」，「リサイクル」も必要だね。

※１　条例……都道府県や市町村の議会が制定する規則

※２　事業者…会社や店など

問１　会話中の下線部㋐について，次のごみを千葉市のごみ処理ルール（５分別）で分けて，①～⑫すべての番号を解答用紙のいずれかのごみのらんに書きなさい。

①サンダル

②たんす

③乾電池

④あき缶

⑤小型のポリタンク

⑥せん風機

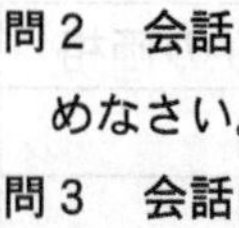
⑦かばん

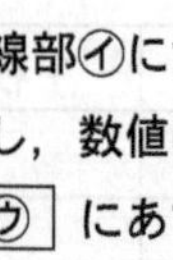
⑧びん

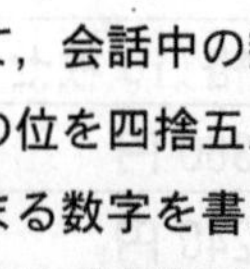
⑨かさ

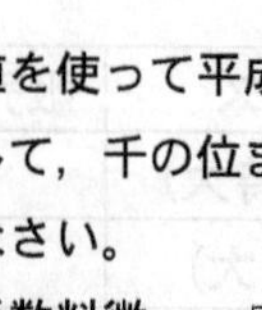
⑩自転車

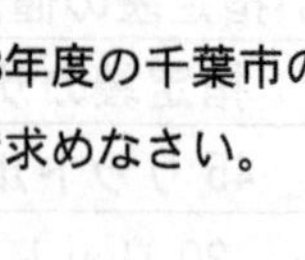
⑪調理ごみ

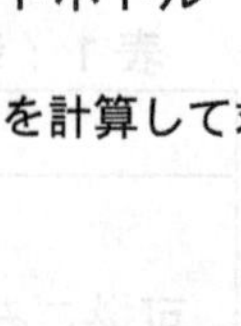
⑫飲料用ペットボトル

問２　会話中の下線部㋑について，会話中の数値を使って平成23年度の千葉市の人口を計算して求めなさい。ただし，数値は百の位を四捨五入して，千の位まで求めなさい。

問３　会話中の ㋒ にあてはまる数字を書きなさい。

問４　会話中の ㋓ にあてはまる「家庭ごみ手数料徴収制度」の良い点について，右の表の①～③の立場からそれぞれの内容を書きなさい。

	良い点
地球規模の立場から	①
千葉市の立場から	②
個人の立場から	③

【適性検査Ⅱ】（四五分）

※問題に使用された作品の著作権者が二次使用の許可を出していないため、問題を掲載しておりません。

平成25年度

市立稲毛高等学校附属中学校入試問題

【適性検査Ⅰ】（45分）

1　図Aは，すべて合同な正方形のマスを，たてに５個，横に５個ならべ全体が正方形になるようにすき間なくしきつめ，１から25までの数を一つずつ書いたものです。これについて，あとの問いに答えなさい。

図A

10	15	20	9	23
17	24	11	2	13
19	8	1	4	21
16	7	25	6	3
5	22	18	14	12

問１　図Aで，横の行の５マスに書かれている数の合計を求めます。五つの横の行のそれぞれの合計において，最も小さい合計は最も大きい合計の何％ですか。小数第２位を四捨五入して小数第１位まで答えなさい。なお，横の行の５マスとは，10，15，20，９，23のような横にならんだ五つの数字を意味します。

問２　図Aのマスを使って，１の数字の面を含《ふく》む立方体の展開図をかきます。組み立てたときに１の数字の面の反対の面にある数字をできる限り大きくするには，どのような展開図をかけばよいか。解答らんの図の点線上に線をかきなさい。

図A

10	15	20	9	23
17	24	11	2	13
19	8	1	4	21
16	7	25	6	3
5	22	18	14	12

問３　今度は，図Aのマスを使って，立方体の展開図を二つかきます。組み立てて重ねると図Bのようになりました。どのような展開図をかけばよいか，解答らんの図の点線上に線をかきなさい。（数字の向きは考えなくてよい。）

図A

10	15	20	9	23
17	24	11	2	13
19	8	1	4	21
16	7	25	6	3
5	22	18	14	12

図B

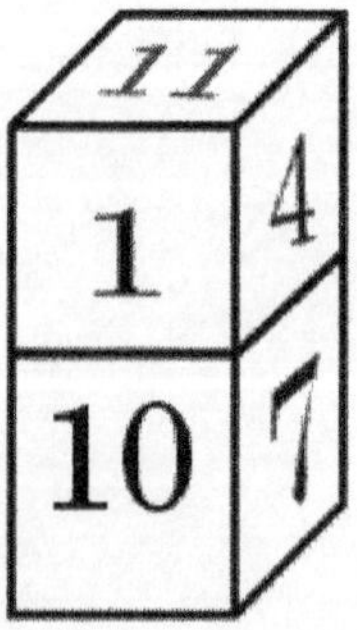

2 稲毛附属中では国語の時間に手作りの絵本を下の図のように作成しました。本を作成するきまりと手順を読んであとの問いに答えなさい。

○紙の向きのきまり

1枚の紙を下のように4等分になるように折り目をつける。また，◥が右上にある面がA面，左上にある面をB面とする。また，◥がある側を上とする。

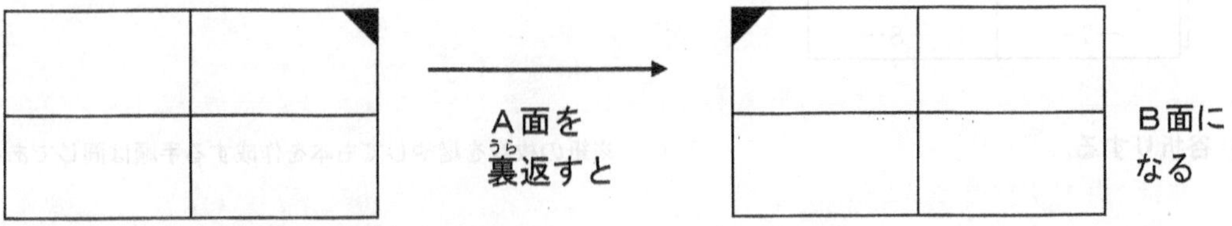

○紙を1枚用いて本を作成するときの手順

① 1枚の紙の表と裏《うら》に「表紙」，「裏表紙」，1ページから6ページを配置する。

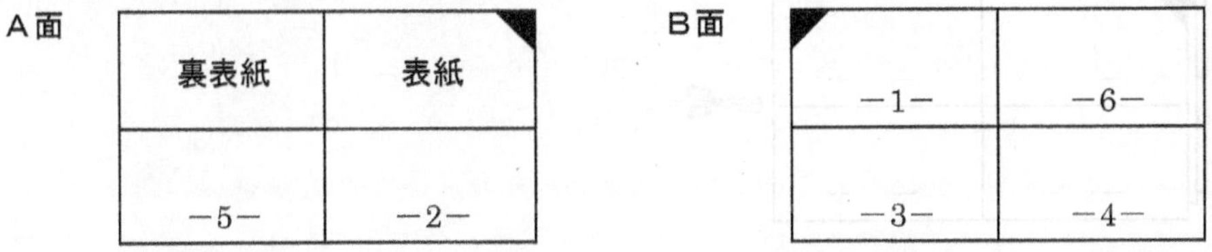

② B面を表にして横の折り目をはさみで切る。

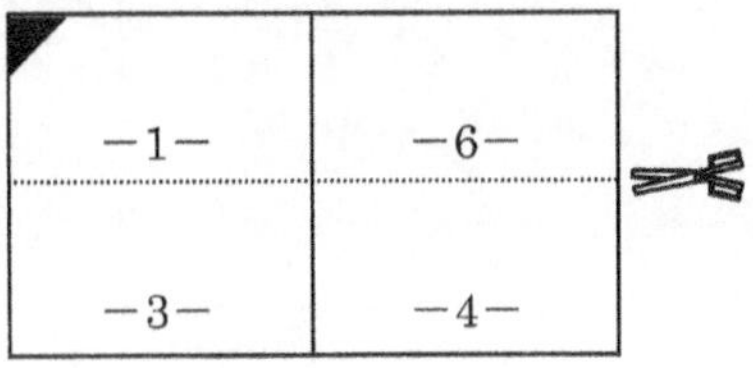

③ 下半分を上半分の前面に重ねる。 ④谷折りする。

(下のように折る。)

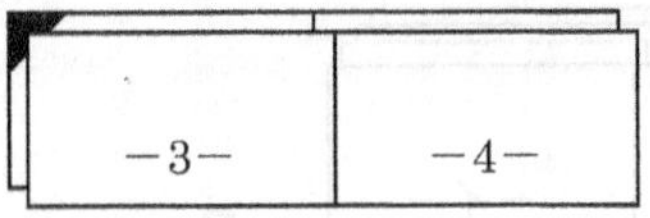

○紙を2枚用いて本を作成するときの手順

① 2枚の紙の表と裏に「表紙」，「裏表紙」，1ページから14ページを配置する。

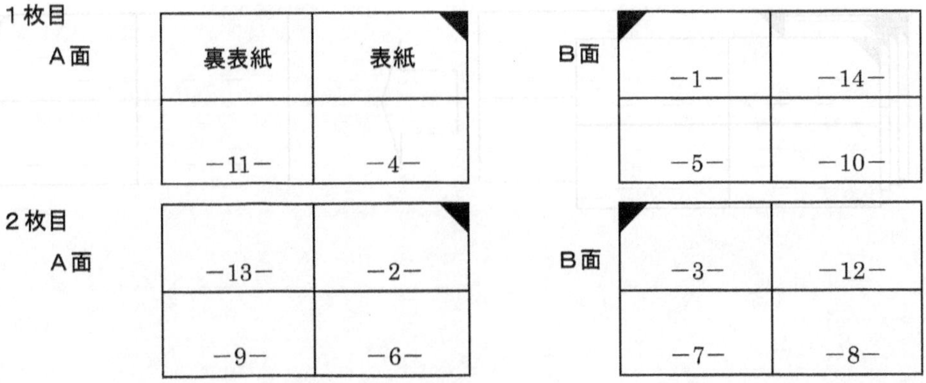

② 1枚目の前面に2枚目を重ねて，2枚重ねてはさみで切る。

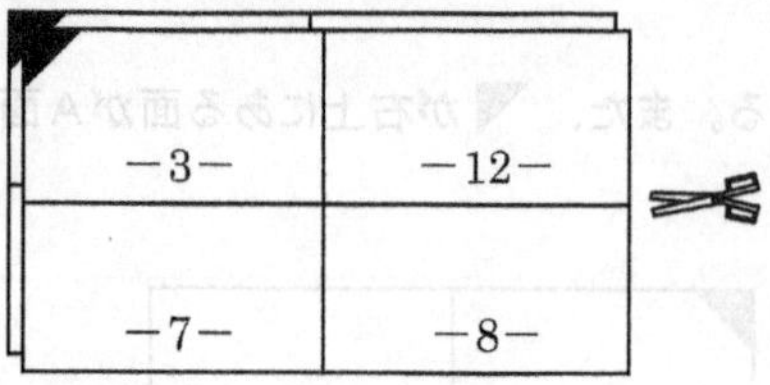

③ 2枚重ねたままで下半分を上半分の前面に重ねる。

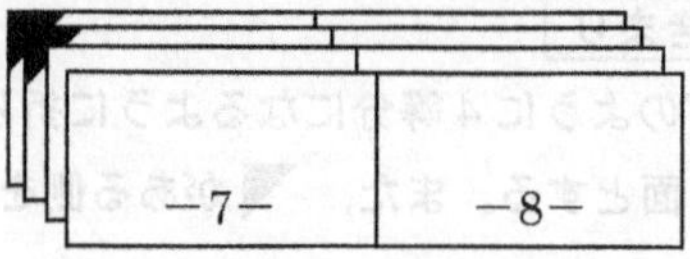

④ 谷折りする。

※紙の枚数を増やしても本を作成する手順は同じである。

問1　紙を3枚用いて本を作成するとき，下の図で一番前面にある紙のページ番号をすべて書きなさい。

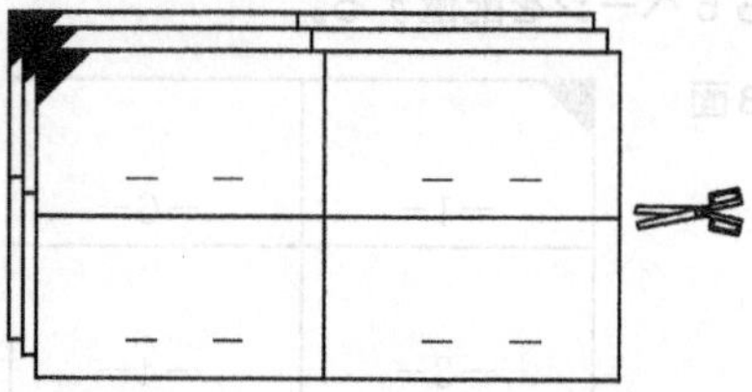

問2　紙を何枚か用いて本を作成するとき，下のア～エのページ番号を求める言葉の式を書きなさい。ただし「紙の枚数」という言葉を必ず入れること。

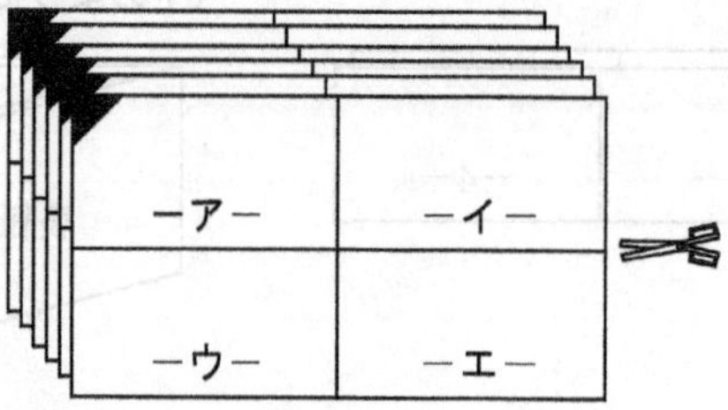

問3　紙を5枚用いて本を作成するとき，前面から数えて2枚目の紙のA面のページ番号をすべて書きなさい。

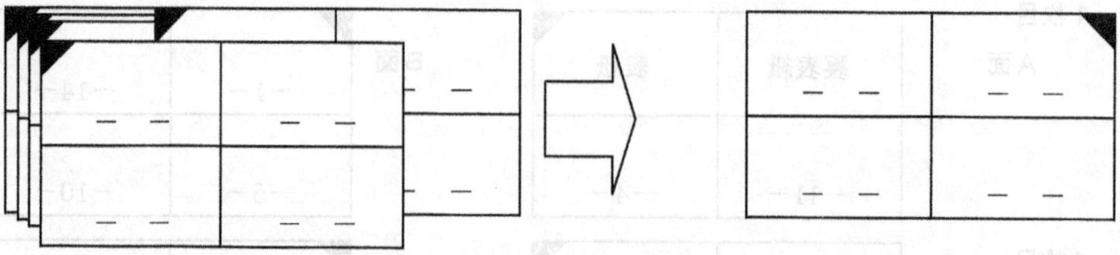

3　良夫君のクラスは，遠足で木更津《きさらづ》の金田《かねだ》海岸に潮干狩《しおひが》りに行くことになりました。和美さんと良夫君の会話文を読んで，あとの問いに答えなさい。

表１：2012 年５月の月の満ち欠け

2012年5月

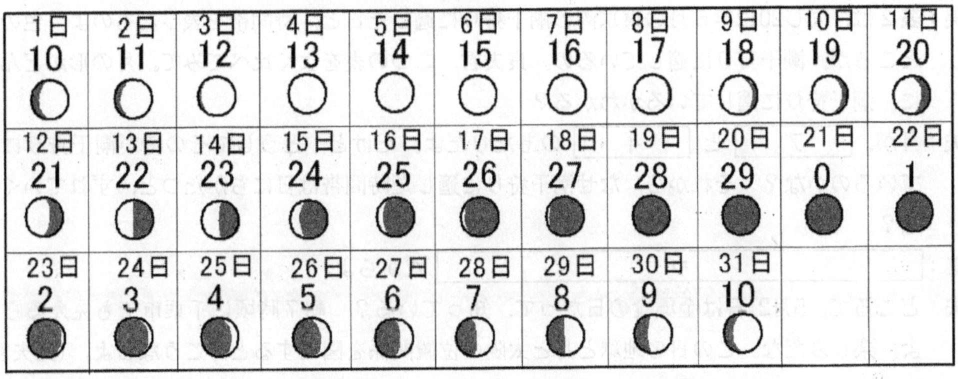

1日	2日	3日	4日	5日	6日	7日	8日	9日	10日	11日
10	11	12	13	14	15	16	17	18	19	20
12日	13日	14日	15日	16日	17日	18日	19日	20日	21日	22日
21	22	23	24	25	26	27	28	29	0	1
23日	24日	25日	26日	27日	28日	29日	30日	31日		
2	3	4	5	6	7	8	9	10		

表２：2012 年５月の東京湾《わん》の潮干狩りに適した時間帯

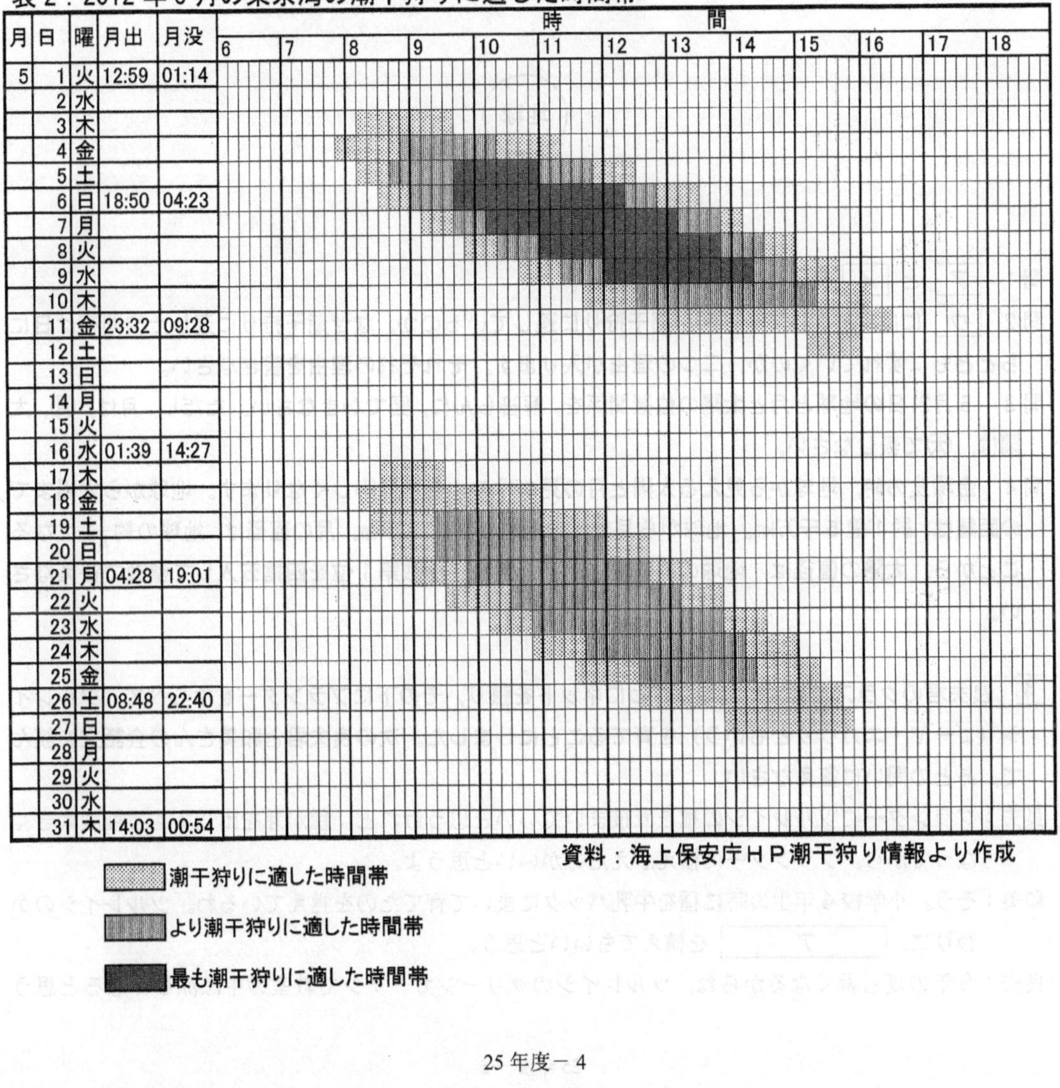

月	日	曜	月出	月没
5	1	火	12:59	01:14
	2	水		
	3	木		
	4	金		
	5	土		
	6	日	18:50	04:23
	7	月		
	8	火		
	9	水		
	10	木		
	11	金	23:32	09:28
	12	土		
	13	日		
	14	月		
	15	火		
	16	水	01:39	14:27
	17	木		
	18	金		
	19	土		
	20	日		
	21	月	04:28	19:01
	22	火		
	23	水		
	24	木		
	25	金		
	26	土	08:48	22:40
	27	日		
	28	月		
	29	火		
	30	水		
	31	木	14:03	00:54

資料：海上保安庁ＨＰ潮干狩り情報より作成

潮干狩りに適した時間帯

より潮干狩りに適した時間帯

最も潮干狩りに適した時間帯

和美：**表1**は，2012年５月の月の満ち欠けの変化を表したもので，月の形を表した上の数字は，月齢《げつれい》を表しているわ。月齢は，月の満ち欠けを**0**～**29**までの日数で表したもので，そうすると**15**が満月になるわね。

良夫：「**3**」が三日月，「**0**」が［ア］だよね。

和美：**表2**は，同じ2012年５月の東京湾の潮干狩りに適した日と，時間帯を表したものよ。色の濃《こ》いところが，潮干狩りに適しているの。良夫君，二つの表をよく比べてみて。月の形がどんな時に，潮干狩りに適しているかわかる？

良夫：月が，［ア］と［イ］のあたりだよ。だけど，どうしてその時が潮干狩りに適しているのかな？　それから，なぜ潮干狩りに適した時間帯は日にちがたつと，ずれていくのかな？

和美：［ウ］だからよ。

良夫：ところで，5月21日は金環食《きんかんしょく》の日だって，知っている？　朝７時頃に千葉市でも見えるらしいよ。楽しみだな。この日の地球と月と太陽の位置関係を図にすると，こうなるよ。（良夫君は，黒板の中央に地球を書きました。）

問１　［ア］と［イ］に入る言葉を書きなさい。

問２　［ウ］には，どうしてその時が潮干狩りに適しているのか，なぜ潮干狩りに適した時間帯は日にちとともにずれていくのか，二つの理由が入ります。それぞれの理由を書きなさい。

問３　５月21日の地球と月と太陽の位置関係を，解答らんに，図でかきなさい。ただし，月は，(月)，太陽は，(太)で表しなさい。

問４　金環食の時，地球から見える太陽と月の見かけの大きさは等しくなります。地球から太陽までの距離は，約１億５千万㎞。地球から月までの距離は，約38万㎞。月の直径は，地球の約$\frac{11}{40}$になることから，太陽の直径は，地球の約何倍になりますか。小数第１位を四捨五入して整数で答えなさい。

4　**良夫君のクラスでは，教室の窓ぎわにネットを張り，その下にプランターをならべて，ツルレイシ（ゴーヤ・ニガウリともいう）を育てることにしました。次の良夫君と和美さんの会話文を読んで，あとの問いに答えなさい。**

良夫：プランターにツルレイシの種を直接まいていいと思うけれど，種が芽を出してある程度大きくなってから，プランターに植えかえた方がいいと思うよ。

和美：そう。小学校４年生の時に種を牛乳パックにまいて育てたのを覚えているわ。ツルレイシのかわりに，［ア］を植えてもいいと思う。

良夫：今年の夏も暑くなるからね。ツルレイシのグリーンカーテンで教室の中は涼《すず》しくなると思うよ。

和美：本当に涼しくなるの？

良夫：［　イ　］と［　ウ　］の二つの理由で室温が下がるはずだよ。　う

和美：ふうん。学校だけでなく，家庭や会社でも［　エ　］の役に立つわね。

写真：教室のベランダに作られたグリーンカーテンの例

問１　［ア］には，ツルレイシ以外の植物の名前が入ります。植物の名前を一つ書きなさい。

問２　［イ］と［ウ］には，グリーンカーテンが夏場に部屋の温度を下げる理由が入ります。その理由を二つ書きなさい。

問３　［エ］には，日本の社会で最近取り組んでいることがらが入ります。そのことがらを書きなさい。

［5］　良夫君の学校では社会科の時間に学校周辺の調査活動を行いました。これについて次の会話文を読んで，あとの問いに答えなさい。（※地図は編集の都合で90％に縮小してあります。）

先生：今日は地図を持って，ＪＲ稲毛駅からＪＲ稲毛海岸駅周辺の調査に出かけます。

良夫：稲毛には「浅間《せんげん》神社」があるね。７月15日のお祭りに行ったことがあるけれど，大勢の人がおまいりに来ていたよ。

和美：地図を見ると京成稲毛駅の（　①　）側に神社の記号があるわ。

真一：㋐「浅間神社」は大同《だいどう》３年（平安時代）にはじめて社《やしろ》が祭られたといわれる古い神社で，地元の人たちが舞う「お神楽《※かぐら》」も有名だよ。

千花：わたしは近くにある「千葉市民ギャラリー・いなげ」に行ったことがあるわ。日本のワインの父といわれた神谷伝兵衛《かみやでんべえ》が大正時代に建てた洋館の別荘《べっそう》が残っているの。

道子：昔，稲毛海岸にあった海の家の写真を見たことがあるけれど，海水浴もできたのね。

先生：㋑明治21年には千葉県で初めての海水浴場がつくられ，潮干狩《しおひが》りもできました。大正10年になると京成線が千葉まで開通し，東京などから大勢の人が海水浴や潮干狩りに訪れる行楽地になりました。

良夫：それで京成稲毛駅前から海に向かって，商店街ができたわけだ。

和美：京葉線は新しい鉄道だけれど，京成線は昔からあったのね。

先生：いいところに気がつきましたね。稲毛海岸という地名は，埋立《うめたて》地につけられた新しい地名です。

真一：②稲毛海岸の埋め立てで，まちのようすも大きく変わってしまったようだね。

千花：海水浴もできなくなってしまったわね。

道子：稲毛海岸の埋立地には住宅がたくさん造られて人口も増えたのね。

良夫：人口が増えるとお客さんも増えて，商店街はにぎやかになるね。

先生：ところが，そうではありませんでした。［　　　　］

和美：③商店街に来るお客さんは減ってしまったわけね。

真一：昔のにぎわいを取りもどすために，商店街では何か工夫しているのかなあ。

千花：㋒平成18年に始まった「稲毛あかり祭り夜《よ》灯《とぼし》」は，昔のにぎわいを取りもどすための取り組みだっておじさんが言っていたわ。

道子：夜の商店街を灯籠《※とうろう》で照らすイベントね。わたしも去年，おばあちゃんに手伝ってもらいながら灯籠をつくって，商店街にならべたわ。

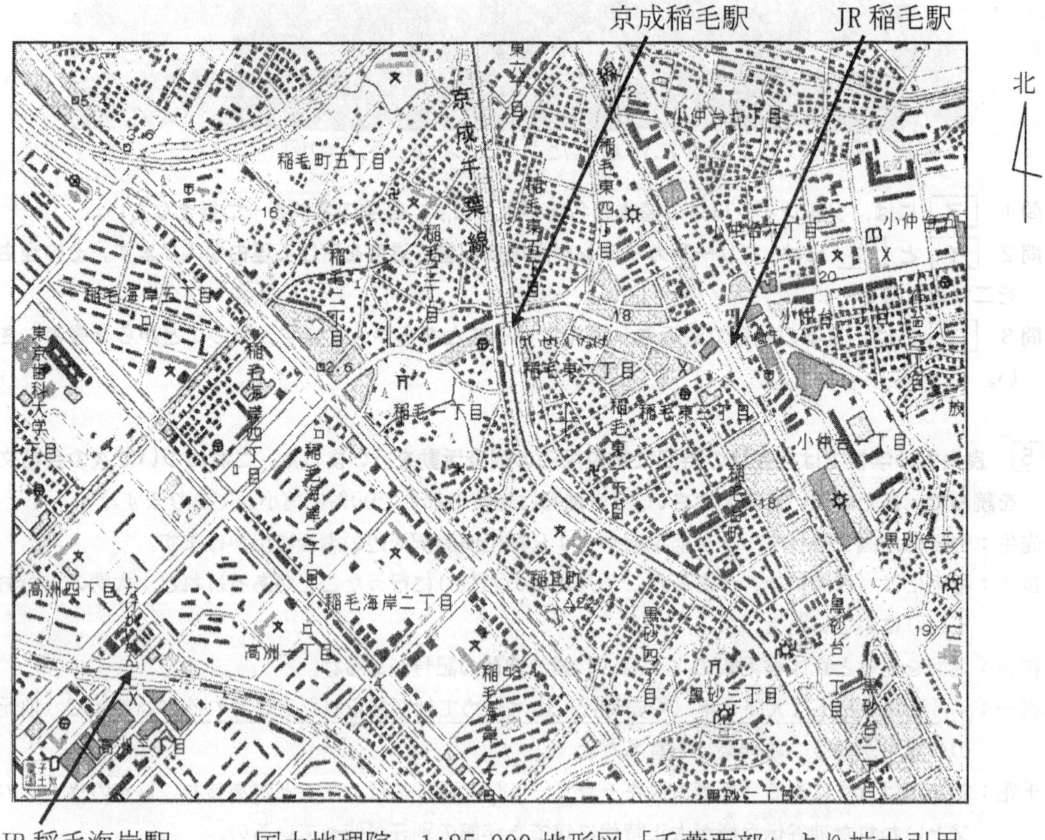

国土地理院　1:25,000 地形図「千葉西部」より拡大引用

良夫：国道の向こうに立派な建物が見えるけれど，あれは何だろう。

先生：㋓昭和15年から昭和36年まで千葉市役所として使われていた建物です。現在は自動車会社の本社になっていますが，神谷伝兵衛の別荘とともに国登録有形文化財《とうろくゆうけいぶんかざい》に指定されています。

和美：あそこに高い碑《ひ》が見えるけれど，何かしら。近くまで行ってみましょうよ。

真一：「民間航空発祥《はっしょう》之《の》地」と書いてあるよ。

先生：遠浅の稲毛海岸の砂浜を滑走路《かっそうろ》として利用し，ここに，日本で初めて民間の練習飛行場が造られました。㋔大正５年にはここから東京訪問《ほうもん》の55分間の飛行が行われました。

千花：稲毛には国道を境《さかい》にして歴史のある古いまちと，埋め立てによってできた新しいまちがあるのね。

※神楽　神社で神様にささげるために行われる舞《まい》や踊《おど》りなどの芸能

※灯籠　日本の伝統的な照明器具の一つで，神社や寺，旧街道《かいどう》などに置かれた

問１　会話中①について，あてはまる方位を漢字１字で書きなさい。

問２　会話中の下線部②について，埋め立てが始まる前の海岸線を，解答用紙の地図に線を引いて示しなさい。

問３　会話中の下線部③の理由に関して，ＪＲ稲毛駅，ＪＲ稲毛海岸駅に着目して，□にあてはまる先生の説明として考えられることを二つ書きなさい。

問４　会話中の下線部㋐～㋔について，時代の古い順にならべて記号で書きなさい。

6　良夫君と千花さんが博物館で，先生の説明を聞きながら見学しています。これについて次の会話文を読んで，あとの問いに答えなさい。

千花：日本でまだ文字が使われていなかったころの人々の生活がわかるのはなぜですか。

先生：当時の人々が使っていたものが残っているので，それを手がかりにして調べると，どんな生活をしていたかがわかります。

良夫：そんなに古い時代のものが残っているのですか。

先生：昔の人が使ったものが土の中に埋《う》まっていることがあり，それを掘《ほ》り出して調べるのが考古学という学問です。

千花：そういえば，ほかの博物館でも貝がらや土器といっしょに人骨《じんこつ》が展示《てんじ》してあるのを見たことがあるわ。

先生：発掘《はっくつ》された人骨も時代によって特徴《とくちょう》があり，㋐あごの骨《ほね》が発達した人骨や，㋑矢じりがささったままの人骨が出てきたこともあります。

良夫：この博物館にはどんなものが展示してありますか。

先生：土の中から発掘されたものを，発見されたときと同じように再現して，古い時代から順に展示しています。

千花：でも，掘り出されたものについて，どちらが古いかをどうやって判断するのですか。

先生：㋒掘り出されたときの土の中の位置や，いっしょに出てきたものが大きな手がかりになります。

良夫：土器や石器がたくさん展示してあるけれど，よく見ると少しずつ違《ちが》いがありますね。

千花：この炭のかたまりのようなものは何ですか。

先生：これは当時の人々が食べていたものです。植物が炭のように変化してできました。花粉が土の

中に残っていることもあり，このような植物をみると当時の気候のようすもわかります。

良夫：その隣《となり》には，文字が書かれた木の札がありますね。

先生：古い時代の都のあとを発掘したときに出てきた木の荷札で，この荷札に書かれた文字からも，当時の人々が何を食べていたかがわかります。

千花：はにわや文字の書かれた鉄剣《てっけん》や銅鏡《どうきょう》もあるのですね。

先生：文字が使われるようになると，文字の記録と土の中から発掘されたものとをあわせながら調べることができるので，さらにくわしいことがわかってきます。

良夫：博物館の展示を見ると，昔の人々の生活のようすがいろいろと想像できて楽しいですね。

問１　会話中の下線部㋐と㋑について，発見された人骨からどのようなことがわかりますか，それぞれ書きなさい。

問２　会話中の下線部㋒について，なぜ古い，新しいがわかりますか。あなたの考えを書きなさい。

問３　次の①～③は，土の中から発見されたものの展示品です。①～③を時代の古い順にならべて番号で示し，それぞれの時代の特色を書きなさい。

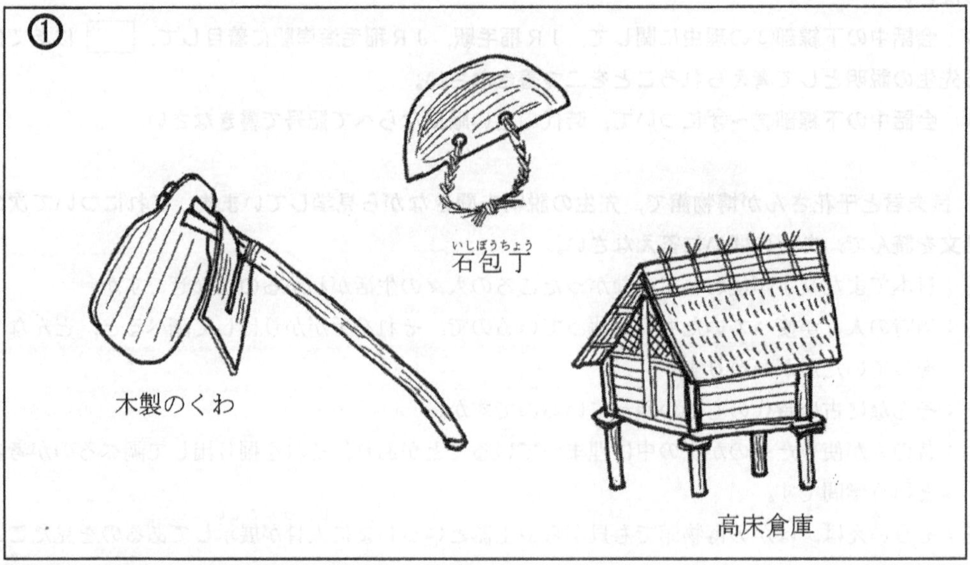

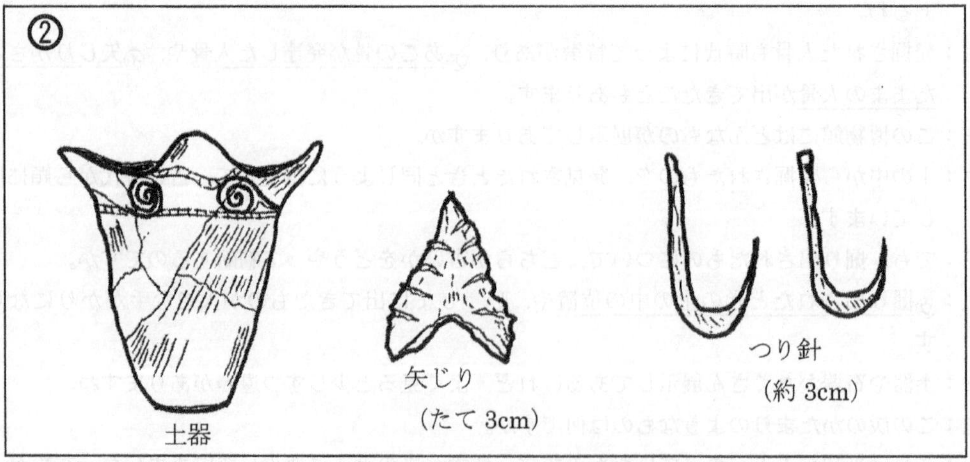

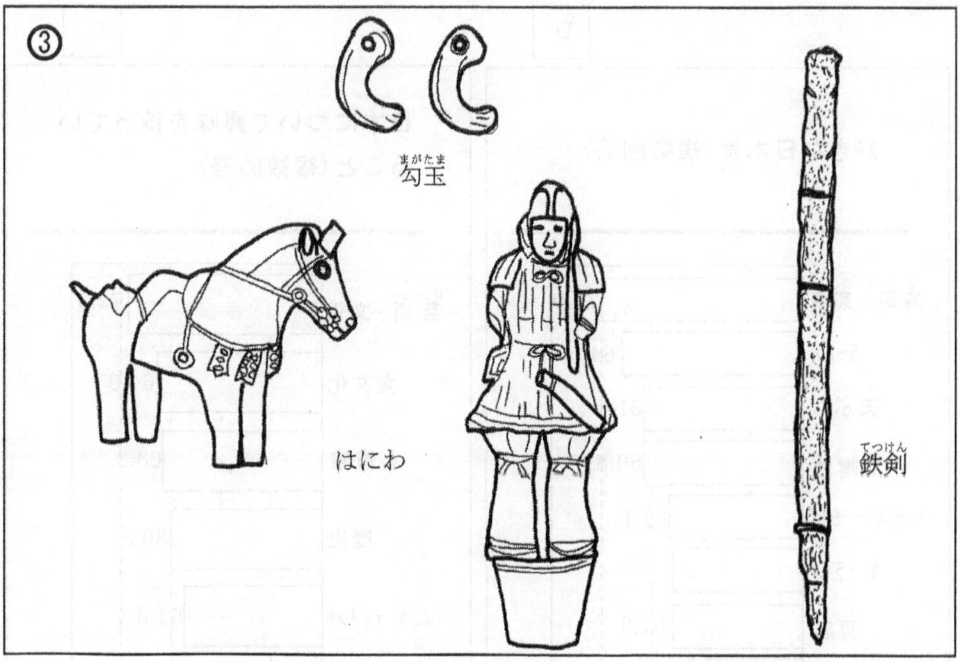
③
勾玉《まがたま》
はにわ
鉄剣《てっけん》

次のグラフC・Dは、外国人から見た日本についてのアンケートの結果です。

C

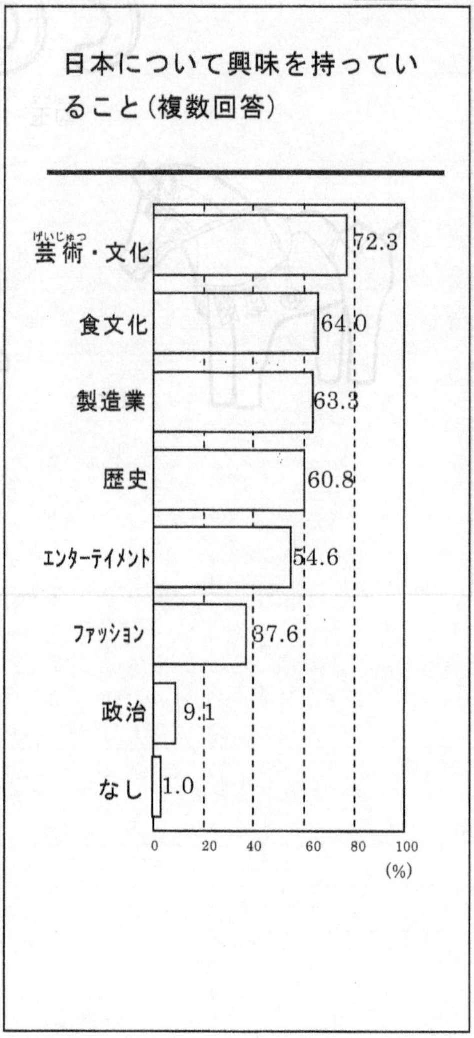

D

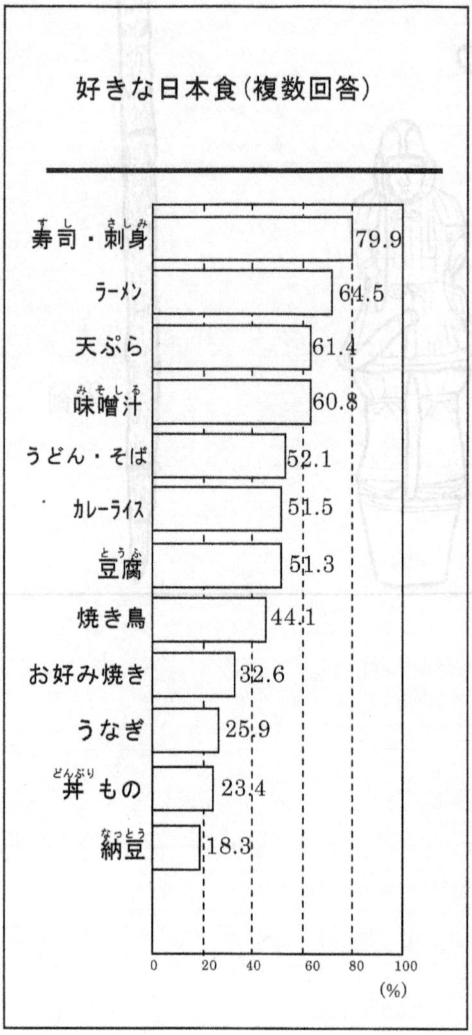

（食生活データ総合統計年報二〇一一年版による）

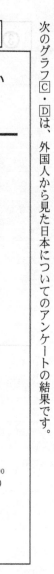

B

もぐもぐ新聞

魚離《ばな》れをくいとめたい！

「ファストフィッシュ」という商品が、店にならび始めた。簡単《かんたん》に魚が食べられるように工夫された商品だ。水産庁《ちょう》が手軽に気軽に食べられるハンバーガーやホットドッグがファストフードと呼ばれるのにならって作った造語である。わたしは、この夏休みに、改《あらた》めて、日本の食文化について考えてみた。

夏休みのある日、母と近くのスーパーマーケットに買い物に行った。魚売り場をのぞくと、「ファストフィッシュ」という商品があった。そこでは、ファストフィッシュと一緒《いっしょ》に、調理方法の紹介《しょうかい》や、簡単なレシピブックも配られていた。ファストフィッシュは、特に若い世代を中心に魚をもっと食べてもらおうと、あらかじめ骨《ほね》を取り除《のぞ》いたり、電子レンジだけで調理できるように加工したりするなど、生魚より簡単に食べられるように工夫されたものだった。

最近「生ゴミの処理《しょり》が大変」「骨があるから食べにくい」「買い置きが難《むずか》しい」「子どもがよろこんで魚を食べない」「どうやって調理したらよいのかわからない」というような理由で、魚の消費量がどんどん減ってきているそうだ。厚生労働省からも、日本人が一年間に魚介類を食べる量は年々減少しているという発表があった。平成十二年と二十二年を比較《ひかく》してみても、魚の消費量は大きく減少していることがわかる。

ファストフィッシュに関係する商品は、大手スーパーマーケットや食品会社が次々と開発しているそうだ。これからもスーパーマーケットや魚屋さんの店頭にならぶものが増えていくと思われる。ファストフィッシュで、日本人の魚離れをくいとめることができるのかを、わたしは見守りたいと思う。

日本は、海に囲まれた国であり、わたしたちは昔《むかし》から、魚介類を「身近な自然の恵み」として、ありがたくいただいてきた。魚介類には、わたしたちの健康のために必要な栄養成分がたくさん含《ふく》まれている。また、日本各地には、魚を使った伝統的な料理も多い。わたしたちの住む千葉県は、周りを海に囲まれていて、おいしい魚を比較的簡単に手に入れることができる。魚を使った伝統料理も多い。魚料理に欠かせないしょう油も作っている。わたしたちも、社会科見学でしょう油工場の見学に行ったことがあった。

昔から魚介類を食べて生活してきたわたしたちは、もう一度海に囲まれた国で生活していることを考えてみる必要があるのではないだろうか。

わたしは、ファストフィッシュをきっかけに、これからの日本の食文化について、夏休みが終わったら、クラスのみんなと話し合ってみたいと思っている。どんな意見が出るか、楽しみだ。

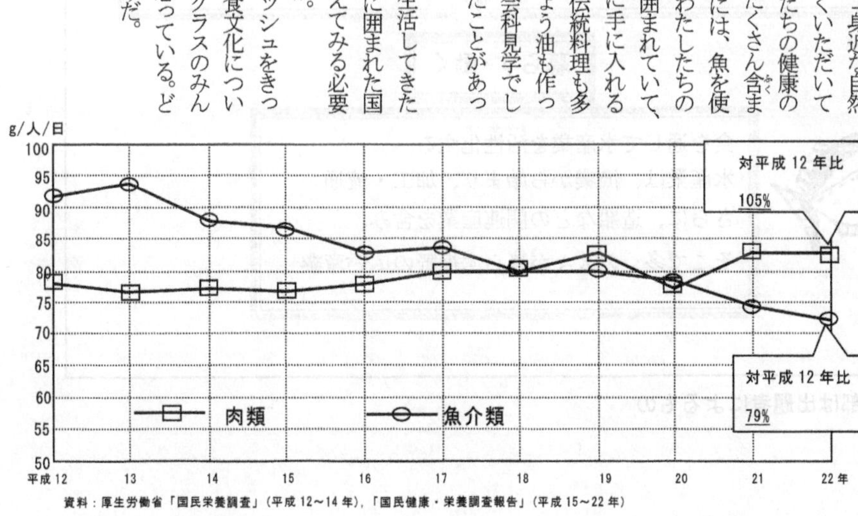

グラフ　国民一人一日当たりの魚介類と肉類の摂取量《せっしゅりょう》の推移《すいい》

資料：厚生労働省「国民栄養調査」（平成12～14年），「国民健康・栄養調査報告」（平成15～22年）

水産庁ホームページによる

A

魚の国のしあわせ

プロジェクト

魚の国
ニッポン

世界第１位（主要国）	世界第４位	世界第６位
年間１人あたり食用魚介類 供給量《きょうきゅうりょう》	漁業・養殖《ようしょく》業生産量 531 万トン（平成 22 年）	排他的《はいたてき》経済水域の面積 国土面積の約 12 倍

楽しむ

魚のある生活を楽しむ。
都市で知る魚介類《ぎょかいるい》の新鮮《しんせん》さ、
魚を釣《つ》った時の驚《おどろ》きと感動。
魚の国の"幸せ"を楽しみ
ながら噛《か》みしめる。

味わう

自然の豊かな恵《めぐ》みを味わう。
「Fast《ファスト》 Fish《フィッシュ》」をキーコンセプトに
おいしく手軽に気軽に楽しめる魚食を
提案。（魚に関する機能性の PR・
６次産業化の推進）

出会う

新たな発見に出会う。
海辺での遊びや漁村との交流で
日本の自然、文化、伝統に出会う。
また、水族館で水産物の多様さ
や資源としての世界観を学ぶ。

感じる

見て、触《さわ》って、体感する。
魚の旬《しゅん》を知り、四季に触《ふ》れ、
自然や日本の水産物の
持つ魅力《みりょく》を感じる。

暮らす・働く

食を通じて水産業を活性化《かっせいか》する。
水産業は、漁業から始まり、加工・流通
さらに、造船などの関連産業を含み、
そこで多くの人々が暮《く》らす裾野《すその》の広い産業

※下線部は出題者によるもの

【適性検査Ⅱ】（四五分）

千花さんは、夏休みにお母さんと近所のスーパーマーケットに買い物に行きました。魚売り場で「ファストフィッシュ」という商品を見つけて、興味をもちました。

家に帰って、水産庁のホームページAや魚について書かれた本を参考にしながら、夏休みの宿題でBの「もぐもぐ新聞」を作りました。十一ページから十三ページをよく読んで、次の問いに答えなさい。

問一　Aの資料の下線部「おいしく手軽に気軽に楽しめる魚食」とは、具体的にどのようなものですか。Bの新聞記事の中から探して、**「……魚食。」**というかたちにして、**三十五字から四十字**で答えなさい。

問二　Aの資料の「魚の国のしあわせプロジェクト」の目的には、どのようなことがありますか。Aの資料中の「味わう」「楽しむ」「出会う」「暮らす」「働く」「感じる」という見出しから**二つの言葉**を使って、**「……こと。」**というかたちにして、**四十五字から五十字**の一文で説明しなさい。

ただし、「味わう」「楽しむ」「出会う」「暮らす」「働く」「感じる」については、語形を変化させてもよいことにします。

問三　あなたが考える「日本の食文化」について、次の**【書くときの注意】**にしたがって、**十八行以上二十行以内**で作文を書きなさい。

【書くときの注意】

1　題名は書かず、一行目から本文を書き始めること。

2　文章全体は**三段落構成**とすること。

3　一段落目には、「ファストフィッシュ」についてのあなたの意見とその理由を書きます。

あなたは、ファストフィッシュを使うことに賛成ですか。それとも反対ですか。

まず、**ファストフィッシュに賛成か反対か、立場をはっきりさせ、Aのホームページの資料全体から、または、Bの新聞のグラフから理由をさがして書くこと。**

4　二段落目には、**C・Dのグラフの両方から読みとったこと**を書きます。

ただし、**「外国人」「日本の食文化」**という言葉を一度以上使うこと。

5　三段落目には、「日本の食文化」について、あなたの考えを書きます。

あなたが大事にしたいことを、**具体例**をあげて書くこと。

6　原稿《げんこう》用紙の適切な使い方にしたがって書くこと。

7　文字やかなづかいを正しく書き、漢字を適切に使うこと。

平成24年度

市立稲毛高等学校附属中学校入試問題

【適性検査Ⅰ】（45分）

1 ある線香《せんこう》は，図１のように１本だけの状態で，上から火をつけると，1分間に３㎜ずつ短くなる。また，この線香を図２のように２本合わせた状態で火をつけると，2本そろって１分間に２㎜ずつ短くなる。あとの問いに答えなさい。

【図１】

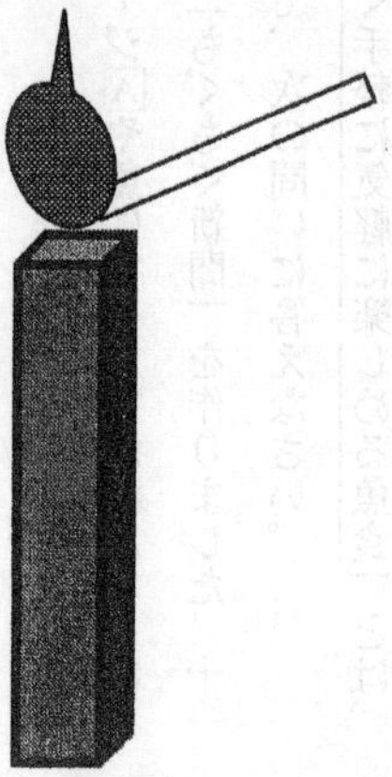

【図２】

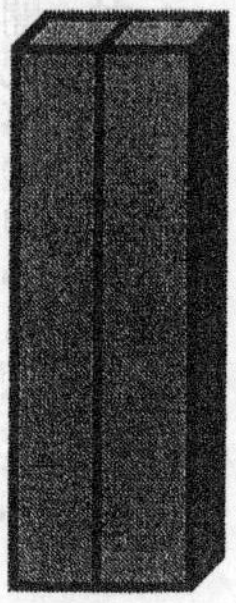

【図３】

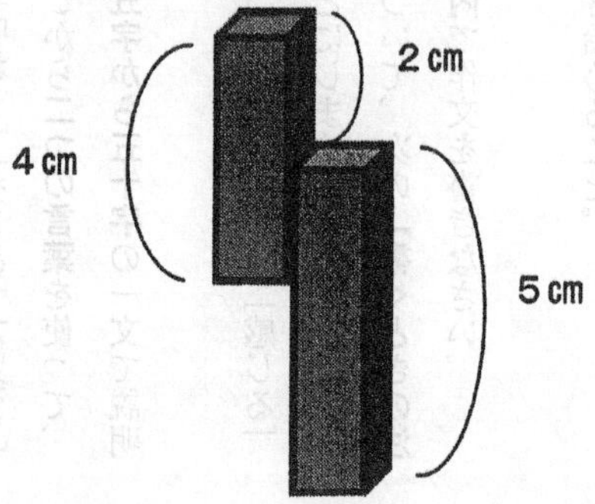

問１　図１のような状態で，線香の長さが10㎝のとき，火をつけてから何分何秒で燃えつきるか，答えなさい。

問２　図３のような状態で，この線香に火をつけると何分何秒で燃えつきるか，答えなさい。

問３　図４のような長さのちがう４本の線香を組み合わせて，ちょうど60分間で燃えつきる線香をつくりたい。どのように組み合わせればよいか，下の条件にしたがって３通り答えなさい。また，答え方の例にならって答えなさい。

【図４】

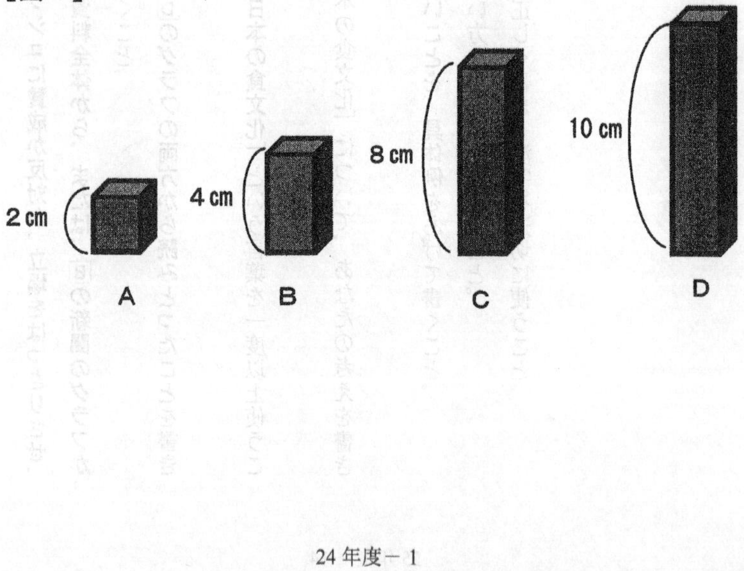

条件
1．使わない線香が出てもよい。
2．線香どうしをたてにつなげても横にならべてもよいが，横に3本以上合わせてはいけない。（図5のよい例とわるい例を参考にすること。）
3．使う線香の組み合わせが同じであれば，合わせ方がちがっていても同じものと考える。
4．合わせる位置は1㎝単位とする。
5．必ず上から火をつけるものとする。

【図5】

よい例　よい例　よい例　わるい例

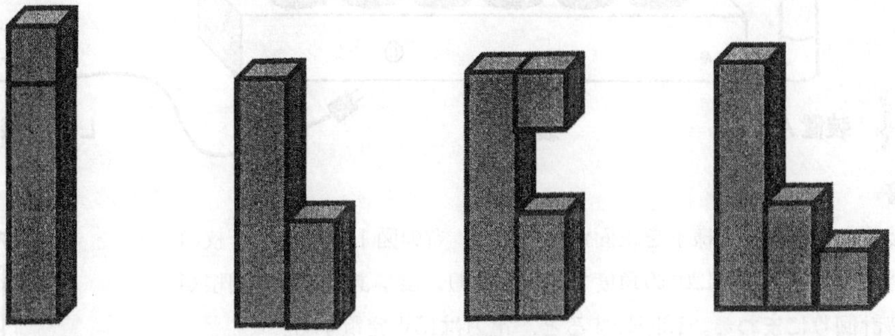

たてにAとD　横にBとD　横にAとD 横にBとD　横にAとBとD

答え方の例

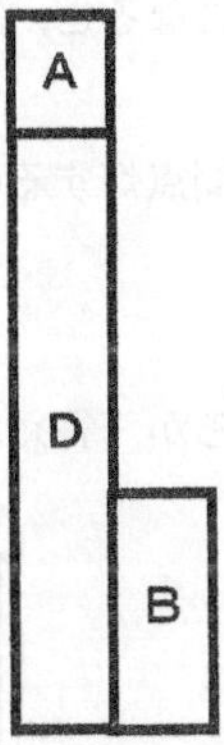

2　良夫君は，自由研究で風力によって電気を充電《じゅうでん》する装置《そうち》（装置A，装置B）を作り，装置Bの電池で動くＬＥＤ照明《しょうめい》器具につなげた。「説明書」を読んで，あとの問いに答えなさい。

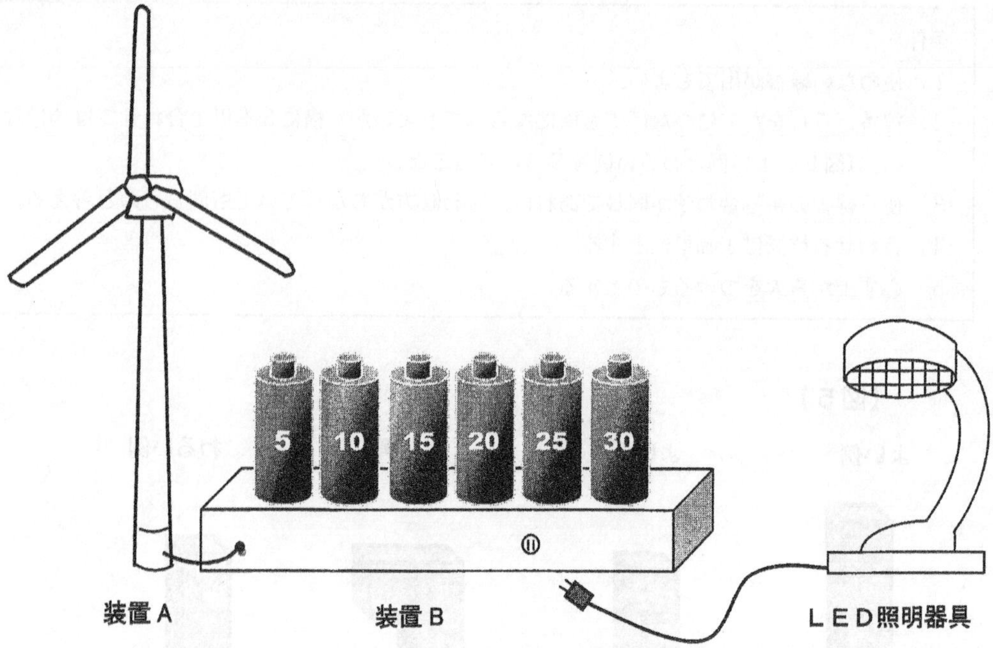

装置A　　装置B　　ＬＥＤ照明器具

説明書

① 装置Aは，羽根の様子を正面から見ると，右の図１のように３枚の羽根ア，イ，ウが120°の角度でついており，風があたると，羽根が時計回りにまわる。10回転すると，電力は15W《ワット》発電する。

② 装置Aで発電すると，装置Bの電池に充電されていく。全部充電すると105Wになる。

③ 装置Bの電池に書かれている数値は電池が充電できる電力を表している。例えば，1番左の「5」は５W充電ができるという意味である。

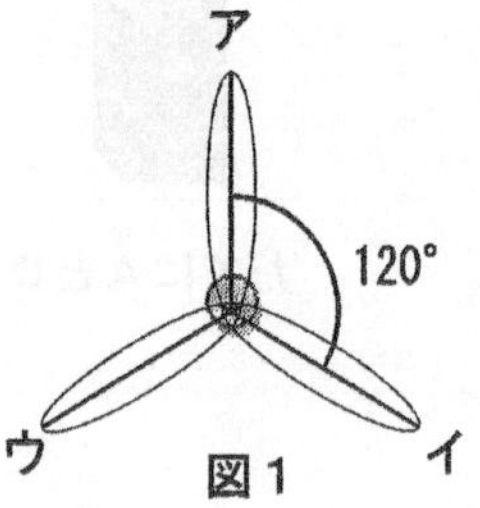

図１

④ 装置Bの充電は左の電池から順番に行われ，「5」の電池がいっぱいになると，次の「10」の電池が充電され始める。

⑤ ＬＥＤ照明器具は装置Bにつなぐとスイッチが入り，照明器具を１分間点灯するのに必要な電力は20Wである。

⑥ 羽根の回転数と充電される電力は，比例の関係にある。

問１　装置Bの電池がすべて充電し終わるのに，装置Aの羽根は何回転するか，答えなさい。

問２　装置Bの「20」の電池が充電されている途中，装置Aを見たら，羽根が下の図２のように「イ」の羽根がちょうど真上になっていた。充電がはじまったときの羽根の様子が図１だとすると，図２は充電がはじまってから何分何秒経過したと考えられるか，ひとつ答えなさい。なお，この日羽根は，1分間で10回転しているとする。

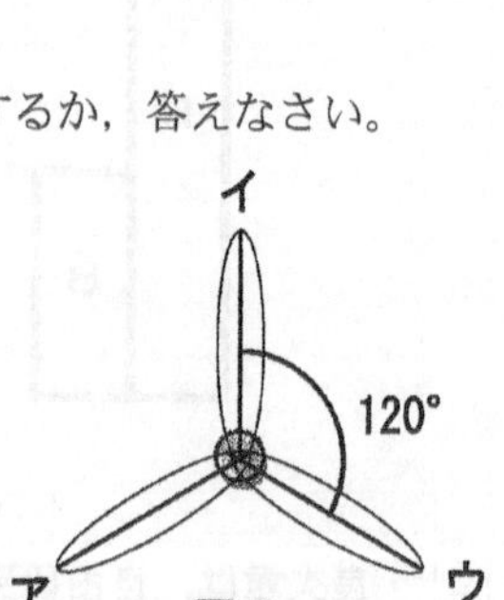

図２

問３　別の日に発電をしていたところ，この日は風が弱く，1分間で８回転しかしていないことがわかった。この日，ＬＥＤ照明器具を４分間点灯する電力を充電するには，少なくとも何分何秒以上風があたればよいか，答えなさい。

3　良夫君は，振《ふ》り子の糸の長さをいろいろとかえて，振り子が行ってもどってくるまでの時間（秒）を計ることにした。糸は，じゅうぶんに強い糸で伸びたり縮《ちぢ》んだりしないものとする。実験は⑴～⑶の条件で行い，⑷の結果を得た。あとの問いに答えなさい。

⑴　糸の長さを25cm，50cm，75cm，100cmとかえ，おもりは50gのものを使った。

⑵　アの位置から静かにおもりを放した。

⑶　ストップウォッチを使って，行ってもどってくるまでの時間（周期）を計った。

⑷　次のような結果を得た。

表

糸の長さ	1周期（秒）
25cm	1.1
50cm	1.5
75cm	1.8
100cm	2.2
200cm	3.0

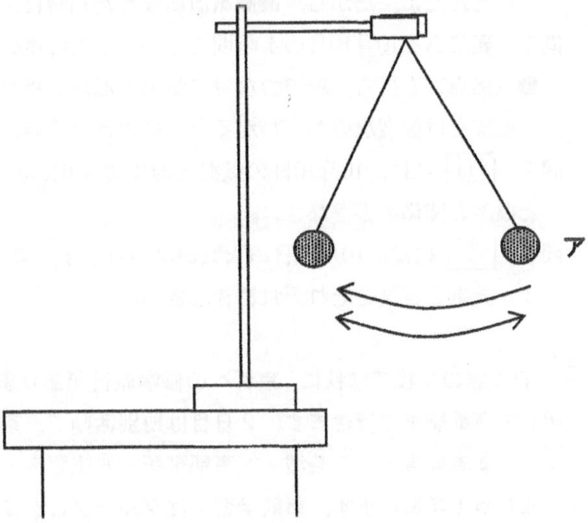

問1　1周期の時間をストップウォッチを使って，できるだけ正確に求めるにはどのようにすればよいか，その手順を3つに分けて書きなさい。

問2　糸の長さを400cmにした時，その1周期は何秒になると予想されるか，表から糸の長さと1周期の時間の関係を読み取り，小数第1位まで書きなさい。

問3　この振り子の実験を，ほとんど地球の重力がかからない国際宇宙《うちゅう》ステーション内でおこなったら，どのような結果になるか，書きなさい。

4　下の表は，10月9日（風はほとんどなかった。）と10月10日（風は全くなかった。）の2日間朝6時から18時まで，1時間おきに気温と湿度《しつど》をはかって記録したものである。次の和美さんと良夫君の会話文を読み，あとの問いに答えなさい。

10月9日の気温と湿度

時間	6時	7時	8時	9時	10時	11時	12時	13時	14時	15時	16時	17時	18時
気温(℃)	12.5	13.0	13.2	13.5	13.8	14.0	14.2	14.5	15.0	14.4	14.2	14.0	13.5
湿度(%)	98	96	96	94	94	94	94	92	92	92	94	94	94

10月10日の気温と湿度

時間	6時	7時	8時	9時	10時	11時	12時	13時	14時	15時	16時	17時	18時
気温(℃)	12.0	13.0	14.0	15.0	17.0	18.0	19.0	20.0	21.0	20.0	19.0	17.0	15.0
湿度(%)	75	70	60	55	50	45	40	35	30	35	40	45	55

和美：10月９日と10月10日の気温と湿度の変化の様子は，ぜんぜんちがうのね。

良夫：数字だけの表からも読み取れるけれど，グラフにすると，変化の様子はすぐわかるよ。

和美：それじゃ，私がグラフにしてみるね。

（しばらくして）

良夫：やっぱり，グラフにするとわかりやすいね。

和美：10月９日は，気温は低めで朝から夕方まで大きな変化がないわ。それから，湿度もずっと90パーセントを超《こ》えているわ。それにくらべ，10月10日は，おもしろい結果が出ているわ。

良夫：10月10日は，9日とちがって，［　①　］。

和美：そうそう。10月10日は，14時に気温が21度と一番上昇しているのに，湿度が30パーセントと一番低くなっているわ。なぜかしら。

良夫：10月10日の天気は［　②　］で，風がないので空気中の［　③　］はかわらなかったんだよ。だから，最高気温になった14時に，湿度が一番低くなったんだと思うよ。

問１　表にある10月10日の１時間ごとの気温と湿度のデータを，解答らんにあるグラフの目盛線に●（黒点）を打ち，線でつなげて気温と湿度の折れ線グラフを書きなさい。なお，どちらの線が気温または湿度なのか，わかるように書きなさい。

問２　［①］には，10月10日の気温と湿度の変化の関係がはいります。グラフから読みとった気温と湿度の関係を書きなさい。

問３　［②］には，10月10日の天気がはいります。また，［③］には湿度に関係する言葉がはいります。天気と言葉をそれぞれ書きなさい。

［5］　良夫君の学校では秋に，京都への修学旅行があります。１日目は東京駅から，東海道新幹線を利用して京都駅まで行きます。２日目は班別活動で，京都市内の９か所の史跡《しせき》（①三十三間堂《さんじゅうさんげんどう》・②清《きよ》水寺《みずでら》・③本能寺《ほんのうじ》・④二条城《にじょうじょう》・⑤京都御所《きょうとごしょ》・⑥銀閣寺《ぎんかくじ》・⑦金閣寺《きんかくじ》・⑧北野天満宮《きたのてんまんぐう》・⑨広隆寺《こうりゅうじ》）を自由にまわって学習します。事前学習ではグループごとに相談して，班別活動のコース等を考えています。これについて，あとの問いに答えなさい。

問１　良夫君は東京駅から京都駅までの間で，東海道新幹線が通過する県を調べました。その作業の中で通過する県をカードに書いてみましたが，まちがっている県がひとつあります。**ア～オ**からまちがっている記号を選び，正しい県名を書きなさい。

東京駅（東京都）→**ア**神奈川県→**イ**静岡県→**ウ**愛知県→**エ**長野県→**オ**滋賀県→京都駅（京都府）

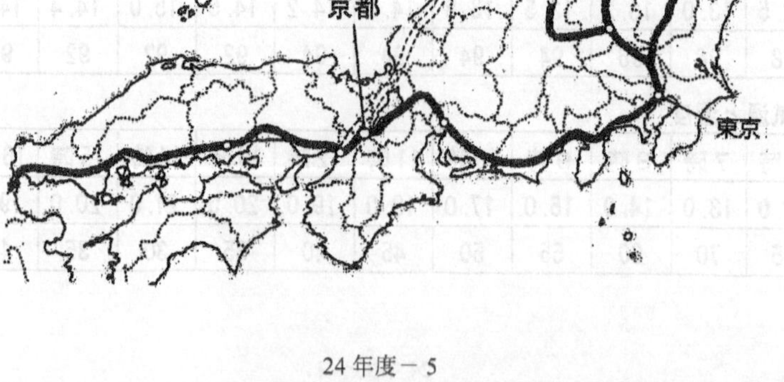

問２　次の良夫くんと和美さんの会話文を読み，史跡を調べた結果と京都市内をまわる地図（７ページ）を参考にして，あとの⑴～⑶の問いに答えなさい。

良夫：せっかく京都まで行くのだから，テーマを決めて市内をまわるコースを考えようよ。

和美：そうね。社会の時間に平安京の勉強をしたけど，京都の歴史や史跡について，修学旅行に行く前にもっとくわしく調べましょう。

良夫：ぼくは歴史の古い順に９か所を全部まわりたいな。

和美：だけどホテルを８時30分に出発して，午後４時30分に帰ってくるためには全部をまわるのはむずかしそうね。お昼を食べたり，お土産《みやげ》を買ったりする時間もほしいから，**４か所を選んで順番を考えてまわるのがいいと思うわ。**

良夫：確かにその通りだね。ぼくは世界遺産《いさん》に興味があるから，㋐世界遺産に登録されている史跡を全部まわりたいな。歴史上の人物（下線部）が，活躍した時期が古い順にまわるコースがいいな。

和美：なるほど，良夫君の案は世界遺産に登録されている史跡をすべて選んで，仏像や寺院や庭園を見てまわるコースね。私は，㋑京都で一番古い史跡からスタートして，ホテルの周辺をできるだけ短い時間でまわるコースがいいわ。そうすればお土産を見る時間も十分にあるしね。

京都市内をまわる地図の①～⑨の史跡について調べた結果は，次のようになりました。

①三十三間堂…後白河法皇《ごしらかわほうおう》が平清盛《たいらのきよもり》の援《えん》助を受けて建てたお寺。1001体の千手観音《せんじゅかんのん》や通し矢が有名。

②清水寺…８世紀後半に建てられたといわれている。清水の舞台《ぶたい》で有名な現在の本堂《ほんどう》は，徳川家光《とくがわいえみつ》によって再建された。世界遺産に登録。

③本能寺…室町時代に建てられたといわれている。織田信長《おだのぶなが》が明智光秀《あけちみつひで》に討《う》たれた本能寺の変が有名。現在は寺町通りのアーケードにある。

④二条城…徳川氏が京都の宿として築いた城。徳川慶喜《とくがわよしのぶ》が大政奉還《たいせいほうかん》を行い，江戸幕府の終わりを迎《むか》えた城でもある。世界遺産に登録。

⑤京都御所…都が平城京から平安京にうつされたとき，都の中心部につくられた皇居《こうきょ》（天皇の住まい）

⑥銀閣寺…足利義政《あしかがよしまさ》が建てた山荘《そう》で，慈照寺《じしょうじ》ともいう。庭園をふくめて世界遺産に登録。

⑦金閣寺…足利義満《あしかがよしみつ》が建てた別荘で，鹿苑寺《ろくおんじ》ともいう。金箔《きんぱく》に輝《かがや》く舎利殿《しゃりでん》は有名だが，昭和25年に火災にあって再建された。世界遺産に登録。

⑧北野天満宮…平安時代中頃に建てられ，学問の神様として有名な菅原道真《すがわらのみちざね》をまつる神社。北野大《きたのおお》茶湯《ちゃのゆ》が行われたことでも有名である。

⑨広隆寺…７世紀前半に建てられたといわれており，本尊《ほんぞん》に聖徳太子《しょうとくたいし》をまつるお寺。国宝第一号の弥勒菩薩半跏像《みろくぼさつはんかぞう》が有名。

(注)　世界遺産…1972年のユネスコ総会で採択《さいたく》された「世界遺産条約」に基づいて，「世界遺産リスト」に登録された自然や文化。世界中の価値ある文化遺産，自然遺産を人類共通のたからものとして守り，次世代《じせだい》に伝えていくことを目的にしている。日本には古都《こと》京都の文化財を含めて，2011年８月現在16の世界遺産がある。

⑴　会話中下線部㋐のコースの順番を，解答らんに数字と矢印で書きなさい。

⑵　会話中下線部㋑のコースの順番を，解答らんに数字と矢印で書きなさい。

(3) ①から⑨の史跡に関係の深い歴史上の人物（下線部）のうち，平安時代に活躍した人物を選び，解答らんに古い順に人物名を書きなさい。

京都市内をまわる地図

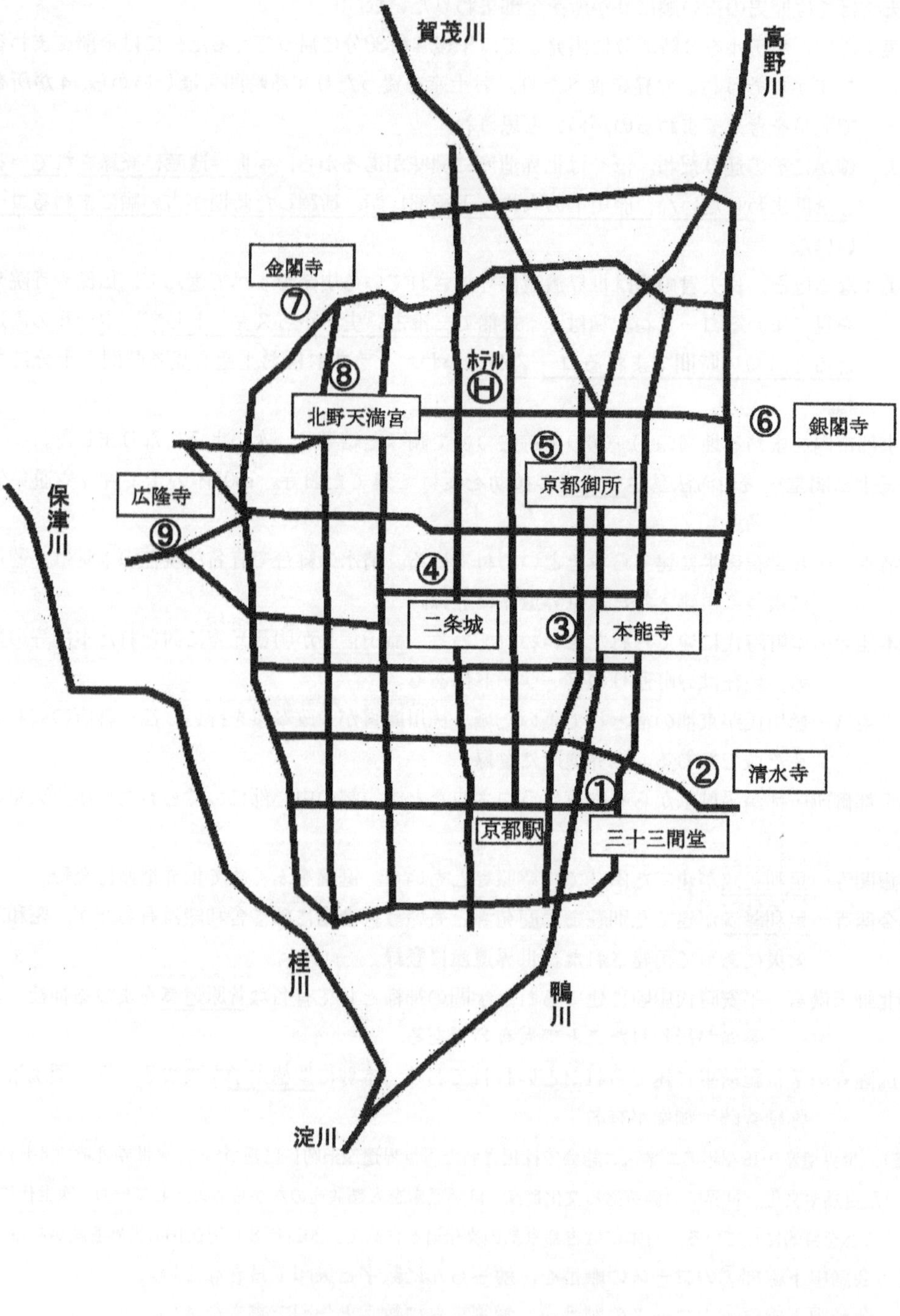

6　良夫君と和美さんがグラフを見て，日本のエネルギー問題について話しています。これについて，あとの問いに答えなさい。

グラフ　日本の水力・火力・原子力発電の割合の推移《すいい》

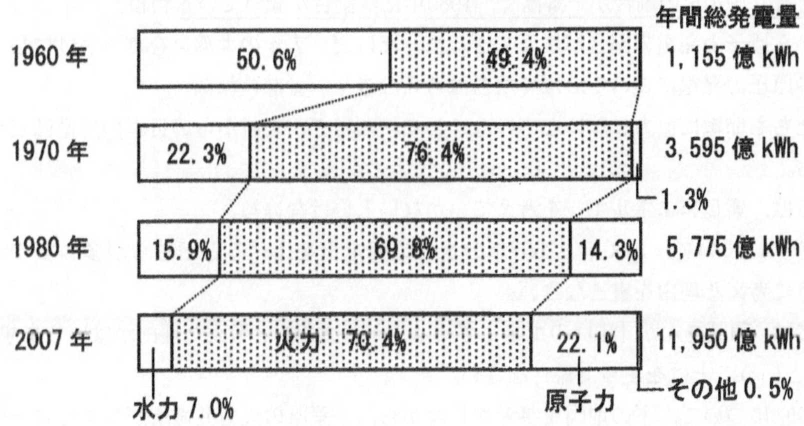

資料：日本国勢図会《こくせいずえ》より作成

良夫：昨年は東日本大震災直後に，福島県で原子力発電所の事故が起きた影響で，計画停電や節電が大きく取り上げられたね。

和美：わたしたちの生活は，電気にささえられているんだということがよくわかったわ。日本の発電は今，どんな方法で行われているのかしら。

良夫：日本のおもな発電方法は水力，火力，原子力があるけど，グラフを見ると，㋐1960年の日本の発電量は水力発電が一番多いね。

和美：でも，その後水力発電の割合はどんどん減っているわね。

良夫：水力発電について調べてみたら，明治23年（1890年）の自家用水力発電が最初で，翌年には琵琶湖《びわこ》の水を利用して，京都で発電が行われたらしいよ。

和美：発電所で電気をおこす前はどんなエネルギーが使われていたのかしら。

良夫：明治の初めの文明開化でランプが登場したけど，それ以前の江戸時代は「あんどん」であかりをとっていたんだ。

和美：時代劇で「あんどん」や「ひばち」をみたことがあるけど，どんなしくみになっているのかしら。

良夫：「あんどん」は，なたね油にしんをひたして，そのしんに火をつけているんだ。「ひばち」の中には火をおこした炭を入れるよ。

ひばち　　あんどん

和美：なたね油や炭は，どうやって作るのかしら？

良夫：なたねは菜の花からしぼった油なんだ。炭は木を焼いてつくるんだ。

和美：つまり，「江戸のエネルギーは去年の太陽」ということね。

良夫：なんで？

和美：［　　　　イ　　　　］。

和美：ところで，現在の日本の発電方法をみると，火力発電の割合が一番多いわね。

良夫：千葉県の発電について調べたら，㋒千葉県内には千葉，五井《ごい》，姉崎《あねさき》，袖ケ浦《そでがうら》，富津《ふっつ》の５か所に火力発電所があるんだ。

和美：㋓火力発電は1970年の割合が一番高く，1980年には割合が減っているわね。

良夫：1970年から原子力発電の割合が増えてきたね。だけど，去年の大震災をきっかけにして，これからの原子力発電について，ぼくたちは考えなきゃいけないね。

和美：わたしたちも節電に協力しないといけないわね。だけど，これからの日本の発電はどうなるのかしら。

良夫：これからは，新しいエネルギーを考えていかないといけないね。

問１　会話中の㋐について，1960年と2007年の水力の発電量を比べるとどちらが多いですか。また，そのように考えた理由を書きなさい。

問２　［イ］には，和美さんが「江戸のエネルギーは去年の太陽」と考えた理由がはいります。「去年」「今年」ということばを使って書きなさい。

問３　会話中の㋒について，下の地図を参考にしながら，千葉県の火力発電所がつくられた位置の共通点を２つ書き，それぞれ，その場所につくられた理由を書きなさい。

問４　会話中の㋓について，1970年から1980年にかけて火力発電の割合が減少した理由を書きなさい。

な存在《そんざい》であると※痛感《つうかん》した。しかし、同時に私たちは※孤立《こりつ》した存在ではないことも多くの場面で知ることができた。

人を思いやる心は私たちにとって大切な道しるべになる。これはタンポポの花言葉でもある「真心《まごころ》の愛」につながる。人はけっして自己《じこ》中心的にならず、人のつながりを理解して大切にしなければならない。

※（注）ダンディライオン……英語でタンポポのこと。
痛感《つうかん》……強く感じること。
孤立《こりつ》……仲間がなく、一つだけで存在すること。

問一　Aの文章中の傍線部「いのちをふきこまれて生きてくる時間」とありますが、時間にいのちをふきこむためには、どのようなことが必要ですか。**Bの文章中の言葉を使って**、文末を「……こと。」というかたちにして、**十五字以上、二十字以内**で書きなさい。句読点は一字と数えます。

問二　Bの文章中の傍線部「人を思いやる心は私たちにとって大切な道しるべになる。」について、次の**【書くときの注意】**にしたがって、**二十八行以上、三十行以内**であなたの考えを書きなさい。

【書くときの注意】

1　題名は書かず、一行目から本文を書き始めること。

2　文章全体は二段落《だんらく》構成とすること。

3　一段落目には、「人を思いやる心は私たちにとって大切な道しるべになる。」とはどういうことか、Aの文章中の傍線部「あたえられた時間」という言葉を使って説明すること。

二段落目には、「人を思いやる心」を身につけたり、深めたりするために何が必要なのか、具体例を一つあげて説明すること。

4　原稿《げんこう》用紙の適切な使い方にしたがって書くこと。

5　文字やかなづかいを正しく書き、漢字を適切に使うこと。

【適性検査Ⅱ】（四五分）

次の**A**・**B**の文章は、いずれも若い人たちへのメッセージが書かれています。文章を読んで、あとの**問一**、**問二**に答えなさい。

A なにもしなくても、人はだれでも年をとっていきます。からだはどんどん成長して、おとなの外見になり、やがては老いて、ちょっとこわいですけど、いつの日にか死をむかえます。それはだれもが共通してたどる道です。そこに時間が流れています。

ただし、その道をどんなふうに歩いていくか、時間のなかに何をつめこんでいくかは一人ひとりがちがいます。

ここに、きみにいのちをふきこまれて生きてくる時間と、むだに過ごして死んだも同然の時間があるわけです。

わたしがこれから先、生きていられる残り時間は、きみにくらべるとずっと短いでしょう。けれども、それだけにいっそう、一瞬《いっしゅん》一瞬の時間をもっと意識して、もっとだいじにして、せいいっぱい生きたいと思っています。

そして、できることなら、※寿命《じゅみょう》というわたしにあたえられた時間を、自分のためだけにつかうのではなく、すこしでもほかの人のためにつかう人間になれるようにと、わたしは努力していきます。

なぜなら、ほかの人のために時間をつかえたとき、時間は一番生きてくるからです。時間のつかいばえがあったといえるからです。

（「日野原重明　十歳のきみへ――九十五歳のわたしから」
日野原重明　富山房インターナショナルによる）

※（注）寿命《じゅみょう》……いのち。生命の長さ。

B 五月二十日、私は陸前高田《りくぜんたかた》市の気仙《けせん》川の高台にいた。そこには、信じがたい光景が広がっていた。記憶《きおく》にあった美しい海岸や山並み、寄りそうように建っていた家々はすべて無くなっていたのだ。目の前にあるのは、がれきに埋《う》もれた町、土台だけになってしまった人々の暮《く》らしの跡《あと》……。テレビのニュースで見たときには感じられなかったやるせない気持ち、荒れ果てた戦場にでもいるかのような気持ちにおそわれた。

私は、脱力感《だつりょくかん》にとらわれながら、がれきの道を歩いてみた。ふと、前に目をやると、小学校三、四年生くらいの女の子がしゃがんで、うれしそうに笑顔で叫《さけ》んでいた。「タンポポだ。」道端《みちばた》に、けなげにタンポポが一輪《いちりん》咲いていた。それを見て私は、泣きそうになりながら心の中で叫んでいた。※「ダンディライオン。」そう何度も「ダンディライオン。」と。自らその言葉の響《ひび》きに、私はいつの間にか涙《なみだ》を流し、そして、ここは、人の住めない町ではないのだと思い直していた。

若いみなさん。私は、あなた方に救われる。こんなに痛《いた》ましい状況《きょう》の中、身近な人を亡くした人も多いだろうに、泣き言を言わず、一日一日を真っ直ぐに生きている様は、私を元気にしてくれる。人間は、たがいに助け合って生きていかねばならないのだ。自然の中の人間は、無力なものだ。大震災《だいしんさい》を経験した私たちは、本当に小さ

解答用紙集

○月×日　△曜日　天気（合格日和）

◆ご利用のみなさまへ

＊解答用紙の公表を行っていない学校につきましては、弊社の責任において、解答用紙を制作いたしました。

＊編集上の理由により一部縮小掲載した解答用紙がございます。

＊編集上の理由により一部実物と異なる形式の解答用紙がございます。

人間の最も偉大な力とは、その一番の弱点を克服したところから生まれてくるものである。――カール・ヒルティ――

東京学参株式会社

2024年度

市立稲毛国際中等教育学校

※112%に拡大していただくと、解答欄は実物大になります。

◇適性検査Ⅰ◇

1

問一

問二

問三 A

B

問四

問五

問六

問七

※解答欄は実物大です。

2

問１

問２　(1) a　　　　b

(2)

問３

問４　それは

									20
									30

ためだと思います。

問５

問６

※解答欄は実物大です。

1

問1

(1)①　　分間

(1)②

(2)①

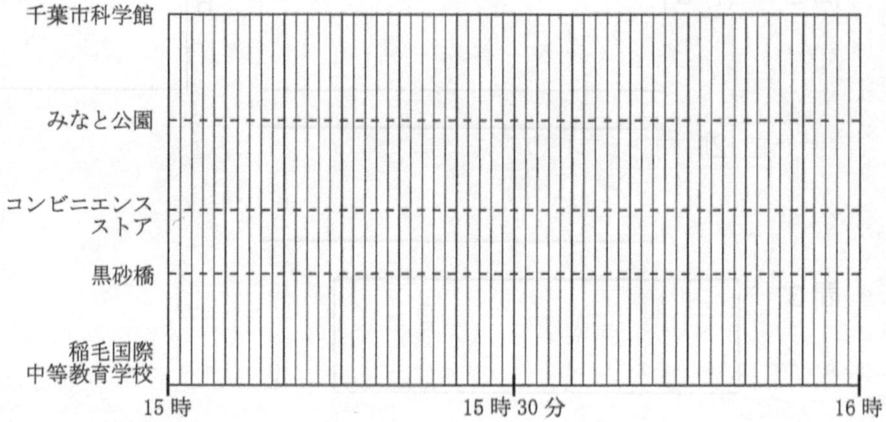

(2)②　時速　　km

問2

(1)①

(1)②　　回転

(2)

問3

(1)①　　m^2

(1)②　　m^3

(2)

※解答欄は実物大です。

2

問1 (1)

(2)

(3)

問2 (1) a　b

(2) c　d

e

問3 (1)① (1)②

(2)

(3) 倍

市立稲毛国際中等教育学校　　2024年度

◇適性検査Ⅲ◇

※解答欄は実物大です。

1

問１

1.	
2.	
3.	

問２

問３

→　　→　　→

問４

問５

1.	
2.	

※ 123%に拡大していただくと、解答欄は実物大になります。

2

問一

今できること

30

将来できること

30

問二

2023年度

市立稲毛国際中等教育学校

※125%に拡大していただくと、解答欄は実物大になります。

◇適性検査Ⅰ◇

1

問一

問二

問三

問四

問五

問六

問七

40

50

問八

※解答欄は実物大です。

2

問1 (1)

(2)

①		②		③		④	

問2

1つ目

大きな古墳をつくるためには、

20

2つ目

大きな古墳をつくるためには、

20

問3 a

b

問4

A		B		C		D	

問5

※ 125％に拡大していただくと，解答欄は実物大になります。

1

問１　⑴

ア	

イ	

⑵

面積	m^2	体積	m^3

問２

	t

問３　⑴①

ア		イ	
ウ		エ	

②

	mm

⑵

砂浜１	mm
砂浜２	mm

※解答欄は実物大です。

2

問１　(1)

(2)

問２　(1)

(2)

問３　(1)

(2)①

②　　m

◇適性検査Ⅲ◇

※解答欄は実物大です。

1

問１

1.	
2.	
3.	

問２

問３

問４

問５

1.	
2.	

※ 141%に拡大していただくと、解答欄は実物大になります。

2

問一

①

②

③

④

問二

２０２２年度

市立稲毛国際中等教育学校

◇適性検査Ⅰ◇

※　１２５%に拡大していただくと、解答欄は実物大になります。

1

問一

問二

10　20

問三

問四

問五

20　30

問六

〜

問七

→　→　→

※解答欄は実物大です。

2

問1

問2

問3 ⑴ a

b

⑵

問4 a

b

c

市立稲毛国際中等教育学校　2022年度

◇適性検査Ⅱ◇

※解答欄は実物大です。

1

問1

(1)

花子	円

次郎	円

(2)

駅と　　駅の間

(3)

①	秒速　　m

②	m

問2

(1)

ア	層《そう》

イ	mm

ウ	cm

(2)

cm

※ 114%に拡大していただくと，解答欄は実物大になります。

2

問 1 (1)

(2)

問 2

ロープをかけるほうを○でかこみなさい。		理由
あ	い	

問 3

ア	

イ	

ウ	

エ	

※解答欄は実物大です。

1

問1

1.	
2.	
3.	

問2

問3

問4

問5

1.	
2.	

※141％に拡大していただくと，解答欄は実物大になります。

2

問一

ことに気づいた。

問二

2021年度

※182%に拡大していただくと、解答欄は実物大になります。

市立稲毛高等学校附属中学校

◇適性検査Ⅰ◇

一

問一

こと。

問二

問三

問四

子どもたちは

問五

2

問1

問2

問3

問4

問5　成田市　a　b

c

鎌ケ谷市　a　b

c

※143%に拡大していただくと，解答欄は実物大になります。

市立稲毛高等学校附属中学校　2021年度

◇適性検査Ⅱ◇

※ 185%に拡大していただくと，解答欄は実物大になります。

1

問１ (1) 大 ← 面積 → 小

(2) 本

問２ (1) ８個入り 箱、９個入り 箱

(2) cm²

問３ (1) km 以上

(2) 1.47 ×

問４ (1) 時間別の参観者数の割合

1時間目

0 10 20 30 40 50 60 70 80 90 100%

(2) ① ② ③

2

問１ (1) 容器 と、容器

容器 と、容器

(2) 容器

実験条件

水	あり	なし
空気	あり	なし
温度	約５℃	約20℃
明るさ	明るい	暗い

容器

実験条件

水	あり	なし
空気	あり	なし
温度	約５℃	約20℃
明るさ	明るい	暗い

(3)

(4)

案１

案２

0 2 4 6 8 10 12 14 16 18 20 22 24(時間)

問２ (1)

(2)

(3)

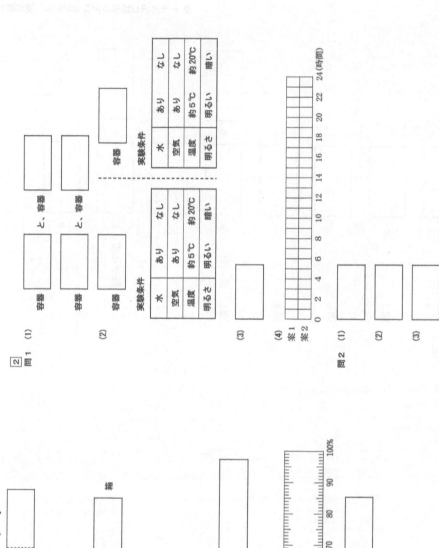

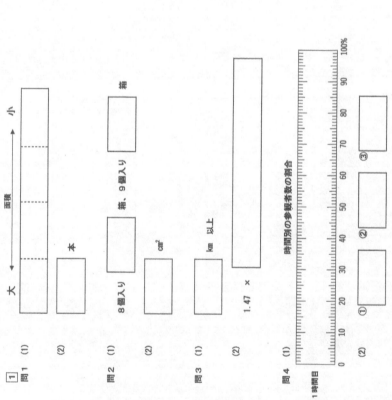

◇適性検査Ⅰ◇

市立稲毛高等学校附属中学校　２０２０年度

※１８３％に拡大していただくと，解答欄は実物大になります。

1

問一

問二

問三

問四

わたしにできる取り組みは、

※１２９%に拡大していただくと、解答欄は実物大になります。

2

問１

問２

問３

（１）　a

c

（２）　b　　県

（３）　d

e

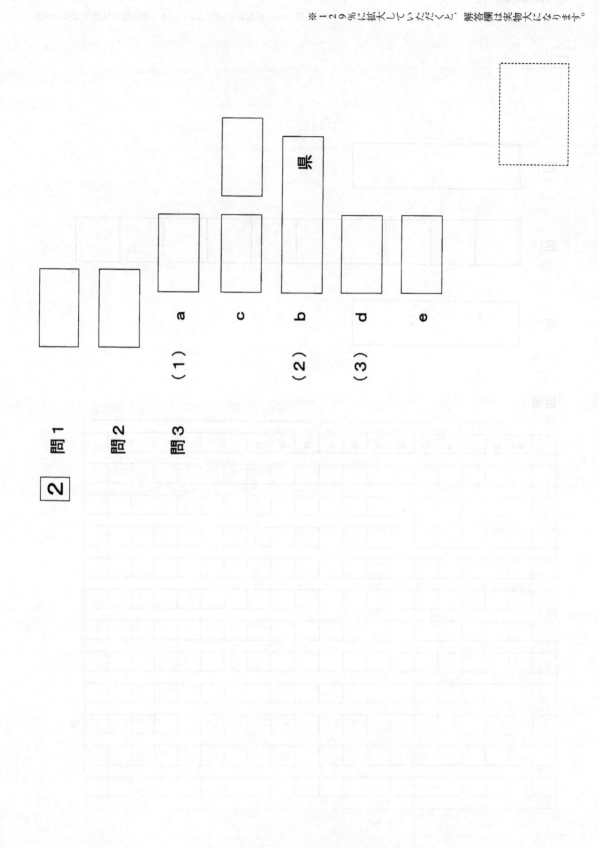

市立稲毛高等学校附属中学校　　2020年度

◇適性検査Ⅱ◇

※ 183％に拡大していただくと，解答欄は実物大になります。

1

問１　　　　段目

問２　　　　cm以上

問３　　　：

問４　(1)　　　　回転

(2)

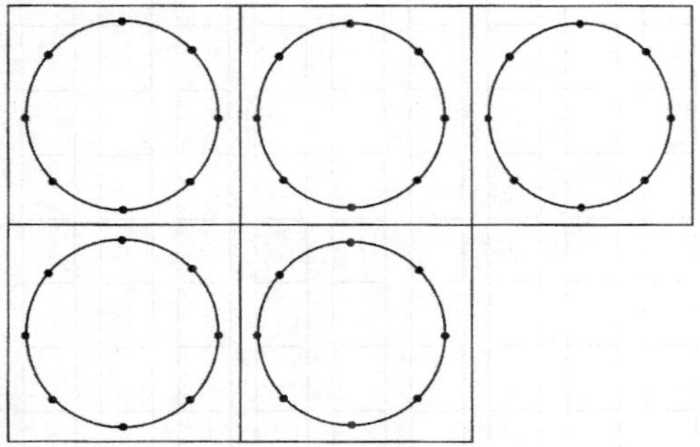

問５　(1)　①　　②　　③

(2)　　　　本　　(3)　　　　㎠

2

問１　(1)　秒速　　　　cm

(2)

(3)

(4)

問２　(1)

(2)　　と　　　　と

(3)　　　　g

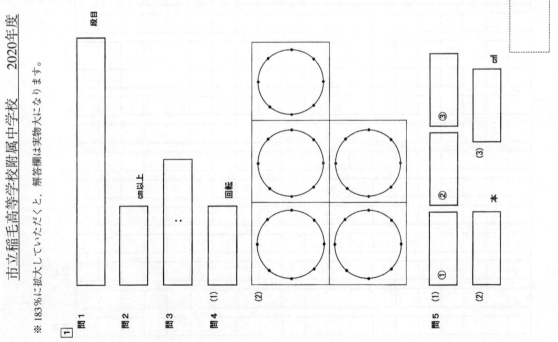

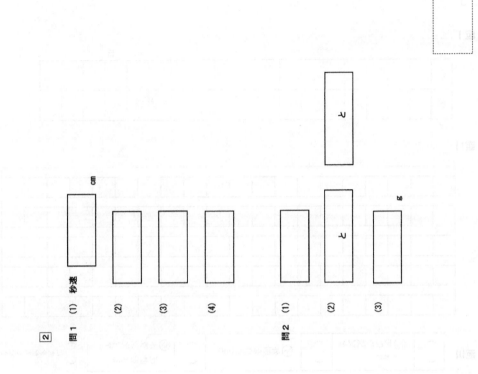

2019年度

市立稲毛高等学校附属中学校

※この解答用紙は172%に拡大していただくと、実物大になります。

◇適性検査I◇

1

問一

①

②

15

問二

80字

100字

問三

（　）㋐文化や歴史を学ぶ

（　）㋑外国を旅行する

（　）㋒ボランティア活動をする

（　）に丸を記入しなさい。

12行

14行

2

問１　（１）

　　　（２）

問２

問３

問４　ⓑ

　　　ⓒ　（完答）

問５

市立稲毛高等学校附属中学校　2019年度

◇適性検査Ⅱ◇

※この解答用紙は 179%に拡大していただくと，実物大になります。

1

問１（１）

（２）　次郎さん　m　花子さん　m

問２（１）　中学校→　中学校→　中学校→　中学校

（２）　２位　個　３位　個

（３）　【ア】　【イ】

問３（１）　計算式　答　円

（２）　個

（３）　色が　個多い

問４（１）

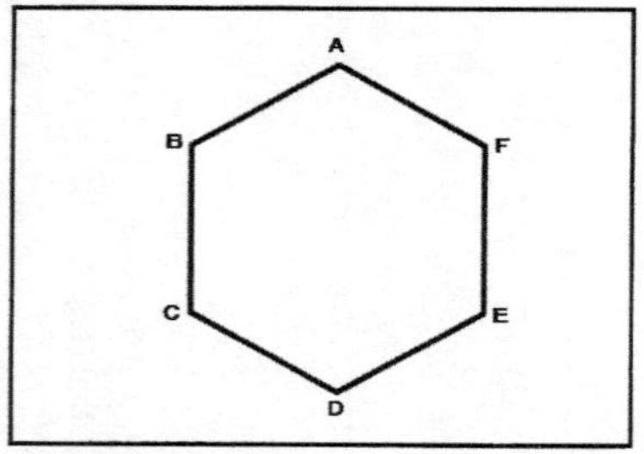

（２）　倍

2

問１

問２　かげが重なる時刻　柱１本のかげの長さ

問３　あ　い

問４

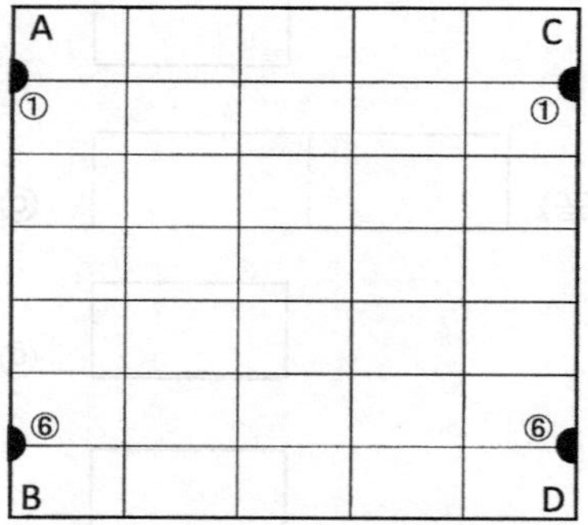

問５　あ　実験　と、実験　と、実験

い

問６　cm

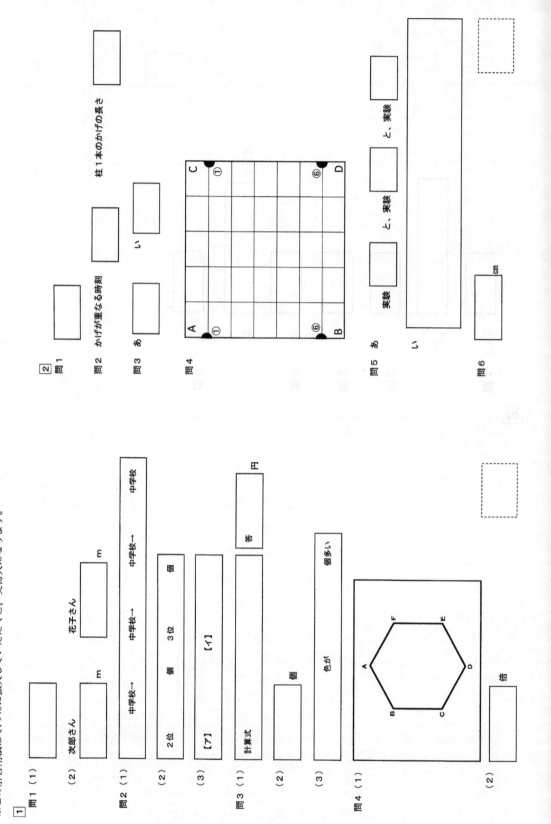

市立稲毛高等学校附属中学校　平成30年度

※この解答用紙は179%に拡大していただくと、実物大になります。

◇適性検査Ⅰ◇

1

問一

110

120

問二

（　）	㋐ 温暖化	（　）	㋑ 森林の伐採	（　）	㋒ 大量のごみ

（　）に丸を記入しなさい。

13

15

2

問1 （1） ⓐ ＿＿＿ ⓑ ＿＿＿

（2） ＿＿＿

（3） ＿＿＿

問2 （1） ＿＿＿

（2） ＿＿＿

（3）

このマスから書き始め、横書きで書きなさい。

										30
										40

市立稲毛高等学校附属中学校　平成30年度

◇適性検査Ⅱ◇

※この解答用紙は182％に拡大していただくと，実物大になります。

1 問１　（１）　km　（２）　時速　km　（３）　分後

問２　（１）　%引き

（２）㋒　人　㋓　人

（３）

問３

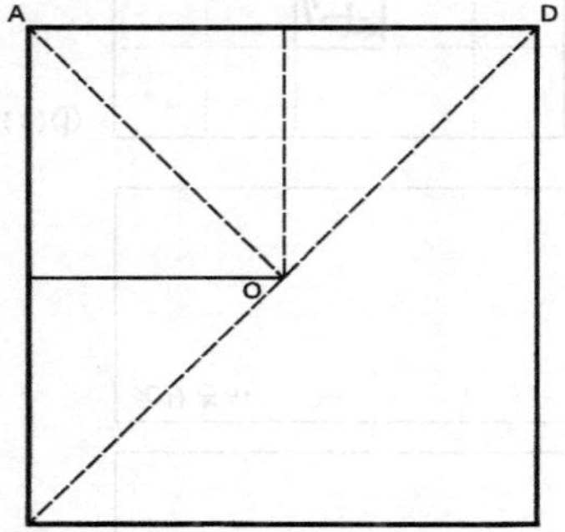

問４　（１）　計算式　答え　cm

（２）　（３）

2 問１　地点Ｂ　選んだ理由

１つ目の理由

２つ目の理由

問２　物質　液体

問３（１）　月　日

（２）

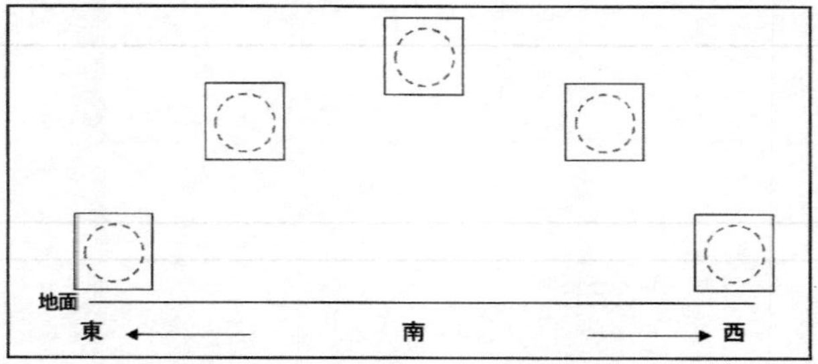

問４　鳥　コウモリ

問５

２つ目の実験

３つ目の実験

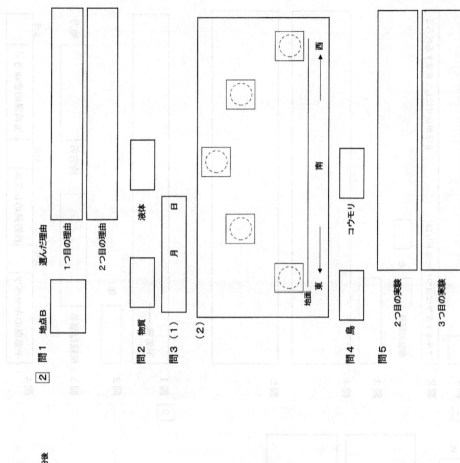

市立稲毛高等学校附属中学校　平成29年度

◇適性検査Ⅰ◇

※この解答用紙は178％に拡大していただくと，実物大になります。

1 問1（1）

計算式	答え　　円

（2）解答例（ぶどうパン、ジャムパン、コロッケパン）

健太さん

えりさん

問2（1）①

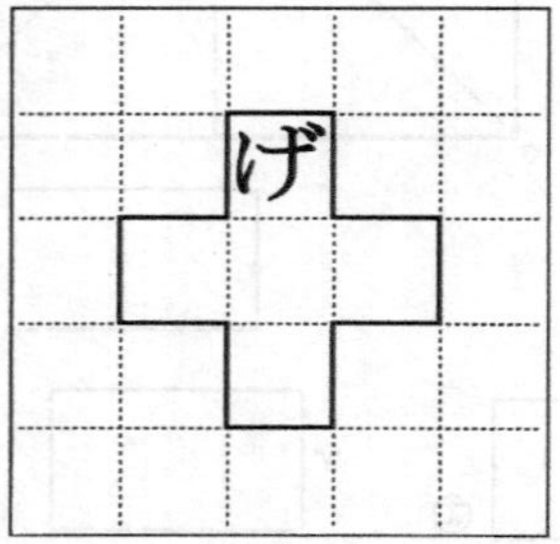

（1）②

面1	面2	面3	面4

（2）　　mm

（3）　　cm^2

2 問1

問2　アサギマダラはヨツバヒヨドリの　　を手がかりにして飛来するだろう

実験の記号　　と　

問3

問4

問5

3 問1　平忠常 ——

問2　　年

問3　伝統行事名　　地方名　　地方

問4

千葉県のキャベツ	記号	長野県のレタス	記号	宮崎県のきゅうり	記号

◇適性検査Ⅱ◇

市立稲毛高等学校附属中学校　平成29年度

※この解答用紙は159%に拡大していただくと、実物大になります。

問一

問二

問三

スライドの順番　□ → □ → □ → □

理由

MEMO

大切なことはメモしておこうネ！

MEMO

大切なことはメモしておこうネ！

MEMO

大切なことはメモしておこうネ！

MEMO

大切なことはメモしておこうネ！

〈ダウンロードコンテンツについて〉

本問題集のダウンロードコンテンツ、弊社ホームページで配信しております。現在ご利用いただけるのは「2025年度受験用」に対応したもので、**2025年3月末日**までダウンロード可能です。弊社ホームページにアクセスの上、ご利用ください。

※配信期間が終了いたしますと、ご利用いただけませんのでご了承ください。

中学別入試過去問題シリーズ

市立稲毛国際中等教育学校　2025年度

ISBN978-4-8141-3127-3

[発行所] 東京学参株式会社

〒153-0043　東京都目黒区東山2-6-4

書籍の内容についてのお問い合わせは右のQRコードから ⇒

※書籍の内容についてのお電話でのお問い合わせ、本書の内容を超えたご質問には対応できませんのでご了承ください。

2024年6月14日　初版